WOHNMOBIL-TOURGUIDE

001wfras@litchi cyril - stock.adobe.com

Ines Friedrich

DIE SCHÖNSTEN ROUTEN
ENTLANG DER
FRANZÖSISCHEN
ATLANTIKKÜSTE

Cel 21 Atla

„Gehe einmal im Jahr dorthin,
wo Du noch niemals warst"

Dalai Lama

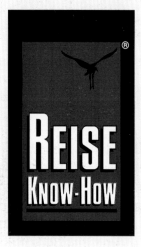

Die schönsten Routen entlang der

FRANZÖSISCHEN ATLANTIKKÜSTE

Ines Friedrich
Die schönsten Routen entlang der französischen Atlantikküste

erschienen im REISE KNOW-HOW Verlag Peter Rump GmbH, Bielefeld
Osnabrücker Straße 79, 33649 Bielefeld

Herausgeber: Klaus Werner
© REISE KNOW-HOW Verlag Peter Rump GmbH
1. Auflage 2019
Alle Rechte vorbehalten.

Lektorat und Gestaltung: amundo media GmbH
Covergestaltung: Wayan Rump
Fotos: Ines Friedrich (if), stock.adobe.com (as), Coverbilder: Ines Friedrich
Stadtpläne: amundo media GmbH, der Verlag
Routenkarten: world mapping project
Druck und Bindung: mediaprint solutions GmbH, Paderborn

ISBN 978-3-8317-3225-8

Dieses Buch ist erhältlich in jeder Buchhandlung Deutschlands, Österreichs, der
Schweiz, Belgiens und der Niederlande. Bitte informieren Sie Ihren Buchhändler
über folgende Bezugsadressen:
Deutschland: Prolit GmbH, Postfach 1109, D-35461 Fernwald (Annerod)
sowie alle Barsortimente
Schweiz: AVA Verlagsauslieferung AG, Postfach 27, CH-8910 Affoltern
Österreich: Mohr Morawa Buchvertrieb GmbH, Sulzengasse 2, A-1230 Wien
Niederlande, Belgien: Willems Adventure, www.willemsadventure.nl
Wer im Buchhandel trotzdem kein Glück hat, bekommt unsere Bücher auch über
unseren Büchershop im Internet: www.reise-know-how.de

Wir freuen uns über Kritik, Kommentare und Verbesserungsvorschläge,
gern per E-Mail an info@reise-know-how.de.
Alle Informationen in diesem Buch sind von der Autorin mit größter
Sorgfalt gesammelt und vom Lektorat des Verlages gewissenhaft bear-
beitet und überprüft worden. Da inhaltliche und sachliche Fehler nicht
ausgeschlossen werden können, erklärt der Verlag, dass alle Angaben im
Sinne der Produkthaftung ohne Garantie erfolgen und dass Verlag
wie Autorin keinerlei Verantwortung und Haftung für inhaltliche und
sachliche Fehler übernehmen.
Die Nennung von Firmen und ihren Produkten und ihre Reihenfolge
sind als Beispiel ohne Wertung gegenüber anderen anzusehen.
Qualitäts- und Quantitätsangaben sind rein subjektive Einschätzungen
der Autorin und dienen keinesfalls der Bewerbung von Firmen oder
Produkten.

INHALTSVERZEICHNIS

Impressum   4
Vorwort   7
GPS-Koordinaten in diesem Buch   9
Die französische Atlantikküste entdecken   10

Praktische Reisetipps A–Z   14
Anreise (16); Campingplätze (20); Diebstahl (20); Diplomatische Vertretungen (20); Einkaufen (21); Einreisebestimmungen (21); Elektrizität (22); Feiertage (22); Gasversorgung (23); Gastronomie (23); Geldfragen (23); Gezeiten (24); Karten (25); Haustiere (26); Informationen (26); KFZ-Kennzeichen (26); Maut (27); Medizinische Versorgung (27); Öffnungszeiten und Preise (28); Panne (29); Parken und Rasten (29); Post (30); Reisezeit (30); Sicherheit (31); Stellplätze (31); Tanken (33); Telefon und Internet (34); Unfall (34); Verkehrsregeln (34); Ver- und Entsorgung (36); Wohnmobil mieten (37); Zoll (37)

Route 1: Entlang der Jadeküste bis zur Île de Noirmoutier   38
Streckenverlauf (40); Saint-Brevin-les-Pins (40); Tharon-Plage (41); Pointe Saint-Gildas (42); Pornic (43); La Bernerie-en-Retz (45); Port du Bec (45); Île de Noirmoutier (46); Camping- und Stellplätze entlang der Route 1 (51)

Route 2: Entlang der Côte de Lumière bis zur Côte des Fleurs 54
Streckenverlauf (56); La Barre-de-Monts und die Île d'Yeu (56); Notre-Dame-de-Monts (57); Saint-Jean-de-Monts (58); Saint-Hilaire-de-Riez (58); Les Sables-d'Olonne (60); Talmont-Saint-Hilaire (62); Jard-sur-Mer (64); Avrillé (64); La Tranche-sur-Mer (65); Pointe de L'Aiguillon-sur-Mer (66); La Rochelle (67); Abstecher in die Marais Poitevin (68); Camping- und Stellplätze entlang der Route 2 (72)

Route 3: La Rochelle und die Île-de-Ré   76
Streckenverlauf (78); La Rochelle (78); Île de Ré (83); Angoulins (88); Châtelaillon-Plage (89); Fouras (90); Camping- und Stellplätze entlang der Route 3 (91)

Route 4: Rochefort und eine Rundfahrt über die Île d'Oléron   94
Streckenverlauf (96); Rochefort (96); Port-des-Barques (97); Brouage (98); Île d'Oléron (99); Camping- und Stellplätze entlang der Route 4 (106)

Route 5: Le Côte sauvage, Le Côte de Beauté und La Gironde 108
Streckenverlauf (110); Marennes (110); La Tremblade (111); La Palmyre (112); Royan (113); Meschers-sur-Gironde (114); Talmont-sur-Gironde (115); Mortagne-sur-Gironde (116); Blaye (116); Camping- und Stellplätze entlang der Route 5 (118)

Route 6: Ausflug durch die Charente und ins Périgord   120
Streckenverlauf (122); Saintes (122); Cognac (124); Angoulême (126); Aubeterre-sur-Dronne (128); Brantôme-en-Périgord (129); Périgueux (131); Stellplätze entlang der Route 6 (134)

Route 7: Kulturroute durch das Périgord   136
Streckenverlauf (138); Montignac (138); Sarlat-la-Canéda (140); Domme (142); La Roque-Gageac (143); Beynac-et-Cazenac (144); Castelnaud-la-Chapelle (144); Limeuil (146); Bergerac (147); Saint Émilion (148); Camping- und Stellplätze entlang der Route 7 (150)

Route 8: Die Gironde, Bordeaux und der Wein   152
Streckenverlauf (154); Bordeaux (154); Macau (160); Margaux (160); Fort Médoc (160); Pauillac (162); Saint-Estèphe (163); Saint-Yzans-de-Médoc (163); Le Verdon-sur-Mer (164); Camping- und Stellplätze entlang der Route 8 (165)

Route 9: Entlang der Côte d'Argent   166
Streckenverlauf (168); Soulac-sur-Mer (168); Montalivet-les-Bains (170); Hourtin-Plage und Hourtin-Port (171); Carcans-Plage (171); Lacanau-Océan (172); Cap Ferret (173); Andernos-les-Bains (174); Arcachon (176); Camping- und Stellplätze entlang der Route 9 (180)

Route 10: Entlang des Golfe de Gascogne   182
Streckenverlauf (184); Dune du Pilat (184); Biscarrosse-Plage und Biscarrosse-Bourg (185); Parentis-en-Born (186); Mimizan-Plage (186); Vieux-Boucau-les-Bains (187); Capbreton (189); Bayonne (190); Biarritz (194); Camping- und Stellplätze entlang der Route 10 (198)

Route 11: Die baskische Küste und die Pyrénées-Atlantiques 202
Streckenverlauf (204); Saint-Jean-de-Luz (204); Hendaye (206); Sare (207); Espelette (208); Saint-Jean-Pied-de-Port (209); Oloron-Sainte-Marie (211); Pau (212); Lourdes (215); Camping- und Stellplätze entlang der Route 11 (217)

Anhang   220
Kleine Sprachhilfe (222); Womo-Wörterliste Deutsch – Französisch (224); Die wichtigsten Sätze für Wohnmobilisten (227); Kulinarisches Wörterbuch (228); Übersicht der Stellplätze (233); Register (237); Die Autorin (241)

Routenatlas   242
Zeichenerklärung zum Routenatlas   256

VORWORT

Lieber Leser,

herzlich willkommen an der französischen Atlantikküste! Vor Ihnen liegt ein Reiseführer mit elf wunderschönen und interessanten Routen, die allesamt ihren ganz eigenen Charakter haben.

Insgesamt fast 2500 Kilometer (ohne Hin- und Rückfahrt) führt diese Reise durch schöne, abwechslungsreiche Landschaften hin zu sehenswerten historischen Städten und Stätten. Mit ihren idyllischen Inseln, riesigen Dünen, ausgedehnten Pinienwäldern, großen Seen und, nicht zu vergessen, den nicht enden wollenden feinen Sandstränden ist dies eine Urlaubsregion, in der jeder sein Lieblingsfleckchen finden wird.

Um Ihre schönsten Wochen des Jahres wirklich genießen zu können, sollten Sie vorbereitet sein – nehmen Sie sich etwas Zeit, stöbern Sie ein wenig durch dieses Buch und entscheiden Sie aus dem Bauch heraus, wo sie hinfahren möchten – die beste Grundvoraussetzung für einen gelungenen Urlaub.

Die französische Atlantikküste umfasst ein so großes Gebiet, dass ein Jahresurlaub allein nicht reichen wird, um alles kennenzulernen. Nehmen Sie sich nicht zu viel vor, sondern bleiben Sie ein Weilchen dort, wo es Ihnen gefällt, erholen Sie sich gut und kommen Sie ganz einfach im nächsten Jahr wieder.

Wir beginnen unsere Reise dort, wo die Loire in den Atlantik mündet. Es lohnt sich, für die Fahrt ein wenig Zeit einzuplanen, während der man sich das ein oder andere berühmte Château an der Loire anschauen kann, um dann stressfrei und in entspannter Urlaubsstimmung am Meer anzukommen.

Möchten Sie einmal mit Ihrem Wohnmobil über das Meer fahren? Die Passage du Gois macht dies bei Ebbe möglich, und auf der anderen Seite erwartet Sie ein Inselidyll.

Die Île-de-Noirmoutier, die kleinste und unbekannteste Schwester der großen französischen Atlantikinseln, ist nach wie vor ein Geheimtipp. In der Region herrscht kein Massentourismus und alles ist ruhig und beschaulich.

Über 2500 Sonnenstunden pro Jahr sind nahezu ein Garant für schönes Urlaubswetter, sodass herrlichen Strandtagen an der „Côte de Lumière" und auf der Île de Ré nichts im Wege steht.

Ein kleiner Ausflug in die Marais Poitevin bildet das Kontrastprogramm, denn das zweitgrößte Feuchtbiotop Frankreichs ist ein einzigartiges Ökosystem. Mit dem bezaubernden Ort Coulon ist das „Grüne Venedig" erreicht, wo man sich unbedingt einmal von einem Gondoliere durch die Sümpfe rudern lassen sollte.

An der französischen Atlantikküste findet man eine erstaunliche Anzahl an UNESCO-Weltkulturerbe-Stätten vor, eine der sehenswertesten ist der historische Hafen von La Rochelle.

Dann ist die Île d'Oléron erreicht, die zweitgrößte Insel Frankreichs. Das 175 Quadratkilometer große Urlaubsparadies bietet alles, was das Herz begehrt: feinste Sandstrände, wunderschöne Pinienwälder, kulturelle Sehenswürdigkeiten und noch vieles mehr. Zusammen mit den Parcs á Huîtres von Marennes befindet sich hier auch das bedeutendste Austernzuchtgebiet der Welt – am besten probiert man die von Franzosen so geliebte Delikatesse in einer der bunt gestrichenen „Cabanes" der Austernzüchter.

Der insgesamt rund 1000 Kilometer lange Küstenabschnitt wird durch den gewaltigen Mündungstrichter der Gironde unterbrochen, an dessen Ende sich die überaus interessante Stadt Bordeaux befindet, und an deren Ufern die berühmten Bordeaux-Weine wachsen.

Wieder am Meer erwartet den Urlauber ein äußerst breiter und langer Strandabschnitt, dessen feiner Sand in der Abenddämmerung silbern schimmert und der Küste ihren Namen gab – Côte d'Argent.

Der südliche Teil der französischen Atlantikküste beginnt in Arcachon, wo rund um die wunderschönen Villen der Belle Époque das ganze Jahr touristisches Flair und überaus angenehme Atmosphäre herrscht.

Die Besteigung der Dune du Pilat ist ein absolutes Muss! Das Panorama von dieser größten Wanderdüne Europas ist so überwältigend, dass es kaum in Worte zu fassen ist – man muss es einfach selbst erlebt haben.

Im weiteren Verlauf der Reise hat der Urlauber nun die Qual der Wahl: die immer wieder faszinierenden Atlantikwellen und ein ausgedehnter Strandspaziergang oder ein entspannter Tag am See und ein herrlicher Fahrradausflug durch die schattenspendenden Pinienwälder?

Biscarrosse, Mimizan und Capbreton sind die bevorzugten Ziele leidenschaftlicher Strandurlauber, die vor allen Dingen Sonne, Sand und Meer genießen, wohingegen die begeisterten Surfer geduldig auf die ultimative Welle warten.

Mit Biarritz ist die baskische Küste erreicht, die Landschaft verändert sich völlig. Zwischen imposanten Steilküsten verstecken sich idyllische Buchten: Land und Leute, die Architektur und die regionalen Spezialitäten – alles ist neu und anders.

Denjenigen, die außer den Küstenregionen auch etwas vom Landesinnern kennenlernen möchten, sei Route 6 empfohlen, die durch die historisch bedeutsame Charente-Maritime über Cognac bis nach Périgueux führt. Route 7 schweift entlang der Dordogne durch das prähistorisch und kulinarisch geprägte Périgord und erreicht mit Saint-Émilion wieder das Bordelais.

Auf der Route 11 geht es in die Pyrénées-Atlantiques, um hier das Pilgerstädtchen Saint-Jean-Pied-de-Port kennenzulernen.

Den Abschluss dieses Wohnmobil-Tourguides bildet Lourdes, dessen allabendliche Lichterprozession durch den Heiligen Bezirk wohl jedem Besucher für immer in Erinnerung bleiben wird.

Egal für welche Region Sie sich entscheiden, Frankreich ist eine campingbegeisterte Nation und ohnehin wohnmobilfreundlich. Nirgendwo in Europa ist die Camping- und Stellplatzdichte so groß wie bei unseren sympathischen Nachbarn, ein nettes Plätzchen für die Nacht wird sich also auf alle Fälle finden.

Ich wünsche Ihnen gute Fahrt und einen wunderschönen Urlaub an der französischen Atlantikküste.

Herzlichst
Ines Friedrich

◁ *Stockrosen auf der Île de Ré (s. S. 83)*

GPS-KOORDINATEN IN DIESEM BUCH

Schreibweise der Koordinaten
Alle GPS-Daten in diesem Buch sind als **geografische Koordinaten** *(Breite/Länge; Lat./ Lon.) in* **Dezimalgrad** *(hddd.dddd) angegeben, also z. B. 47.268007 –2.163697. Die erste Angabe zeigt den Wert für die nördliche Breite (°N), die zweite den für die östliche Länge (°E) an. Alle modernen GPS-Geräte akzeptieren die Schreibung als Dezimalgrad, gegebenenfalls muss das* **Eingabeformat** *in den Einstellungen des Gerätes aber erst ausgewählt werden, sonst weicht der angesteuerte Punkt deutlich vom erwarteten ab. Einige Geräte verlangen möglicherweise statt des Punktes ein* **Komma als Trennzeichen.** **Kartendatum** *ist WGS84.*

Achtung! Das beschriebene Gebiet liegt teilweise **westlich des Nullmeridians!** *Deshalb bekommen diese Orte ein Minuszeichen vorangestellt. Bitte beachten bei der Eingabe in Ihr Gerät: –2.163697°E ist dasselbe wie 2.163697°W. Welchen Wert Sie eingeben müssen, hängt von den Voreinstellungen Ihres Gerätes ab.*

Umrechnung der GPS-Koordinaten
Wenn Sie die GPS-Angaben **von Dezimalgrad in Dezimalminuten** *(dd°mm,mmm') umrechnen müssen, so beachten Sie bitte, dass ein Grad 60 (nicht 100!) Minuten hat. Die Angaben in Dezimalgrad können daher nicht einfach durch Kommaverschiebung in Dezimalminuten umgewandelt werden. 47.268007° sind nicht gleich 47° 26,8007', sondern 47° 16,080'. Wer dies nicht beachtet, erhält beträchtliche Fehler. Bei der Umrechnung helfen Datenkonverter wie z. B. unter www.geoplaner.de.*

Nutzung der GPS-Koordinaten
Wer ein GPS-Gerät oder Navigationssystem benutzt, das Koordinaten-Eingaben akzeptiert, der kann sich von diesem Gerät direkt zu den jeweiligen Punkten führen lassen. Praktisch alle GPS-Handgeräte bieten diese Möglichkeit, während manche Navigationssysteme nur Eingaben von Adressen akzeptieren – und Park- oder Stellplätze haben nicht immer eine Adresse. Einige **Internet-Kartendienste oder Routenplaner** *wie GoogleMaps™ (http://maps.google.de) zeigen nach Eingabe der geografischen Daten den gesuchten Punkt an, auf Wunsch mit Satellitenansicht und an vielen Stellen mit StreetView-Funktion. Das kann für die Beurteilung der Lage eines Camping- oder Stellplatzes natürlich sehr hilfreich sein.*

Service für Smartphones und Tablets
Durch Einscannen des QR-Codes auf dem Umschlag bzw. durch Eingabe der Internetadresse **www.reise-know-how.de/wohnmobil-tourguide/atlantik19** *wird ein* **für den mobilen Einsatz optimierter Internetdienst** *aufgerufen. Damit kann die Lage der Camping- und Stellplätze auf einer Karte und die Route dorthin angezeigt werden. Voraussetzung ist eine Datenverbindung über das Mobilfunknetz oder WLAN.*

Koordinaten zum Download
Auf der Produktseite dieses Buches unter www. reise-know-how.de finden Sie alle Stellplatzkoordinaten aus diesem Buch als **kml- oder gpx-Datei** *zum Download auf den PC. Von dort können Sie die Liste auf Ihr GPS-Gerät oder Navi übertragen und ersparen sich die mühsame Eingabe per Tastatur.*

Weitere Datenformate
Benötigt Ihr Gerät ein **anderes Datenformat als kml oder gpx,** *kann die Umrechnung der gesamten Datei beispielsweise auf den Internetseiten www.routeconverter.de oder www.gpsvisualizer.com erfolgen.*

DIE FRANZÖSISCHE ATLANTIKKÜSTE ENTDECKEN

Die Frage nach den schönsten Landschaften, Fahrstrecken und Orten wird jeder Bewohner der Französischen Atlantikküste mit der Region verbinden, in der er zu Hause ist. Hier fühlt man sich wohl, alles ist vertraut und hier leben Freunde und Verwandte.

Der Tourist wird sich vor allen Dingen an einen schönen Urlaub erinnern. Die Gegend war ansprechend und die Unterkunft angenehm, das Wetter gut und das Essen hervorragend. „Schön" ist also ein äußerst subjektiver Eindruck und genauso persönlich positiv ist auch folgende Aufzählung.

DIE SCHÖNSTEN LANDSCHAFTEN

> **Île de Noirmoutier:** Die kleine Schwester der großen Île de Ré und Île d'Oléron vereint auf 48 km² alles, was für die französische Atlantikküste charakteristisch ist: breite Dünen und feinste Sandstrände, ausgedehnte Salzgärten und zahlreiche Austernzuchtbetriebe, idyllische Pinienwälder und kuturelle Stätten (s. S. 46).

> **Dune du Pilat:** Die größte Wanderdüne Europas ist schon für sich eine Reise wert und äußerst beeindruckend. Nicht umsonst ist die Düne der zweitgrößte Besuchermagnet Frankreichs und so sollte man den Aufstieg unbedingt wagen, denn das Panorama von dort oben ist überwältigend (s. S. 184).

> **Südliche französische Atlantikküste:** Der 100 km lange Küstenabschnitt zwischen Mimizan (s. S. 186) und Capbreton (s. S. 189) sucht in Europa seinesgleichen. Ein beeindruckend breiter, feiner Sandstrand, gesäumt von einem ebenso langen, breiten Dünengürtel, verläuft bis zum Golfe de Gascogne. Auch in der Hochsaison ist ausreichend Platz für jeden Sonnenanbeter, und bei einem ausgedehnten Strandspaziergang wähnt man sich bald völlig allein.

☑ *An der Inselspitze der Île de Ré (s. S. 83) steht der Leuchtturm Phare des Baleines, von dem man einen grandiosen Rundumblick hat*

DIE SCHÖNSTEN FAHRSTRECKEN

> **Einmal rund um die Île d'Oléron:** Die Fahrt rund um die zweitgrößte Insel Kontinentalfrankreichs ist äußerst abwechslungsreich. Das 175 km² große Eiland bietet alles, was der Urlauber an der französischen Atlantikküste erwartet: wunderschöne Strände und idyllische Ortschaften, Naturschutzgebiete und kulturelle Sehenswürdigkeiten und selbstverständlich ausreichend Stell- und Campingplätze, um die Inselrundfahrt auch richtig genießen zu können (s. S. 99).

> **Entlang von Vézère und Dordogne:** Es gibt wohl kaum eine Region, die es mehr wert ist, die Autobahn zu verlassen um sich langsam und genussvoll der französischen Atlantikküste zu nähern. Die Fahrt entlang der Flüsse Vézère und Dordogne ist nicht nur landschaftlich wunderschön, sie führt auch vorbei an einer Vielzahl von einmaligen prähistorischen Stätten und imposanten Burgen.

> **Die baskische Küste:** Der Küstenabschnitt am Golfe de Gascogne bis zur spanischen Grenze besticht durch seine Einmaligkeit im Verlauf dieses Wohnmobil-Tourguides. Kleine, idyllische Buchten liegen versteckt zwischen imposanten Steilküsten, von denen man immer wieder grandiose Rundumblicke hat. Die Fahrt durch die Pyrénées-Atlantiques verläuft entlang der Küste bis sich die Route vom Meer verabschiedet (s. S. 183).

DIE SCHÖNSTEN ORTE

> **Saint-Martin-de-Ré:** Die Hauptstadt der Île de Ré ist ein idyllisches Hafenstädtchen mit sehr viel maritimem Charme. Die komplette Altstadt mit ihren kleinen Gässchen ist von einer Festungsmauer umgeben und UNESCO-Weltkulturerbe (s. S. 84).

> **La Rochelle:** Den berühmten historischen Hafen von La Rochelle sollte man unbedingt besichtigen, denn der Anblick hat eindeutig Postkartenpotenzial. In den von Arkaden gesäumten Einkaufsstraßen der schönen Altstadt macht das Bummeln so richtig Spaß, an Kultur mangelt es ebenfalls nicht (s. S. 67).

> **Arcachon:** Die elegante Stadt besticht mit ihren völlig unterschiedlichen Stadtteilen: Winterstadt, Frühlingsstadt, Sommerstadt und Herbststadt – jede hat ihren ganz eigenen Charakter. In Arcachon herrscht das ganze Jahr Urlaubsatmosphäre, die man besonders an der lebendigen Promenade spürt (s. S. 176).

⌐ *Montignac (s. S. 138) an der Vézère, Dordogne*

> **Saint-Jean-de-Luz:** Das sympathische Städtchen wird durch den baskischen Einfluss und die quirlige Innenstadt zu etwas ganz Besonderem. Alles ist etwas anders als am nördlichen Abschnitt der französischen Atlantikküste: Landschaft und Architektur, Kultur und Spezialitäten, aber auch die Sprache (s. S. 204).

> **Pau:** Hier wähnt man sich an der Côte d'Azur, denn die Stadt besticht durch ein Palmen- und Blumenmeer. Der Boulevard des Pyrénées ist gesäumt von wunderschönen Villen der Belle Époque, von hier schweift auch der Blick in die weite Ferne der Pyrenäen (s. S. 212).

▵ *Baskische Architektur in Saint-Jean-de-Luz (s. S. 204)*

EIN KLEINER GESCHICHTLICHER ÜBERBLICK

Zu den bedeutendsten kulturellen Zeugnissen der **Altsteinzeit** zählen die **Höhlenmalereien in Lascaux,** die belegen, dass bereits 20.000 v. Chr. Menschen das Tal der Vézère bewohnten.

Die **Megalithkultur** beginnt etwa 4000 v. Chr., zahlreiche kultische Zeitzeugen wie Dolmen und Menhire (s. S. 65) sind noch heute im nördlichen Teil Frankreichs zu finden.

Um 400 v. Chr. besiedeln **Kelten und Gallier** weite Teile des Landes. Julius Cäsar unterwirft die keltischen Volksstämme im Jahr 52 v. Chr. und hinterlässt eine reiche römische Kultur.

Im 5. Jh. n. Chr. erobern **Germanen (Franken)** das Gebiet, es entsteht das Reich der **Merowinger.** Chlodwig I. regiert nun das Westgoten-Territorium zwischen Loire und Garonne.

800 n. Chr. erobern die **Karolinger** unter Karl dem Großen (768–814) das Land, so entsteht ein Reich, das das heutige Frankreich, große Teile Deutschlands und weitere Gebiete in Italien umfasst.

Das eigentliche **Frankreich** wird gebildet, als im Jahr 832 die Söhne des entmachteten Kaisers Ludwigs des Frommen das Reich im Vertrag von Verdun unter sich aufteilen.

Anfang des 9. Jh. wird das Grab des Apostels Jakobus des Älteren in Santiago de Compostela entdeckt, es beginnt die Pilgerzeit.

Die **Hauptpilgerrouten** verlaufen durch den Südwesten Frankreichs, so entstehen hier ab dem 11. Jh. zahlreiche Kirchen und Klöster.

Eleonore, Erbtochter Wilhelm I. von Aquitanien ehelicht im Jahre 1137 Ludwig VII. und bringt die Gascogne und das Poitou mit in die Ehe.

1152 heiratet Eleonore von Aquitanien den König Heinrich II., wodurch die Hälfte des französischen Reiches unter die Herrschaft der englischen Krone gerät.

Als dritter Sohn des Paares kommt **Richard Löwenherz** 1157 zur Welt, der später den englischen Festlandsbesitz gegen den französischen König Philipp II. verteidigt.

Eine lange Zeit der kriegerischen Auseinandersetzung zwischen England und Frankreich beginnt Mitte des 14. Jh. und führt zum **Hundertjährigen Krieg** (s. S. 144).

Jeanne d'Arc bringt 1429 die Wende des kriegerischen Geschehens zu Gunsten Frankreichs und 1453 endet die Fremdherrschaft der englischen Krone endgültig.

Mitte des 16. Jh. beginnen die **Religionskriege,** diese werden durch König Heinrich IV. mit dem Edikt von Nantes 1598 beendet.

Frankreich erreicht mit der Herrschaft des **Sonnenkönigs Ludwig XIV.** (1638–1715) den Höhepunkt des **Absolutismus.** Wie im Pyrenäenfrieden vereinbart, heiratet der König 1659 die spanische Königstochter Maria Teresa in Saint-Jean-de-Luz.

Die Expansionspolitik Ludwigs XIV. führt zur **Ausweitung der Kolonien in Nordamerika,** und Frankreich gerät mit anderen europäischen Großmächten in Konflikt.

Im Rahmen des **Spanischen Erbfolgekriegs** verliert Frankreich unter Ludwig XV. die Befehlsgewalt über diverse europäische Gebiete und auch viele Kolonien.

Durch die Prunksucht der Könige und die teuren Kriege ist das Land finanziell ruiniert, die Privilegien des Adels und die unerträgliche Steuerbelastung der Bürger und Bauern führen 1789 zur **Französischen Revolution.**

Menschen- und Bürgerrechte werden eingeführt, der Adelsstand aufgelöst und der Klerus enteignet. 1792 wird auch die Monarchie abgeschafft und die Nationalversammlung ruft die **Erste Republik** aus. Durch die Machtansprüche unterschiedlicher politischer Gruppierungen kommt es zu Unruhen, die 1799 von **Napoléon Bonaparte** beendet werden. 1804 krönt sich der diktatorische

Herrscher selbst zum Kaiser und überrennt mit seinem Heer große Teile Europas. Der Russlandfeldzug von 1812 und die Schlacht von Waterloo 1815 führen zum Zusammenbruch des napolenischen Reiches.

Die **Februarrevolution von 1848** führt zur **Zweiten Republik,** Kaiser Napoléon III. besteigt den Thron, wird aber aufgrund der Niederlage im Deutsch-Französischen Krieg von 1870 wieder entmachtet.

Von 1871 bis 1940 währt die **Dritte Republik** und nach Ende des Zweiten Weltkriegs ruft Charles de Gaulle am 3. September 1944 die **Vierte Republik** aus, die innerhalb von zwölf Jahren mehr als zwei Dutzend Regierungen hervorbringt.

1958 wird die **Fünfte Republik** ausgerufen, General de Gaulle wird erneut Präsident und prägt das Land maßgeblich, bis er 1969 nach massiven Studentenunruhen und einer nationalen Revolte zurücktritt.

Ein Großteil der **afrikanischen Kolonien** wird ab 1960 in die **Unabhängigkeit** entlassen, eine freundschaftliche Zusammenarbeit mit dem deutschen Bundeskanzler Konrad Adenauer bereitet den Weg zu einem neuen Europa.

Seit 1949 ist Frankreich Mitglied der **NATO** und es ist 1957 Gründungsmitglied der **Europäischen Union.**

◹ *Der Triumphbogen des Germanicus in Saintes (s. S. 122)*

009wf-if

010wf-if

011wf-if

012wf-if

PRAKTISCHE REISETIPPS A–Z

ANREISE

Die in diesem Buch beschriebene Rundreise beginnt bei Saint-Nazaire, wo die Loire in den Atlantik mündet, und endet an der spanischen Grenze in den Pyrenäen. Im Folgenden werden die vier wichtigsten Anfahrts- bzw. Rückreiserouten beschrieben und einige Übernachtungsplätze in der Nähe der Hauptstrecke vorgestellt. Natürlich existieren noch unzählige weitere Stellplätze, auf Autobahnraststätten sollte man aber auf keinen Fall übernachten, da dies zu gefährlich ist. Es ist nicht nur sicherer, sondern auch sehr viel schöner, ein paar Kilometer ins Landesinnere zu fahren und dort vielleicht auch ein wenig spazieren zu gehen.

Für jede Route gibt es einen Stellplatzvorschlag, der ganz in der Nähe der deutsch-französischen Grenze und in wirklich sehenswerten Orten liegt.

DIE SCHNELLE, NÖRDLICHE ROUTE DURCH DAS TAL DER LOIRE

Für diejenigen, die über Luxembourg auf der A31 oder bei Saarbrücken auf der A4 nach Frankreich einreisen, ist Metz der ideale, grenznahe Übernachtungsort.

Die Stadt ist nicht nur sehenswert, sondern bietet auch einen sehr zentralen, kostenlosen Stellplatz vor den Toren des Camping Municipal.

200 Stellplatz Metz Aire Municipale
49.12414 6.168912

Ausgewiesene Wohnmobilstellplätze vor dem städtischen Campingplatz, öffentlicher Parkplatz angrenzend. **Lage/Anfahrt:** direkt an der Mosel, ruhig, 500 m zu Fuß ins Zentrum; **Platzanzahl:** 7; **Untergrund:** Asphalt; **Ver-/Entsorgung:** Trinkwasser, Abwasser, Chemie-WC; **Sicherheit:** beleuchtet; **Preise:** kostenlos; **Max. Stand:** 2 Nächte; **Geöffnet:** ganzjährig; **Adresse:** Allee de la Plage, Metz, www.tourisme.mairie-metz.fr.

> **L'Assiette au Boeuf,** Rue du Pont des Morts, Metz, Tel. 0033 387324312. 5 Min. zu Fuß vom Stellplatz entfernt, direkt am Fluss, Terrasse bei gutem Wetter geöffnet, schöner Blick auf die abends beleuchtete Brücke. Moderne Küche mit Burger-Variationen und Salaten, gutes Preis-Leistungs-Verhältnis.

In Autobahnnähe und direkt an der Loire gelegen, bietet sich der großzügige Stellplatz bei Angers an.

200 Stellplatz Aire d'accueil camping-cars de Bouchemaine/Angers
47.418678 –0.611358

Stellplatz mit großen Parzellen auf einem ehemaligen Campingplatz, ca. 8 km von Angers entfernt. **Lage/Anfahrt:** sehr schöne Lage direkt an der Maine, Fahrradweg angrenzend, teilweise schattig, ruhig, teils uneben; von Angers kommend Richtung Bouchemaine, vor dem Ort die Brücke überqueren und im Kreisverkehr links; **Platzanzahl:** 45; **Untergrund:** Asphalt, Wiese; **Ver-/Entsorgung:** Strom, Trinkwasser, Abwasser, Chemie-WC; Dusche und Ver-/Entsorgung mit Code, der auf dem Einfahrtsticket vermerkt ist. **Sicherheit:** beleuchtet; **Preise:** 9–15 €, je nach Saison; **Max. Stand:** unbegrenzt; **Geöffnet:** ganzjährig; **Adresse:** Rue de Chevrière, Bouchemaine, www.ville-bouchemaine.fr.

DIE GEMÜTLICHE ROUTE ENTLANG DER LOIRE

Für diejenigen, die etwas Zeit und Interesse an kulturellen Stätten mitbringen, lässt sich der Urlaub an der französischen Atlantikküste perfekt mit dem Besuch einiger der berühmten Loire-Schlösser verbinden. Bis Montargis, südlich von Paris und kurz vor Orléans, ist es empfehlenswert, die gebührenpflichtige Autobahn zu nehmen, denn der wirklich interessante Teil der Loire-Route beginnt in Briare. Hier befindet sich die berühmte, die Loire überquerende Kanalbrücke.

Gemütlich geht es immer am Fluss entlang in Richtung Westen, nun löst ein Château das nächste ab. Natürlich besitzt jedes zu besichtigende Schloss einen großen Parkplatz, auf dem man sicher auch mal eine Nacht stehen bleiben kann.

Hier zwei Stellplatzvorschläge in besonders schöner Lage.

202 Stellplatz Sully-sur-Loire
47.770884 2.383888

Speziell für Wohnmobile angelegter Parkplatz hinter dem Schloss, gut besucht. **Lage/Anfahrt:** zentrumsnah, schöne Lage direkt an der Loire; von Briare kommend, durchquert die D951 den Ort, ca. 750 m hinter dem Château-de-Sully; dem Womo-Piktogramm links vom Wasserschloss folgen; **Platzanzahl:** 25; **Untergrund:** Schotter, Wiese; **Ver-/Entsorgung:** Trinkwasser, Abwasser, Chemie-WC; **Sicherheit:** beleuchtet; **Preis:** kostenlos; **Max. Stand:** unbegrenzt; **Geöffnet:** ganzjährig; **Adresse:** Chemin de la Salle Verte, Sully-sur-Loire, www.sully-sur-loire.fr.

203 Stellplatz Aire De Camping Car Saumur
47.240833 –0.0225

Offizieller Stellplatz der Gemeinde, etwas außerhalb von Dampierre-sur-Loire. **Lage/Anfahrt:** direkt an der Loire, ca. 5 km von der historischen Stadt entfernt; von Saumur kommen der D947 bis zum Stellplatz folgen; **Platzanzahl:** 40; **Untergrund:** Schotter, Wiese, Sand, teilweise uneben; **Ver-/Entsorgung:** Trinkwasser, Abwasser, Chemie-WC; **Sicherheit:** beleuchtet; **Preise:** 6,50 €/Fahrz., in der Saison von April bis Ende Oktober, sonst kostenlos; **Max. Stand:** unbegrenzt; **Geöffnet:** ganzjährig; **Adresse:** Route de Montsoreau, Saumur, www.ot-saumur.fr.

DIE SCHNELLE ROUTE NACH BORDEAUX

Für die Reisenden, die aus dem südlichen Teil Deutschlands kommen, ist der Grenzübergang Mühlhausen/Mulhouse die beste Wahl.

Von der deutschen A5 kommend, geht die Fahrt ohne Autobahnunterbrechung in Frankreich zügig weiter. Die gebührenpflichtige A36 endet nach 230 km in Beaune, das ein sehr sehenswertes historisches Städtchen ist, und wo auch ein zentrumsnaher Stellplatz zur Verfügung steht. Ganz in der Nähe der Autobahn A6 liegt kurz vor Lyon der Stellplatz von Villefranche-sur-Saône direkt am Fluss.

Von hier aus sind es auf der A89 noch 550 km bis nach Bordeaux. Für einen weiteren Zwischenstopp bietet sich der schöne Stellplatz von Montignac 75 an.

▱ *Die Pont de Briare an der Loire*

⓸ Stellplatz Beaune
47.017662 4.836559

Gebührenfreier Parkplatz in Zentrumsnähe, spezielle Wohnmobilparkbuchten auf einem gemischten Parkplatz, unruhig. Empfehlenswert ist die Besichtigung der in fünf Minuten Fußweg zu erreichenden Altstadt mit dem berühmten Hôtel Dieu, einem Spital aus dem 15. Jh. **Lage/Anfahrt:** 5 Min. Fußweg zur sehenswerten Altstadt; der Beschilderung Centre folgen, der Platz liegt auf der rechten Seite der Hauptstraße; **Platzanzahl:** offiziell 5, 10 möglich; **Untergrund:** Asphalt; **Ver-/ Entsorgung:** Strom, Trinkwasser, Abwasser, Chemie-WC; **Sicherheit:** beleuchtet; **Preise:** gebührenfrei, am Automat Jeton für 4,20 € (4 Stunden Strom und Wasser); **Max. Stand:** unbegrenzt; **Geöffnet:** ganzjährig; **Kontakt:** Avenue Charles de Gaulle, Beaune; www.ot-beaune.fr.

☑ Viele Brücken bieten eine beeindruckende Aussicht

⓹ Stellplatz Villefranche-sur-Saône
45.972356 4.751741

Pass'Étapes-Platz (s. S. 32), Aire de Camping Car Park direkt am Fluss, großzügiger, ehemaliger Campingplatz, in der Saison mit Ausflugslokal. **Lage/Anfahrt:** Ortsrand, an der Saône, schöner Spazierweg; von der A6 kommend, Ausfahrt 31.2 auf der D306 Richtung Fluss; **Platzanzahl:** 120; **Untergrund:** Wiese; **Ver-/Entsorgung:** Strom, Trinkwasser, Abwasser, Chemie-WC; **Sicherheit:** umzäunt, beleuchtet; **Preise:** 12,40 €/Fahrz., inklusive Ver-/Entsorgung; **Max. Stand:** unbegrenzt; **Geöffnet:** ganzjährig; **Kontakt:** Route de Riottier 2788, Villefranche-sur-Saône, www.villefranche.net.

DIE SCHNELLE ROUTE
ENTLANG DER PYRENÄEN

Für die An- bzw. Abreise in den bzw. aus dem baskischen Teil der französischen Atlantikküste ist die Autobahn A64, die über Toulouse führt, sicherlich die beste Wahl. Weiter geht die Fahrt gen Norden auf der A20.

Nahe der Autobahn befinden sich sowohl in Montauban wie auch im etwas nördlicher gelegenen Städtchen Souillac zentrumsnahe Stellplätze.

⓪⑥ Stellplatz Montauban
44.007508 1.341355

Aire de Camping-Car am Pont Canal, unterhalb der Straße direkt am Kanal zum Fluss Tarn. **Lage/Anfahrt:** südlich des Orts, Zentrum fußläufig erreichbar; von der A20 kommend nach Überquerung der Tarn auf die N2020 abfahren, nach Überquerung des Kanals zum Stellplatz links unterhalb der Straße fahren; **Platzanzahl:** 10; **Untergrund:** fest; **Ver-/Entsorgung:** Strom, Trinkwasser, Abwasser, Chemie-WC; **Sicherheit:** beleuchtet, videoüberwacht; **Preise:** 9 €/Fahrz., inklusive Ver-/Entsorgung; **Max. Stand:** unbegrenzt; **Geöffnet:** ganzjährig; **Kontakt:** Rue des Oules 125, Montauban, www.montauban-tourisme.com.

⓪⑦ Stellplatz Souillac
44.891658 1.475656

Offizieller Stellplatz der Gemeinde auf dem Parking du Baillot, schattenlos, Wander- und Fahrradweg angrenzend. **Lage/Anfahrt:** zentrumsnah, der Fluss Dole ist nicht weit, Freizeitpark in der Nähe, der Ort liegt unweit der Autobahn; von der A20 kommend Ausfahrt 55 nehmen, auf der D804 Richtung Centre fahren und der Womo-Beschilderung folgen; **Platzanzahl:** 50; **Untergrund:** Schotterrasen, fest; **Ver-/Entsorgung:** Strom, Trinkwasser, Abwasser, Chemie-WC; **Sicherheit:** beleuchtet; **Preise:** 10 €/Fahrz., Ver-/Entsorgung inklusive; **Max. Stand:** sieben Nächte; **Geöffnet:** ganzjährig; **Kontakt:** Chemin de Baillot Parking, Souillac, www.campingcarpark.com.

Départements und Gebietsreform

Die Französische Republik ist in 101 Départements unterteilt, von denen 96 in Europa liegen. Martinique, Französisch-Guayana, Réunion, die Insel Mayotte und Guadeloupe befinden sich in Übersee.

Mit 10.000 Quadratkilometern ist Gironde das größte Département in Frankreich, das kleinste ist Paris mit 105 Quadratkilometern.

Alle Départements sind alphabetisch nummeriert, und anhand der letzten beiden Stellen des KFZ-Kennzeichens ist seit 2009 zu erkennen, in welchem Département ein Auto zugelassen ist. So hat zum Beispiel ein Fahrzeug aus dem Département Loire-Atlantique die Endziffern 44, der Verwaltungssitz ist die Stadt Nantes. Das Département Pyrénées-Atlantiques, in der Region Nouvelle-Aquitane gelegen, ist Nr. 64 mit Präfektur in Pau, Fahrzeuge aus Paris haben die Endziffer 75.

Als Maßnahme gegen die hohe Staatsverschuldung Frankreichs schlug der damalige Präsident François Hollande 2014 vor, die französischen Regionen neu zu ordnen. Durch die neue Aufteilung der bestehenden 22 Regionen auf nun 14 Regionen sollten erhebliche Gelder eingespart werden. Nach heftigen, emotionalen Diskussionen und Meinungsäußerungen wurde die Gebietsreform 2015 durch das französische Parlament endgültig angenommen und der Ort für die jeweiligen Regionalpräfekturen festgelegt. Die neu entstandene Region Nouvelle-Aquitaine hat ihren Sitz in Bordeaux und ist flächenmäßig die zweitgrößte Region Frankreichs nach Französisch-Guayana. Die anhand der Einwohnerzahlen (rund 5,9 Millionen) viertgrößte Region Frankreichs besitzt insgesamt zwölf Départements. Damit sind die alten, bekannten Namen wie Charente, Charente-Maritime, Corrèze, Creuse, Deux-Sèvres, Dordogne, Gironde, Haute-Vienne, Landes, Lot-et-Garonne, Pyrénées-Atlantiques und Vienne offiziell nicht mehr gültig. Die Bräuche und Sitten der alten Kulturlandschaften bleiben aber sicher noch lange erhalten. Dies gilt ebenso für die kulinarischen Spezialitäten, die fast jeder Landstrich sein Eigen nennt.

015wf-lf

Auf dem mustergültigen Stellplatz Château d'Oléron (51) *auf der Île d'Oléron*

CAMPINGPLÄTZE

Dieser Wohnmobil-Tourguide legt seinen Schwerpunkt auf die Vorstellung von Stellplätzen. Es werden in erster Linie solche Campingplätze vorgestellt, die empfehlenswert und ganzjährig geöffnet sind. So wird dem mobilen Reisenden eine möglichst weitgehende Unabhängigkeit garantiert, um nicht ausschließlich auf die Hauptreisezeiten angewiesen zu sein. Ausnahmen bilden einige **Camping Municipal,** die aufgrund ihrer sehr schönen Lage erwähnenswert sind. Diese gemeindeeigenen Campingplätze sind schlicht und sehr preiswert. Eine erschöpfende Auflistung dieses in Frankreich sehr verbreiteten Angebots wird hier nicht vorgenommen.

Darüber hinaus wird bei den Franzosen das **Camping à la Ferme** immer beliebter, also Camping auf dem Bauernhof. Eine Zusammenfassung dieser Möglichkeiten erhält man unter www.campingfrance.com (auch auf Deutsch).

In der Hauptsaison im Juli/August sollte man unbedingt eine Reservierung vornehmen, die auf den gut ausgestatteten Campingplätzen dann aber meist nur wochenweise möglich ist. Einige fortschrittliche Campingplatzbetreiber bieten mittlerweile vor ihren Toren preiswertere Übernachtungsmöglichkeiten an, die Ver- und Entsorgung wird dann pauschal abgerechnet.

DIEBSTAHL

Die Rastplätze an den mautpflichtigen französischen Autobahnen sind meist recht sauber, großzügig mit netten Picknickplätzen angelegt und haben teilweise auch einige Spielgeräte für die Kleinen. Dies lädt zum sorglosen Verweilen, zum ausgiebigen Restaurantbesuch und Übernachten ein, aber nirgends ist das **Aufbruchs- und Überfallrisiko** größer als auf Autobahnrastplätzen. Vor allem unerfahrenen Wohnmobilisten ist dringend zu empfehlen, die Autobahn zum Übernachten zu verlassen. Ganz besonders in der Hauptreisezeit sind Banden unterwegs, die in Sekundenschnelle eine Wohnmobiltür aufbrechen und das Fahrzeug leerräumen können. Gefährdet sind weiterhin die **Parkplätze in der Nähe von Sehenswürdigkeiten und Parks.** Hier herrscht ein ständiges Kommen und Gehen und wer sein Fahrzeug verlässt, ist normalerweise längere Zeit abwesend. Jeder Mitfahrer sollte ganz auffällig Handtasche, Rucksack, Handy und Kamera bei sich tragen, um zu signalisieren, dass keine Wertgegenstände mehr im Auto sind.

Der Reisende, der trotz aller Vorsichtsmaßnahmen doch einmal Opfer eines Einbruchs oder Taschendiebstahls wird, muss dies unbedingt bei der Polizei zur Anzeige bringen.

DIPLOMATISCHE VERTRETUNGEN

› **Botschaft der Bundesrepublik Deutschland,** BP 3022, 124 Rue Marbeau, 75364 Paris, Tel. 0033 153834500, Öffnungszeiten: Mo–Do 8.30–16.45 Uhr, Fr 8.30–14 Uhr

> **Generalkonsulat der Bundesrepublik Deutschland,** 35 Cours de Verdun, 33000 Bordeaux, Tel. 0033 556171222, Mo–Do 8–12 und 13–15.30 Uhr, Fr 8–14 Uhr

> **Generalkonsulat der Schweiz,** 142, Rue de Grenelle, 75007 Paris, Tel. 0033 149556700, Mo–Fr 9–12 Uhr

> **Österreichische Botschaft Paris,** 6, Rue Fabert, 75007 Paris, Tel. 0033 140633063, Mo–Fr 9–12 Uhr

EINKAUFEN

Unsere französischen Nachbarn legen sehr großen **Wert auf die Qualität** der Lebensmittel und sind bereit, dafür auch etwas mehr auszugeben.

So sind die **Preise** in den meist sehr gut bestückten Supermärkten **deutlich höher.** Diese befinden sich, wie auch in Deutschland, oft in den Industriegebieten oder Einkaufszentren, schließen allerdings schon um 19 Uhr. In den Innenstädten konzentriert sich das Angebot auf kleinere Spezialitätengeschäfte und Boutiquen.

Große Tradition haben in Frankreich **regionale Märkte,** die in nahezu jedem kleinen Ort mindestens einmal pro Woche stattfinden. Die Markthallen, häufig in sehr schönen historischen Gebäuden untergebracht, sind meist täglich am Vormittag geöffnet, und der Besuch eines solchen **marché couvert** ist ein kulinarischer Genuss. Die Auswahl an frischem Obst und Gemüse, an Pasteten, Käse und hochwertigen Fleischstücken ist enorm. Vor allen Dingen das Angebot an Fisch ist meist wirklich beeindruckend. Oft gibt es in den Markthallen auch kleine Imbissmöglichkeiten, wo man sich z. B. ein paar Austern und ein Gläschen Wein gönnen kann.

◿ Den berühmten Schinken von Bayonne (s. S. 192) gibt es in den Pyrénées-Atlantiques überall zu kaufen

EINREISEBESTIMMUNGEN

In der Europäischen Union sind Grenzkontrollen mit dem Schengener Abkommen abgeschafft worden. Trotzdem muss der Reisende damit rechnen, dass stichprobenweise oder aufgrund besonderer Vorkommnisse an den Grenzen zu Frankreich kontrolliert wird.

Wie auch in Deutschland ist es Pflicht, einen **gültigen Reisepass oder Personalausweis** (Kinder benötigen einen eigenen Kinderausweis), den **nationalen Führerschein** und den **KFZ-Schein** mitzuführen. Weiterhin ist es empfehlenswert, als Nachweis den **Grünen Versicherungsschein** dabei zu haben, der im Falle eines Unfalls die Abwicklung erheblich erleichtert.

Wer noch einen alten grauen oder rosafarbenen Führerschein besitzt, dem wird dringend empfohlen, diesen rechtzeitig vor Reiseantritt ins europäische Ausland gegen einen scheckkartengroßen EU-Führerschein auszutauschen. Generell ist der alte „Lappen" in Europa zwar noch gültig, dieser führt aber bei einer Kontrolle zu unnötigen Diskussionen und Problemen und wird gelegentlich sogar mit einem Bußgeld geahndet.

ELEKTRIZITÄT

In Frankreich findet man sowohl 230 Volt als auch genormte CE-Stecker vor, es gibt aber noch Camping- bzw. Stellplätze, auf denen der Stromanschluss nicht über die CE-Stecker ermöglicht wird.

Die haushaltsüblichen Stecker sind in Frankreich mit einem Loch ausgestattet, da das Gegenstück für den Schutzleiter einen Stift besitzt. Die dafür notwendigen Adapter kann man in Deutschland in fast jedem Baumarkt kaufen, ein Flachstecker passt allerdings immer.

FEIERTAGE

Unsere französischen Nachbarn haben drei gesetzliche, landesspezifische Feiertage, die der Nation sehr wichtig sind. Geschäfte, Banken, Schulen und Ämter sind geschlossen, Restaurants, Cafés und viele Sehenswürdigkeiten haben in touristischen Regionen allerdings meist offen.

Der französische **Nationalfeiertag am 14. Juli** ist das wichtigste Fest im Jahr. Der Tag erinnert an den Sturm auf die Bastille in Paris im Jahr 1789, mit dem die Französische Revolution begann. An diesem Tag werden landesweit, auch in kleinen Ortschaften, Feuerwerke entzündet und die ganze Nation feiert ausgelassen.

Am 11. November 1918 wurde mit dem **Waffenstillstand von Compiègne** das Ende des Ersten Weltkrieges beschlossen, ein Ereignis, dem noch heute gedacht wird.

Am 8. Mai wird das **Fête de la Victoire,** die Siegesfeierlichkeiten zum Ende des Zweiten Weltkriegs mit Militärparaden und Gottesdiensten begannen.

FESTE FEIERTAGE

> Neujahr (Jour de l'An): 1. Januar
> Tag der Arbeit (Fête du travail): 1. Mai
> Tag des Sieges (Fête de la Victoire): 8. Mai
> Nationalfeiertag (Fête Nationale de la France): 14. Juli
> Mariä Himmelfahrt (Assomption): 15. August
> Allerheiligen (Toussaint): 1. November
> Waffenstillstand von Compiègne (Armistice 1918): 11. November
> Erster Weihnachtsfeiertag (Noël): 25. Dezember

BEWEGLICHE FEIERTAGE

> Karfreitag (Vendredi Saint)
> Ostersonntag (Jour de Pâques)
> Ostermontag (Lundi de Pâques)
> Christi Himmelfahrt (Ascension)
> Pfingstsonntag (Pentecôte)
> Pfingstmontag (Lundi de Pentecôte)

GASVERSORGUNG

Nahezu jedes Wohnmobil führt heutzutage zwei 11 kg Gasflaschen mit sich, die selbstverständlich bei Urlaubsbeginn auch voll sein sollten. Heizt man nicht, ist dieser Vorrat für einen mehrwöchigen Urlaub auch ausreichend.

Das Befüllen deutscher Gasflaschen wird in Frankreich nicht praktiziert und ist offensichtlich auch verboten. Bei Versorgungsknappheit hilft dann nur die teure blaue Camping-Gaz-Flasche, da nur diese in die Gasflaschenkästen passt. Erhältlich ist sie auf Campingplätzen, in Supermärkten und Eisenwarengeschäften. Sie setzt jedoch voraus, dass man über einen passenden Adapter verfügt, den man auch in Deutschland vorab erwerben kann.

Die Supermarktkette **E.Leclerc** hat im Bereich ihrer Tankstellen eine lilafarbene 11 kg Propangasflasche eingeführt, um ausländische Wohnmobilisten bedienen zu können. Diese Flasche kann dann auch ohne Adapter verwendet werden.

Mit einem fest eingebauten Gastank ist man in Frankreich gut aufgehoben. Das Tankstellennetz ist sehr dicht, die Gastankstellen oder Zapfsäulen sind mit G.L.P. gekennzeichnet.

GASTRONOMIE

Frankreich gilt als das Gourmetland schlechthin. Essen und Trinken sind unseren Nachbarn sehr wichtig, dabei wird Wert auf Qualität gelegt, für die man auch gerne etwas mehr zu zahlen bereit ist. Das **Frühstück** (petit déjeuner) besteht oft nur aus einer Tasse Kaffee und einem Croissant, was der Franzose auch gerne im Schnellverfahren auf dem Weg zur Arbeit in der entsprechenden Lokalität zu sich nimmt.

◁ *Chilischoten in Espelette (s. S. 208) in den Pyrénées-Atlantiques*

Das **Mittagessen** (déjeuner) hingegen wird geradezu zelebriert und gerne auch für geschäftliche Besprechungen genutzt. So kann der Frankreichreisende davon ausgehen, dass in öffentlichen, aber auch touristischen Einrichtungen wie Touristeninformationen, Museen usw. eine bis zu zweistündige Mittagspause üblich ist.

Das **Abendessen** (dîner) gehört der Familie und Freunden und besteht auch im Alltag meist aus einem ganzen Menü inklusive Vorspeise (entrée), Nachspeise (dessert) und einem Espresso, der in Frankreich schlicht „café" heißt. Ein digestif, ein Verdauungsschnaps, kann den kulinarischen Abend abrunden, Wein und Wasser allerdings gehören bei jedem Essen selbstverständlich dazu.

Frankreich ist ein riesiges Land, und natürlich hat jeder Landstrich seine eigenen **Spezialitäten** mit ganz besonderen Zutaten. Innerhalb der Routen dieses Buches wird der Leser immer wieder auf regionale Gerichte aufmerksam gemacht, die es sich in jedem Fall zu probieren lohnt.

GELDFRAGEN

In Frankreich ist die Carte bleue das meistverbreitete Zahlungsmittel im Bereich der **Kreditkarten,** wozu auch Visa-Karte und Mastercard zählen. Banken haben in der Regel Mo bis Fr von 9 bis 12 und 14 bis 16 Uhr geöffnet.

Bei Barabhebungen am Geldautomaten fallen bei Benutzung der Kreditkarten hohe Gebühren an, so ist es günstiger, hierfür die **Debitkarte (Girocard)** einzusetzen, wobei je nach Hausbank auch von dieser Gebühren erhoben werden können.

Diese Karte wird auch in Geschäften und Restaurants akzeptiert. Weiterhin ist die Girocard an **Tankautomaten** bezüglich der Akzeptanz oftmals die bessere Wahl.

Bei der Bezahlung der **Mautgebühren** werden sowohl Kreditkarten als auch die Girocard akzeptiert. Nähere Informationen finden sich im Kapitel Maut (s. S. 27).

KARTENSPERRUNG

Bei **Verlust der Debit-/Giro-, Kredit-** oder **SIM-Karte** gibt es für Kartensperrungen eine **deutsche Zentralnummer** (unbedingt vor der Reise klären, ob die eigene Bank bzw. der jeweilige Mobilfunkanbieter diesem Notrufsystem angeschlossen ist). **Aber Achtung:** Mit der telefonischen Sperrung sind die Bezahlkarten zwar für die Bezahlung/Geldabhebung mit der PIN gesperrt, nicht jedoch für das **Lastschriftverfahren mit Unterschrift.** Man sollte daher auf jeden Fall den Verlust zusätzlich **bei der Polizei zur Anzeige bringen,** um gegebenenfalls auftretende Ansprüche zurückweisen zu können.

In **Österreich** und der **Schweiz** gibt es keine zentrale Sperrnummer, daher sollten sich Besitzer von in diesen Ländern ausgestellten Debit- oder Kreditkarten vor der Abreise bei ihrem Kreditinstitut über den zuständigen Sperrnotruf informieren.

Generell sollte man sich immer die **wichtigsten Daten** wie Kartennummer und Ausstellungsdatum **separat notieren,** da diese unter Umständen abgefragt werden.

> **Deutscher Sperrnotruf:** Tel. +49116116 oder Tel. +493040504050
> **Weitere Infos:** www.kartensicherheit.de, www.sperr-notruf.de

GEZEITEN

Gezeiten entstehen durch die Anziehungskraft zwischen Mond und Erde und zwischen Sonne und Erde, sowie durch die Fliehkraft, die bei der Bewegung des Mondes um die Erde entsteht. Der Mond ist der Erde viel näher als die Sonne, daher überwiegt die Wirkung des Mondes. Das zeigt sich, indem zwischen zwei Hochwassern bzw. zwei Niedrigwassern im Mittel 12½ Stunden, zwischen Hoch- und Niedrigwasser im Mittel 6¼ Stunden liegen. Die Zeit von einer unteren Kulmination (das Erreichen des höchsten oder tiefsten Stands) des Mondes beträgt bis zur nächsten Kulmination 24 Stunden und 50 Minuten.

Das **Ansteigen des Wasserspiegels** vom niedrigen Wasserstand, dem Niedrigwasser, zum höchsten Wasserstand, dem Hochwasser, heißt Flut. Das Fallen vom Hochwasser zum Niedrigwasser heißt Ebbe. Ebbe und Flut sind eine Tide, eine Gezeitenwelle oder kurz eine Gezeit. Der Höhenunterschied zwischen Niedrigwasser und Hochwasser ist der Tidensteig, der Höhenunterschied zwischen der Hochwasserhöhe und der folgenden Niedrigwasserhöhe ist der **Tidenfall.** Das arithmetische Mittel aus **Tidensteig** und Tidenfall ist der **Tidenhub.**

Anlagen, die die Höhe des Wasserstandes messen, heißen **Pegel.**

An den Küsten sind die Gezeitenerscheinungen halbtägig, das bedeutet, dass im Laufe eines Tages im Allgemeinen zwei Hochwasser und zwei Niedrigwasser auftreten. Über einen längeren Zeitraum (größer als ein Monat) gibt es auch Orte mit nur einem Hoch- und einem Niedrigwasser (eintägige Gezeitenform) und Orte von gemischten Gezeitenformen, an denen im Laufe eines Tages auftretende Hoch- und Niedrigwasser in Zeit und Höhe stark voneinander abweichen.

Besonders hohe Hochwasser und besonders niedrige Niedrigwasser entstehen, wenn die die Gezeiten bildenden Kräfte des Mondes und der Sonne zusammenwirken.

Genau das passiert, wenn Erde, Mond und Sonne in einer geraden Linie stehen, also bei Vollmond und bei Neumond. Es herrscht dann **Springzeit** mit Springhochwasser, Springniedrigwasser und dem größten Tidenhub, dem Springtidenhub.

Steht aber der Mond im ersten oder letzten Viertel, so entstehen besonders schwache Gezeiten, die sogenannten **Nipptiden.**

Die Wasserstandsänderungen sind mit horizontalen Wassertransporten verbunden, den Gezeitenströmen. Der Strom beim Fallen des Wassers ist der Ebbstrom, beim Steigen ist es der Flutstrom. Der Flutstrom beginnt während der Flut zu laufen und kann noch nach Eintritt des Hochwassers anhalten. Entsprechend beginnt der Ebbstrom während der Ebbe zu laufen und kann nach Eintritt des Niedrigwassers noch anhalten. Ist der Strom zur Ruhe gekommen, herrscht Stillwasser. Wenn der Flut- zum Ebbstrom übergeht (oder umgekehrt), spricht man davon, dass der Strom kentert.

◁ Ebbe an der französischen Atlantikküste

Die gewaltige Kraft, mit der sich bei beginnender Ebbe das Wasser zurückzieht, darf niemals unterschätzt werden. Der **Sog** ist teilweise so stark, dass ein Badender auf die Dauer keine Chance hat, dagegen anzuschwimmen. Deshalb sollte man nicht zu weit hinausschwimmen und Kinder ohne ständige Aufsicht niemals allein am und im Wasser spielen lassen.

Die Gefahr bei Flut entsteht durch starke **Unterströmungen.** So viel Spaß es auch macht, in die Wellen hinein zu springen und unterzutauchen, so darf man niemals vergessen, dass das Wasser sich am Grund wieder ins offene Meer zurückzieht und nahtlos die nächste Welle heranrollt.

In Touristenbüros, in vielen Hotels und auch auf zahlreichen Campingplätzen ist ein **kostenloser Tidenkalender** erhältlich, der die von Region zu Region unterschiedlichen Tidenzeiten für ein ganzes Jahr beinhaltet.

Selbstverständlich gibt es für Smartphones und Tablets eine entsprechende **Tiden-App,** anhand der man sich jederzeit informieren kann.

KARTEN

Am Ende dieses Wohnmobil-Tourguides befindet sich ein detaillierter Routenatlas, mit dessen Hilfe die Routen nachvollzogen werden können. Es ist trotzdem empfehlenswert, zusätzlich eine Straßenkarte in größerem Maßstab dabei zu haben. Diese Landkarten informieren darüber hinaus noch z. B. über landesspezifische Regelungen oder besondere Sehenswürdigkeiten.

Empfehlenswert sind für diesen Reiseführer folgende Michelin-Karten: 316 Vendée, 324 Charente, 335 Aquitanien, Bordeaux, 329 Périgord, 342 Baskenland, Pyrenäen.

In Frankreich wurde vor einigen Jahren die Straßennummerierung und Bezeichnung geändert, aus Nationalstraßen (N) wurden großflächig Départementstraßen (D) bei gleichzeitiger Veränderung der Bezifferung, was mit älterem Kartenmaterial zu Missverständnissen führen kann.

Ein kleiner Tipp ist **www.maps.me,** ein Programm für fast alle gängigen Smartphone-Betriebssysteme. Hier kann man kostenlos Karten herunterladen, die auch offline verwendet werden können.

HAUSTIERE

Bei der Mitnahme von Hunden müssen einige Vorgaben beachtet werden: Die Tiere dürfen **nicht jünger als drei Monate** sein. Der Hund muss per **Mikrochip** identifizierbar sein und einen **Europäischen Impfpass** besitzen, wobei die Impfungen nicht mehr als ein Jahr und nicht weniger als einen Monat zurückliegen dürfen. Tollwutimpfungen sind auch in Frankreich drei Jahre gültig.

Für sogenannte **„Kampfhunde"** gelten besondere Regelungen, über die man sich im Vorfeld erkundigen sollte.

INFORMATIONEN

In nahezu jedem Ort, den dieser Reiseführer beschreibt, gibt es ein **Fremdenverkehrsbüro,** ein „Office de Tourisme", das abgekürzt oft auch als OT bezeichnet wird. Frankreichreisende können davon ausgehen, dass diese Informationsstellen in den Sommermonaten täglich (mit kurzer Mittagspause) geöffnet sind. In der Nebensaison sollte man allerdings mit stark eingeschränkten Öffnungszeiten rechnen.

Die Touristeninformationen halten umfangreiche, meist kostenlose Informationsbroschüren zu Unterkünften und Restaurants, Sehenswürdigkeiten in der Region und Kartenmaterial für Wander- bzw. Fahrradtouren bereit. Hier können meist auch geführte Ausflüge oder Konzertbesuche gebucht werden. Der Urlauber kann weiterhin davon ausgehen, dass die Mitarbeiter auch Auskünfte zu Ärzten oder Reparaturwerkstätten geben

können. Man wird sich sicherlich in jedem Fall bemühen, den Gästen zu helfen.

Auch wer sich vorab im Internet über die Urlaubsorte erkundigen möchte, ist auf den Webseiten der örtlichen Fremdenverkehrsbüros bestens aufgehoben.

Weiterhin finden sich gute, deutschsprachige Informationen unter folgenden Links:
> www.france-voyage.com
> www.frankreich-mobil-erleben.de

Sehr hilfreich bei der Vorbereitung einer Reise sind auch die Geschäftsstellen des **ADAC,** bzw. die Automobilclubs **ÖAMTC** in Österreich und **ACS** in der Schweiz.

KFZ-KENNZEICHEN

In Frankreich lassen sich anhand der Autokennzeichen einige Informationen ablesen. Das seit 2009 gültige System zeigt mit schwarzer Schrift auf weißem Grund eine Kombination aus 2 Buchstaben, 3 Ziffern und wiederrum 2 Buchstaben an, die national fortlaufend, serienmäßig vergeben werden.

Die Nummernschilder sind fester Bestandteil eines Fahrzeugs und werden auch bei einem Verkauf nicht ausgetauscht. So soll der Handel mit gestohlenen Fahrzeugen erschwert werden.

Auf blauem Grund ist linksseitig das in Europa allgemein gültige Sternensymbol und darunter der Nationalbuchstabe „F" für Frankreich zu sehen.

Auf der rechten Seite des KFZ-Zeichens sind oben das Wappen des jeweiligen Départements und darunter die entsprechende Nummer zu erkennen.

▷ *So sieht eine typische Mautstation auf einer französischen Autobahn aus*

MAUT

Um in Frankreich bei der An- und Abreise größere Strecken stressfrei zu bewältigen, ist die Benutzung der mautpflichtigen Autobahnen unerlässlich. Außer rund um die Ballungsräume größerer Städte sind die Autobahnen gebührenpflichtig, dafür aber sehr gut ausgebaut und relativ wenig befahren.

An jeder Ausfahrt gibt es eine **Mautstelle** bzw. auf der Autobahn auch dort, wo der Zuständigkeitsbereich des einen Betreibers endet und der des nächsten Unternehmens beginnt.

Es kann nach wie vor am Mauthäuschen mit **Bargeld** bezahlt werden, teilweise werden die Münzen in einen Auffangtrichter geworfen. Alle Mautstellen, ob mit oder ohne Personal, akzeptieren, auch für die kleinsten Beträge, Kredit- oder Debitkarten.

Mautstellen bedeuten aber auch: anstehen, warten und hoffen, dass es keine Probleme gibt.

Zum stressfreien und zeitsparenden Reisen sollte man sich mit dem System des **Télépéage** vertraut machen, was in Frankreich auch für Ausländer problemlos möglich ist.

Mittels einer kleinen Box, innen an der Windschutzscheibe angebracht, wird beim Durchfahren der Zahlstelle die Maut abgebucht – einfach, schnell und problemlos.

Der minimale Aufwand beschränkt sich auf das rechtzeitige Bestellen der Box „Bip & Go" im Internet, deren Versand bis zu einer Woche dauern kann.

Auf der Seite www.bipandgo.com wird in deutscher Sprache alles sehr verständlich erklärt. Die Box kostet 10 € (inklusive Inbetriebnahme), es fallen 10 € Versandkosten und 1,70 € Gebühr je verwendetem Monat an. Entsprechend der gefahrenen Strecke wird die fällige Maut per Einzug vom Girokonto oder einem Kreditkartenkonto abgebucht. Dieses „Bip & Go"-Zahlsystem ist auch in Spanien und an verschiedenen Großraumparkplätzen in Frankreich einsetzbar, z. B. am Flughafen in Paris.

MEDIZINISCHE VERSORGUNG

Die medizinische Versorgung entspricht dem **Europäischen Standard.** Fachärzte, Zahnärzte und Krankenhäuser sind in jeder größeren Stadt vorhanden.

Für Reisende ist es wichtig zu wissen, dass es in Frankreich Ärzte verschiedener „Gattungen" gibt. So haben Patienten die Wahl zwischen Vertragsärzten und Ärzten mit freier Honorargestaltung (Privatpraxen).

019vf-ás © Netfalls

Da die Übernahme der Kosten im Urlaub ein nicht zu unterschätzendes Thema ist, sollten sich Frankreich-Reisende im besten Fall für Vertragsärzte entscheiden, da diese ihre Tarife und Honorare nach den Vorgaben der gesetzlichen französischen Krankenversicherung richten.

Mit dem entsprechenden Abkommen wurde auch hier die **EU-Krankenversicherungskarte** eingeführt. Sie ist für die Notfallversorgung vor Ort gültig und bei der Weiterbehandlung chronischer Erkrankungen. Dennoch müssen Behandlungen und Medikamente in der Regel vor Ort bezahlt werden. Die Quittungen können bei der Krankenkasse in Deutschland eingereicht werden und werden nach dem deutschen Regelsatz erstattet.

Apotheken *(Pharmacie)* erkennt man an einem, während der Öffnungszeiten blinkenden, grünen Kreuz. In jeder Apotheke hängt für Notfälle am Eingang oder im Fenster die Adresse der nächsten diensthabenden Apotheke aus.

Eine zusätzliche **Auslandskrankenversicherung** übernimmt beispielsweise einen eventuell notwendigen Rücktransport ins Heimatland und kann mittlerweile einfach und kurzfristig über das Internet abgeschlossen werden.

Besonders Reisenden aus der Schweiz ist eine **Auslandskrankenversicherung** sehr zu empfehlen.

ÖFFNUNGSZEITEN UND PREISE

An der Französischen Atlantikküste herrscht saisonbedingter Tourismus vor und so gleicht je nach Jahreszeit mancher Badeort einer Geisterstadt. Dass hier kein Fremdenverkehrsbüro oder Restaurant geöffnet ist, ist nachvollziehbar. Aber auch in Städten wie La Rochelle oder Bordeaux werden in den Nebensaisons eingeschränkte Öffnungszeiten zu erwarten sein. Der Reisende, der außerhalb der Hauptsaison unterwegs ist, muss damit rechnen, häufiger vor verschlossenen Türen zu stehen.

Frankreich hat **kein verbindliches Ladenschlussgesetz** für die Werktage, daher können die Öffnungszeiten stark variieren. Die meisten **Geschäfte** sind von Montag bis Samstag zwischen 9 oder 10 und 18 oder 19 Uhr geöffnet. In touristischen Regionen sind die Läden während der Hauptsaison aller-

⌃ *In den bunten Cabanes am Hafen von Le Château d'Oléron haben viele Künstler ihr Atelier (s. S. 101)*

⌄ *Ein schönes Fleckchen Erde zum Rasten findet sich immer!*

dings auch sonntags zumindest am Vormittag geöffnet.

Auch für die Schalterstunden von **Banken** gibt es keine festen Öffnungszeiten. Hier sollte man auf alle Fälle mit Mittagspausen zwischen 12 und 14 Uhr rechnen.

Postämter schließen samstags in der Regel um 12 Uhr.

Museen und **öffentliche Sehenswürdigkeiten** können normalerweise den ganzen Sonntag über besucht werden, dafür haben diese Einrichtungen allerdings sehr häufig montags zu.

PANNE

Im Falle einer hoffentlich nie auftretenden Panne gelten in Frankreich die gleichen Bestimmungen wie in Deutschland:

Das **Fahrzeug möglichst verkehrssicher abstellen** und **Warnblinker** anstellen.

Die **Warnwesten** anziehen, das Fahrzeug Richtung Fahrbahnrand verlassen und das **Warndreieck** aufstellen. Sofort die Fahrbahn verlassen und hinter den Leitplanken oder in Abstand zum fließenden Verkehr warten.

Den **Pannendienst** beziehungsweise die **Notrufnummer 112** benachrichtigen.

Auf französischen Autobahnen oder Schnellstraßen sind in regelmäßigen Abständen orangefarbene Notrufsäulen installiert, sobald ein Notruf abgegeben wurde, wird ein zugelassener Mechaniker losgeschickt. Die Tarife variieren: Ob die Pannenhilfe am Tag (8–18 Uhr) oder in der Nacht (18–8 Uhr), in der Woche oder am Wochenende benötigt wird, sowie die Entfernung des Abschleppdiensts zur Werkstatt des Mechanikers oder zu einem anderen Ort, haben Einfluss auf die Kosten.

Der **Mindesttarif** beträgt 123,90 € für Fahrzeuge unter 1,8 t. Ein Womo bis 3,5 t kostet mindestens 156,95 €. Die genauen Tarife sind auf der Internetseite des französischen Automobilclubs ASFA (www.autoroutes.fr) gelistet.

PARKEN UND RASTEN

Das Standard-Wohnmobil ist rechtlich gesehen ein Pkw mit Sonderaufbau. Somit darf das Fahrzeug überall dort parken, wo entsprechend große Parkflächen vorhanden sind.

Weißgestrichelte Linien zeigen die vorgesehenen Parkplätze an. Dabei sollte man beachten, dass der Bürgersteig in Frankreich nicht – auch nicht teilweise – zum Parken genutzt werden darf. In den **blau markierten Bereichen** am Straßenrand kann man kostenlos parken, ansonsten ist eine Parkgebühr zu entrichten. **Durchgezogene gelbe Linien** am Bordstein bedeuten ein absolutes Halteverbot, **eine gelbe gestrichelte Linie** weist auf ein Parkverbot hin, wobei in geschlossenen Ortschaften meist noch ein Schild mit dem durchgestrichenen Buchstaben „P" aufgestellt ist.

Ansonsten ist, wie in Deutschland auch, in Frankreich das **einmalige Übernachten** im Wohnmobil erlaubt, solange kein campingähnliches Verhalten an den Tag gelegt wird. Dazu gehören die Benutzung von Unterlegkeilen und einer Markise, Tisch und Stühle dürfen nicht aufgestellt werden.

Rastplätze erkennt man an der Beschilderung „Aire de ...". Diese sind nicht nur an Autobahnen zu finden, sondern auch z. B. in Nationalparks und an Flüssen in meist ansprechender Umgebung. Familien nehmen das Angebot der Picknicktische und -stühle gerne in Anspruch und verbringen ihre Freizeit in der freien Natur. Aber so schön die Umgebung auch ist, für den Wohnmobilisten gilt auch hier die Regel der einmaligen Übernachtung.

POST

Auch wenn im Zeitalter des Internets viele Urlaubsgrüße per Messenger-Dienst verschickt werden, erfreut sich die **Postkarte** nach wie vor großer Beliebtheit. Eine große Auswahl an Karten halten vor allen Dingen Souvenirshops und Tabakläden bereit, wobei letztere meist auch **Briefmarken** verkaufen.

Zurzeit beträgt das **Porto** für eine Postkarte nach Deutschland 1,20 €, Briefe bis 100 g kosten 2,40 €.

Die zumeist an Hauswänden angebrachten, kleinen **Briefkästen** erkennt man in Frankreich an ihrer gelben Farbe.

REISEZEIT

Bei der Wahl der Reisezeit spielen für die meisten Urlauber das Wetter und der zu erwartende Touristenansturm eine wesentliche Rolle. **Überfüllte Campingplätze** wird man in Frankreich in der Hauptsaison **vom 15. Juli bis zum Samstag nach dem 15. August** vorfinden, und dies besonders dann, wenn der Platz am Meer oder an einem Badesee liegt. Wer also zu dieser Zeit nach Frankreich fahren möchte, sollte den Campingplatz seiner Wahl **unbedingt vorher reservieren**.

Eine Stellplatzreservierung ist in der Regel nicht möglich.

Bis Anfang Juli oder ab Ende August in Urlaub zu fahren, ist nahezu gleichbedeutend mit einer Garantie für einen Übernachtungsplatz, denn die Camping- und Stellplatzdichte Frankreichs sucht in Europa ihresgleichen.

Vor- und Nachsaison bieten zudem den Vorteil, dass es insgesamt nicht nur preiswerter, sondern aufgrund der niedrigeren Temperaturen oft auch erholsamer ist.

Das **Klima** an der französischen Atlantikküste ist geprägt vom warmen Golfstrom, es herrschen hier also ozeanisch gemäßigte Wetterbedingungen. Selbst im Winter fällt die Temperatur selten auf Minusgrade, sodass Schneefälle aufgrund des Wärmespeichers Atlantik selten sind. Bereits im Februar blühen auf der Île-de-Ré oder der Île d'Oléron die Mimosenbäume und die ideale Verbindung von milden Wintern, feuchten Frühjahren und warmen Sommern begünstigt den Weinanbau.

Aufgrund der stetigen Atlantikwinde sind extrem heiße Temperaturen selbst im Hochsommer nicht zu erwarten, und über 2000 Sonnenstunden pro Jahr machen diese Region zu einer der beliebtesten Urlaubsziele der Franzosen.

▷ *Muschelsucher auf der Île d'Oléron mit Blick auf das Fort Boyard (s. S. 102)*

SICHERHEIT

Frankreich ist ein **sicheres Land** ohne über-durchschnittliche Kriminalitätsrate. Leider kann man, wie in Deutschland auch, immer und überall das Pech haben, Opfer eines **Diebstahls** oder **Autoaufbruchs** zu werden.

In einem solchen Fall sollte der Geschädigte den Vorfall umgehend **bei der Polizei zur Anzeige** bringen. Das amtliche Protokoll ist für die deutsche Versicherung wichtig, wenn es um Schadensregulierung geht.

Auch bei **Verlust von Ausweis, Fahrzeug-papieren, Kreditkarten** und anderen wichtigen Papieren ist ein polizeiliches Protokoll notwendig, damit die Botschaft Ersatzpapiere ausstellen kann.

Es ist ratsam, vor Reiseantritt alle persönlichen Dokumente zu fotografieren oder zu kopieren, um diese Nachweise den Behörden vorlegen zu können. Zur Kartensperrung s. S. 24.

NOTRUFNUMMERN

> **Polizei – Gendarmerie:** Tel. 17
> **Feuerwehr – Pompiers:** Tel. 18
> **Notruf – SAMU:** Tel. 15
> **Pannenhilfe:** Tel. 13
> **Auskunft:** Tel. 12

> **ADAC-Notrufdienst Frankreich:** Tel. 047 2171222 (deutschsprachig, rund um die Uhr besetzt)
> **ADAC-Ambulanzdienst München:** Tel. +49 (0) 89767676 (deutschsprachig, rund um die Uhr besetzt)
> **ÖAMTC-Schutzbrief-Nothilfe:** Tel. +43 (0) 12512000
> **ACS-Notruf-Schweiz:** Tel. +41 (0) 446288899

Im hoffentlich nicht auftretenden Fall einer **Panne** sind oben genannte Telefonnummern sicherlich nützlich. Weiterhin enthält das Bordhandbuch, das man immer mit sich führen sollte, eine Liste der jeweilgen Wohnmobil-Servicepartner.

STELLPLÄTZE

In diesem Buch werden nur Stellplätze vorgestellt, die von Gemeinden oder privaten Betreibern offiziell angeboten werden, um keinen Strafzettel zu riskieren. Weiterhin gibt es einige Parkplätze, z. B. an Sehenswürdigkeiten oder in der Nähe von Naturparks, wo das Übernachten geduldet wird.

Generell ist **Wildes Campen** (camping sauvage) in Frankreich **verboten.** Wie aber in Deutschland auch berechtigt das Parken, soweit kein Nachtparkverbot besteht, auch zum Schlafen im Fahrzeug.

Unterlegkeile zu benutzen, Markise auszufahren, Tisch und Stühle aufzustellen, den Grill anzuzünden usw. ist gleichbedeutend mit Camping und somit verboten!

Wer **frei nächtigen** möchte, wird in der Nebensaison sicherlich keine Probleme bekommen. In der Haupturlaubszeit, im Juli und August, sieht die Sache aufgrund der großen Anzahl von Wohnmobilen anders aus. Dann ist es ratsam, schon zeitig einen offiziellen Stellplatz anzufahren, denn gegen Abend ist mit Sicherheit alles belegt.

In diesem Buch werden zahlreiche Stellplätze vorgestellt, wobei als Auswahlkriterium in erster Linie die **Lage** ausschlaggebend war. Die **Anzahl der Stellplätze** steigt stetig, denn viele Gemeinden haben verstanden, dass nahezu jeder der meist zahlungskräftigen Wohnmobilisten im Ort auch den ein oder anderen Euro ausgibt: Man geht ins Restaurant, besucht eine Sehenswürdigkeit, tankt und geht einkaufen – einen Campingplatz mit sanitären Anlagen braucht man aber nicht.

Das blaue Schild mit weißer Schrift **„Aire de Camping Car"** sieht man in Frankreich somit häufig, wohingegen das blaue Wohnmobilsymbol eher weniger anzutreffen ist.

Bei beidem handelt es sich um offiziell angebotene Stellplätze, was allerdings nichts über die Ausstattung aussagt.

Für die zumeist geringe Stellplatzgebühr wird, was der Reisemobilist nicht vergessen sollte, auch für Sauberkeit und Müllentsorgung gesorgt. Ver- und Entsorgung ist oft an einer Euro-Relais-Station für 2 € möglich. Eine weitere Sani-Station nennt sich **„flot bleu".** Für diese muss man meist spezielle Jetons in naheliegenden Geschäften, Tankstellen oder Restaurants besorgen.

Der Name **Pass'Étapes** steht für ein privates Unternehmen, das in ganz Frankreich vor allem gemeindeeigene **Stellplätze** pachtet und diese unter eigener Regie erfolgreich betreibt. Die Gelände befinden sich zumeist in landschaftlich reizvoller Lage und sind alle mit Ver-/Entsorgungs-Stationen bestückt, deren Benutzung im Preis inbegriffen ist.

Pass'Étapes funktioniert nach dem **Geld-kartensystem,** das man je nach Bedarf pro Stellplatzgebühr oder auch vorab mit einer größeren Summe aufladen kann.

Da selbst Franzosen manchmal verzweifelt vor der Schranke stehen und nicht begreifen, wie sie hinein- bzw. herauskommen, hier eine genaue Erklärung:

Wer schon **vor Reiseantritt** eine Karte über das Internet erworben und aufgeladen hat, muss diese zum Hineinfahren nur noch über den Scanner an der Schranke halten, das Gleiche gilt für das Hinausfahren.

Wer noch keine der wiederaufladbaren Pass'Étapes-Karten besitzt, muss sie für 4 € erwerben. Das ist **am Automaten** folgender-maßen möglich:

Sprache wählen, im oberen rot unterlegten Bereich Pass'Étapes + (und) anklicken und wählen, wie viele Tage man bleiben möchte: 12 € für 1 Tag, 24 € für 2 Tage usw. – die Summe wird bestätigt. Ein Nachbuchen ist jederzeit möglich. Nun muss die **Handynum-mer** eingegeben und bestätigt werden.

Im nächsten Schritt gibt man seinen Na-men und die Zahlungsart an (mit Debit- oder Kreditkarte). Die gewählte Karte wird in den dafür vorgesehenen Schlitz geschoben, die PIN wird eingegeben. Daraufhin wirft der Au-tomat die Pass'Étapes-Karte aus und eine Quittung über die abzubuchende Summe wird erstellt. Diesen Beleg hält man über den Scanner des Eingangsbereichs und die Schranke öffnet sich.

Auch zum Hinausfahren und meist auch für die Entnahme von Frischwasser ist diese Quittung nötig, also gut aufbewahren!

Unter dem Begriff **France Passion** haben sich in Frankreich weit über 2000 Winzer und Bauern zusammengeschlossen, die kos-tenlose 24-Stunden-Stellplätze in teilweise

◁ Auf dem schönen Stellplatz Hourtin-Port **92** *in Landes*

wunderschöner Umgebung anbieten. In die-sen landwirtschaftlichen Betrieben wird eine Verkostung der produzierten Produkte wie Weine aus dem Bordelais, Rosen-Confit aus der Vendée, Foie Gras aus dem Périgord und viele weitere regionale Spezialitäten angebo-ten, die man selbstverständlich auch kaufen sollte.

Der zugehörige, jährlich neu erscheinende und mehrsprachige **Etappenführer** ist von Ostern bis Ostern gültig und stellt momentan 10.000 Übernachtungsplätze vor.

Vorab über das Internet für 30 € erworben, enthält der bebilderte Führer auch eine per-sönliche nummerierte Einladungskarte und Fahrzeugvignette zum kostenlosen Über-nachten.

Stellplatzmöglichkeiten gibt es an der französischen Atlantikküste somit reichlich, allerdings sind diese einem steten Wandel ausgesetzt.

TANKEN

Die Zeiten, in denen grenznah wohnende Deutsche zum Tanken nach Frankreich ge-fahren sind, gehören der Vergangenheit an. Heutzutage ist dies umgekehrt der Fall, denn Benzin und Diesel sind in Deutschland im Schnitt ca. 20 Cent günstiger.

Wer die Chance hat, an einer **Tankstelle der großen Supermarktketten** Super U, Le-clerc und Intermarché den Tank aufzufüllen, sollte dies tun, da **freie Tankstellen** meist deutlich teurer sind. In Frankreich werden die Spritpreise einmal wöchentlich festgelegt und variieren somit nicht täglich, beziehungs-weise sogar zwischen Vor- und Nachmittag, wie es in Deutschland mittlerweile üblich ist.

Der Kraftstoff entspricht den EU-Normen, Kraftstoffsorten sind:

> Diesel = Gazole
> Benzin = Benzine sans plomb SP
> Super Plus = SP98
> Super = SP95
> Super E10 = E10 und SP95

TELEFON UND INTERNET

Die französische Landesvorwahl ist +33. Bei Anrufen aus dem Ausland entfällt die „0" der Rufnummer. Bei Telefonaten innerhalb Frankreichs wird immer die komplette Nummer inklusive der Ortsvorwahl gewählt, auch wenn man sich gerade selbst dort aufhält. Telefonieren im Auto ist nur mit Freisprechanlage erlaubt!

Seit Mitte 2017 gibt es in der EU **keine Roaminggebühren** mehr. Damit wird das Telefonieren und Surfen mit dem Handy im EU-Ausland so günstig wie zu Hause – es sei denn, man nutzt das Handy im Ausland über einen längeren Zeitraum hinweg, dann können je nach Anbieter Nutzungsobergrenzen gelten.

Den Zugang ins Internet über **WLAN** lassen sich leider nach wie vor viele Campingplätze zusätzlich sehr teuer bezahlen. Man kann auch die kostenlosen Verbindungsmöglichkeiten, z. B. von Rathäusern, Fremdenverkehrsbüros oder Restaurants, nutzen.

VORWAHLEN

> **Deutschland:** Tel. +49
> **Österreich:** Tel. +43
> **Schweiz:** Tel. +41

UNFALL

Im Falle eines Unfalls mit Sachschaden, aber ohne Verletzte, fühlt sich die Polizei in Frankreich nicht unbedingt zuständig. Um einen solchen Vorfall möglichst stressfrei abwickeln zu können, ist es ratsam, einen **Europäischen Unfallbericht** (Constat amiable) mitzuführen, ein Formular, das man von seiner Kfz-Versicherung bekommt. In dieses werden alle Daten der Beteiligten, Kfz-Nummer, Versicherungsnummer und Versicherungsgesellschaft des Unfallgegners eingetragen. Jedes Fahrzeug hat an der Frontscheibe einen Pflichtaufkleber (Motorräder am vorderen Schutzblech), auf dem diese Angaben notiert sind. (Die Notrufnummer der Polizei lautet 17.)

VERKEHRSREGELN

Frankreich hat ein **sehr gut ausgebautes Straßenverkehrsnetz**. Die **Nationalstraßen (N)** sind oft vierspurig ausgebaut und führen meist um Ortschaften herum. Die **Département-Straßen (D)** verlaufen auch durch die Orte hindurch und zeichnen sich durch besonders häufigen Kreisverkehr aus. Dies soll die gefahrene Geschwindigkeit und die Unfallgefahr reduzieren, erhöht aber den Zeit-

aufwand enorm. In den Orten wurden in den letzten Jahren vermehrt Schilder aufgestellt, die das Befahren jenseits der 3,5-t-Grenze verbieten. Der Grund hierfür ist der Wunsch, den LKW-Verkehr aus den Ortschaften zu verbannen.

Wer ein **Wohnmobil mit einem Zulassungsgewicht von über 3,5 t** besitzt, wird zwar kaum mit einer Kontrolle rechnen müssen, ein Restrisiko bleibt allerdings bestehen.

Anders sieht dies bei den **Höchstgeschwindigkeiten** aus. Hier verstehen die französischen Gendarmen keinen Spaß und die Geldbußen sind saftig und deutlich höher als in Deutschland. Es gilt:

> **auf Autobahnen:** 130 km/h, bei Nässe 110 km/h
> **auf Landstraßen:** 80 km/h, bei Nässe 70 km/h
> **auf Landstraßen mit zwei Fahrsteifen:** 100 km/h, bei Nässe 90 km/h
> **innerhalb geschlossener Ortschaften:** 50 km/h

Geschwindigkeitsbegrenzung für Fahrzeuge und Gespanne mit zulässigem Gesamtgewicht über 3,5 t:

> **Autobahn:** 90 km/h
> **Landstraßen:** 80 km/h
> **Stadt:** 50 km/h

In diesem Zusammenhang sei erwähnt, dass das zulässige Gesamtgewicht vieler Wohnmobile vor allen Dingen bei Reiseantritt häufig überschritten wird, eine **Gewichtskontrolle** wird stichprobenartig vorgenommen.

Weiterhin herrscht für alle Fahrzeuginsassen **Gurtpflicht,** das **Telefonieren** während der Fahrt ist verboten, und die **Promillegrenze** von 0,5 gilt auch in Frankreich. In Frankreich herrscht, wie in Deutschland, **Warnwestenpflicht.**

Auch über **Fahrbahnmarkierungen** in geschlossenen Ortschaften sollte der Reisende Bescheid wissen: Gelbe Randsteine oder durchgezogene Linien bedeuten Halteverbot und bei unterbrochenen Linien Parkverbot. In der Zone Bleue, d. h. im Bereich blauer Linien am Randstein, darf man nur mit Parkscheibe parken.

Eine besondere Regelung betrifft **Fahrradfahrer:** Außerhalb geschlossener Ortschaften müssen alle Radfahrer bei Nacht, in der Dämmerung und tagsüber bei schlechten Sichtverhältnissen (Nebel, Regen) eine **Warnweste** in Neongelb tragen. Bei Zuwiderhandlungen droht ein Bußgeld von 35 €.

◩ *Die Brücke von Saint Nazaire überquert den gigantischen Mündungstrichter der Loire*

◪ *Das französische Straßenschild „Rappel" ist eine Mahnung bzw. Erinnerung*

VER- UND ENTSORGUNG

Die Camping- und Stellplatzdichte in Frankreich sucht in Europa ihresgleichen, sodass die **Ver- und Entsorgung in der Regel kein Problem** darstellt. Generell ist festzustellen, dass die Ver-/Entsorgung auf jedem Stellplatz anders ist. Die Sanitärstationen sind allerdings meist so installiert, dass sie auch für denjenigen nutzbar sind, der hier nicht übernachten will. Für einen geringen Eurobetrag (immer genügend Münzgeld im Fahrzeug haben) oder mit Jetons aus benachbarten Tankstellen oder Geschäften ist die Versorgung somit problemlos möglich.

Die **Rastplätze** der in Frankreich privat betriebenen Autobahnen sind bestens ausgestattet und bieten auch oft Ver-/Entsorgung für Wohnmobile an.

Weiterhin ist die Anzahl der **Supermärkte mit Womo-Service** in den letzten Jahren stetig gestiegen. Man hat erkannt, dass der damit angesprochene Wohnmobilist auch gleich noch tankt oder einkaufen geht. Aber auch in vielen Gemeinden wird man immer wieder ein blaues Schild entdecken, auf dem ein Wohnmobil mit Entsorgungszeichen abgebil-

det ist. Im Gegensatz zu **Grauwasser** darf der Inhalt von **Chemietoiletten** niemals in einen normalen Wasserkanal entleert werden.

Um jederzeit den **Wasservorrat** auffüllen zu können, dürfen allerdings einige wichtige Utensilien in einem Wohnmobil niemals fehlen:

Eine 10-Liter-Gießkanne, ein Plastikschlauch von mindestens 8 Metern Länge und Anschlüsse für ½ und ¾ Zoll.

Es hat sich auch bewährt, einen Gummianschluss dabei zu haben, den man einfach über den Wasserhahn schiebt und der in jedem Baumarkt oder bei jedem Campingausrüster zu erwerben ist.

Die Versorgung mit **Strom** ist eigentlich nur auf Campingplätzen gewährleistet. Stellplätze bieten meist nicht für jede Parkbucht eine Stromsäule an, und der Preis für die Kilowattstunde ist oft sehr hoch.

◁ *Die mustergültige Ver- und Entsorgungsanlage auf dem neuen Stellplatz von Montignac* **75**

WOHNMOBIL MIETEN

Es ist ratsam, vor einem Wohnmobilkauf das Gefährt erst einmal einige Male zu mieten, um beurteilen zu können, ob diese Art des Urlaubs den persönlichen Bedürfnissen gerecht wird. Was für den einen die grenzenlose Freiheit bedeutet, empfindet der Nächste als unerträgliche Enge. Ein Reisender möchte sich im Urlaub verwöhnen lassen, der andere ist mit der eigenen Bordküche völlig zufrieden.

Bei der Miete eines Wohnmobils gibt es allerdings einige Grundregeln zu beachten:

Am Wichtigsten ist die umfassende Einweisung in das Fahrzeug, um späteren Unsicherheiten und unnötigen Ärgernissen vorzubeugen.

Wohnmobilhandbuch, Auslandsschutzbrief, Versicherungskarte, Erreichbarkeit des Vermieters, gefüllte Gasflaschen und Einweisung in den Gasflaschentausch, Abwasser- und WC-Kassettensystem sind wichtig. Hierbei ist es ratsam, einen kurzen Spülgang vorzunehmen und auch den Abfluss im Spülbecken zu testen.

Weiterhin sollte man auch die Ausmaße des Fahrzeugs kennen, da die Kenntnis der Höhe des Fahrzeugs von entscheidender Bedeutung für das Durchfahren so mancher Tunnels nötig ist. Die Wohnmobillänge ist oft für die Auswahl der Stellplätze von großer Bedeutung.

Für diejenigen, die **in Frankreich direkt ein Wohnmobil mieten** möchten, sind die europäischen Verordnungen maßgebend. Alle großen Wohnmobil-Vermieter, z. B. McRent, haben auch in Frankreich Niederlassungen. Es ist empfehlenswert, sich vorab per Internet zu erkundigen und gegebenenfalls auch zu reservieren, da die Mietbedingungen hier auch auf Deutsch ausführlich beschrieben sind.

Vor Übernahme des Wohnmobils ist in der Regel ein nicht unerheblicher Betrag als Kaution zu hinterlegen. Im Schadensfall wird dieses Geld mit der Reparatur verrechnet.

ZOLL

Auch wenn in der Europäischen Union seit 1993 der Zoll für Privatpersonen abgeschafft wurde, so muss zeitweise doch mit stichprobenartigen Kontrollen gerechnet werde.

Für **EU-Bürger** wurden für den privaten Gebrauch folgende Maximalmengen festgelegt: 800 Zigaretten, 200 Zigarren, 1000 g Schnitttabak, 110 l Bier, 90 l Wein oder 20 l Spirituosen unter 22 Vol.-%, max. 10 l mit höherem Volumengehalt und 10 kg Kaffee. Alle Mengen oberhalb dieser Grenzwerte gelten als gewerblich.

Für **Nicht-EU-Bürger,** z. B. Reisende aus der Schweiz, gelten verminderte Werte: Einkäufe für den persönlichen Bedarf oder Geschenke bis max. 300 Euro, 200 Zigaretten, 50 Zigarren, 250 g Tabak, 2 l Wein oder 2 l Spirituosen unter 22 Vol.-% und 1 l darüber, 4 l Wein, 16 l Bier, 500 g Kaffee und 100 g Tee. Alle Mengen darüber müssen verzollt werden.

Die Reise beginnt im Département Loire-Atlantique mit seiner berühmten Jadeküste, die ihren Namen von der Farbe des Meeres hat, die im Sonnenschein an grüne Jade erinnert.

Der Küstenabschnitt ist geprägt von zerklüfteten Felsen, herrlichen Stränden und idyllischen Buchten. Ein kleiner Badeort nach dem anderen befindet sich entlang der Strecke, keiner von ihnen ist durch große Hotelburgen verunstaltet. Wunderschöne, strahlend weiße Häuschen mit blauen Fensterläden bezeugen, dass dieser Küstenabschnitt noch vor nicht allzu langer Zeit zur Bretagne gehörte, auch die Esskultur hat eindeutig bretonische Einflüsse.

Und noch etwas Wesentliches haben all die Küstenstädtchen gemeinsam: Sie haben ausnahmslos ein Herz für Wohnmobilisten und bieten allesamt Stellplätze an.

Nach nur 40 Kilometern ändert sich bei Bourgneuf-en-Retz das Landschaftsbild völlig. Hier beginnt die Marais Breton, ein von Kanälen durchzogenes Sumpfgebiet, das geradezu prädestiniert ist für die Austernzucht. „Last but not least" ist die Île de Noirmoutier (s. S. 46) mit dem unvergesslichen Erlebnis der bei Ebbe möglichen Fahrt über die Passage du Gois inen Besuch wert.

> ▷ *Blick auf Saint-Brevin-les-Pins (s. S. 40)*

ROUTE 1

ENTLANG DER JADEKÜSTE BIS ZUR ÎLE DE NOIRMOUTIER

STRECKENVERLAUF

Strecke: Saint-Brevin-les-Pins – Tharon-Plage (14 km) – Pointe Saint-Gildas (10 km) – Pornic (12 km) – La Bernerie-en-Retz (8 km) – Port du Bec (26 km) – l'Île de Noirmoutier (20 km)
Gesamtlänge: 90 km

Egal ob man aus der Bretagne kommt, sich der französischen Atlantikküste gemütlich der Loire entlang fahrend nähert oder die schnelle Route über die Autobahnen wählt, der Anblick der spektakulären **Brücke von Saint-Nazaire** ist äußerst beeindruckend.

Der Stahlkoloss ist eine Schrägseilkonstruktion und verbindet seit 1975 die Industriestadt Saint-Nazaire mit dem Badeort Saint-Brevin-les-Pins.

Insgesamt 52 Stützpfeiler tragen die 67 m hohe und über 3 km lange Brücke. Bei starkem Wind ist das Überfahren z. B. für Wohnwagengespanne zeitweise nicht erlaubt.

Die Reise entlang der Französischen Atlantikküste beginn, um genau zu sein, im Département Loire-Atlantique in der Region Pays de la Loire.

☑ *Die riesige Ozeanschlange, ein Kunstwerk von Huang Yong Ping in Saint-Brevin-les-Pins (s. rechts)*

SAINT-BREVIN-LES-PINS

Der sympathische, langgestreckte Ort besteht aus drei kleinen Stadtteilen: dem Hafenbereich Mindin, dem alten Ortskern und dem touristischen St-Brevin-l'Océan.

Den schönsten Blick auf die Brücke, das auf der anderen Uferseite liegende Saint-Nazaire und den gigantischen Mündungstrichter der Loire hat man von **Port de Mindin** aus. Hier befinden sich einige Restaurants, das Marinemuseum und ein großer Parkplatz.

Empfehlenswert ist der kleine Strandspaziergang zu der riesigen **Ozeanschlange**, einem Kunstwerk von Huang Yong Ping. Das Ausmaß dieser Skulptur ist erst richtig auszumachen, wenn sich Menschen in ihrer Nähe befinden.

Von der Hafenmole am Port de Mindin aus kann man bei beginnender Ebbe sehr aufschlussreich das ablaufende Flusswasser und das einlaufende Atlantikwasser der kommenden Flut beobachten. Quer über den Mündungstrichter der Loire verläuft dann eine schlammig braune, gut zu erkennende Linie, die sich mit erstaunlicher Geschwindigkeit bewegt. Für den Betrachter wird hier gut vorstellbar, welche Kraft die Gezeiten (s. S. 24) entwickeln können.

Der Blick auf den geschäftigen **Hafen von Saint Nazaire** ist beeindruckend. Riesige Containerschiffe werden be- und entladen, gigantische Kreuzfahrtschiffe liegen im Tro-

ckendock und davor schaukeln kleine Freizeit- und Fischerboote sanft im Wasser.

Wer die Besteigung der Brücke nicht scheut, dem ist in über 60 m Höhe ein sicherlich unvergessliches Panorama garantiert.

Der Besuch des historischen Zentrums des Ortes sollte im Rahmen eines gemütlichen Spaziergangs erfolgen, denn für ein Wohnmobil sind die Straßen zu schmal und das Parkplatzangebot zu gering. Saint-Brevin bietet aber mehrere Stellplatzmöglichkeiten und einen sehr zentral gelegenen Campingplatz an, sodass sich eine Park- bzw. Übernachtungsgelegenheit finden sollte. Ganze 9 km Strand gehören zur Gemeinde, und so steht einigen ersten erholsamen Urlaubstagen nichts im Wege.

In und um St-Brevin-les-Pins sind mehrere **Dolmen und Menhire** (s. S. 65) zu bewundern, die, wie in der Bretagne auch, an der französischen Atlantikküste zahlreich und in sämtlichen Größenordnungen zu finden sind.

Information

> **Office de Tourisme des Pins,** Rue de l'Église 10, Saint-Brevin-les-Pins, Tel. 0033 240272432, www. saint-brevin.com, geöffnet: Sept.–Juni Mo–Sa 9.15–12.15, Mo–Fr auch 14–18 Uhr, Juli–Aug. Mo–Sa 9.30–13 und 14–19 Uhr, So geschlossen

⌂ *An der wunderschönen Jadeküste bei Tharon-Plage*

Wochenmärkte finden das ganze Jahr über donnerstags und sonntags in St-Brevin und samstags in St-Brevin-l'Océan statt. In der Hochsaison werden wöchentlich **Nachtmärkte** und diverse Events organisiert. Während der Hauptreisezeit stellt Saint-Brevin noch weitere Stellplätze für Wohnmobile zur Verfügung (Infos: www.saint-brevin.fr/Unterkunft/ motorhome).

Camping/Stellplatz

❶ Parkplatz St-Brevin
❷ Camping de Mindin
❸ Parkplatz St-Brevin-l'Océan
❹ Stellplatz St-Brevin

THARON-PLAGE
(14 km – km 14)

Die Weiterfahrt gen Süden erfolgt am einfachsten über die gut ausgebaute D213. Nach nur 14 km ist Tharon-Plage erreicht, das mit einem 4,5 km langen, feinen Sandstrand lockt und Wassersportaktivitäten aller Art anbietet.

Da hier ein besonders schöner Abschnitt der **Jadeküste** liegt, hat die Doppelgemeinde Tharon-Plage und **Saint-Michel-Chef-Chef** einige Themenwanderungen ins Leben gerufen: Der **Küsten- und Windmühlenrundgang „Circuit de Littoral et des Moulins",** der Rundgang zu den Quellen und Menhiren „Circuit des Sources et Menhire" und eine Route

durch die Gemeinde. Das entsprechende Kartenmaterial und nähere Informationen zu den Wanderungen und vielen weiteren Unternehmungen erhält man im Fremdenverkehrsbüro.

International bekannt ist die bretonische Spezialität der Gemeinde St-Michel-Chef-Chef, der **Keks „St-Michel Galettes"**, ein mit Meersalz gewürztes, mürbes Buttergebäck, das frei von Konservierungs- und Farbstoffen und ohne Palmöl gebacken ist.

Hier kann man auch eine der beiden süßen Verführungen der Region probieren, **Rigolettes** und **Berlingots**. Beides sind Bonbonspezialitäten aus der Stadt Nantes, die nach wie vor handwerklich hergestellt werden. Rigolettes haben unter ihrer harten Zuckerschale einen weichen Kern mit Marmeladenfüllung in verschiedenen Geschmacksrichtungen. Der Berlingot ist ein festes Bonbon in einer dreieckigen Form in den Farben rot, gelb und grün mit Zitronen-, Himbeer-, Johannisbeer-, Orangen- und Pfefferminzgeschmack.

Information

> **Office de Tourisme Saint-Michel-Chef-Chef**, Rue du Chevecier 17, Saint-Michel-Chef-Chef, Tel. 0033 240649999, www.pornic.com, geöffnet: Mo–Sa 10–13 Uhr und 15–18.30, So 9.30–13.30 Uhr, So in der Nebensaison geschlossen. Auf der Internetseite „Destination Pornic" unter www.pornic.com/Unterkunft/Wohnmobil werden mehrere offizielle Stellplätze vorgestellt.

Das ganze Jahr über findet mittwoch- und samstagvormittags ein Markt in Tharon statt, in der Hochsaison werden zusätzlich noch diverse Nachtmärkte veranstaltet.

Camping-/Stellplätze

5 Stellplatz Municipal, Saint-Michel-Chef-Chef
6 Stellplatz am Camping Clos Mer et Nature
7 Camping Car Park Le Thar-Cor

POINTE SAINT-GILDAS
(10 km – km 24)

Der Weg zur Landspitze Pointe Saint-Gildas führt auf der D96 durch **La Plaine-sur-Mer,** das zwar nicht am Meer liegt, aber einen gut ausgestatteten, kostenlosen Stellplatz **8** und einen bestens sortierten Supermarkt bietet.

Weiter geht es auf der D313 durch ein schönes Pinienwaldgebiet zur Spitze der Halbinsel von **Préfailles**. Das Gebiet ist ein **Eldorado für Radfahrer** und ein Teil der „Vélodyssée", einem Radfernweg, der 1200 km von der Bretagne bis zur spanischen Grenze führt. Der Pointe Saint-Gildas ist ein idyllisches Fleckchen Erde, das auch zu herrlichen Spaziergängen einlädt, wobei der Besuch

Im Leuchtturm am Pointe Saint-Gildas ist ein Museum untergebracht

des **Leuchtturms** nicht fehlen darf. **Zahlreiche** Bunker, Zeitzeugen des Atlantikwalls im Zweiten Weltkrieg (s. S. 170), passen sich erstaunlich gut dem schönen Panorama an. Im Französischen werden Bunker übrigens „blockhaus" genannt. Im **Hafen** laufen kleine Fischerboote ein und aus, einige Restaurants warten auf Gäste und eine Segelschule verleiht Katamarane.

Rundherum befinden sich diverse **Buchten,** in denen man fast alleine ist, perfekt zum Baden, Sonnen und Erholen. Der Küstenweg, das jadegrüne Meer immer im Blick, lädt aber auch zu ausgiebigen Spaziergängen ein.

In der Gemeinde Préfailles gibt es zwei offizielle **Stellplätze,** die unter dem Namen „Camping Car Park" mit dem Pass'Étapes (s. S. 32) bezahlt werden.

Stellplätze

9 Stellplatz Pointe
10 Stellplatz Les Pinettes

☑ *Das sehenswerte Städtchen Pornic mit seinem trutzigen Schloss und dem schönen Hafen*

PORNIC
(12 km – km 36)

Ein hübscher Badeort folgt dem nächsten und zurück auf der D13 ist nach nur 10 km das Küstenstädtchen Pornic erreicht. Die Gemeinde mit ihren über 15.000 Einwohnern hat viel zu bieten: einen ansehnlichen **Jacht- und Fischereihafen,** eine **mittelalterliche Altstadt** und das alles überragende **Château des Brefs.** Ursprünglich aus dem 12. Jahrhundert, wurde es unter König Louis XIII. zum Lustschloss umgebaut und beherbergt heute ein Kunst- und Kulturzentrum.

Pornic ist die südlichste Bastion der historischen Bretagne, was man gut am Baustil der Häuser erkennt, die mächtige Natursteinmauern, ganz typische Kamine und stark geneigte Schieferdächer besitzen. Im weiteren Verlauf der Reise werden diese von einer südfranzösisch geprägten Architektur mit eingeschossigen, weiß getünchten Häuschen mit flachen, roten Ziegeldächern abgelöst.

Ganz in der Nähe des Hafens steht eine Megalithanlage, der **Tumulus des Mousseaux.** Das Hügelgrab wurde zwar schon 1840 entdeckt, aber erst 1970 ausgegraben und

Route 1: Entlang der Jadeküste bis zur Île de Noirmoutier

Thalassotherapie

Der Begriff stammt aus dem Griechischen („thalassa" bezeichnet das Meer und „therapia" die Behandlung). Die Kombination aus Klima, Schlamm, Algen, Sand und weiteren Meeressubstanzen sollen dem Körper helfen, auf natürliche Art und Weise Stress abzubauen und die Harmonie von Körper und Geist wiederzugewinnen.

Schon seit der Antike wird die Heilkraft des Meerwassers und des Meeresklimas geschätzt. Bereits 1822 wurde in Frankreich das erste Zentrum für Thalassotherapie eröffnet und von den Kurgästen begeistert angenommen. Zahlreiche weitere Meerwasserbäder entstanden und der Französische Verband der Thalassotherapie wurde gegründet, der einige Grundprinzipien festlegt:

Nur natürliches Meerwasser mit einem maximalen Salzgehalt von 2 % darf verwendet werden.

Der schwefelhaltige Schlamm wird in der Bucht von Bourgneuf-en-Retz an der französischen Atlantikküste und auf den Chausy Inseln im Ärmelkanal gesammelt.

Thalassotherapie hilft bei Schlafstörungen, Durchblutungssörungen, Arthrose und Rheuma, Schuppenflechte und Neurodermitis.

Die Haut wird durch das Meerwasser weich und geschmeidig und der Organismus wird durch Schlammpackungen sanft von Giftstoffen gereinigt. Algen weisen eine sehr hohe Konzentration an Spurenelementen auf und verstärken die remineralisierende und ausgleichende Wirkung des Meerwassers um das 100.000-fache. Die jodhaltige Luft erzeugt ein sogenanntes Reizklima, bei dem der Organismus mit erhöhter Wärmebildung reagiert und so die Abwehrkräfte stärkt. Durch das Einatmen der salzhaltigen Luft wird Schleim in den Atemwegen gelöst und das Luftholen erleichtert.

ist heute eine frei zugängliche Touristenattraktion.

Natürlich gibt es auch **nette Buchten, Strand und Meer,** aber auch eine Steilküste.

Auf dem fast 14 km langen Küstenpfad *(corniche)* folgt man dem ehemaligen Schmugglerweg inklusive herrlichem Panorama.

Schon Lenin und Renoir weilten hier und haben vielleicht auch den berühmten **Curé Nantais** genossen, eine lokale Käsespezialität. Hierbei handelt es sich um einen Weichkäse aus Kuhmilch mit einer rosa bis orange gefärbten Rinde, den man hier überall kaufen kann. Überhaupt lässt es sich in Pornics Altstadt hervorragend bummeln und shoppen. Für Eisfans ist der Besuch von „La Fraiseraie" auf der Place du Petit Nice ein Muss, eine Feinschmeckeradresse und Eisdiele vom Feinsten, in der alles rund um die Erdbeere angeboten wird.

Mit dem Wohnmobil sollte man besser etwas außerhalb am ausgeschilderten Municipal Aquacentre ⓫ parken, denn historische Zentren sind bekanntlich eher für die Größe eines Pferdefuhrwerks gebaut. Auf der D13, der Hauptdurchgangsstraße von Pornic, kommt man an dem hervorragend sortierten Supermarkt „Hyper Super U" vorbei, dem ein ausgezeichnetes Fischgeschäft und eine preiswerte Tankstelle angeschlossen sind.

Die ganzjährigen Wochenmärkte finden Mittwoch, Donnerstag, Samstag und Sonntag jeweils am Vormittag statt.

Tipp: Hier in Pornic kann man sich auch einen Tag im **Thalassozentrum** (siehe oben) gönnen. Nicht nur bei schlechtem Wetter ist ein solcher Besuch eine Wohltat für Körper und Geist. Am Plage de la Source befindet sich das Alliance Pornic Resort Hotel Thalasso & Spa, eines der Therapiezentren an der französischen Atlantikküste.

Information

> **Office de Tourisme Pornic,** Place de la Gare, Pornic, Tel. 0033 240820440, www.pornic.com, geöffnet: Mo–Sa 9.30–12.30 und 14–18.30, So 10.30–13 und 15–17.30 Uhr

LA BERNERIE-EN-RETZ
(8 km – km 44)

Am besten verlässt man Pornic wieder auf der D213, um schon nach gut 8 km den nächsten Badeort zu erreichen. La Bernerie-en-Retz bietet eine Besonderheit: eine **gezeitenunabhängige Badebucht.** Dadurch kann man hier am kleinen Stadtstrand nach Lust und Laune ins kühle Nass springen, ohne auf die nächste Flut warten zu müssen. Das ehemalige Fischerdorf wurde durch den Bau spezieller Schiffe mit drei Masten reich, an denen das Ruder sowohl am Heck wie am Bug befestigt werden konnte.

Das Örtchen verfügt auch über eine Touristeninformation und einen überaus großzügigen Stellplatz **12**.

Information
> **Office de Tourisme,** Boulvard Chausée du Pays de Retz 3, La Bernerie-en-Retz, Tel. 0033 240827099, www.pornic.com, geöffnet: Mo–Sa 10–13 und 15–18.30, So 9.30–13.30 Uhr

Schwimmen ist in der gezeitenunabhängigen Bucht von La Bernerie-en-Retz immer möglich

PORT DU BEC
(26 km – km 70)

Die Jadeküste nähert sich ihrem Ende. Für die Weiterfahrt Richtung Île de Noirmoutier fährt man zunächst auf der D13 weiter und wechselt in Bourgneuf-en-Retz auf die D758.

Das Landschaftsbild ändert sich nun völlig. Entlang der **Parcs à Huîtres** auf der Seeseite erstreckt sich im Landesinnern das **Marais Breton,** ein Sumpfgebiet, das von Kanälen durchzogen ist.

Eine **Austernzuchtfarm** nach der anderen zeigt, wovon die Menschen hier leben. Für die *dégustation* sollte man allerdings warten, bis der Port du Blec erreicht ist, denn ursprünglicher als hier geht es wohl kaum. Direkt im kleinen Hafen haben zwei Fischer ihre schlichten, einfachen Hütten zu kleinen **Probierstuben** umfunktioniert. Die Austern (*huîtres*), die Krabben (*crevettes*) und selbst der Hummer (*homard*) werden auf Plastiktellern serviert, der eisgekühlte Weißwein aus der Region kommt ebenfalls in Plastikbechern auf den Tisch.

Die **Atmosphäre** ist einmalig: Die Fischerboote schaukeln auf dem Wasser oder liegen bei Ebbe im Schlamm. Wer nun nicht mehr

weiterfahren möchte, muss nur 100 m die Hafeneinfahrt entlang bis zum Stellplatz ⑬ spazieren, wo bis zum Auslaufen der Fischerboote am frühen Morgen sicherlich absolute Ruhe garantiert ist.

ÎLE DE NOIRMOUTIER
(20 km – km 90)

Die **nördlichste Insel an der französischen Atlantikküste** ist zwar nicht so bekannt wie ihre berühmten Schwestern Île de Ré (s. S. 83) und Île d'Oléron (s. S. 99), sie ist allerdings nicht weniger schön.

Schon allein die Überfahrt auf das Eiland ist ein Erlebnis, vorausgesetzt es herrscht Ebbe und man wählt die Fahrt über die **Passage du Gois.** Dies ist eine gepflasterte Straße, die 4,5 km auf dem Meeresgrund verläuft. Die *gois* (Furt) ist ein Teil der Nationalstraße N148 und bei Hochwasser etwa 2 bis 3 m überflutet. Entlang der Strecke stehen in regelmäßigen Abständen betonierte Rettungspontons mit langen Stangen, an denen sich Unvorsichtige festhalten können, während sie mit ansehen müssen, wie ihre Autos in den Fluten versinken. Wenn man sich vorher an den angebrachten Warnschildern mit den Tidezeiten (Horaires des marées) orientiert, ist die Überfahrt kein Problem. Vor allem die vielen Sammler, die den Schlick nach Muscheln und Krebsgetier durchwühlen, vergessen in ihrer Begeisterung oftmals die Zeit und werden unsanft in die Wirklichkeit zurückgeholt. Seit 1987 finden jedes Jahr im Juni die **„Foulées du Gois"** statt, ein Wettlauf, bei dem derjenige gewinnt, der im letztmöglichen Moment losläuft und noch trocken die Insel erreicht. Mehr als 1500 sportbegeisterte Männer, Frauen und Kinder nehmen an diesem Wettbewerb teil, von denen sicherlich der ein oder andere ziemlich naß werden dürfte.

Die Île de Noirmoutier ist zu jeder Zeit auch über eine **mautfreie Brücke** zu erreichen. Auf der Insel angekommen, empfängt den Besucher eine sehr **abwechslungsreiche Landschaft.** Der Süden und Osten der Insel sind von Dünen und langen Stränden geprägt, der Norden mit seinen kleinen Buchten ist felsig und dazwischen liegt ein Sumpfgebiet, das vor allen Dingen zur Salzgewinnung genutzt wird.

◹ *Frischer geht nimmer: eine Verkostung in der Austernhütte in Port du Bec (s. S. 45)*

◸ *Blick auf Noirmoutier-en-Île, die Inselhauptstadt*

Werkzeugfunde belegen, dass die Insel schon in der Steinzeit besiedelt war. Dolmen und Menhire (s. S. 65) wurden gefunden und in der Nähe von Le Vieil zeugen Reste einer Therme von der römischen Vergangenheit.

Durch Überfälle und Eroberungen geriet die Île de Noirmoutier im Lauf ihrer Geschichte in die Hände unterschiedlicher Besitzer, so waren im 7. und 8. Jahrhundert die Sarazenen und Wikinger die Herren, später dann, neben Piraten, auch Briten, Spanier und Holländer. Erst 1767 erwarb Ludwig XV. die Insel, seitdem gehört sie zu Frankreich.

Haupteinkommensquellen der knapp 10.000 Einheimischen sind die Austern- und Muschelzucht und natürlich der Tourismus, der aber trotz der 120.000 Gäste pro Jahr recht leise und beschaulich ist. Sonne, Strand und Meer gibt es reichlich und Wanderer wie Fahrradfahrer kommen voll auf ihre Kosten. Das entsprechende Kartenmaterial und noch viele weitere Informationen erhält man im Touristenbüro (s. S. 50) in **Noirmoutier-en-Île,** dem Hauptort der Insel. Ein zentral gelegener Stellplatz ⓰ findet sich hier ebenfalls.

Die Salzblume – Fleur de sel

Die ersten Salzgärten der Île de Noirmoutier wurden bereits im 7. Jh. von Mönchen angelegt. Heute bedecken sie knapp ein Drittel der Insel und produzieren jährlich fast 3000 t gewöhnliches Meersalz und 140 t des berühmten „Fleur de sel", das nicht mehr aus der gehobenen Küche wegzudenken ist. Noirmoutier ist der drittgrößte Salzproduzent Frankreichs. Die Gewinnung ist sehr arbeitsintensiv, reine Handarbeit und stark vom Wetter abhängig, denn das durch künstlich angelegte Kanäle geleitete Meerwasser muss verdunsten. Zurück bleibt eine Salzschicht, die mit dem Holzrechen vom Lehmboden abgeschabt werden muss, zum größten Teil grau ist und meist als reines Kochsalz genutzt wird. Für das Tafelsalz wird das grobe Meersalz getrocknet und zerrieben. Nur die Salzblume, die sich in besonders heißen Sommerzeiten bildet und wie feine Kristalle im Sonnenlicht flimmert, ist das „weiße Gold" – das „Fleur de sel".

Fahrradtour auf der Île de Noirmoutier

Diese 19 km lange Fahrradtour ist sehr empfehlenswert und ohne Probleme zu bewältigen. Sie führt vom L'Herbaudière zum Plage de la Madeleine, von dort durch den Bois de la Chaise zur Plage des Sableaux. Von hier aus führt der Weg durch ein Naturschutzgebiet mit dem typischen Sumpfcharakter zur Inselhauptstadt Noirmoutier-en-Île. Hier sollte man das Rad ein wenig durch die engen Gässchen schieben und die Atmosphäre genießen.

Auf dem ausgeschilderten Fahrradweg verlässt man den Ort am Stellplatz ⑭ vorbei Richtung L'Herbaudière. Entlang einer Reitroute und abseits der Straße streift der gut ausgebaute Weg einige Mühlen und erreicht dann wieder L'Herbaudière am dortigen Stellplatz. Diese Fahrradroute ist sowohl im in der Touristeninformation (s. S. 50) erhältlichen Inselplan wie auch auf der gesamten Strecke blau gekennzeichnet.

⌃ *Das historische Fest in der Inselhauptstadt der Île de Noirmoutier ist ein beliebtes Event*

▷ *Eine schöne Tour verläuft durch das Naturschutzgebiet*

Die **Inselhauptstadt** ist ein überaus sympathisches Städtchen und mit ihren idyllischen Gässchen wirklich besuchenswert. Hier finden sich zahlreiche kleine Läden, die zum Einkaufen einladen. In der Ortsmitte steht auch eine sehenswerte Markthalle, deren Besuch am Vormittag ein kulinarischer Genuss ist.

Eine Besonderheit der Insel ist die kleine, festkochende Kartoffelsorte „Bonnotte", die auf mit Tang gedüngten Feldern angebaut wird und daher einen ganz eigenen Geschmack hat. Natürlich kann man diese nicht ganz preiswerte Spezialität auch auf den jeweiligen ganzjährigen Wochenmärkten kaufen: in Noirmoutier-en-Île dienstags und sonntags, in L'Épine samstags und in Barbâtre mittwochs.

Die alles überragende Trutzburg, das **Château de Noirmoutier** aus dem 12. Jh., beherbergt heute ein sehenswertes Museum.

❯ **Schlossmuseum Noirmoutier-en-Île,** Place d'Armes, Noirmoutier-en-Île, Tel. 0033 251391042, www.ville-noirmoutier.fr, geöffnet: Mo–So 10–12.30 und 14.30–18 Uhr. Das Museum zeigt eine Ausstellung über den Vendée-Krieg (s. S. 50), der eine Folge der Französischen Revolution war. Die Erkundung der Burganlage ist auch für Kinder interessant.

Aber auch die **Église St-Philibert** nebenan beeindruckt mit ihrer Krypta aus dem 11. Jh. Namensgeber ist der heilige Philibert, der 674 auf der Insel ein Benediktinerkloster gründete und die Bevölkerung dazu ermutigte, den Boden zu bestellen und Windmühlen zu bauen. Er förderte die Salzgewinnung und verhalf so den Inselbewohnern zu Arbeit und Wohlstand.

Zur Zeit der Französischen Revolution diente die Kirche als Gefängnis für 1500 Gefangene, die allesamt hingerichtet wurden und in den Stranddünen von Vieil begraben wurden.

15 Campingplätze und mehrere Stellplätze kann die 20 km lange Insel vorweisen, ganz zu schweigen von den vielen Parkmöglichkeiten bei den Salzgärten, die häufig Verkaufsstände und teilweise auch Führungen anbieten.

Der Badeort **L'Épine** liegt ungefähr in der Mitte der Insel an einem kilometerlangen Sandstrand und kann den zweitgrößten Hafen vorzuweisen. Der Stellplatz ⓱ befindet sich zwar nicht direkt am Meer, ist aber recht komfortabel.

An der Inselspitze, dem **Pointe de L'Herbaudière,** lädt der große Fischerei- und Jachthafen zum Bummel ein. Zahlreiche Restaurants, Eisdielen und Cafés befinden sich direkt an den Hafenkais und dem quirligen Treiben zuzuschauen ist ein Erlebnis. Zu Beginn des letzten Jahrhunderts war der Hafen ein reiner Sardinenhafen, in dem hauptsächlich die kleinen *pinasses* (Sardinenfangschiffe) vor Anker lagen. Auf der Insel gab es damals vier Konservenfabriken, die den gesamten Fang verarbeiteten. Heute werden hier in der Fischauktionshalle pro Jahr über 1600 t Fisch angelandet und unzählige Tonnen Austern und Muscheln vermarktet. Die Fischer betreiben reine Küstenfischerei mit sogenannter „sanfter Fangtechnik". Hummer, Tintenfische, Seelachs, Doraden, Rotbarben, Meeraale, Seeteufel, Seezunge und der nur einzeln per Leine zu fangende Wolfsbarsch – bei dieser Vielfalt achten die Fischer auf Sorgfalt und Qualität, die in den Spitzenrestaurants auf der ganzen Welt gewürdigt wird.

Der hiesige Jachthafen wurde 1973 eingerichtet, seitdem gibt es in L'Herbaudière fast 600 Bootsliegeplätze. Nur 5 Minuten zu Fuß braucht man vom Camping Municipal ⓮ hierhin, der wie viele gemeindeeigene Plätze in grandioser Lage liegt, um die bunte Hafenatmosphäre genießen zu können. Aber auch der Stellplatz L'Herbaudière ⓯ ist nicht weit entfernt.

Die Île de Noirmoutier liegt zum größten Teil unterhalb des Meeresspiegels und aufgrund des mediterranen Klimas ist sie im Winter **Zufluchtsstätte für Hunderttausende von See- und Watvögeln.** Im Februar und März verwandelt die **Mimosenblüte** die Insel in ein goldgelbes Urlaubsparadies, das mit insgesamt 2100 Sonnenstunden pro Jahr gesegnet ist. Darüber hinaus nennt die Mimoseninsel 40 km Strand ihr Eigen, an denen **Wassersportaktivitäten** aller Art angeboten

werden: Segelschulen, Tauchschulen, Paddling, Strandsegeln, Kitesurfen, für gestresste Eltern gibt es sogar Meereskindergärten für die Kleinsten. In den Inselhäfen werden Ausfahrten zum Hochseeangeln und Ausflüge auf wunderschönen Windjammern organisiert – einem abwechslungsreichen Urlaub steht also nichts im Wege.

Besonders viel Trubel herrscht während der bedeutenden **Segelregatten** wie der „Lissac Classic Noirmoutier" und der „Regatte Bois de la Chaise", die ihrem Namen dem großen Pinienwald im Norden der Insel verdankt und an der jedes Jahr 100 Jachten teilnehmen.

Seit 1987 gibt es auf der Insel auch eine **Meeresfarm,** in der unter dem Label „Turbot Rouge" Steinbutt gezüchtet wird, den man wohl selten so frisch genießen kann wie hier.

Ein spannendes Erlebnis für die ganze Familie ist die **Strandfischerei,** die man rund um die Insel betreiben kann. So lassen sich am Plage des Dames zum Beispiel rosafarbene Garnelen, Herzmuscheln, Miesmuscheln und Venusmuscheln finden und am Strand von L'Herbaudière zusätzlich noch Strandschnecken, Austern und Strandkrabben. Ganze Heerscharen von Jägern und Sammlern bevölkern mit Gummistiefeln, Eimern und Rechen ausgerüstet die bei Ebbe freigelegten Strandabschnitte. Zur Zeit des Vollmondes herrscht starkes Niedrigwasser, grandes marées, denn dann zieht sich das Meer besonders weit zurück. Zu diesem Termin kommen begeisterte Strandfischer aus der ganzen Vendée zusammen, um auf dem Abschnitt zwischen Gois und den Austernparks ihrer Leidenschaft nachzugehen.

In diesem Zusammenhang muss man die vorgeschriebene **Mindestgröße** und die **zulässigen Fangmengen** pro Person beachten: Venusmuscheln: 3,5 cm/3 kg, Austern: 5 cm/5 Dutzend (bis max. 5 kg), Herzmuscheln: 2,7 cm/4 kg, Miesmuscheln: 4 cm/5 kg, rosafarbene Garnelen: 5 cm, Graugarnelen: 3 cm, Strandkrabben: 13 cm (Taschenkrebs/tourteau) und 6,5 cm (Samtkrabbe/étrille oder Schwimmkrabbe/balleresse), Strandschnecken: 3 kg. Es ist ausdrücklich verboten, die beim Strandfischen gefundenen Muscheln zu verkaufen.

Vendée-Krieg

Das Département Vendée ist nach dem gleichnamigen Fluss benannt und liegt in der heutigen Region Pays de la Loire. Hier in der alten Provinz Poitou begann 1793 der Widerstand gegen die Französische Revolution, dem sich große Teile des Adels anschlossen und mit der „Katholischen und Königlichen Armee" in den Kampf gegen die repulikanischen Machthaber zogen.

Die Landbevölkerung kämpfte gegen die Zwangsrekrutierungen, der Adel um seine Privilegien und der Klerus um seine kirchliche Macht. Die kampferprobten Regierungstruppen siegten 1796 und führten anschließend einen brutalen Rachefeldzug, in dem ganze Dörfer niedergebrannt und deren Bewohner ermordet wurden. Insgesamt forderte der Krieg 300.000 Tote und hinterließ in der gesamten Region Spuren.

Information

> **Office de Tourisme,** Rue du Gén Passaga, Noirmoutier-en-Île, Tel. 0033 251398071, www.ile-noirmoutier.com, geöffnet: Mo–So 9.30–12.30 und 14–18 Uhr

Essen und Trinken

> **La Cormaroune,** Rue Marie Lemonnier 2, L'Herbaudière, 85330 Noirmoutier-en-Île, gegenüber dem großen Hafen in der 1. Etage, schöner Blick, Tel. 0033671740184, geöffnet: ganzjährig ab Mittag, geschl.: in der Hochsaison montags. Vor allem Meeresfrüchte, Tunfisch und Muscheln sowie große Salate werden angeboten.

Wer die Île-de-Noirmoutier nicht besuchen möchte, findet auf dem Festland an der D758 in **Beauvoir-sur-Mer** einen gut ausgebauten Übernachtungsplatz vor, den Stellplatz Beauvoir-sur-Mer ⓲ mit Ver-und Entsorgung.

CAMPING- UND STELLPLÄTZE ENTLANG DER ROUTE 1

**❶ Parkplatz St-Brevin,
Brücke nach Saint-Nazaire**
47.268007 –2.163697

Parkbuchten in einer Seitenstraße unterhalb der Brücke direkt am Mündungstrichter der Loire, schönes Panorama mit Blick auf Saint-Nazaire, keine Ver-/Entsorgung, Restaurants in der Nähe, im Sommer stark frequentiert. **Anfahrt:** Ausschilderung Mindin Port bzw. Musée de la Marine folgen; **Platzanzahl:** 3; **Untergrund:** Asphalt; **Preis:** gebührenfrei; **Max. Stand:** zwei Nächte; **Geöffnet:** ganzjährig; **Adresse:** Allée de la Loire, Saint-Brevin-les-Pins, www.saint-brevin.com.

**❷ Camping de Mindin,
St-Brevin-les-Pins**
47.264385 –2.169016

Familiärer Campingplatz im Pinienwald von St-Brevin mit direktem Meerzugang, beheizter Pool, teilweise Schatten, Bar, Restaurant, Brötchenservice, Zentrum 5 Minuten entfernt. **Anfahrt:** von der D213 kommend Ausfahrt Saint-Brevin Nord oder Mindin nehmen, hier im Kreisverkehr in die Avenue du Bois einbiegen; **Platzanzahl:** 74; **Untergrund:** Wiese, Sand; **Ver-/Entsorgung:** Strom, Trinkwasser, Abwasser, Chemie-WC; **Sicherheit:** umzäunt, beleuchtet, bewacht; **Preise:** 17–30 € je nach Saison; **Max. Stand:** unbegrenzt; **Geöffnet:** ganzjährig; **Adresse/Kontakt:** 32 Avenue du Bois, Saint-Brevin-les-Pins, Tel. 0033 240274641, www.camping-de-mindin.com.

❸ Parkplatz St-Brevin-l'Océan, Strand
47.248817 –2,169278

Parkbuchten beim Badeparkplatz ohne Ver-/Entsorgung, direkt am Meer, im Sommer stark frequentiert. **Anfahrt:** von der D213 kommend am Ortsausgang von St-Brevin die Ausfahrt Chassagne nehmen, dann Richtung Meer fahren, am Strand; **Platzanzahl:** 5; **Untergrund:** Asphalt; **Preise:** kostenlos; **Max. Stand:** eine Nacht; **Adresse:** Avenue de Beaumal, Saint-Brevin-les Pins, www.saint-brevin.com.

❹ Stellplatz St-Brevin
47.243064 –2.163869

Gemeindeeigener Stellplatz am Friedhof ohne Ver-/Entsorgung, zentral gelegen, ganz in der Nähe sind in der Avenue du Sport gegenüber dem Sportplatz noch weitere ausreichend große Parkflächen vorhanden. **Lage/Anfahrt:** von der D213 kommend den Schildern „stade" folgen, Womo-Piktogramm, 500 m zum Meer; **Platzanzahl:** 8; **Untergrund:** Asphalt; **Preise:** gebührenfrei; **Max. Stand:** zwei Nächte; **Geöffnet:** ganzjährig; **Adresse:** Avenue de la Saulzaie, Saint-Brevin-les-Pins, www.saint-brevin.com.

**❺ Stellplatz Municipal,
Saint-Michel-Chef-Chef**
47.182115 –2.147259

Parkbuchten für Wohnmobile auf einem gemischten Parkplatz, zentral gelegen. **Anfahrt:** von der D213 kommend die Ausfahrt zur D78 Richtung Centre nehmen, beim nächsten Kreisverkehr ist der Parkplatz ausgeschildert; **Platzanzahl:** 25; **Untergrund:** Asphalt; **Ver-/Entsorgung:** Strom, Trinkwasser, Abwasser, Chemie-WC; **Preise:** 7 €/Fahrz., Ver-/Entsorgung 3,40 € (Jetons in der Mairie gegenüber erhältlich, dem Bürgermeisteramt); **Max. Stand:** unbegrenzt; **Geöffnet:** ganzjährig; **Adresse:** Rue du Chevecier 18, St-Michel-Chef-Chef.

**❻ Stellplatz am Camping Clos
Mer et Nature, Tharon-Plage**
47,17233 –2.157878

Stellplatz vor dem Campingplatz, ruhige Lage, 500 m bis zum Meer, Fahrradweg angrenzend. **Anfahrt:** von der D213 kommend beim Supermarkt „Super U" in die Rue de la Plaine abfahren, dann rechts in die Rue de la Princetière und links in die Zielstraße abbiegen; **Untergrund:** Wiese, fest; **Ver-/Entsorgung:** Strom, Trinkwasser, Abwasser, Chemie-WC; **Preise:** 6 €/Fahrz., Ver-/Entsorgung 2 €; **Max. Stand:** unbegrenzt; **Geöffnet:**

April–Okt.; **Adresse/Kontakt:** Rue de Tharon 102, Saint-Michel-Chef-Chef, www.camping-clos-mer-nature.fr.

❼ Camping Car Park Le Thar-Cor, Tharon-Plage
47.159979 –2.169444

Pass'Étapes-Stellplatz (s. S. 32) in ruhiger Umgebung, 100 m zum Strand, teilweise Schatten. **Anfahrt:** Stellplatz vor dem Campingplatz Thar Cor, von der D96 kommend den Campingplatzschildern folgen; **Platzanzahl:** 24; **Untergrund:** Schotter, Wiese; **Ver-/Entsorgung:** Strom, Trinkwasser, Abwasser, Chemie-WC; **Preise:** 8,40–10,80 € und 1,20 € Steuer pro Person, Ver-/Entsorgung inklusive; **Max. Stand:** unbegrenzt; **Geöffnet:** ganzjährig; **Adresse:** Avenue du Cirmier 43, Saint-Michel-Chef-Chef, www.campingcarpark.com.

❽ Stellplatz Municipal, La Plaine-sur-Mer
47.139103 –2.192208

Offizieller Stellplatz der Gemeinde am Ortsrand, zentral, aber ruhig gelegen, Supermarkt in der Nähe. **Anfahrt:** der Versorgungsplatz liegt an der Einfahrt zum Chemin de la Gare, von hier führt eine kleine Straße links zum Übernachtungsplatz; **Platzanzahl:** 15; **Untergrund:** Asphalt; **Ver-/Entsorgung:** Trinkwasser, Abwasser, Chemie-WC; **Sicherheit:** beleuchtet; **Preise:** kostenlos; **Max. Stand:** eine Nacht; **Geöffnet:** ganzjährig; **Adresse:** Boulvard des Nations Unies/Chemin de la Gare, La Plaine-sur-Mer, www.tourisme-laplainesurmer.fr.

❾ Stellplatz Pointe, Préfailles
47.138793 –2.222008

Großzügiger Stellplatz von Pass'Étapes (s. S. 32) vor dem „Camping de la Pointe", 2 km vom Meer entfernt in ruhiger Lage. **Anfahrt:** von der D313 kommend in die Route du Bois Roux einfahren, dann links in die Zielstraße; **Platzanzahl:** 49; **Untergrund:** Schotterrasen; **Ver-/Entsorgung:** Strom, Trink-

wasser, Abwasser, Chemie-WC; **Sicherheit:** beleuchtet, bewacht; **Preise:** 10,60 €/Fahrz. und Steuer, Ver-/Entsorgung inklusive; **Geöffnet:** ganzjährig; **Adresse:** Chemin du Port aux Ânes, Préfailles, www.prefailles.fr.

❿ Stellplatz Les Pinettes, Préfailles
47.135697 –2.238313

Stellplatz von Pass'Étapes (s. S. 32) am Ende der Landzunge des Pointe de Saint-Gildas kurz vor dem Hafen direkt am Meer. **Anfahrt:** der D313 fast bis zum Ende folgen, der Platz liegt auf der rechten Seite und ist ausgeschildert; **Platzanzahl:** 39; **Untergrund:** Schotter; **Ver-/Entsorgung:** Strom, Trinkwasser, Abwasser, Chemie-WC; **Sicherheit:** beleuchtet; **Preise:** 12 €/Fahrz. und Steuer, Ver-/Entsorgung inklusive; **Max. Stand:** unbegrenzt; **Geöffnet:** ganzjährig; **Adresse:** Chemin des Pinettes, Préfailles, www.prefailles.fr.

⓫ Stellplatz Municipal Aquacentre, Pornic
47.120731 –2.091136

Offizieller Stellplatz auf dem gemischten Parkplatz beim Schwimmbad am Ortsrand, kein Schatten. **Anfahrt:** in Pornic den Schildern „complexe sportif" und dem Womo-Piktogramm folgen; **Untergrund:** Asphalt; **Ver-/Entsorgung:** Trinkwasser, Abwasser, Chemie-WC; **Preise:** kostenlos; **Max. Stand:** unbegrenzt; **Geöffnet:** ganzjährig; **Adresse:** Le Val Saint-Martin, Pornic, www.pornic.com.

⓬ Stellplatz municipal, La Bernerie-en-Retz
47.078595 –2.03395

Großer Stellplatz mit leichtem Baumbestand mitten im Ort, ca. 200 m vom Strand entfernt. **Anfahrt:** von der D13 in La Poteau auf die D66 abfahren, im Ort der Hauptstraße D97 bis zum Stellplatz folgen, Womo-Piktogramm, Supermarkt in der Nähe; **Platzanzahl:** 30; **Untergrund:** Asphalt; **Ver-/Entsorgung:** Strom, Trinkwasser, Abwasser, Chemie-WC; **Sicherheit:** beleuchtet; **Preise:**

9,50 €/Fahrz., inklusive Ver-/Entsorgung; **Max. Stand:** unbegrenzt; **Geöffnet:** ganzjährig; **Adresse:** Rue Jeanne d'Arc 7, La Bernerie-en-Retz, www.pornic.com.

⑬ Stellplatz Port du Bec, Bouin
46.939244 −2.07333

Stellplatz der Gemeinde Bouin direkt am Meer, kein Schatten. Der Platz befindet sich ganz am Ende der Hafeneinfahrt, die Versorgungsstation ist 100 m weiter vorne rechts neben dem Gebäude der „Coopérative maritime" zu finden. **Anfahrt:** von der D758 kommend der Beschilderung zum Port du Bec folgen; **Platzanzahl:** 50; **Untergrund:** Schotter; **Ver-/Entsorgung:** Strom, Trinkwasser, Abwasser, Chemie-WC; **Sicherheit:** beleuchtet; **Preise:** 5 €/Fahrz., Strom und Wasser sind kostenpflichtig; **Max. Stand:** unbegrenzt; **Geöffnet:** ganzjährig; **Adresse:** Le Port du Bec, Bouin.

⑭ Camping Municipal La Pointe, Île de Noirmoutier
47.024303 −2.303397

Naturbelassen, schlichter Campingplatz an der Spitze der Insel direkt am Meer, auf einer Düne gelegen, wenig Schatten, Hafennähe. **Anfahrt:** auf der Insel der D38 und der D948 bis zum Ende folgen; **Untergrund:** Wiese, Sand; **Ver-/Entsorgung:** Strom, Trinkwasser, Abwasser, Chemie-WC; **Sicherheit:** umzäunt, beleuchtet; **Preise:** 13,20–20,80 € je nach Saison; **Geöffnet:** Ende März–Anfang November; **Adresse:** Avenue Mourain 143, Noirmoutier en Île, L'Herbaudière, Tel. 0033 251391670, www.noirmoutier-campings.fr.

⑮ Stellplatz L'Herbaudière, Île de Noirmoutier
47.020063 −2.300941

Stellplatz am Inselende, direkt am Strand, zentrumsnah. **Anfahrt:**; an der D5 am Ortsanfang von L'Herbaudière kurz hinter der Kirche; **Platzanzahl:** 20; **Untergrund:** Schotter, eben; **Ver-/Entsorgung:** Trinkwasser, Abwasser, Strom teilweise; **Sicherheit:** beleuchtet;

Preise: 5–8 € je nach Saison, Strom und Wasser kostenpflichtig; **Max. Stand:** 5 Tage; **Geöffnet:** ganzjährig; **Adresse:** Avenue Mourain 149, Noirmoutier en Île, www.ile-noirmoutier.com.

⑯ Stellplatz Noirmoutier-en-Île
47.000546 −2.251124

Stellplatz der Inselhauptstadt Noirmoutier-en-Île, zentrumsnah, Fahrradweg angrenzend. **Anfahrt:** auf der Insel der Hauptstraße D38 bis zur Stadt folgen, Womo-Piktogramm; **Platzanzahl:** 200; **Untergrund:** Schotter; **Ver-/Entsorgung:** Strom, Trinkwasser, Abwasser, Chemie-WC; **Sicherheit:** beleuchtet; **Preise:** 5–8 € (je nach Saison); **Max. Stand:** fünf Nächte; **Geöffnet:** ganzjährig; **Kontakt:** Avenue de Padron, Noirmoutier-en-Île, www.ile-noirmoutier.com.

⑰ Stellplatz L'Épine, Île de Noirmoutier
46.981222 −2.263835

Parzellierter Stellplatz im Zentrum von L'Épine, Ortsrand, Geschäfte in der Nähe. **Anfahrt:** von der D38 kommend nach L'Épine abbiegen, dem Womo-Piktogramm folgen; **Platzanzahl:** 60; **Untergrund:** Asphalt; **Ver-/Entsorgung:** Strom, Trinkwasser, Abwasser, Chemie-WC; **Sicherheit:** beleuchtet; **Preise:** 9 €/Fahrz., inklusive allem, Zahlung per Kreditkarte; **Max. Stand:** unbegrenzt; **Geöffnet:** ganzjährig; **Adresse:** Place des Ormeaux, L'Épine, www.ile-noirmoutier.com.

⑱ Stellplatz Beauvoir-sur-Mer
46.916563 −2.046564

Gepflegter Durchreiseplatz, kein Schatten, Ortsrand. **Anfahrt:** direkt an der D758; **Platzanzahl:** 24; **Untergrund:** Asphalt; **Sicherheit:** beleuchtet; **Preise:** 5 €/Fahrz., tagsüber kostenlos, Wasser und Strom kostenpflichtig; **Max. Stand:** zwei Nächte; **Geöffnet:** ganzjährig; **Adresse:** Rue de Nantes 7, Beauvoir-sur-Mer.

Die Route führt durch das Herz des Départements Vendée, das auf 250 km Küstenlinie, die Île de Noirmoutier mit eingeschlossen, 140 Strandkilometer bietet. Die „Côte de Lumière" („Küste des Lichts") zählt mit 2500 Sonnenstunden pro Jahr zur sonnigsten Region dieses Buches. In der Hochsaison boomt der Tourismus, in den Nebensaisons ist es eher ruhig und beschaulich. Als „Stadt" kann eigentlich nur Les Sables-d'Olonne (s. S. 60) bezeichnet werden, diese ist allein schon wegen ihrer Muschelstraße Île Penotte einen Besuch wert. Charakteristisch für diesen Küstenabschnitt sind die großen Kiefern- und Steineichenwälder, durch die herrliche Wanderwege mit idyllischen Picknickplätzen führen. Auf den vielen Radwegen lässt sich die Gegend bestens erkunden, an Stellplätzen für Wohnmobile mangelt es ebenfalls nicht. Küstenschutz wird hier großgeschrieben, und viele Gemeinden haben sich aus gutem Grund zur sanften Reinigung ihrer Strände verpflichtet. Was viele nicht wissen: Die angeschwemmten Algen sind wichtig für die Stabilisierung der Dünen und deren Artenvielfalt. Natur pur erlebt man auf ganz besondere Art bei einem Ausflug in die Marais Poitevin (s. S. 68). Frankreichs zweitgrößtes Sumpfgebiet beherbergt ein einzigartiges Ökosystem, ein von Menschenhand gemachtes Paradies.

▷ *Le Bois de la Mine, Talmont-Saint-Hilaire*

ROUTE 2

ENTLANG DER CÔTE DE LUMIÈRE BIS ZUR CÔTE DES FLEURS

STRECKENVERLAUF

Strecke: La Barre-de-Monts – Notre-Dame-de-Monts (6,5 km) – Saint-Jean-de-Monts (8 km) – Saint-Hilaire-de-Riez (13,5 km) – Les Sables-d'Olonne (32 km) – Talmont-Saint-Hilaire (20 km) – Jard-sur-Mer (9 km) – Avrillé (14 km) – La Tranche-sur-Mer (20 km) – Pointe de l'Aiguillon-sur-Mer (25 km) – La Rochelle (58 km) – Abstecher in die Marais Poitevin bis nach Coulon (77 km) – La Rochelle (60 km)
Gesamtlänge: ohne Abstecher ca. 206 km, mit Abstecher ca. 350 km

LA BARRE-DE-MONTS UND DIE ÎLE D'YEU

Der Badeort liegt hinter der Brücke, die zur Île de Noirmoutier führt (s. S. 46). Der **große, breite Strand,** der zur hiesigen Gemeinde gehört, ist nicht überlaufen und ermöglicht schöne Strandspaziergänge, bei denen man die Brücke immer im Blick hat. Ein Wassersportzentrum befindet sich direkt am Hauptzugang zum Strand, eventuell wird der eine oder andere sich ja zum Strandsegeln verführen lassen.

☑ *Am grandiosen Strand von La Barre-de-Monts ist man fast allein*

150 m vom Strand entfernt liegt unter Schatten spendenden Pinien ein sehr schöner Stellplatz **⓳**.

Der Hafen von **Formentine** ist nur 1,5 km entfernt, von hier aus kann man einen Inselausflug unternehmen.

Die **Île D'Yeu** liegt 20 Kilometer vor der Küste und misst 23 Quadratkilometer. Haupteinnahmequelle der Insulaner ist der Tourismus, der auf dieser westlichsten Insel Kontinentalfrankreichs mit Massentourismus nicht das Geringste zu tun hat.

Wer ein **Fahrrad** dabei hat, sollte dies mitnehmen, denn so kann man an einem Tag die schöne Insel kreuz und quer erkunden. Besondere Abwechslung bietet in der Saison die Inselerkundung per **Kutschfahrt,** bei der man alle wichtigen Sehenswürdigkeiten und die schönsten Ecken erleben kann.

Heimliche Hauptstadt des Eilands ist **Saint-Sauveur,** wo es rund um die Kirche in der Saison täglich einen Markt mit Spezialitäten der Region gibt. Die Insel lebte einst vom Tunfischfang und mit Glück ergattert man hier ein Stück frischen, roten Tunfisch, den man, wie ein Steak gebraten, genießen kann – eine Delikatesse!

Unbedingt entdecken sollte man auch den Strand am **Port de la Meule,** der ein kleiner Naturhafen zwischen hohen, verwitterten Felsen ist, und der von der Kapelle Notre-Dame de Bonne Nouvelle bewacht wird.

Information

› **Office de Tourisme Île d'Yeu,** Rue du Marché,
Île d'Yeu, Tel. 0033 2515832, www.ile-yeu.fr,
geöffnet: Mo–Sa 9–12.30 und 14–17.30 Uhr

Noch eine Attraktion befindet sich ganz in der Nähe von La Barre-de-Monts: das **Écomusée du Daviaud.** Bei einer Führung oder auf eigene Faust lässt sich dieses Museum unter freiem Himmel durchstreifen. In den strohgedeckten Lehmhäuschen wird das Leben und Arbeiten im Sumpfgebiet der Vendée dargestellt und in Multimediashows nachempfunden.

› **Écomusée du Daviaud,** La Barre-de-Monts, der Beschilderung folgen, Tel. 0033 251938484, www.ledaviaud.fr, geöffnet: ganzjährig je nach Saison zu unterschiedlichen Zeiten, der Außenbereich ist nur vom 2. April bis zum 30. September zugänglich, genaue Informationen siehe Website, Eintritt: 5–10 € (je nach Saison, Familientarife erhältlich). Der Rundgang durch das Freilichtmuseum verläuft auf Holzstegen und ist ungefähr 1 km lang. Für den Besuch sollte man mindestens zwei Stunden einplanen.

⌂ *Blick auf Notre-Dame-de-Monts und den herrlichen Strand*

NOTRE-DAME-DE-MONTS
(6,5 km – km 6,5)

Vorbei am 600 ha großen Wald „Fôret des Pays des Monts" geht es von La Barre-de-Monts nach Notre-Dame-de-Monts, ein Badeort mit 4,5 km feinstem **Sandstrand, hohen Dünen und herrlichem Pinienwald.** Neben den vielen Wasseraktivitäten hat die Gemeinde 60 km Rad-, Reit- und Wanderwege anzubieten. Das Kartenmaterial dazu besorgt man sich am besten vorab in der Tourismusinformation.

Hier kann man auch die oft wechselnden Öffnungszeiten des **Kulmino** erfahren, eines riesigen Wasserturms, der schon von weitem zu sehen ist und abends sehr eindrucksvoll beleuchtet wird.

› **Kulmino,** Route du Moulin de la Croix, Notre-Dame-de-Monts, im Ort auf die D82 abbiegen, der Turm ist schon von Weitem sichtbar, Tel. 0033 251588609, www.notre-dame-de-monts.fr, geöffnet: je nach Saison unterschiedlich. Ein Fahrstuhl fährt auf die Plattform in 70 m Höhe, hier oben empfängt den Besucher ein tolles 360°-Panorama über Dünen, Strand und Meer auf der einen und auf der anderen Seite über die Marais Poitevin, das grüne Herz der Vendée.

Information

> **Office de Tourisme,** Rue de la Barre 6, Notre-Dame-de-Monts, Tel. 0033 251588497, www.notre-dame-de-monts.fr, geöffnet: Mo–Sa 9.30–12.30 und 14–18, So 10–12.30 Uhr

Entlang der D38 reiht sich beiderseits der Straße ein Campingplatz an den anderen, ein Zeichen dafür, dass es in der Hochsaison hier schon recht lebhaft zugehen dürfte. Aber auch an die außerhalb der Saison anreisenden Wohnmobilisten wurde gedacht, denn schon an der ersten Ausfahrt nach Notre-Dame-de-Monts weist ganzjährig ein Womo-Piktogramm auf die hiesigen Stellplätze hin.

Stellplätze

20 Stellplatz De Gaulle
21 Stellplatz La Clairière

SAINT-JEAN-DE-MONTS
(8 km – km 14,5)

Nach nur kurzer Fahrt auf der D38 ist der nächste Badeort erreicht, Saint-Jean-de-Monts. Vom Ortszentrum kommend, durchquert man einen lichten **Pinienwald,** überwindet eine Düne und gelangt so zum 8 km langen, breiten **Sandstrand.** Seit 1867 kommen Badegäste hierher.

In dieser herrlichen Umgebung liegt auch der schöne, gepflegte **Stellplatz 22.**

Die Gemeinde ist sehr aktiv beim Organisieren von **Festivitäten und Veranstaltungen,** sodass hier immer etwas geboten ist. Für Ruhesuchende ist Saint-Jean-de-Monts in der Hochsaison somit nicht unbedingt geeignet. Die lange Liste der Events kann man im Touristenbüro vor Ort oder unter www.saint-jean-de-monts.com einsehen.

Seit 2003 findet immer Anfang Juli das **Flugdrachen-Festival** statt, das ein ganz besonderes optisches Erlebnis darstellt.

Auf dem Marché des Desmoiselles wird das ganze Jahr über täglich vormittags ein re-

gionaler **Markt** abgehalten. Hier gibt es auch **Préfou,** ein flaches Brot, das ca. 30 cm lang ist und mit frisch gehacktem Knoblauch und Butter serviert wird. Mit seiner knusprigen Kruste und dem weichen Teig schmeckt es warm besonders gut zum Apéritif.

Tipp: Eine weitere Spezialität der Region ist die **Gâche de Vendée,** ein süßes, festes Hefegebäck in runder Brotform, das Crème fraîche als Zutat enthält. Das traditionelle Gebäck, das hier auf jeden Ostertisch gehört, stammt bereits aus dem Mittelalter und heißt eigentlich „misslungen" (gâcher). Eine willkommene Abwechslung zum Frühstück!

Information

> **Office de Tourisme,** Esplanade de la Mer 67, Saint-Jean-de-Monts, Tel. 0033 272788080, www.saint-jean-de-monts.com, geöffnet: Mo–Mi, Fr/Sa 9.30–12.30 und 14–18, Do 14–18, So 10–12.30 und 14.30–18 Uhr

SAINT-HILAIRE-DE-RIEZ
(13,5 km – km 28)

Die lange Strandpromenade entlang der **Corniche Vendéenne** lädt zum Flanieren ein. Sehen und gesehen werden ist hier im Juli und August wohl das Motto: Eisdielen, Crêperien und Restaurants säumen die Küstenstraße.

Saint-Hilaire-de-Riez ist ein typischer Badeort, in dem Gäste hauptsächlich den Strandurlaub suchen, und **Strände** gibt es wahrlich reichlich. Mehr als 12 km zieht sich der Dünengürtel am Meer entlang und mündet in die Steilküste der „Corniche Vendéenne", die von idyllischen Buchten geprägt ist.

Am Stadtstrand kann man das **Trou du Diable („Teufelsloch")** besichtigen. Das Naturdenkmal ist ein Felsen mit einem großen Loch, durch das bei stärkerem Wellengang die Gischt diabolisch herausspritzt und schon so manchen Neugierigen nass gemacht hat.

Die Fahrt an der Küstenstraße D6A entlang ist im Hochsommer mit dem Wohnmobil nicht zu empfehlen, besser ist es, vor Ortsbeginn in

Richtung **Plage Paré Préneau** zu fahren, um den dortigen Stellplatz ㉓ aufzusuchen.

Etwas außerhalb des Orts hat die Gemeinde direkt an einem kleinen See, dem ausgeschilderten **Plan d'Eau de Vallée,** einen weiteren Stellplatz ㉔ eingerichtet.

Am Ortsrand von Saint-Hilaire-de-Riez überquert die Hauptdurchgangsstraße D38 den Mündungstrichter der Vie. Der Fluss bildet hier den Hafen von **St-Gilles-Croix-de-Vie.** Die ineinander übergehenden Orte bilden einen starken Kontrast. Hier in Saint-Gilles wird gelebt und gearbeitet. Der Hafen zeigt geschäftiges Fischereitreiben, denn das Städtchen ist auf den Fang der berühmten **blauen Makrelen** spezialisiert, aber vor allem auf **Sardinen.** Auf einer Bootswerft wird geklopft und gehämmert, denn der Jachthafen fasst 1200 Liegeplätze und so gibt es immer etwas zu tun.

Es ist äußerst interessant, dem quirligen Treiben zuzusehen, während man auf einer Bank am Hafenbecken sitzend genüsslich ein Eis schleckt.

Tipp: Probieren Sie doch mal zum Apéritif ein Gläschen **Troussepinette** aus den jungen Trieben des Schlehdornbusches. Sie werden im Mai und Juni mit ihren grünorangenen, noch ganz zarten Spitzen geerntet und duften nach Mandeln und Kirschen. Im Gegensatz zur deutschen Schlehenweinherstellung wird in Frankreich der Apéritif nicht durch Gärung, sondern durch Mazeration gewonnen. Hierbei werden die jungen Triebe in Rotwein gegeben und müssen dort einige Tage ziehen. Früher wurde diese Spezialität in Damenkreisen nach dem Essen auch als Digestif angeboten.

Wer ein **Fahrrad** dabei hat, kann das Kontrastprogramm beider Orte, die Corniche Vendéenne und den Hafen von Saint-Gilles, in seiner vollen Länge genießen.

An der französischen Atlantikküste schon fast selbstverständlich bietet auch Saint-Gilles-Croix-de-Vie **Stellplätze ㉕/㉖** an.

Information

> **Office de Tourisme,** Place Gaston Pateau 21, Saint-Hilaire-de-Riez, Tel. 0033 251543197, www.payssaintgilles-tourisme.fr, geöffnet: Mo–Sa 9–19, So 10–12.30 und 16–18.30 Uhr

☑ *Durch das Trou du Diable, das „Teufelsloch“, spritzt die Gischt empor*

Der Fluss Vie durchquert nordwestlich von Saint-Hilaire-de-Riez eine **Sumpflandschaft,** in der sich ausgedehnte **Salzgärten** befinden. Hier sollte man sich einmal einer Führung anschließen, bei der während eines Spaziergangs durch die Salzwiesen interessant und kurzweilig über die Geschichte der Salzgewinnung und die Arbeit der Salzsieder erzählt wird. Ein Tütchen „Fleur de Sel" für die Wohnmobilküche kann man anschließend erwerben.

LES SABLES-D'OLONNE
(32 km – km 60)

Weiter geht es auf der D38 gen Süden, nach 32 km ist der größte Küstenort der Region erreicht. Es ist empfehlenswert, gleich den großen Stellplatz ㉘ anzufahren, da dieser sehr zentral gelegen ist und sich von dort alle Sehenswürdigkeiten bestens zu Fuß erreichen lassen.

Les Sables-d'Olonne, berühmt durch die **Vendée Globe** (s. S. 62), hat über 40.000 Einwohner und kann auf eine 800-jährige Geschichte zurückblicken. 1218 gegründet, stieg die Ansiedlung am Meer unaufhaltsam zu einem bedeutenden Knotenpunkt des Seehandels auf. Wein, Salz und Getreide wurden verschifft, bis im 17. Jh. mit der Kabeljaufischerei um Neufundland der Höhepunkt der wirtschaftlichen Entwicklung erreicht wurde. Bis zu 80 Boote fuhren jedes Jahr in die weite Ferne zum Dorschfang, dementsprechend entwickelten sich Werften und Schiffsbau.

Durch die Hafenzufahrt vom Badeort getrennt liegt der Stadtteil **„La Chaume",** der auch heute noch hauptsächlich von Fischern bewohnt wird. Der Bummel durch die kleinen, engen Gassen mit den traditionellen niedrigen Häuschen ist einen Abstecher wert. In den Kneipen herrscht reges Treiben und im Sommer verkaufen Fischer ihre frischen Sardinen direkt am Hafenkai.

An der Hafeneinfahrt steht die kleine Kirche St-Nicolas, die, im 11. Jh. erbaut, kurz vor der Französischen Revolution 1779 zur Festung umgebaut wurde. Von hier bietet sich ein fantastischer Blick auf die Stadt.

Es lohnt sich, Les Sables-d'Olonne im Rahmen einer Führung zu erkunden, da diese teilweise auch den erlebnisreichen Besuch der Fischauktionshalle beinhalten.

Mit dem Anschluss an das französische Eisenbahnnetz im Jahre 1866 wurde Les Sables-d'Olonne endgültig zum gernbesuchten Seebad und ist heute der **zweitgrößte Badeort Frankreichs.**

Das touristische Leben findet vor allen Dingen an der 3 km langen Strandpromenade **Le Remblai** statt, die gesäumt ist von Cafés, Restaurants und kleinen Boutiquen.

Für einen Bummel hier sollte man sich unbedingt etwas Zeit nehmen und das Treiben von einem der vielen Straßenbistros aus beobachten.

◁ *Eines von zahlreichen wunderschönen Muschelbildern in der l'Île Penotte, Les Sables-d'Olonne*

Dorsch oder Kabejau?

Kaum jemand weiß, dass es sich hier um ein und denselben Fisch handelt. Der Dorsch ist der Jungfisch des Kabeljaus, ernährt sich von kleinem Meeresgetier wie Krabben und Muscheln und lebt in der Ostsee.

Der erwachsene Kabeljau ist laich- bzw. geschlechtsreif und lebt im gesamten Nordatlantik. Er ist ein Wanderfisch und Räuber, der sich von anderen Artgenossen ernährt und großen Heringsschwärmen kilometerweit folgt. Der Fisch erreicht eine durchschnittliche Größe von 60 cm und wiegt um die 2,5 kg. Fanggründe sind hauptsächlich die Gewässer um Norwegen, Island, Dänemark, Großbritannien, Russland, Kanada und die USA.

Seiner Beliebtheit wegen wird der Kabeljau in großem Umfang mit Schlepp- und Stellnetzen gefischt, was bereits bedrohliche Auswirkungen auf die Bestände hat.

Im historischen Zentrum ist eine der engsten Gassen der Welt, die **Rue de l'Enfer** („Straße der Hölle"), einen Blick wert, etwas ganz Besonderes ist auch die Muschelstraße **l'Île Penotte.** Die Häuserwände der kleinen Straße sind bestückt mit großen Bildern, die über und über aus unterschiedlichen Muscheln gefertigt sind. Ein wirklich wunderschöner Anblick, der den Betrachter bei jedem Bild erneut in Erstaunen versetzt. Ebenso erstaunlich ist, dass alles frei zugänglich ist und niemand Eintritt verlangt.

Sehenswert ist auch das historische **Château St-Clair,** in dem das Meeresmuseum untergebracht ist. Von dem mit Zinnen bewehrten **Tour d'Arundel** genießt man einen herrlichen Panoramablick über die Stadt, die Bucht von Les Sables-d'Olonne und die umliegenden Sümpfe. Abends wird der Turm wirkungsvoll illuminiert.

◩ *Am Leuchtturm von Les Sables-d'Olonne hat man einen schönen Rundumblick*

❯ **Meeresmuseum Les Sables-d'Olonne,** Place Maraud, Tour Arundel, Les Sables-d'Olonne, Tel. 0033 677005004, www.lessablesdolonne-touri mus.de, geöffnet: Mitte April–Ende September tägl., 10.30–13, 15–18 Uhr, Eintritt: Erwachsene 3 €, Kinder 1,50 €. Ein Ausstellungsraum ist der Seefahrt gewidmet, ein zweiter der Fischerei.

Diejenigen, die nähere Informationen über weitere historische Gebäude, Kirchen und Museen haben möchten, finden das Touristenbüro am Ende der Strandpromenade, wo ein Kanal in den großen Hafenbereich zum **Port de Pêche** (Fischerhafen) und zum **Port de Plaisance** (Jachthafen) führt.

Ab März finden vor Les Sables-d'Olonne regelmäßig Segelregatten statt, die man besonders gut vom **Phare des Barges** beobachten kann. Ein kleiner Bootsausflug führt zu diesem Leuchtturm aus dem Jahr 1861, der 25 m hoch ist, vor dem Fischerviertel La Chaume mitten im Meer steht und einen schönen Blick auf die Häfen und den Badeort bietet.

Vendée Globe

Les Sables-d'Olonne hat sich international einen Namen gemacht, denn hier findet alle vier Jahre das härteste Segelrennen der Welt statt – die Vendée Globe. Hierbei handelt es sich um eine Nonstop-Regatta für Einhandsegler, die entlang des Südpolarmeeres einmal um den Globus führt, wobei 24.000 Seemeilen zurückgelegt werden müssen. Start und Ziel befinden sich in Les Sables-d'Olonne.

Information

> **Office de Tourisme,** Promenade du Maréchal Joffre, Les Sables-d'Olonne, Tel. 0033 251968585, www.lessablesdolonne-tourisme.com, geöffnet: tägl. 10–12.30 und 14–18 Uhr

Einkaufen

Neben der Einkaufsmöglichkeit in der **zweistöckigen Markthalle** in der Rue des Halles gibt es in Les Sables-d'Olonne noch ein reges **Marktgeschehen** unter freiem Himmel, z. B. jeden Mittwoch und Samstag von 8 bis 13 Uhr auf der Cours Dupont. Auch der Stadtteil La Chaume hat seine eigene **Markthalle,** um die herum dienstags, donnerstags und sonntags von 8 bis 13 Uhr ein **Jahrmarkt** aufgebaut wird.

Stellplätze

- ㉗ Stellplatz Olonne-sur-Mer
- ㉘ Stellplatz Les Sables-d'Olonne
- ㉙ Stellplatz Le Château d'Olonne

TALMONT-SAINT-HILAIRE
(20 km – km 80)

Einst am Meer gelegen und heute mehrere Kilometer von der Küste entfernt liegt dieser historische Ort. Auf einer damals strategisch wichtigen Anhöhe hat sich das Städtchen Talmont-Saint-Hilaire um das alles überragende **Château de Talmont** gebildet, dessen Beflaggung schon von Weitem grüßt. Die Burg war einst der Stammsitz der Herzöge von Aquitanien und während der Religionskriege eine protestantische Hochburg.

Im 12. Jahrhundert ließ der englische König Richard Löwenherz, der auch Herzog von Aquitanien, Graf von Anjou, Graf von Maine und Herzog der Normandie war, den Ort befestigen. Sein Name begegnet dem Urlauber in dieser Region häufiger. Der letzte Herr von Talmont, Antoine-Philippe de La Trémoille,

☑ Das Château de Talmont in Talmont-Saint-Hilaire ist ein gern besuchtes Touristenziel

starb während der Französischen Revolution 1794 unter der Guillotine.

Der Weg hinauf zur noch gut erhaltenen **Burganlage** wird von mittelalterlicher Musik begleitet. In der Hochsaison werden im Burghof Ritterspiele und Turniere veranstaltet, und der Besucher befindet sich mitten zwischen kampflustigen Rittern und holden Burgfräulein.

> **Château Talmont-Saint-Hilaire,** Rue du Talmont 8, Talmont-Saint-Hilaire, Tel. 251902743, www.chateaudetalmont.com, geöffnet: Mo–Sa 10.30–12.30, 14–17.30 Uhr

Die diversen Veranstaltungstermine im Château de Talmont erfährt man einfachsten über das Touristenbüro.

Das kleine **Städtchen Talmont-Saint-Hilaire** ist übrigens ein ganz entzückender Ort, in dem es Freude macht, ein wenig zu bummeln.

Der hiesige **Stellplatz ❿** ist aufgrund der engen Anfahrt durch die kleinen Gässchen nicht für große Wohnmobile geeignet, liegt aber ruhig und sehr idyllisch direkt am Fluss.

Ganzjährig findet donnerstagvormittags auf dem Schlossplatz ein **Markt** statt.

Information

> **Office de Tourisme,** Rue de L'Hôtel de ville 6, Talmont-Saint-Hilaire, Tel. 0033 251906510, www.destination-vendeegrandlittoral.com, geöffnet: Mo–Sa 9–13 und 15–18.30, So 9.30–13 Uhr

Richard Löwenherz

Als dritter Sohn von König Heinrich II. und Eleonore von Aquitanien kam der gebürtige Richard Plantagenêt 1157 in England zur Welt. Nach erfolgreicher Rebellion gegen seinen Vater und dem Tod seiner älteren Brüder wurde er 1189 zu König Richard I. gekrönt.

Durch die ausgedehnten französischen Besitzungen seiner Mutter Eleonore wurde Richard damit der mächtigste Herrscher Europas.

Einem Gelübde folgend, begab sich der König von 1189 bis 1192 auf einen Kreuzzug, bei dem Jerusalem aus den Händen des Sultans Saladin befreit werden sollte. Seine kriegerische Kampfeslust und sein Mut brachten Richard den Beinamen „Löwenherz" ein.

Das führungslose Mutterland wurde in der Zeit dieses Kreuzzuges durch Intrigen und Streitigkeiten so geschwächt, dass Richard 1192 einen Waffenstillstand mit Sultan Saladin schloss, gegen den er noch mehrere Siege errungen hatte. Der Sultan sicherte den Christen den ungehinderten Zugang nach Jerusalem zu und Richard kehrte nach Europa zurück.

Von seinem Gefährten Philipp II. von Frankreich verraten, wählte Richard den Weg über die Adria und überstand auf der Rückreise zahlreiche aben-

teuerliche Hindernisse und eine mehrmonatige Gefangennahme in Niederösterreich.

Nach diversen Zusicherungen und einer Lösegeldzahlung von 100.000 Mark Silber, insgesamt 23 t, wurde Richard in Speyer an Kaiser Heinrich VI. ausgeliefert, der ihn wiederum auf der Burg Trifels in der Pfalz festsetzte. Da Kreuzfahrer unter dem besonderen Schutz der Kirche standen, erreichte der Papst mit der Drohung der Exkommunikation des Kaisers, dass Richard gegen eine erneute Lösegeldzahlung freigelassen wurde. Da dieser zur Finanzierung seines Jerusalemkreuzzuges schon erhebliche Güter verkauft hatte, versuchte nun seine Mutter Eleonore von Aquitanien durch weitere Veräußerungen dieses Geld einzusammeln. Das ist mit der Grund, warum in England aus jener Zeit kaum wertvolle Gegenstände mehr zu bewundern sind.

1194 wurde Richard Löwenherz aus der Gefangenschaft entlassen. Aufgrund der finanziellen Probleme des Königshauses kam es zur massiven Ausbeutung der Bevölkerung, was schließlich zu Unruhen führte. Richard Löwenherz starb 1199 im Alter von 41 Jahren an den Folgen einer Verletzung durch einen Armbrustbolzen, sein Herz fand in der Kathedrale von Rouen seine letzte Ruhestätte.

JARD-SUR-MER

(9 km – km 89)

Auch dieser Ort steht heute noch ganz im Zeichen von Richard Löwenherz (s. S. 63), denn die **Abbaye Notre-Dame de Lieu-Dieu** wurde 1198 vom englischen König gegründet. Wie an so vielen anderen Orten auch waren es die Mönche, die starken Einfluss auf den wirtschaftlichen Aufstieg der Region hatten, indem die Salzgewinnung gefördert und ein Silberbergwerk gegründet wurde.

Während der Religionskriege 1568 wurde die Abtei allerdings geplündert und stark beschädigt. Die katholische Pfarrkirche **Sainte-Radegonde** ist eine romanische Wehrkirche aus dem 11. Jh. und wurde bereits 1947 in die Liste der „monuments historiques", der französischen Baudenkmäler, aufgenommen.

Die strahlend weiße **Windmühle am Hafen** ist das Wahrzeichen des Badeorts, dessen Küstenlinie von Klippen geprägt ist. Jard-sur-Mer bietet eigentlich alles, was einen Ferienort auszeichnet: Meer, feinsandige Stände, Wassersportmöglichkeiten, Hafenatmosphäre, herrliche Küstenpfade und einen Schatten spendenden Pinienwald. Eine schöne kleine **Wanderung bzw. Fahrradtour** führt zum **Pointe du Payre,** einer Landspitze, von der man bis zur Île de Ré blicken kann.

Der Stellplatz ❸ des Orts liegt ebenfalls direkt am Meer.

Information

> **Office de Tourisme Jard-sur-Mer,** Place de la Liberté, Jard-sur-Mer, Tel. 0033 251334047, www.destination-vendeegrandlittoral.com, geöffnet: Mo–Sa 9–13 und 14–18.30, So 9.30–13 Uhr

AVRILLÉ

(14 km – km 103)

Ein kleiner Abstecher führt von Jard-sur-Mer über St.Hilaire-la-Forêt auf der D19 von der Küste weg nach Avrillé. Hier sind zwei Besonderheiten zu bewundern, die es so hauptsächlich in der Bretagne und an der französischen Atlantikküste gibt: **Megalithen** mit außergewöhnlichen Ausmaßen. Wegen ihrer Vielzahl werden diese Mega-Steine von den Einheimischen gar nicht groß beachtet, aber um diejenigen von Avrillé und dem Nachbarort La Bernard zu sehen, machen selbst Franzosen einen Umweg.

Der **Menhir Champ de César** wird als „König der Menhire" bezeichnet und ist 8,70 m hoch, davon mehr als 7 m oberirdisch. Er ist der höchste „Hinkelstein" in der Vendée und einer der größten Frankreichs.

☑ *Der Dolmen La Frébouchère in Avrillé ist einer der größten Megalithbauten Frankreichs*

Megalithen

Ein Megalith (aus dem Griechischen: megas – groß, lithos – Stein) ist ein großer, oft unbehauener Stein, der als Baustein für Grabanlagen oder Kultstätten benutzt wurde.

Das Wort Megalith ist der Oberbegriff für steinzeitliche Bauwerke, denen europaweit keine einheitliche Kultur zugrunde liegt.

Dolmen sind aus großen Steinblöcken errichtete Megalith-Bauwerke, die meist als Grabstätte dienten. Sie bestehen aus drei oder mehr aufrecht stehenden Tragsteinen, auf denen eine oder mehrere Deckplatten ruhen, was einem Tisch ähnelt.

Menhire sind längliche, aufrecht stehende Steinblöcke, die aus „Asterix und Obelix" auch als Hinkelstein bekannt sind. Aller Wahrscheinlichkeit nach wurden sie als Grenzstein genutzt.

Cairn bezeichnet einen künstlichen, runden Hügel aus Bruchsteinen und Geröll, der eine steinzeitliche Megalithanlage, wahrscheinlich auch eine Grabstätte, umschließt und bedeckt. Ein Tumulus ist ein durch Erdaufschüttung entstandenes, rundes Hügelgrab bzw. ein Grabhügel.

Cromlech ist der alte bretonische Oberbegriff für größere Megalithbauten, die in der Regel kreisförmig, aber auch oval angeordnet sind und meist als Kultstätten dienten.

Mitten in Avrillé, in der Rue George Clémenceau gegenüber der Kirche, steht er im Garten des Rathauses *(mairie)* und ist frei zugänglich.

Die zweite Attraktion der Region ist der **Dolmen La Frébouchère,** der zu den größten Megalithbauten Frankreichs zählt. Die Kammer ist 3,5 m breit, 7 m lang und 2 m hoch. Bedeckt werden die Tragsteine von einer 80 t schweren Deckenplatte, wobei man sich fragt, wie die Menschen ohne unsere modernen technischen Hilfsmittel solche Kolosse bewegen konnten.

Am einfachsten ist der Weg dorthin von Avrillé über die D949/D91 in Richtung La Bernard. Der Dolmen ist ausgeschildert und steht mitten in freier Natur. Parkmöglichkeiten gibt es entweder am Seitenstreifen direkt vor der Kultstätte oder auf einem schönen, übernachtungsgeeigneten Picknickplatz ca. 300 Meter entfernt.

LA TRANCHE-SUR-MER
(20 km – km 123)

Von Avrillé kommend führt die Fahrt über die D949 und D747 wieder ans Wasser, genauer gesagt nach La Tranche-sur-Mer. Der hiesige feine **Sandstrand** übertrifft mit seinen 13 km Länge alle bisher gesehenen Strände. Sand, Sand, Sand soweit das Auge reicht und über das Meer schweift der Blick in der Ferne zur Île de Ré (s. S. 83).

Von Sümpfen umgeben, besitzt La Tranche-sur-Mer einen **idyllischen Inselcharakter,** den sich der lange isolierte Ort nach wie vor bewahrt hat. Strahlend weiß getünchte, niedrige Häuschen mit roten Ziegeldächern prägen das Bild, zahllose Gässchen schlängeln sich durch den Ort und treffen im Dorfzentrum am **Grande Place** zusammen. Hier findet rund um die Kirche das Leben statt, am großen Marktplatz befinden sich die Markthalle und das Fremdenverkehrsamt. Die Fußgängerzone mit ihren zahlreichen Geschäften, Eisdielen und Restaurants führt direkt zur „Grande Plage".

La Tranche-sur-Mer liegt an der geschützten Bucht **Anse du Maupas** und ist somit der ideale Ort für den Wassersport. Ein sehr schöner Spaziergang führt entlang der drei Landspitzen Chiquet, Grouin du Cou und Rocher, von jedem Aussichtspunkt hat man einen neuen, herrlichen Blick.

Der Badeort ist aber auch ein Eldorado für Radfahrer, denn hier befinden sich 30 km der **Vélodyssée,** des Radfernwegs der französischen Atlantikküste.

Route 2: Entlang der Côte de Lumière bis zur Côte des Fleurs

Der hiesige Küstenabschnitt heißt übrigens **Côte des Fleurs,** Küste der Blumen.

Wohnmobilfreundlich ist der Badeort auch, sodass einigen schönen Urlaubstagen nichts im Wege steht (siehe auch Stellplatz ③).

Märkte gibt es in der Saison Di–Do, Sa und So morgens auf unterschiedlichen Plätzen des Ortes. Es ist immer wieder schön, französische Märkte mit ihren frischen, regionalen Produkten zu besuchen und vielleicht auch mal die eine oder andere Delikatesse zu probieren.

Information

> **Office de Tourisme La Tranche-sur Mer,** Rue Jules Ferry, La Tranche-sur-Mer, Tel. 0033 251303396, www.latranchesurmer-tourisme.fr, geöffnet: Mo–Sa 9.45–19, So 10–13 und 16–19 Uhr

POINTE DE L'AIGUILLON-SUR-MER

(25 km – km 148)

Dort, wo das Sumpfgebiet der Marais Poitevin auf die französische Atlantikküste stößt, liegt L'Aiguillon-sur-Mer, das über die D46 schnell erreicht ist. Der Mündungstrichter der Lay bildet einen idealen Fischereihafen und in den dortigen Restaurants wird die „Königin von Aiguillon" angeboten, eine besondere Mu-

schelsorte, die speziell im Sommer ihr Aroma voll entfaltet. Die **Moules-de-Bouchot,** eine markengeschützte Miesmuschel, gilt als regionale Spezialität. Die Muschel wird auf einer künstlich angelegten Muschelbank kultiviert und schmeckt sehr zart und etwas nussig.

Für Franzosen ist immer Muschelsaison. In Deutschland sind Muscheln nach wie vor meist nur in den Monaten mit „r", also von September bis März, zu bekommen, was Dank der modernen Kühlketten eigentlich nicht mehr relevant ist. Man kann diese Delikatesse generell also auch in den Sommermonaten problemlos genießen. Wichtig ist nur, dass die gekochte Muschel offen ist, geschlossene Schalentiere sollten auf gar keinen Fall gewaltsam geöffnet werden.

Die unterschiedliche Färbung des Muschelfleischs ist kein Qualitätsmerkmal, sondern geschlechtsspezifisch. Das eher orange gefärbte Fleisch gehört den weiblichen Muscheln, das eher weiß-beige-farbene Fleisch den männlichen Schalentieren.

Die vor der Stadt liegende Bucht **Anse de l'Aiguillon** ist natürlich prädestiniert für die Austernzucht, sodass es hier sogar neben der Königin auch eine Kaiserin gibt, die **Huître Vendée Atlantique.** Die Bedingungen für das Heranwachsen dieser besonders feinen Auster sind ideal. Das Klima ist mild, die Wasserqualität sehr hoch und bei Ebbe werden ausgedehnte Zonen freigelegt und die Flut spült mit frischem Atlantikwasser das wichtige Plankton herbei, das Austern als Nahrung und zur schnellen Vermehrung benötigen.

Der **Pointe de L'Aiguillon** ist eine Landspitze im äußersten Süden der Vendée.

Der Weg dorthin, auch sehr reizvoll mit dem Fahrrad zu befahren, durchquert eine herrliche Gegend. In der nicht enden wollenden Dünenlandschaft haben unzählige **Vögel** ihre Heimat und mit einem Fernglas im Gepäck lassen sich tolle Beobachtungen machen.

◹ *Fantastische Gerüche verströmen die Gewürzstände*

Viele Wohnmobile stehen am Rand der 10 km langen Straße zum Pointe de L'Aiguillon, wo das Übernachten zwar nicht offiziell erlaubt, aber anscheinend geduldet wird, denn es ist kein Womo-Verbotsschild zu entdecken.

Der zentrale Stellplatz des Ortes **③③** befindet sich in der Nähe einer Freizeitanlage.

Information

> **Office de Tourisme L'Aiguillon-sur-Mer,** Avenue Amiral Courbet, L'Aiguillon-sur-Mer, Tel. 0033 251563737, www.sudvendeelittoral.com, geöffnet: Mo–Sa 9.30–13 und 14.30–19, So 10–12.30 und 14–18 Uhr

Dienstag- und freitagvormittags ist auf dem Place de la Mairie **Markt.**

Am 14. Juli, dem französischen Nationalfeiertag, findet am Hafen von L'Aiguillon-sur-Mer das obligatorische **Feuerwerk** statt, das Mitte August anläßlich des Hafenfestes wiederholt wird – ein wirklich schönes Erlebnis.

LA ROCHELLE

(58 km – km 206)

Wer an der Küste bleiben möchte und direkt nach La Rochelle weiterfährt, folgt der D746 von L'Aiguillon bis nach Triaize. Von hier geht es auf der D25 weiter, bis im Industriegebiet von Puyravault die D10A gen Süden nach La Rochelle führt (Beschreibung s. Route 3, S. 78).

Auf der Fahrt überquert man die Grenze zwischen den Regionen Pays de la Loire und Nouvelle Aquitaine, durch die alle weiteren Routen dieses Buches führen.

Nationalfeiertag

Der französische Nationalfeiertag erinnert an den „Sturm auf die Bastille" am 14. Juli 1789. Der Sieg über diese besonders stark befestigte Stadttorburg gilt als Beginn der Französischen Revolution. Genau ein Jahr später wurde am 14. Juli 1790 das berühmte „Fête de la Fédération" auf dem Marsfeld (Champs de mars) in Paris gefeiert. Bei diesem Föderationsfest legte der König vor den Vertretern aller französischen Provinzen einen Eid auf die Nation ab. Seit 1880 ist dieser Tag der wichtigste Feiertag der Franzosen. In Paris findet die große Militärparade auf der Avenue des Champs-Élysées statt und jeder noch so kleine Ort hat seine eigene Tradition – ein Feuerwerk gehört allerdings immer dazu.

Besondere Meilensteine dieses Feiertages waren der 14. Juli 1919 mit dem Siegeszug zur Beendigung des Ersten Weltkrieges und der 14. Juli 1945, bei dem Frankreich nach dem Ende des Zweiten Weltkrieges erneut Friede und Freiheit feiern konnte.

Am 14. Juli 1994 nahmen zum Zeichen der Versöhnung zwischen Frankreich und Deutschland erstmals deutsche Soldaten des Eurokorps an der Militärparade in Paris teil.

▷ *Der historische Hafen von La Rochelle ist UNESCO-Weltkulturerbe*

ABSTECHER IN DIE MARAIS POITEVIN

STRECKENVERLAUF

Strecke: L'Aiguillon-sur-Mer – Maillezais (59 km) –
Coulon (18 km) – La Rochelle (60 km)
Gesamtlänge: 137 km

Die Marais Poitevin sind nach der Camargue das **zweitgrößte Sumpfgebiet Frankreichs** und umfassen über 100.000 ha Gesamtfläche.

Wegen seiner vielen Kanäle und der üppig gedeihenden Natur wird das Feuchtsumpfgebiet liebevoll **Venise Verte** genannt, das grüne Venedig.

Ursprünglich war hier Meer, das sich im Laufe der Zeit nach und nach zurückzog. Übrig blieb eine Sumpflandschaft, die Mönche der umliegenden Klöster ab dem 11. Jahrhundert nutzbar machten. Hierfür wurde dem Sumpf durch Kanäle und Deiche gezielt das Wasser entzogen und in den Fluss Sèvre Niortaise bzw. in den Atlantik umgeleitet. Der so gewonnene Boden konnte erfolgreich landwirtschaftlich genutzt werden und hat den Klöstern zu ansehnlichem Wohlstand verholfen.

70 % der Gesamtfläche wurden so nach und nach trocken gelegt, nur 30 % sind die sogenannte „feuchte Marais", das grüne Venedig.

Die Marais Poitevin sind also ein von Menschenhand gemachtes Paradies. Eine unglaubliche Artenvielfalt ist in diesem Naturreservat zu finden, das man am schönsten bei einer Bootsfahrt in einem der *plates* (Flachbodenboote) entdeckt. Aber auch auf einer eigenen Kanutour die Kanäle zu durchstreifen oder ein Stück der 800 km langen Fahrradwege entlang zu radeln, sind weitere Möglichkeiten, diese herrliche Gegend zu erkunden.

Stechmücken sind in diesem Sumpfgebiet erstaunlich wenige anzutreffen, denn ihre Larven werden glücklicherweise sofort von Libellen und Fischen gefressen. Zander, Hechte, Krebse und Aale tummeln sich in den geheimnisvollen Gewässern. Auf den Weiden zwischen den Kanälen grasen weiße Rinder und zahlreiche Schafe, die Marais sind aber auch ein Paradies für Zugvögel, Wildenten, Fischotter und Biber.

☑ *Eine Bootstour gehört bei einem Besuch des Marais Poitevin unbedingt dazu*

Die Marais ist also eine verwunschene, stille Welt inmitten einer wundervollen Kanallandschaft, in der die Sonne das Wasser zartgrün schimmern lässt.

MARAIS POITEVIN

Bereits an der Bucht von l'Aiguillon (Anse de l'Aiguillon) beginnt der lohnende Ausflug in die Marais Poitevin. Die Bucht ist einer der größten Nistplätze Frankreichs für Zugvögel, aber für viele andere Vogelarten aufgrund des hier herrschenden milden Klimas ein ideales Winterquartier.

Am schnellsten kommt man sicherlich über die Städte Lucon und Fontenay-le-Comte auf den teils vierspurig ausgebauten D949 und D148 in den wirklich interessanten Teil der Marais. Die Fahrt über die kleinen, in den Landkarten gelb eingezeichneten Straßen, ist zwar langsamer, dafür aber sehr viel eindrucksvoller.

◹ *Auch die Abbaye Maillezais in der Marais Poitevin mit ihrem wunderschönen Garten ist einen Besuch wert*

MAILLEZAIS
(59 km – km 59)

Der kleine Ort liegt am nordöstlichen Rand der Marais Poitevin. Von L'Aiguillon auf der D25 kommend, biegt man in Maillé auf die D15 und erreicht nach wenigen Kilometern Maillezais. Es lohnt sich, in die schöne **Kathedrale Saint-Pierre** hineinzuschauen, einen kleinen Spaziergang zu machen und vielleicht irgendwo einzukehren.

Ein viel besuchter Ort ist Maillezais aber vor allem wegen seiner berühmten **Abtei.** Das ehemalige Benediktinerkloster am nördlichen Rand der Marais Poitevin stand ursprünglich auf einem Kalksockel, denn es war noch im frühen Mittelalter von Meer umspült.

Hier begann die Trockenlegung und Bewirtschaftung der Überflutungsflächen, was dem Kloster Wohlstand und Wachstum bescherte. Im Jahre 1317 erhob Papst Johannes XXII. Maillezais und sein Einflussgebiet zum Bistum und die Abteikirche in den Rang einer Kathedrale. 1648 begann der Abstieg, als Papst Innozenz X. La Rochelle als neues Bistum anerkannte.

Von den Religionskriegen und der Französischen Revolution stark in Mitleidenschaft gezogen, war die **Abbaye Maillezais** irgendwann nur noch eine Ruine, die als Steinbruch diente. Bereits 1927 wurden die spärlichen

Der Benediktinerorden

„Ora et Labora", „Bete und arbeite" lautet der Grundsatz dieses römisch-katholischen Ordens. Vater der Gemeinschaft war Benedikt von Nursia, der um das Jahr 480 ein Kloster in Montecassino (Italien) gründete. Gehorsamkeit, Schweigsamkeit, Beständigkeit und Demut galten als Grundverhaltensregeln für die Mönche. „Das Nichtstun ist der Feind der Seele", war Benedikts Überzeugung, und so beschäftigte man sich neben den religiösen Aufgaben auch mit kulturellen Belangen. Die Lehrtätigkeit der Benediktinermönche hat eine lange Tradition und in manchem Stift ist noch heute ein bekanntes Gymnasium untergebracht. Handwerkliche Arbeit war ursprünglich nur zur Erhaltung des Lebensunterhalts vorgesehen. Böden wurden kultiviert und Weinanbau betrieben, Sümpfe wurden trocken gelegt und zu Weideflächen. Die so geförderte Landwirtschaft und die von Mönchen aufgebauten Salzgärten verhalfen der Region zu Wohlstand und rund um die Klöster entstanden Siedlungen. Eines der bekanntesten deutschen Benediktinerklöster ist Kloster Andechs bei München mit der über die bayrische Grenze hinaus bekannten Brauerei, die nach wie vor von Mönchen geleitet wird.

Überreste der einst stolzen Kathedrale zum **Monument historique** erklärt und so begannen Konservierungs- und Restaurierungsmaßnahmen.

Allein die Ausmaße dieser einstigen Abtei beeindrucken nach wie vor, äußerst interessant ist auch die „Erlebnisarchäologie" im Außenbereich, wo bauliche Techniken des Mittelalters wie der Vertikaltransport schwerer Bauteile mit Holzkränen oder der Horizontaltransport schwerer Lasten mit Schubkarren und vieles mehr gezeigt werden.

Aus der Werkstatt eines heutigen Künstlers lassen sich ganz in der Nähe **Steinmetzarbeiten** in Form von überdimensionalen Körperteilen eines Riesen entdecken.

Die Abbaye Maillezais liegt in einem gepflegten Park und ist umgeben von einem Blumenmeer.

> **Abbaye Maillezais,** Rue de l'Abbaye, Maillezais, Tel. 0033 251536680, www.sitesculturels.vendee.fr, geöffnet: Mo, Mi–So 10–12.30, 14–18 Uhr, Di geschlossen. Führungen auf Englisch und Französisch.

Wer möchte, kann das Kloster auch bei einer Bootsfahrt auf dem **Canal de la jeune Autise** besuchen oder auf dem angrenzenden Weg per Rad hierhin fahren.

Im Sommer finden in der Ruine zahlreiche Events wie Theateraufführungen statt.

Auf dem großen Parkplatz der Abbaye Maillezais werden Wohnmobile geduldet, sodass man hier auch ungestört eine Nacht verbringen kann. Ein Touristenbüro und einen offiziellen Stellplatz **34** mit Ver-/Entsorgung bietet der Ort seinen Besuchern ebenfalls an.

Information

> **Office de Tourisme Maillezais,** Rue du Docteur 2, Maillezais, Tel. 0033 251872301, www.maraispoitevin-vendee.com, geöffnet: Mo–Sa 9.30–13 und 14–18.30 Uhr, So 9.30–13 Uhr

COULON
(18 km – km 77)

Die weitere Reise in die Marais Poitevin führt in Richtung Niort, der größten Stadt in der Region. Letztes Ziel dieses Abstechers ist aber Coulon, das besonders malerisch an der Sèvre Niortaise liegt.

Hier befindet sich das Herz des grünen Venedigs und der Ort erhielt bereits die offizielle Auszeichnung eines der „schönsten Dörfer Frankreichs" zu sein. Zahlreiche Kanäle und malerische Brückchen erinnern an Italiens Traumstadt und genau wie dort bummelt man am besten kreuz und quer durch die Gassen und lässt die herrliche Atmosphäre auf sich wirken. Alles ist klein und überschaubar und ohne Probleme zu Fuß vom Stellplatz **35** aus zu erreichen.

Ganzjährige Märkte mit den speziellen Produkten der Region werden freitag- und sonntagvormittags abgehalten. Coulon liegt im französischen Département Deux-Sèvres das nach den Flüssen Sévre Niortaise und Sévre Nantaise benannt ist.

Tipp: Hier kann man einmal den **Käsekuchen aus dem Poitou probieren,** der historischen Provinz im Südwesten Frankreichs. Der „Tourteau fromager" wird traditionell bei großen Festen serviert und besteht aus Frischkäse aus Ziegen- und Kuhmilch. Der leichte, lockere Kuchen hat eine runde Form und eine schwarze Kruste, die ihm den besonderen Geschmack verleiht.

Einen Besuch wert ist auch das **Maison du Marais Poitevin,** das sich am Kanal neben dem Touristenbüro befindet und in fünf Ausstellungsräumen die Geschichte und die Geheimnisse der Region beschreibt.

⌂ *Blütenpracht am Kanal von Coulon, dem „grünen Venedig"*

Kleiner Fahrradausflug nach Niort

Vom Stellplatz in Coulon aus gibt es verschiedene, gut ausgeschilderte Radwege durch die malerische, teilweise faszinierende Marais Poitevin. Kleinere Rundtouren aber auch abenteuerliche Wege führen entlang der Kanäle. Besonders zu empfehlen ist der Ausflug entlang der Sèvre Niortaise bis nach Niort.

Hin und zurück sind dies knapp 20 km, eine gute Distanz also für einen Tagesausflug mit Stadtbesichtigung. Von Coulon aus geht es auf gut ausgebautem Fahrradweg immer den Fluss entlang. Vorbei am Ort Magné, wo der Weg auf das nördliche Ufer wechselt, um dann bei Saint-Liguaire über den Ortsteil La Roussille die Flussbiegung abzukürzen. Es mag verlockend sein, den Fluss weit vor Niort zu verlassen, um in westlicher Richtung in den Ort zu fahren. Schöner und sicherer ist es aber am Fluss zu bleiben, den nördlichen Bogen mitzunehmen, um dann am Quai Cronstadt in die Rue du Pont, Rue du Soleil und Rue du Faisan in Richtung Esplanade de la République abzubiegen. Hier ist man schon mitten in der sehenswerten historischen Altstadt. Der Rückweg erfolgt auf der gleichen Route.

Ein absolutes Muss ist jedoch eine **Flach-boottour mit Gondoliere** auf den kleinen, idyllischen Wasserwegen, die von überwältigender Vegetation fast zugewachsen sind. Effektvoll wird der Bootsführer irgendwann ein kleines Feuerzeug hervorholen und auf dem Wasser eine Stichflamme entzünden. Die Ursache für das Brennen ist Methangas, das sich durch verfaulende Blätter am Grund der Kanäle gebildet hat.

Bei einem schönen Spaziergang entlang des **Louis Tardy Docks** kann man das Treiben der Fischer und Angler beobachten und anschließend die hiesige Spezialität Aal verspeisen – ein genussvoller Abschluss des Abstechers in die Marais Poitevin.

Nach 60 km Fahrt entlang der N11/E601 ist bei La Rochelle die französische Atlantikküste wieder erreicht, wo die Route 3 dieses Reiseführers beginnt.

CAMPING- UND STELLPLÄTZE ENTLANG DER ROUTE 2

⑲ Camping-Car-Park La Grande Côte, La Barre-de-Monts
46.885523 –2.152063

Pass'Étapes-Stellplatz (s. S. 32) am Ortsrand von La Barre-de-Monts in einem Pinienwald unter Schatten spendenden Bäumen, nur durch die Düne vom Meer getrennt, ruhig. Wanderwege angrenzend. **Anfahrt:** von der D38 kommend auf die D38D abbiegen und parallel zur Hauptstraße auf der Route de la Grande Côté in Richtung Meer zurückfahren; **Platzanzahl:** 49; **Untergrund:** Schotter; **Ver-/Entsorgung:** Strom, Trinkwasser, Abwasser, Chemie-WC; **Sicherheit:** beleuchtet; **Preise:** 9–13 € (je nach Saison), Ver-/Entsorgung inklusive; **Max. Stand:** unbegrenzt; **Geöffnet:** ganzjährig; **Adresse:** Route de la Grande Côté, La Barre-de-Monts, www.campingcarpark.com.

⑳ Stellplatz De Gaulle, Notre-Dame-de-Monts
46.831374 –2.129574

Zentral gelegener, gemeindeeigener Stellplatz, durch eine Hecke von der Straße getrennt, Supermarkt und Fremdenverkehrsbüro in der Nähe. **Anfahrt:** im Ort an der D38, Womo-Piktogramm; **Platzanzahl:** 20; **Untergrund:** Asphalt; **Ver-/Entsorgung:** Trinkwasser, Abwasser, Chemie-WC; **Sicherheit:** beleuchtet; **Preise:** 5–7 € (je nach Saison), Wasser und Entsorgung frei; **Max. Stand:** unbegrenzt; **Adresse:** Rue des Maraichins 7, Notre-Dame-de-Monts, www.notre-dame-de-monts.fr.

☑ *Etwas einsam, aber idyllisch liegt der Stellplatz von La Barre-de-Monts* ⑲ *im Pinienwald*

㉑ Stellplatz La Clairière, Notre-Dame-de-Monts
46.834559 –2.142179

Stellplatz in der Nähe des Strandes bei einem Pinienwald in einem Wohngebiet, ruhig, Einkaufsmöglichkeiten, teilweise schattig. **Anfahrt:** von der D38 kommend im Ort bei der Touristeninformation rechts in Richtung „Jardin du Vent" fahren, Womo-Piktogramm; **Platzanzahl:** 35; **Untergrund:** Schotter; **Ver-/Entsorgung:** Trinkwasser, Abwasser, Chemie-WC; **Sicherheit:** beleuchtet; **Preise:** 5–7 € (je nach Saison), Wasser und Entsorgung kostenlos; **Max. Stand:** unbegrenzt; **Geöffnet:** ganzjährig; **Adresse:** Rue de la Clairière 1, Notre-Dame-de-Monts, www.notre-dame-de-monts.fr.

㉒ Stellplatz Le Repos des Tortues, Saint-Jean-de-Monts
46.799053 –2.073395

Campingplatzähnlicher, privater Stellplatz, parzelliert, wenig Schatten, sehr gepflegt. **Anfahrt:** direkt an der D38, von der Straße durch Hecken getrennt; **Platzanzahl:** 50; **Untergrund:** Asphalt; **Ver-/Entsorgung:** Strom, Trinkwasser, Abwasser, Chemie-WC; **Sicherheit:** beleuchtet, bewacht; **Preise:** 8,50–12 € (je nach Saison), Ver-/Entsorgung inklusive; **Max. Stand:** unbegrenzt; **Geöffnet:** ganzjährig; **Adresse:** Rue de Notre Dame 38, Saint-Jean-de-Monts, Tel. 0033 620541443, www.saint-jean-de-monts.fr.

㉓ Parking Camping-cars, Saint-Hilaire-de-Riez
46.728483 –1.991371

Spezielle Wohnmobilparkplätze auf einem öffentlichen Parkplatz am Ortsrand direkt hinter der Düne, 100 m zum Strand, Pinienwald anschließend, schattenlos. **Anfahrt:** von der D123 kommend der Beschilderung „Plage Paré Préneau" folgen; **Platzanzahl:** 48; **Untergrund:** Schotter; **Ver-/Entsorgung:** nicht vorhanden; **Sicherheit:** beleuchtet; **Preise:** 6 €/Fahrzeug; **Max. Stand:** unbegrenzt; **Geöffnet:** ganzjährig; **Adresse:** Allée de la Plage de la Parée Préneau, Saint-Hilaire-de-Riez, www.saithilairederiez.fr.

㉔ Stellplatz Saint-Hilaire-de-Riez
46.731511 –1.911468

Übernachtungsplatz gegenüber dem Campingplatz Les Vallées, ca. 5 km vom Zentrum entfernt an einem See beim Centre Nautique gelegen. **Anfahrt:** von der D38B kommend in die Route de Marzelle einbiegen und der Beschilderung „Plan d'Eau de Vallée" folgen; **Platzanzahl:** 10; **Preise:** 5 €/Fahrzeug, Übernachtung gebührenpflichtig, reines Parken gratis, Ver- und Entsorgung 2,60 €; **Max. Stand:** drei Nächte; **Geöffnet:** ganzjährig; **Adresse:** Avenue des Becs, Saint-Hilaire-de-Riez.

㉕ Stellplatz Saint-Gilles-Croix-de-Vie I
46.703317 –1.945873

Saisonabhängiger Stellplatz, der in den Wintermonaten geschlossen ist, wenig ansprechende Lage in einem Industriegebiet, 15 Minuten Fußweg zum Hafen. **Anfahrt:** von der D38B kommend vor der Brücke in die Rue du Petit Verger einbiegen, dann links in die Zielstraße; **Platzanzahl:** 35; **Untergrund:** Asphalt; **Ver-/Entsorgung:** Trinkwasser, Abwasser, Chemie-WC; **Sicherheit:** beleuchtet; **Preise:** 6 €/Fahrzeug, Ver-/Entsorgung 2,60 €; **Max. Stand:** zwei Nächte; **Geöffnet:** 15. März–15. Nov.; **Adresse:** Rue de la Rabalette, Saint-Gilles-Croix-de-Vie.

㉖ Stellplatz Saint-Gilles-Croix-de-Vie II
46.694285 –1.927447

Saisonabhängiger Stellplatz am Ortsrand, kleiner See und Schwimmbad nebenan, Zentrum 500 m entfernt, Einkaufsmöglichkeit 300 m. **Anfahrt:** von der D38 kommend beim Hafen links auf die Rue de Port Fidèle einbiegen; **Untergrund:** Schotter; **Ver-/Entsorgung:** Trinkwasser, Abwasser, Chemie-WC; **Sicherheit:** beleuchtet; **Preise:** 6 €/Fahrz., Ver-/Entsorgung 2,60 €; **Max. Stand:** zwei Nächte; **Geöffnet:** 15. März–15. November; **Adresse:** Rue du Port Fidèle, Saint-Gilles-Croix-de-Vie.

㉗ Stellplatz Olonne-sur-Mer
46.507706 –1.788815

Aire de Camping Car (s. S. 32) am Port Olona mit ausgewiesenen Wohnmobilflächen, Strand von Paracou 2,5 km entfernt. **Anfahrt:** am Port Olonna im großen Kreisverkehr in die Rue de Bossi einbiegen; **Platzanzahl:** 38; **Untergrund:** Asphalt; **Ver-/Entsorgung:** Strom, Trinkwasser, Abwasser; **Preise:** 8 €/Fahrzeug inklusive Service, Ticketautomat; **Max. Stand:** zwei Nächte; **Geöffnet:** ganzjährig; **Adresse:** Rue Bossis, Olonne-sur-Mer, www.lessablesdolonne-tourisme.com.

㉘ Stellplatz Les Sables-d'Olonne
46.496606 –1.774917

Aire de Camping-Car La Plage (s. S. 32), 400 m vom Strand entfernt hinter dem Heilig-Kreuz-Kloster gelegen, ruhig, zentrale Lage, Fußweg zum Strand oder in die Altstadt ca. 10 Minuten. **Anfahrt:** Richtung „centre" fahren, am nicht zu übersehenden Musée de l'Abbaye St-Croix links in die schmale Avenue Gabaret abbiegen, dem Womo-Piktogramm folgen; **Platzanzahl:** 120; **Untergrund:** Sand; fest; **Ver-/Entsorgung:** Trinkwasser, Abwasser, Strom teilweise; **Sicherheit:** umzäunt, beleuchtet; **Preise:** 15,10 €/Fahrzeug, Bezahlautomat mit Ticket, auch stundenweises

Parken möglich; **Max. Stand:** unbegrenzt; **Geöffnet:** ganzjährig; **Adresse:** Rue Printanière, Les Sables-d'Olonne, www.lessablesdolonne-tourisme.com.

㉙ Stellplatz Le Château d'Olonne
46.491397 –1.742669

Parkplatz mit speziellen Wohnmobilplätzen innerhalb des Centre de Loisirs des Plesses neben dem Schwimmbad, Einkaufszentrum in der Nähe, Bushaltestelle, 2 km zum Strand. **Anfahrt:** von der D249 kommend am Kreisverkehr Richtung Aqualone fahren; **Platzanzahl:** 20; **Untergrund:** Asphalt; **Ver-/Entsorgung:** Trinkwasser, Abwasser; **Sicherheit:** beleuchtet; **Preise:** 8–13 € (je nach Saison), Ticketautomat; **Max. Stand:** unbegrenzt; **Geöffnet:** ganzjährig; **Adresse:** Rue de Plesses, Le Château d'Olonne, www.lessablesdolonne-tourisme.com.

㉚ Stellplatz Talmont-Saint-Hilaire
46.467019 –1.616409

Schön gelegener, zentraler Stellplatz unterhalb der Burg, mitten im Ort am Fluss, teilweise schattig. **Anfahrt:** von der D949 kommend im Zentrum von Talmont-Saint-Hilaire in Richtung Burg orientieren, dem Womo-Piktogramm folgen, sehr enge Zufahrt;

Platzanzahl: 10; **Untergrund:** Asphalt; **Ver-/Entsorgung:** Trinkwasser, Abwasser, Chemie-WC; **Sicherheit:** beleuchtet; **Preise:** 5 €/Fahrzeug (nur in der Hochsaison); **Max. Stand:** unbegrenzt; **Geöffnet:** ganzjährig; **Adresse:** Rue des Gatines, Talmont-Saint-Hilaire, www.ot-talmont-Bourgenay.com.

㉛ Stellplatz Aire des Goffineaux, Jard-sur-Mer
46.410727 –1.593412

Gemeindeeigener Stellplatz, abgetrennter Bereich auf einem gemischten Parkplatz direkt am Meer, einsam außerhalb des Ortes, ca. 20 Min. Fußweg, Straße angrenzend. **Anfahrt:** auf der D21 kommend den Schildern „Aire de Service" in Richtung Meer folgen; **Platzanzahl:** 10; **Untergrund:** Asphalt; **Ver-/Entsorgung:** Strom, Trinkwasser, Abwasser; **Sicherheit:** beleuchtet; **Preise:** 10,40 €/Fahrzeug, Ver-/Entsorgung kostenpflichtig, Bezahlung mit Karte; **Max. Stand:** zwei Nächte; **Geöffnet:** ganzjährig; **Adresse:** Route des Goffineaux, Jard-sur-Mer.

㉜ Stellplatz La Tranche-sur-Mer
46.350357 –1.43685

Gemeindeeigener, großer Stellplatz, ausgewiesene Wohnmobilparkflächen am Parking Stade Municipal (Sportgelände), Ortsrand, Bushaltestelle, teilweise Schatten, Supermarkt in der Nähe. **Anfahrt:** die D747 bis in den Ort hineinfahren, dem Womo-Piktogramm folgen; **Platzanzahl:** 80; **Untergrund:** Asphalt; **Ver-/Entsorgung:** Trinkwasser, Abwasser; **Sicherheit:** beleuchtet; **Preise:** 7,50 €/Fahrzeug, in der Nebensaison 5,50 €, Ver-/Entsorgung 3,50 €, es wird abkassiert; **Geöffnet:** ganzjährig; **Adresse:** Avenue de General de Gaulle, La Tranche-sur-Mer, www.latranchesurmer-tourisme.fr.

㉝ Stellplatz Aire de Camping-car de la Base Nautique, L'Aiguillon-sur-Mer
46.331726 –1.308372

Stellplatz am Plan d'Eau, einer Freizeitanlage mit Badesee, im Ort unweit des Mündungstrichters des Flusses Lay, Geschäfte in der Nähe. **Anfahrt:** von der D44 kommend in Richtung „centre" und „Atlantique Wake Park" fahren, dem Womo-Piktogramm folgen; **Platzanzahl:** 60; **Untergrund:** Asphalt, Schotter; **Ver-/Entsorgung:** Trinkwasser, Abwasser, Chemie-WC; **Sicherheit:** beleuchtet; **Preise:** 5 €/Fahrzeug; **Max. Stand:** unbegrenzt; **Geöffnet:** ganzjährig; **Adresse:** Avenue Aniral Courbet, L'Aiguillon-sur-Mer.

㉞ Stellplatz Maillezais
46.374248 –0.746939

Gebührenfreier, offizieller Stellplatz der Gemeinde, Parkplatz im Ort neben der Kathedrale Saint Pierre. **Anfahrt:** die D15 führt direkt zur Ortsmitte, dort auf die D68 wechseln; **Platzanzahl:** 5; **Untergrund:** Asphalt; **Sicherheit:** beleuchtet; **Preise:** 2 € für Ver-/Entsorgung; **Max. Stand:** unbegrenzt; **Geöffnet:** ganzjährig; **Adresse:** Rue Agrippa d'Aubigné, Maillezais. Ver-/Entsorgung in der angrenzenden Rue du Camp de Foire.

㉟ Parking de l'Autremont Aire de service camping-car, Coulon
46.320714 –0.590730

Schöner, neu angelegter Stellplatz, teilweise Schatten am Ortsrand in der Nähe eines Parks und des Kanals. **Anfahrt:** in Coulon im Kreisverkehr auf die D123, dem Womo-Piktogramm folgen; **Platzanzahl:** 30; **Untergrund:** Wiese; **Ver-/Entsorgung:** Trinkwasser, Abwasser, Chemie-WC; **Preise:** 9 €/Fahrzeug; **Max. Stand:** unbegrenzt; **Geöffnet:** ganzjährig; **Kontakt:** Rue André Cramois, Coulon.

◁ *Der zentral gelegene Stellplatz von Les Sables-d'Olonne* ㉘ *ist ideal für die Stadtbesichtigung*

Nouvelle Aquitaine heißt der Land-strich, den außerhalb Frankreichs kaum jemand so richtig einzuordnen weiß. Zwölf Départements wurden bei einer Gebietsreform 2016 unter diesem Namen zur größten Region des Landes zusammengefasst. La Rochelle (s. S. 78) befindet sich im Départe-ment Charente-Maritime und ist die erste große Stadt der Tour. Es ist aber keine hektische, laute Stadt, sondern ein touristisches Highlight, das man auf keinen Fall verpassen sollte. In den gut erhaltenen, autofreien Altstadtgassen macht das Bummeln Spaß, aber abso-lut einmalig ist die fantastische histo-rische Hafenanlage, die jahrhunderte-lang alle Angreifer abwehren konnte. Nur durch eine mautpflichtige Brücke von La Rochelle getrennt liegt die Île de Ré. Herrliche Pinien- und Zypressen-wälder, feine Sandstrände und idylli-sche Buchten prägen die Insel. Am En-de des 30 km Eilands liegt ein großes Naturschutzgebiet mit ausgedehnten Salzgärten, durch die man Wanderun-gen oder Radtouren unternehmen kann und wo sich ganze Kolonien von Vögeln beobachten lassen. Wer sich von der Insel verabschiedet, um noch ein wenig gen Süden zu reisen, den erwarten auf dem Festland noch viele weitere wohn-mobilfreundliche Badeorte und ein UNESCO-Weltkulturerbe vom Feinsten, das Fort de Fouras (s. S. 90).

▷ *La Rochelle ist eine wirklich sehenswerte Stadt*

044wf-as©zzz17 - stock.adobe.com

ROUTE 3

LA ROCHELLE UND DIE ÎLE-DE-RÉ

STRECKENVERLAUF

Strecke: La Rochelle – Île-de-Ré – Les Portes-en-Ré (35 km) – Rivedoux-Plage (35 km) – Angoulins (23 km) – Châtelaillon-Plage (6 km) – Fouras (18 km)
Gesamtlänge: 117 km

LA ROCHELLE

La Rochelle heißt übersetzt „Der kleine Felsen", so benannt von den ersten Siedlern, die sich hier niederließen. Klein ist La Rochelle nicht mehr, denn diese sehenswerte **Universitätsstadt** hat heute ca. 80.000 Einwohner und ist mit ihren vier Häfen die französische Küstenstadt schlechthin.

Bereits im 12. Jahrhundert verfügte die Stadt über den größten **Atlantikhafen** und war ein Schifffahrts- und Handelszentrum von enormer Bedeutung. Heute spielt die Fischerei die Hauptrolle. Wer hier in einem Restaurant Fisch bestellt, braucht sich über die Qualität des Essens keine Gedanken zu machen, denn frischer geht es wohl kaum. Vor allem rund um die historische Hafenanlage reiht sich ein Café und Restaurant an das andere. Hier ist man mitten drin im Geschehen und wird unweigerlich von einer ganz besonderen Atmosphäre angezogen.

Die drei Befestigungstürme bieten ein einmaliges Panorama, nur noch übertroffen von dem Blick, den man von dort oben hat. Eigentlich ist es ein absolutes Muss, wenigstens einen der trutzigen Türme zu besteigen. Der zinnengekrönte Tour St-Nicolas und der runde Tour de la Chaine (Kette) flankieren die Einfahrt in den alten Hafen (Vieux Port) und bilden das Wahrzeichen von La Rochelle. Zur Blockierung der Hafenzufahrt wurde zwischen beiden Türmen nachts eine schwere Eisenkette gespannt, deren Reste noch heute am Fuß des Tour de la Chaine zu sehen sind.

Während der **Tour St-Nicolas** (42 m hoch) einst als Gefängnis diente, wurde der **Tour de la Chaine** (20 m) als Pulvermagazin genutzt. Von diesem Turm verläuft eine 6 m dicke, begehbare Befestigungsmauer hin zum **Tour de la Laterne** (55 m), der ein Leuchtturm war. Ganz eindeutig hat hier der französische Festungsbaumeister **Vauban** (s. S. 161) seine Hände im Spiel gehabt, der sich im Laufe seines Lebens in ganz Frankreich verewigt hat. Alle Türme sind mit oder ohne Führung zu besichtigen (Kombiticket 9 €).

> **Les Tours de La Rochelle,** Vieux Port, La Rochelle, Tel. 0033 546417413, www.tours-la-rochelle.fr, geöffnet: tägl. 10–12.15, 14.15–16.45 Uhr, Einzelpreis 6 €, Kombiticket 9 €

Wer ein wenig in La Rochelle bleiben möchte, der sollte sein Wohnmobil auf dem gut ausgebauten offiziellen Stellplatz ㊱ parken oder das Camping du Soleil ㊲ aufsuchen. Für eine kurze Stadtbesichtigung ist der zentrale, gebührenpflichtige Parkplatz Esplanade ㊳ ideal.

La Rochelle und die tausendjährige Stadtgeschichte

1000: Gründung von La Rochelle durch die Santonen
1137: Durch die Hochzeit von Eleonore von Aquitanien mit Ludwig VII. wird die Stadt französisch.
1152: Durch ihre Vermählung mit König Heinrich Plantagenet gehört die Stadt nun zu England.
1372: Die Stadt wird wieder französisch.
1565: Die Religionskriege wüten.
1570: La Rochelle wird Hochburg des Protestantismus.
1628: Belagerung und Zerstörung durch Richelieu, Minister des Königs Ludwig XIII.
1694: Blütezeit des Seehandels (Sklaven gegen Wein und Salz) mit Übersee
1941: Bis zur bedingungslosen Kapitulation 1945 ist La Rochelle in deutscher Hand.
Seit 2000: Der Fischereihafen hat die viertgrößte Kapazität Frankreichs.

Sinnvoll ist der **City Pass,** den es im Touristenbüro für 24, 36 oder 48 Stunden gibt, und der Bus, Hafen-Shuttle, Fähre oder einen Fahrradverleih beinhaltet sowie mindestens einen ermäßigten Eintritt in ein Museum. Es lohnt sich übrigens immer, sich in so einer historisch bedeutenden Stadt wie La Rochelle erst einmal einen Überblick in Form einer Stadtführung zu verschaffen, die meist wirklich nett und kurzweilig gehalten ist.

Am Hafen befinden sich einige über die Landesgrenzen hinaus bekannte Museen.

In einem futuristischen Glasbau ist das **Aquarium von La Rochelle** untergebracht. In 78 Becken, die eine artgerechte Haltung erlauben, ist genug Platz für 12.000 Seetiere aus 600 verschiedenen Arten.

› **Aquarium La Rochelle,** Quai Louis Prunier, direkt am historischen Hafen links, Tel. 0033 546340000, www.aquarium-larochelle.com, geöffnet: tägl. 9–23 Uhr, Eintritt: 16 €

Direkt hinter dem Aquarium liegt das **Musée Martime,** in dem eine kulturhistorische Flotte von 8 Schiffen ausgestellt ist. Die Meteorologie-Fregatte „France I" und der Fischkutter „l'Angoumois" können besichtigt werden.

› **Musée Maritime La Rochelle,** Place Bernard Moitessier, direkt am historischen Hafen, Tel. 0033 546280300, www.museemartimelarochelle.fr, geöffnet: April–Sept. 10–19 Uhr, Eintritt: 8 €

Vom historischen Hafen betritt man die Altstadt durch das **Porte de la Grosse Horloge,** einem rechteckigen Uhrenturm, der auf beiden Seiten mit großen Uhrzifferblättern bestückt ist. Zahlreiche Arkaden oder überdachte Passagen machen den Altstadtbummel bei jedem Wetter zu einem Vergnügen und die netten, kleinen Läden bieten statt Masse unbestritten individuelle, ausgefallene Klasse an.

Einen Besuch wert ist auch die historische Markthalle aus dem 19. Jahrhundert, die sich am Ende der Rue de Merciers befindet und immer vormittags geöffnet hat. Mit den hier angebotenen Delikatessen ist diese Institution ein Einkaufsparadies nicht nur für Franzosen.

◫ Auf dem historischen Segelschiff im Hafen von La Rochelle kann man eine Reise bis nach Bremerhaven buchen

La Rochelle

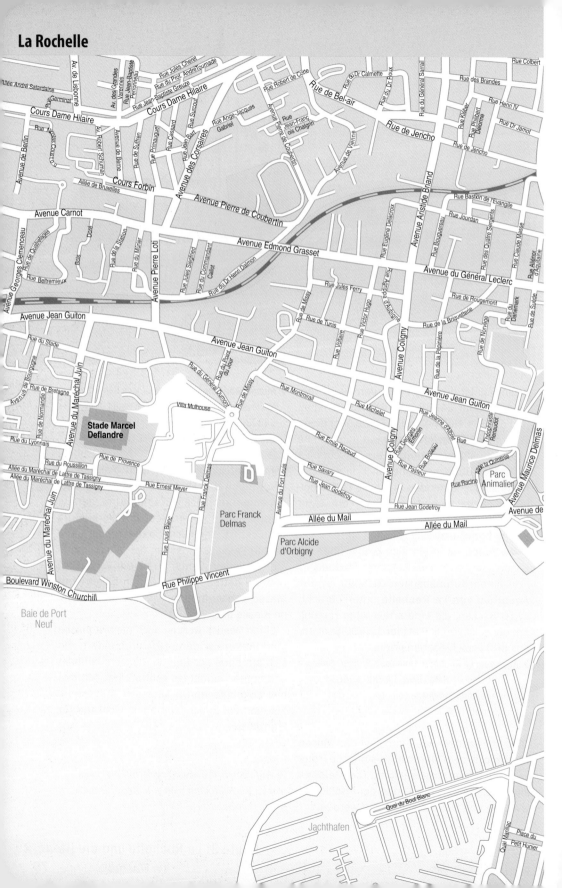

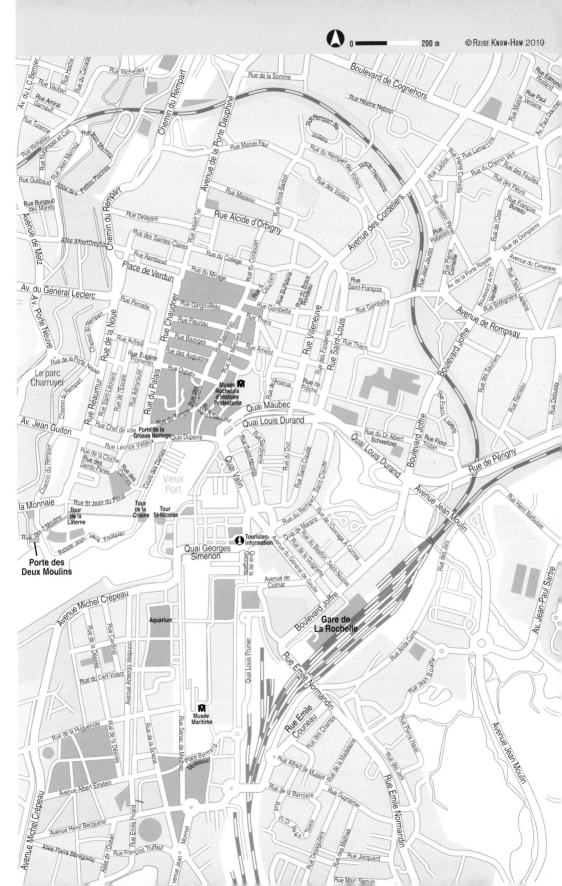

© REISE KNOW-HOW 2019

0 — 200 m

Rue du L.C. Bernier
Av. du L.C. Bernier
Rue Vauban
Rue Roche
Rue du Canada
Rue Richelieu
Rue de la Somme
Boulevard de Cognehors
Rue Edmond Rostand
Rue Paul Verlaine
Rue Mistral
Av. Paul Doumer
Rue Amiral Garnault
Rue Turenne
Rue Richelieu
Rue N.-Frossel et Coll.
Rue Jean Mermoz
Rue Jean Mermoz
Chemin du Rempart
Avenue de la Porte Dauphine
Rue Marcel Paul
Rue de la Somme
Rue Hélène Nebout
Rue du Rempart des Voiliers
Voiliers
Rue Thermine
Rue Lapois
Rue Pierre Corneille
Rue du Chemin Vert
Rue des Feuilles
Rue des Fleurs
Rue Guilbaud
Allée des Pattes Piscines
Rue Burgaud des Marets
Rue Albert 1er
Rue Delayant
Avenue des Cordeliers
Rue Alcide d'Orbigny
Rue des Saintes-Claires
Rue du Collège
Rue du Cordouan
Rue des Amos-Barod
Rue des Voiliers
Rue Massiou
Rue du Brave Rondeau
Rue Gaston Balender
Rue François Bureau
Rue de l'Oise
Rue de Dompierre
Avenue de Melz
Rue Rambaud
Rue du Minage
Rue d. Cloutiers
Rue Gambetta
Rue Saint-François
Rue Jean Jaurès
Av. de la Porte Royale
Boulevard Arthur Verdier
Rue Treich Laplène
Avenue du Cimetière
Place de Verdun
Rue Pernelle
Rue Gargoulleau
Rue Fleuriau
Rue Thiers
Rue Gambetta
Rue Saint-François
Rue Gambetta
Rue Pierre Corneille
Avenue de Rompsay
Boulevard Brétignière
Av. du Général Leclerc
Av. de Porte Neuve
Rue du Rempart
Rue de la Noue
Rue Aufredi
Rue Bazoges
Rue des Augustins
Rue des Merc.iers
Rue Saint-Yon
Rue Amelot
Rue des Fonderies
Rue Thiers
Rue Saint-Louis
Boulevard Joffre
Rue des Sauniers
Le parc Charruyer
Rue de la Porte Neuve
Rue Réaumur
Rue Saint-Léonard
Rue de l'Escale
Rue Eugène Fromentin
Rue Dupaty
Musée Rochelais d'Histoire Protestante
Arsenal
Rue du Prêche
Rue Rameau
Rue Debussy
Av. Jean Guiton
Chemin du Rempart
Rue du Palais
Rue de l'Admyrauld
Rue du Temple
Quai Maubec
Quai Louis Durand
Rue Franc-Lapère
Rue de la Cloche
Rue des Saints-Fères
Rue des Carmes
Porte de la Grosse Horloge
Quai Duperré
Rue Saint-Nicolas
Rue Saint-Claude
Rue du Duc
Rue du Dr Albert Schweitzer
Quai Louis Durand
Boulevard Joffre
Rue Flora Tristan
Rue Léonce Vieljeux
Cours des Dames
Vieux Port
Quai Valin
Rue de Périgny
la Monnaie
Rue St Jean du Pérot
Tour de la Chaîne
Tour St-Nicolas
Quai Georges Simenon
Touristen-information
Rue du Rempart Saint-Claude
Quai de Marans
Rue de l'Ouvrage A Cornes
Avenue Jean Moulin
Rue Henri Barbusse
Rue des 2 Moulins
Tour de la Lanterne
Balade Jean Louis Foulquier
Rue du Bastion Saint-Nicolas
Av. du Général de Gaulle
Rue de la Guignette
Rue des Jars
Av. Jean-Paul Sartre
Porte des Deux Moulins
Avenue de Colmar
Rue Jean Bouche
Rue Anita Conti
Avenue Michel Crépeau
Aquarium
Rue de la Désirée
Rue Cardinal
Boulevard Joffre
Gare de La Rochelle
Rue Pierre Harel
Rue du Cerf-Volant
Avenue Amerigo Vespucci
Quai Louis Prunier
Rue Émile Normandin
Avenue Jean Moulin
Rue de la Huguenote
Rue de la Désirée
Rue Senac de Meilhan
Musée Maritime
Place Bernard Moitessier
Rue Émile Couneau
Rue des Chanos
Rue Alfred de Musset
Rue de la Madeleine
Avenue Albert Einstein
Rue de la Scierie
Rue de la Barroère
Rue Guynemer
Rue des Jars
Avenue Michel Crépeau
Avenue Henri Becquerel
Allée Pierre Bérégovoy
Rue Émile Picard
Avenue Jean
Monnet
Rue d'Ossau
Rue François Truffaut
Rue du Dr Roger Teillard
Rue Alfred de Musset
Rue Dassiguières
Rue des Mathias
Rue Jacquard
Rue Émile Normandin
Rue Marc Seguin

La Rochelle und die Religion

La Rochelle war zur Zeit der Renaissance ein liberales religiöses Zentrum, in dem unterschiedliche Konfessionen gemeinsam die katholischen Kirchen nutzen.
Unter dem streng-katholischen König Franz I. jedoch begann die Verfolgung der Protestanten.
Zwischen den Jahren 1562 und 1598 erlebte Frankreich acht kurz hintereinander stattfindende Religionskriege, auch Hugenottenkriege genannt. 1565 wurden in La Rochelle 30 katholische Priester erdrosselt und vom Tour de la Laterne ins Meer geworfen. Das große Rachemassaker erfolgte in Paris, das als Barthlomäusnacht am 24. August 1572 in die Geschichte eingegangen ist. 3000 Protestanten, die zur Hochzeit von Heinrich von Navarra mit der Tochter von Katharina von Medici nach Paris gekommen waren, wurden ermordet. Bald darauf war La Rochelle die Hauptstadt des Protestantismus in Frankreich. 1598 beendete Heinrich IV. den langjährigen Krieg mit dem Edikt von Nantes. Hierbei wurden den calvinistischen Protestanten (Hugenotten) im ansonsten katholischen Frankreich religiöse Toleranz und volle Bürgerrechte zugesagt.
Das Leiden der Bürger der Stadt La Rochelle aber ging weiter: 1627 ließ Ludwig XIII. die nach wie vor protantische Stadt, die sich mittlerweile mit den Engländern verbündet hatte, durch seinen Minister und Kardinal Richelieu belagern und aushungern. Von 28.000 Einwohnern überlebten dabei nur 5000.
2015 wurde La Rochelle der Ehrentitel „Reformationsstadt Europas" verliehen.

Im Zentrum der Altstadt, direkt neben der evangelischen Kirche, steht das **Musée Rochelais d'Histoire Protestante,** in dem der religiösen und leider sehr blutigen Geschichte La Rochelles gedacht wird.

> ⟩ **Musée Rochelais d'Histoire Protestante,** Rue Saint-Michel, Tel. 0033 546508803, www. protestantisme-museelarochelle.fr, geöffnet: Mitte Juni–Mitte Sept. Mo–Sa 14.30–18 Uhr, Eintritt: 4 €. Deutschsprachige Führung auf Anfrage.

La Rochelle hat vier **Häfen:** neben dem **Vieux Port** gibt es noch einen geschäftigen **Fischereihafen,** in dem man die Gelegenheit bekommt, für einen Tag zum Hochseeangeln hinauszufahren. Der **Jachthafen** von La Rochelle, der Port des Minimes, ist der größte seiner Art an der Atlantikküste und besitzt 3200 Liegeplätze. Hier könnte man einmal den Wohnmobilsitz mit einem Platz auf einem Ausflugsschiff tauschen und eine Ausfahrt auf den weiten Ozean wagen, um z. B. das berühmte **Fort Boyard** zu besuchen. Nicht nur die historische Befestigungsanlage war schon mehrfach Filmkulisse, auch im Industriehafen des La Rocheller Vorortes La Pallice diente der riesige U-Bootbunker, der während des Zweiten Weltkriegs 13 Boote fasste, als Kulisse für den Film „Das Boot" von Wolfgang Petersen. Hier wurde auch der erste Teil der Indiana-Jones Trilogie „Jäger des verlorenen Schatzes" von Steven Spielberg gedreht.

Selbstverständlich bietet La Rochelle noch zahlreiche weitere Sehenswürdigkeiten und unzählige Veranstaltungen, über deren Öffnungszeiten bzw. Termine man sich am besten im Touristenbüro informiert.

Tipp: Nehmen Sie sich als Urlaubslektüre doch einen Krimi mit. Der Schriftsteller Georges Simenon, 1902 in Belgien geboren, hat viele Jahre in der Nähe von La Rochelle gelebt und 19 seiner 75 Kriminalfälle, die der berühmte Kommissar Maigret ab 1930 aufklären musste, spielen in dieser Stadt. Eigentlich ist Maigret Kommissar in Paris und seine Markenzeichen sind die Melone, der Mantel, seine unerschütterliche Ruhe und sein Einfühlungsvermögen. Wie auch sein

▷ *Viele kleine Gässchen führen in den Hafen von Saint-Martin-de-Ré auf der Île-de-Ré*

Erfinder Simenon raucht Jules Maigret fast ununterbrochen Pfeife. In unzähligen Filmen und TV-Serien wurden die Kriminalgeschichten mit mehr als 30 Darstellern, u. a. Jean Gabin, weltweit verfilmt.

Das Stadtzentrum von La Rochelle ist über eine Brücke mit der Insel Île de Ré verbunden. Für die 1,6 km lange Fahrt wird eine Ökomaut von 16 € (gültig für Hin- und Rückfahrt) erhoben, zahlbar am Automaten.

Information
> **Office de tourisme La Rochelle,** Quai Georges Simenon 2, La Rochelle, Tel. 0033 546411468, www.larochelle-tourisme.com, geöffnet: Mo–Sa 10–13 und 14–18, So 10–13 Uhr. Hier ist auch ein kostenloser, sehr ausführlicher Stadtführer in deutscher Sprache erhältlich.

ÎLE DE RÉ
(Inselrundfahrt, ca. 70 km)

Die Île de Ré liegt zwischen den Meerengen Pertuis Breton und Pertuis d'Antioche. Sie ist 30 km lang, bis zu 5 km breit und verfügt über 100 km Küstenlinie. Mit fast 2600 Sonnenstunden pro Jahr ist die Insel ein wahres Urlaubsparadies.

Feine, weiße Sandstrände liegen hinter ausgedehnten Pinien- und Zypressenwäldern und das Meer ist durch den Golfstrom wohltemperiert.

Zum ersten Mal begegnet dem Reisenden an der Atlantikküste ein Weinanbaugebiet: Hier auf der Île de Ré wird ein guter Tropfen gekeltert, der bekanntlich für sein gehaltvolles Aroma ausreichend Sonne benötigt

Die Île de Ré gilt als „Sylt der französischen Atlantikküste" und ist das bevorzugte Urlaubsdomizil der gut betuchten Pariser. Understatement ist hier allerdings das Motto, denn die Insel kommt eher schlicht und bescheiden daher.

Die inseltypischen, strahlend weißen Häuschen mit blauen Fensterläden liegen halb versteckt in idyllischen Gärten, in denen bunte Stockrosen um die Wette blühen.

„La Blanche" – „die Weiße", so wird die Insel auch genannt, zeichnet sich durch eine beeindruckende landschaftliche Vielfalt aus, die man am besten auf einer kleinen Rundfahrt kennenlernt.

Auf der Insel angekommen, führt die D735 bald am gut erhaltenen **Fort de la Prée** (1625) vorbei. Die Anlage kann im Sommer besichtigt werden und ist auch Ort kultureller Veranstaltungen.

Auf der Straße erreicht man nach nur wenigen Kilometern **La Flotte,** das sogar in den illustren Kreis der „Plus Beaux Villages", der schönsten Dörfer Frankreichs, aufgenommen wurde (s. S. 84). Am charmanten Hafen lässt es sich gemütlich flanieren, und zahlreiche Cafés und Restaurants laden zum Verweilen ein. Überreste der **Abbaye des Châ-**

Die schönsten Dörfer Frankreichs
„Les Plus Beaux Villages de France" ist eine kulturtouristische Auszeichnung. Die Liste weist heute 158 Dörfer in 14 Regionen und 70 Départements aus. Davon liegen alleine 26 in der Nouvelle-Aquitaine und 10 im Périgord, also im Südwesten des Landes.
Die Geschichte dieser Auszeichnung geht auf die Initiative eines Bürgermeisters zurück, der sich bald 66 weitere Gemeinden anschlossen, sodass der Titel bereits 1982 offiziell wurde. Das kulturelle Erbe der Provinz sollte bewahrt bleiben, denn die Landflucht, die im 20. Jh. weite Teile Frankreichs betraf, machte die Dörfer zusehends zu seelenlosen Museumsorten. Kriterien für die Vergabe des begehrten Etiketts sind: nicht mehr als 2000 Einwohner, mindestens zwei anerkannte Sehenswürdigkeiten oder denkmalgeschützte Monumente. Infos: www. les-plus-beaux-villages-de-france.org.

teliers zeugen vom einstigen Reichtum des historischen Dorfes, das mit seinem architektonisch einzigartigen Mittelaltermarkt einen weiteren Anziehungspunkt hat. Jeden Morgen zwischen 9 und 13 Uhr verkaufen einheimische Händler auf einem wunderschön gepflasterten Hof unter hölzernen Pultdächern hier ihre regionalen Produkte.

Information
› **Office de Tourisme La Flotte,** Quai de Sénac, La Flotte, Tel. 0033 546090055, geöffnet: Mo–Sa 9.30–13 und 14–18 Uhr

Der Hauptort der Insel ist **Saint-Martin-de-Ré,** er ist auf der D735 nach nur 4,5 km erreicht. Hier findet man am Rand des historischen Zentrums neben dem Camping Municipal auch einen offiziellen Stellplatz für Wohnmobile ㊴.
Saint-Martin-de-Ré ist von einer sternförmig angelegten **Befestigungsmauer** umgeben, die seit 2008 zum **UNESCO-Weltkulturerbe** gehört. Auch hier hat Befestigungs-

baumeister Vauban (s. S. 161) seine Hände im Spiel gehabt. Die in Hafennähe gelegene Zitadelle, von der früher Sträflinge nach Französisch-Guayana und Neukaledonien verschifft wurden, ist auch heute noch ein Hochsicherheitsgefängnis.
Der Ort ist unbedingt eine Reise wert, denn den wunderschönen Hafen, die vielen kleinen Gassen und Brunnen sowie die geschichtsträchtige Kirche sollte man während eines Urlaubs auf der Île de Ré gesehen haben.
Übrigens finden ganzjährig täglich außer montags auf der Place d'Antioche und der Place des Tileuls Märkte statt.

Information
› **Office de Tourisme Saint-Martin-de-Re,** Avenue Victor Bouthillier, Saint-Martin-de-Re, Tel. 0033 546090055, www.ildere.com, geöffnet: tägl. 9.30–19 Uhr

Essen und Trinken
› **Le Tout du Cru,** Quai Job Foran 16, Saint-Martin-de-Ré, Tel. 0033 9529060000, www.tout-du-cru.fr, geöffnet: tägl. 11–22 Uhr, geschl.: im Winter montags. Kleines, sehr gemütliches Restaurant in Hafennähe, spezialisiert auf Meeresfrüchte. Reservierung empfohlen.

Das nächste Ziel der Inselrundfahrt ist **Loix.** Am besten erkundet man Ort und Umgebung mit dem Fahrrad, denn das Dorf ist wie eine Insel auf der Insel durch ausgedehnte Salzgärten vom restlichen Eiland getrennt. Das hier ansässige **Écomusée Marais Salants** informiert über die Geschichte der Salzgewinnung und das Leben der Salzwerker.
› **Écomusée Marais Salants,** Route de Loix, Liox, in den Salzgärten vor dem Orteingang, Tel. 0033 5462906, www.marais-salant.com, geöffnet: Mitte März bis Ende September, tägl. 10–12.30 und 14–19 Uhr, Eintritt: 5,50 €, nur im Rahmen einer geführten Besichtigung (auch in deutscher Sprache)

▷ *Blick auf den Hafen von Saint-Martin-de-Ré*

Culottes

Die Île-de-Ré und die Unterhosen – wie passt das zusammen? Die Antwort ist ganz einfach! Früher trugen die Esel auf der Insel Unterhosen, um sie vor Insekten zu schützen. Heute grasen die zottigen Baudet-du-Poitou-Esel unten ohne und bekommen die bunten Unterhosen nur zu besonderen Veranstaltungen angezogen.

Im Hafen steht eine **Gezeitenmühle,** die einst mithilfe von Ebbe und Flut Getreide mahlte und die mit dem Ort mittels einer sehenswerten Fußgängerbrücke verbunden ist. Loix ist für seine vielen kleinen Ateliers bekannt, in denen Kunsthandwerker ihre Werke ausstellen und natürlich auch verkaufen möchten.

Die Hauptroute führt an **Le Martray** vorbei, der mit 100 m schmalsten Stelle der Insel. Nach insgesamt 30 km ist **Les Portes-en-Ré** erreicht, hier am nördlichen Ende der Insel erwarten den Besucher die berühmte **Plage de la Patache** und der herrliche Wald Trousse-Chemise, sowie ein offizieller Stellplatz ㊵.

Der Badeort ist auf der einen Seite vom Atlantik, auf der anderen Seite von der Bucht Fier d'Ars eingegrenzt und kann mehrere kilometerlange Strände sein Eigen nennen. Die **Meerenge Pertuis Breton** ist die perfekte Kinderstube für Austern und Muscheln

und zahlreiche Fischer bieten in ihren Häuschen eine „dégustation" der beliebten Meeresfrüchte an. Dazu wird ein Bio-Inseltropfen angeboten, an dessen Weinreben im Inselinnern man schon auf der Hinfahrt vorbeigekommen ist.

Von Ars-en-Ré auf der anderen Küstenseite führt ein gut ausgebauter Fahrradweg durch die Salzgärten und das große Naturschutzgebiet „Réserve Naturelle de Lileau des Niges". Diese Naturlandschaft ist die Heimat von unzähligen Pflanzen und Vögeln und ein Ruheidyll.

Natürlich steht hier auch ein Leuchtturm, der **Phare des Baleines,** der eine der wichtigsten Touristenattraktionen der Insel ist. Er wurde 1854 errichtet und ist 57 m hoch. 257 Stufen sind zu erklimmen, um den grandiosen Ausblick über die Insel und die Meerengen genießen zu können.

⟩ **Phare des Baleines,** Route du Phare 155, Saint-Clément-des-Baleines, die Hauptstraße D735 endet am Leuchtturm, Tel. 0033 5462918, www.lephare desbaleines.fr, geöffnet: ganzjährig, je nach Saison unterschiedlich, Eintritt: 3,40 €

Die Fischschleusen an der Conche-des-Baleines stehen unter Denkmalsschutz und die **Wanderung über den Schleusenwall** am Leuchtturm bei Ebbe ist ein interessantes Erlebnis. Bei Flut liegt der Rundgang unter Wasser, sodass man unbedingt die Gezeiten beachten muss.

Die hiesige Gemeinde **Saint-Clément-des-Baleines** liegt am längsten und breitesten Strand der Insel, „La Conche", und bietet neben einem lebhaften Marktgeschehen rund um die Dorfkirche auch einen Stellplatz ❹. Das Dorf ohne eigenen Hafen liegt an der Westseite der Insel an der „Côte sauvage", der wilden Küste, und ist gleichzeitig die westlichste Gemeinde des Départements Charente-Maritime.

An einer wunderschönen, mit Pinien bewachsenen Dünenlandschaft vorbei ist bald **Ars-en-Ré** erreicht, das ebenfalls zu den schönsten Dörfern Frankreichs gezählt wird. Das Wahrzeichen ist die **Kirche Saint-Etienne,** deren schwarz-weiß angemalter, spitzer Glockenturm 40 m hoch ist und einst den Seefahrern ein wichtiger Orientierungspunkt war. Rund um den Kirchplatz spaziert man an hübschen Künstlerhäusern vorbei durch mit Blumen geschmückte Gassen, hier findet täglich ein bunter Markt statt. Der re-

noviert Hafen ist einer der wichtigsten Jachthäfen der Insel und beherbergt zahlreiche Cafés und Restaurants, von denen aus man die schöne Atmosphäre so richtig genießen kann.

Information

❯ **Office de Tourisme Ars-en-Ré,** Place Carnot 26, Ars-en-Ré, Tel. 0033 546090055, www.ildere.com, geöffnet: tägl. 9.30–13.30 und 14.30–18.30 Uhr

Mitten im 5,5 ha großen, mit Pinien bewachsenen Staatsforst befindet sich in traumhaft schöner Lage der Camping Municipal ❷ von Ars-en-Ré.

Entlang der Küste im Südwesten reiht sich nun ein langer Strandabschnitt an den nächsten. Hier findet man auch die meisten Campingplätze.

Auf der Île-de-Ré gibt es zehn Dörfer, die alle über ein gut ausgebautes, 100 km langes Radwegenetz verbunden sind. Wem Hin- und Rückfahrt zu viel werden, der steigt am besten in einen Bus *(navette),* der von Anfang April bis Anfang September für 1 € Fahrpreis auf der ganzen Insel herumfährt.

Das nächste Dorf auf dieser Inselrundfahrt ist **La Couarde-sur-Mer** mitten im Herzen der Île–de-Ré. Der Badeort ist eingerahmt von den Salzgärten im Norden, der Austernzucht in den weiten Wattgebieten der Bucht von Fosse-de-Loix, dem Weinanbaugebiet im Süden und 5 km langen, feinen Sandstränden.

Wassersport in allen Variationen wird hier angeboten, aber auch die Kultur kommt nicht zu kurz. Am Fuß der Dorfkirche gibt es einen Musikpavillon, wo im Sommer zahlreiche Konzerte stattfinden. Die Musik und die Atmosphäre in dem Labyrinth blumengeschmückter Gassen genießen zu können, ist ein unvergessliches Erlebnis. Sämtliche Veranstaltungstermine können im hiesigen Touristenbüro erfragt werden.

◁ *Der Phare des Baleines ist eines der meistbesuchten Touristenziele der Insel*

Information

> **Office de Tourisme,** La Couarde-sur-Mer, Rue Pasteur, La Couarde-sur-Mer, Tel. 0033 546090055, www.iledere.com, geöffnet: Mo–Sa 9.30–13 und 14–17 Uhr

Die Landschaft um **Le Bois-Plage-en-Ré** bietet Kontrast pur. Auf der Meerseite boomt der Tourismus, mehrere Campingplätze befinden sich in Strandnähe, aber einen offiziellen Stellplatz ➓ gibt es natürlich auch.

Schattige Pinienwälder mit zahlreichen Fahrradwegen, weite Dünen und ein 6 km langer Sandstrand, der sogar mit dem Label „Pavillon Bleu" ausgezeichnet wurde – beste Voraussetzungen also für einen erholsamen Urlaub.

Im Ortskern lässt es sich herrlich flanieren und der täglich stattfindende Markt ist der größte der ganzen Insel.

Le Bois-Plage-en-Ré ist das älteste Dorf der Île-de-Ré und besitzt keinen nennenswerten Hafen. Nicht die Fischerei, sondern die Landwirtschaft war die Haupteinnahmequelle der Menschen und ist es wohl noch heute.

Von ursprünglich 15 Mühlen ist nur die **Moulin de Bellère** übriggeblieben, aber der Weinanbau und vor allen Dingen die spezielle Kartoffelsorte Île de Résind über die Grenzen der Insel hinaus bekannt. Sie ist die einzige Kartoffelsorte Frankreichs, die das Prädikat A.O.C. tragen darf, und das Gemüse wird frankreichweit unter der Bezeichnung Île-de-Ré vermarktet. Hochinteressant ist auch ein Besuch der Winzergenossenschaft „Coopérative vinicole", wo man die verschiedenen Weinsorten der Insel probieren kann.

Fast schon am Südzipfel der Insel liegt **Sainte-Marie-de-Ré.** Hier empfängt den Besucher ein anderer Küstenabschnitt. Eine zerklüftete Steilküste mit idyllischen Buchten und kleinen Strandabschnitten prägt das Bild. Bei Ebbe lässt sich hier erfolgreich nach diversen Muscheln und Meeresfrüchten suchen, aber wer diese doch lieber kaufen möchte, findet reichlich Auswahl auf den täglichen Märkten an der Place d'Antioche und der Place des Tilleuls. Sainte-Marie-de-Ré hat seinen authentischen Charakter behalten und setzt auf eine etwas andere Art von Tourismus. Es wird ein Dorfrundgang mit Besteigung des Kirchturms organisiert und Nachtwanderungen sowie Ausflüge ins Watt vervollständigen das besondere Angebot. Eine mit Pfeilen gekennzeichnete Themenwanderung der „Fünf Landschaften" wurde eingerichtet, bei der es über 8 km ca. 2 Stunden von der Bucht Port-Notre-Dame auf Entdeckungstour durch verschiedene natürliche Lebensräume geht. Eine entsprechende Wanderkarte gibt es im Fremdenverkehrsbüro.

Der Ort hat sich übrigens auch landesweit im Bereich der Thalassotherapie einen Namen gemacht (s. S. 44), bei der eine unvergleichliche Entspannung durch eine kombinierte Anwendung von Meerwasser und Meeresprodukten versprochen wird.

Für die saisonunabhängigen Camper gibt es in Sainte-Marie-en-Ré den einzigen ganzjährig geöffneten Campingplatz der Insel ➍.

Information

> **Office de Tourisme Sainte-Marie-de-Ré,** Place d'Antioche, Sainte-Marie-de-Ré, geöffnet: Mo–Sa 9.30–13 und 14–17.30 Uhr

Den Abschluss dieser Inselrundfahrt bildet **Rivedoux-Plage.** Die beeindruckende Brücke zum Festland immer im Blick, wird hier der Spaziergang an der größten Bucht der Île-de-Ré zum Erlebnis. Wunderschön ist auch die Sicht auf La Rochelle (s. S. 78), vor allem auf die nachts beleuchtete Stadt. Für einen abendlichen Bummel ist es ideal, dass vor den Toren eines Campingplatzes auch Stellplätze ➍ für Wohnmobile angeboten werden.

Auf der anderen Seite der Brücke befindet sich die Landzunge von Sablanceaux, auf der die – wiederum von Vauban (s. S. 161) – 1674 errichtete **Festung La Redoute** von der strategisch wichtigen Vergangenheit der Insel erzählt. Von hier erstreckt sich der Plage Sud fast bis zum Pointe de Chauveau, wo der gleichnamige, 30 m hohe Leuchtturm noch heute den Seefahrern ein Zeichen gibt. Als einziges Leuchtfeuer im Département Charente-Maritime steht er direkt im Meer.

Rivedoux ist eine **Hochburg der Austernzucht.** Den Züchtern bei der Arbeit zuzusehen ist wirklich hochinteressant. Gleiches gilt auch für die Gezeitenfischerei, die hier praktiziert wird. Wer selbst dieser bei Ebbe gerne selbst nachgehen möchte, der sollte sich im Fremdenverkehrsbüro einen Ratgeber über die richtigen Praktiken und ein kleines Messlineal für Muscheln und Krustentiere besorgen.

Information

> **Office de Tourisme Rivedoux-Plage,** Rue du Comte d'Hastrel 102, Rivedoux-Plage, www.iledere.com, geöffnet: Mo–Sa 9.30–13 und 14–17 Uhr

ANGOULINS
(23 km – km 93)

Die beeindruckende, 3 km lange Brücke, die die Île-de-Ré mit La Rochelle verbindet, geht auf dem Festland von der N237 nahtlos in die D137 Richtung Süden über. Nach insgesamt 20 km ist Angoulins-sur-Mer mit seiner sehr schönen Badebucht außerhalb des Ortes erreicht.

Der Ort ist ein **Idyll für Wohnmobilsten,** da hier alles vorhanden ist, was das Urlauberherz begehrt: das weite Meer, feiner Strand, schöner Wanderweg, markierte Fahrradstrecken, ruhige Lage, Restaurants und sogar zwei nebeneinander liegende Stellplatzmöglichkeiten ⊕ direkt am Meer. Wer dringend Ver- bzw. Entsorgen muss, sollte dies vorab an der Mehrzweckhalle im Chemin des Marais tun, da dazu an der Bucht keine Möglichkeit besteht.

Die Bucht endet am **Pointe de Chay** und auf dem Weg dorthin sind diverse Carrelets ins Meer gebaut, von denen Fischer mit ihren viereckigen Netzen das Meeresgetier hinaufziehen – eine sehr effektive Angelmethode, bei der es Spaß macht zuzuschauen. Dem hier in der Bucht außerdem ansässigen Austernzüchter darf man sicherlich auch mal bei der Arbeit zusehen, zur Verköstigung ist eines der beiden Strandrestaurants allerdings sicherlich gemütlicher.

Essen und Trinken

> **Restaurant Le Rochebonne,** Rue du Chay, Angoulins, direkt an der Badebucht von Angoulins, Tel. 0033 546562029, geöffnet: 12–14 und 19–21.30 Uhr, in der Hochsaison tägl. durchgehend 9–22 Uhr. Strandrestaurant, das vor allem Meeresfrüchte und Fisch anbietet, schöne Terrasse.
> **Le Vivier,** Rue du Chay, Angoulins, Tel. 0033 546344156, www.levivierangoulins.fr, geöffnet: in der Hauptsaison tägl. 11–23 Uhr. Direkt an der Bucht gelegen.

Tipp: Im Département Vendée kann man auch einmal „Charron" probieren, ein Muschelgericht aus der gleichnamigen Stadt am Mündungstrichter des Flusses Sèvre Niortaise. Für diese Spezialität werden die gekochten Muscheln mit einer Mouclade übergossen, einer sehr delikaten Curry-Sahne-Soße.

Kleine Küstenwanderung in Angoulins-sur-Mer

Vom Stellplatz ⊕ aus führt ein sehr schöner, 4 km langer Rundgang erst einmal am Meer entlang zur Pointe de Chay. Der Küstenwanderweg mit herrlichem Blick auf die Buchten und das weite Meer verläuft komplett um die Halbinsel herum. Auf der Nordseite kommt man zu einer Flutbrücke, von der der Pfad nun linksseitig einem Bach folgt, den man auf der zweiten Brücke nach rechts überquert. Auf einer kaum befahrenen Straße geht es weiter bis zu deren Ende, wo man noch ein kleines Stückchen rechts der Route de la Douane folgt bis rechts ein kleiner Wanderweg beginnt. Der Weg verläuft hinter einem Campingplatz vorbei und endet am Parkplatz des Restaurants „Le Rochebonne" (s. oben), von wo es noch 150 m bis zum Ausgangspunkt der Wanderung sind.

CHÂTELAILLON-PLAGE

(6 km – km 99)

Nach nur 6 km entlang der D137 ist das nächste Seebad erreicht, Châtelaillon-Plage. Wirklich bekannt war der Ort Ende des 19. Jahrhunderts, als sogar eine direkte Zugverbindung nach Paris bestand. Zahlreiche wohlhabende Großstädter haben damals an dem 3 km langen Strand sage und schreibe 1500 Villen gebaut, deren großartiger Belle-Époque-Stil in Teilen noch heute zu bewundern ist.

Die historische **Markthalle** ist täglich vormittags geöffnet, dienstags und freitags wird darüber hinaus auf dem Boulevard de Lattre de Tassigny noch einer der größten **Märkte** der Region aufgebaut, an dem sich bis zu 120 Händler beteiligen.

Die Saison beginnt hier schon zu Ostern, denn dann findet das internationale Festival der Drachen statt. Das Seebad ist überhaupt sehr aktiv beim Organisieren diverser Events. Der Höhepunkt ist das **Châtel-Festival** am letzten Wochenende im Juni, das jedes Jahr unter einem anderen Motto steht.

Darüber hinaus bietet der Badeort noch ein **Spielkasino,** eine **Pferderennbahn** und ein **Thalassozentrum** (s. S. 44). Einem abwechslungsreichen Urlaub steht also nichts im Wege. Am besten informiert man sich vorab im hiesigen Fremdenverkehrsbüro.

Information

❯ **Office de Tourisme, Châtelaillon-Plage,** Avenue de Strasbourg, Châtelaillon-Plage, Tel. 0033 546562697, www.chatelaillon-plage-tourisme.fr, geöffnet: Mo–Sa 9–12 und 14–18 Uhr

Belle Époque – die schöne Epoche

Die Zeit der Wende vom 19. zum 20. Jh. bezeichnet man auch als Belle Époque; sie ging mit dem Beginn des Ersten Weltkriegs zu Ende. Die für die damalige Zeit ungewöhnlich lange kriegsfreie Phase seit dem Deutsch-Französischen Krieg von 1870/1871 war geprägt von wirtschaftlichem Aufschwung und gelebter Kultur. Eine erfolgreich wirtschaftende Industrie hatte sich aufgrund der Industriellen Revolution entwickelt und bescherte zumindest einem Teil der Bevölkerung der europäischen Kernländer materielle Sicherheit. Vergnügungsreisen waren für das Bürgertum das Maß aller Dinge und unbeschwerte Unterhaltung war erwünscht. Diese Zeit der Leichtigkeit zeigte sich auch in der Architektur. Der Beaux-Arts-Stil war geprägt von nahezu aristokratischer Pracht. Die Häuser wurden verspielt mit kunstvollen Erkern und Türmchen außen und viel Stuck und Pomp im Inneren versehen – Prestigedenken nach dem Motto: „Seht her, ich habe es geschafft!".

◿ *Badehäuschen sind an Frankreichs Stränden nach wie vor sehr beliebt*

FOURAS
(18 km – km 117)

Die Hauptverbindung gen Süden nennt sich nun E602/D137, von der die D937C in Richtung Fouras abzweigt. Hier erwartet den Besucher ein grandioses UNESCO-Weltkulturerbe, das **Fort Fouras**. Wenig überraschend, hat hier Festungsbaumeister Vauban (1633–1709, s. S. 161), der unter König Ludwig XIV. außerdem General und Marschall war, auch dieses Fort ausgebaut und befestigt. Der ursprüngliche Bau begann aber schon lange vor seiner Zeit, damals mussten sich die Franzosen gegen die Wikinger verteidigen.

> **Fort Fouras,** tägl. 9–18 Uhr, Innenhof kostenlos. Je nach Art der Führung z. B. Nachtwanderung durch die Katakomben, wird eine Gebühr zwischen 4 € und 9,60 € für einen Erwachsenen fällig.

Der Mündungstrichter der Charente war für lange Zeit ein strategisch wichtiger Punkt, über den Engländer oder andere Eindringlinge in das Land hätten einfallen können. Das Fort Vauban, wie die Burg auch genannt wird, ist ungewöhnlich gut erhalten und tagsüber kostenlos zu besichtigen. Über eine Zugbrücke geht es in einen mittelalterlichen Innenhof mit einem kleinen Laden. Der 30 m hohe Turm kann leider nicht bestiegen werden, aber der Ausblick ist auch so wunderschön.

Fouras selbst liegt auf einer Landzunge und ist ein charmantes Städtchen, das ganze fünf Strände besitzt. Auch der hiesige Stellplatz **48** liegt an einem Strand, ist aber ca. 1 km vom Fort und dem Zentrum von Fouras entfernt.

Die **Markthalle** des Ortes ist immer vormittags geöffnet. In der Saison gibt es noch zahlreiche offene **Märkte,** auf denen neben den regionalen Produkten u. a. auch Schuhe und Bekleidung angeboten werden.

Jedes Jahr finden Anfang August das **Festival Symphonie d'Eté** und das **Jazz Festival Fouras** statt, Open-Air-Veranstaltungen, die Musikfans während ihres Urlaubs nicht verpassen sollten.

Von Fouras aus kann man per Fähre die vorlagerte **Île-d'Aix** erreichen. Ein Spazier-

☑ *Das Fort Fouras gehört zum UNESCO-Weltkulturerbe und bietet eine tolle Fernsicht*

gang von 7 km umrundet die Insel, sodass man noch nicht einmal das Fahrrad mitnehmen muss. Obwohl oder gerade weil die Insel autofrei ist, kommen jedes Jahr 120.000 Tagestouristen und erfreuen sich an der herrlichen Ruhe und der guten Meeresluft. Hier auf der Île d'Aix verbrachte **Napoléon** 1815 seine letzten Tage, bevor er in die Verbannung nach St. Helena gehen musste. Der Geschichtsinteressierte hat im **Musée Napoléon** die Gelegenheit, sich etwas näher über den wohl bekanntesten Herrscher Frankreichs zu informieren.

❭ **Musée Napoléon,** Rue Napoléon, Île d'Aix, Tel. 0033 546846640, www.musees-nationaux-napoleoniens.org, geöffnet: ganzjährig 9.30–12, 14–18 Uhr, Di außerhalb der Hochsaison geschlossen, Eintritt: 3 €

Mit dem Badeort Fouras-les-Bains und dem eindrucksvollen UNESCO-Weltkulturerbe Fort Fouras endet Route 3.

CAMPING- UND STELLPLÄTZE ENTLANG DER ROUTE 3

③⑥ Stellplatz Jean Moulin
Aire Camping-car, La Rochelle
46.153228 –1.141742

Großer, offizieller Stellplatz am Messegelände, Ortsrand, im Zehnminutentakt kostenloses Shuttle ins Zentrum. **Anfahrt:** von der N11 kommend Richtung Zentrum fahren, das „P & R Jean Moulin" ist ausgeschildert, Womo-Piktogramm; **Platzanzahl:** 100; **Untergrund:** Schotterrasen; **Preis:** 15 €/Fahrz. inkl. Ver-/Entsorgung und Bustransfer (navette) ins Zentrum; **Max. Stand:** unbegrenzt; **Geöffnet:** ganzjährig; **Adresse:** Avenue Jean Moulin, La Rochelle, www.tourisme-larochelle.com. Die Schranke ist von 21 bis 6 Uhr morgens geschlossen, der Platz ist dann nur für Fußgänger zugänglich.

③⑦ Camping du Soleil, La Rochelle
46.150665 –1.158083

Preiswerter Camping Municipal, 15 Min. fußläufig vom Zentrum entfernt, ca. 500 m zum Meer; direkter Strandzugang, einfache sanitäre Anlagen, Bushaltestelle in der Nähe. **Anfahrt:** von der N137 kommend am Messegelände Av. Jean Moulin vorbei, dem Straßenverlauf bis zur Universität Polytechnique folgen; **Ver-/Entsorgung:** Strom, Trinkwasser, Abwasser, Chemie-WC; Preis: 17,50 €; **Max. Stand:** unbegrenzt; **Geöffnet:** Ende Mai–Ende Sept.; **Adresse:** Avenue Michel Crépeau, La Rochelle, Tel. 0033 546444253.

③⑧ Parkplatz Esplanade, La Rochelle
46.166088 –1.154633

Großer, zentraler Parkplatz in idealer Lage für eine kurze Stadtbesichtigung, P „Esplanade des Parcs" ist ein gemischter Parkplatz, der am Rand einige größere Parkflächen ausweist, ca. 500 m vom Zentrum entfernt. Keine Ver-/Entsorgung. **Anfahrt;** von der N11 kommend Richtung Centre fahren, Parking Esplanade ist ausgeschildert; **Platzanzahl:** 10; **Untergrund:** Asphalt; **Sicherheit:** beleuchtet; **Preis:** 1,20 € pro Stunde; **Max. Stand:** eine Nacht; **Geöffnet:** ganzjährig; **Adresse:** Chemin des Remparts, La Rochelle.

③⑨ Stellplatz Saint-Martin-de-Ré
46.199349 –1.365577

Stellplatz am Rand der Altstadt neben dem Camping Municipal, in der Saison stark frequentiert. **Anfahrt:** von der D735 kommend in Richtung Zentrum fahren, das Camping Municipal ist ausgezeichnet, ca. 10 Minuten Fußweg zum Hafen; **Platzanzahl:** 17; **Untergrund:** Schotter; **Ver-/Entsorgung:** Trinkwasser, Abwasser, Chemie-WC; **Preise:** 10 €, zahlbar per Automat; **Max. Stand:** unbegrenzt, in der Hauptsaison drei Nächte; **Geöffnet:** ganzjährig; **Adresse:** Rue du Rempart, Saint-Martin-de-Ré, Tel. 0033 5460921, www.saint-martin-de-re.net. Nicht für breite Wohnmobile geeignet. Brötchenservice während der Öffnungszeiten des Campingplatzes.

⑩ Aire de Stationnement Camping-Cars, Les Portes-en-Ré

46.229679 –1.483178

Spezielle Stellplätze auf dem Parking de la Patache, ca. 200 m vom Strand entfernt, ruhig. **Anfahrt:** D101 endet am Parkplatz; **Platzanzahl:** 10; **Untergrund:** Asphalt; **Preise:** 12 €/Fahrz. (bar am Automaten zu bezahlen), inkl. Ver-/Entsorgung; **Max. Stand:** eine Nacht; **Geöffnet:** ganzjährig; **Adresse:** Rue de la Grande Jetée, Les Portes-en-Ré, www.iledere.com.

⑪ Aire de Stationnement Camping Cars, Saint-Clément-des-Baleines

46.22757 –1.546400

Zentral gelegener Stellplatz, ruhig, hinter einer Düne, 200 m bis zum Strand. **Anfahrt:** im Zentrum des Ortes durch schmale Straßen dem Womo-Piktogramm folgen; **Platzanzahl:** 45; **Untergrund:** Schotter; **Ver-/Entsorgung:** Strom, Trinkwasser, Abwasser, Chemie-WC; **Sicherheit:** beleuchtet; **Preise:** 12 € (je nach Saison und Aufenthalt) inkl. Ver-/Entsorgung; **Max. Stand:** unbegrenzt; **Geöffnet:** ganzjährig; **Adresse:** Rue de la Forêt 64, Saint-Clément-des-Baleines.

⑫ Camping La Combe à L'Eau, Ars-en-Ré

46.211082 –1.536810

Gemeindeeigener, naturbelassener Campingplatz, sehr ruhig und idyllisch, mitten im Pinienwald. **Anfahrt:** von der D735 kommend am Ort vorbei fahren und links in Richtung Meer einbiegen, ausgeschildert; **Untergrund:** Wiese, Sand, fest; **Ver-/Entsorgung:** Strom, Trinkwasser, Abwasser, Chemie-WC; **Sicherheit:** umzäunt, beleuchtet; **Preise:** 16,40–20,90 € (je nach Saison); **Geöffnet:** Mitte April–Anfang Okt.; **Adresse:** Route de Radia, Ars-en-Ré, Tel. 0033 546294642, www.camping-lacombealeau.com.

⑬ Stellplatz Le Bois-Plage-en-Ré

46.177156 –1.386809

Naturbelassener Stellplatz unter Pinien außerhalb des Orts in Strandnähe. **Anfahrt:** von der D101 kommend erst Richtung Zentrum und dann Richtung Plage fahren, vor dem Camping Campéole, Womo-Piktogramm; **Platzanzahl:** 35; **Untergrund:** Wiese, Sand, fest; **Preise:** 10–17 € (je nach Saison), zahlbar mit Karte, **Ver-/Entsorgung:** 3 €; **Max. Stand:** zwei Nächte; **Geöffnet:** ganzjährig; **Adresse:** Avenue du Passage des Boeufs 68, Le Bois-Plage-en Ré; www.cameole.com.

⑭ Camping Les Grenettes, Sainte-Marie de-Ré

46.160742 –1.352871

Einziger ganzjährig geöffneter Campingplatz auf der Île-de-Ré, Viersterneplatz inmitten eines 7 ha großen Pinienwalds, 300 m vom Meer entfernt, beheizter Pool, Tennisplätze, Restaurant. **Anfahrt:** von der D101 kommend Richtung Bois-Plage fahren, dem Campingplatzschild folgen; **Untergrund:**

biegen und am Port de Peche vorbei Richtung Meer; **Platzanzahl:** jeweils 10; **Ver-/Entsorgung:** Trinkwasser, keine Ver-/Entsorgung; **Preise:** 3 €/Fahrzeug, Betrag wird morgens abkassiert, tagsüber kostenlos; **Max. Stand:** zwei Nächte; **Geöffnet:** ganzjährig; **Adresse:** Rue du Chay, Angoulins, www.angoulins.com.

Wiese, Sand, fest; **Ver-/Entsorgung:** Strom, Trinkwasser, Abwasser, Chemie-WC; **Sicherheit:** umzäunt, beleuchtet, bewacht; **Max. Stand:** unbegrenzt; **Geöffnet:** ganzjährig; **Kontakt:** Rue de l'Ermitage 1, Sainte-Marie-de-Ré, Tel. 0033 564102020, www.camping lesgrenettes.com.

⑮ Aire de Service et Stationnement du Platin, Rivedoux-Plage
46.159541 –1.266753

Stellplätze vor den Toren des Campingplatzes Le Patin, zentrumsnah, 100 m vom Strand entfernt, Bushaltestelle und Geschäfte in der Nähe. **Anfahrt:** von der Brücke kommend bei erster Möglichkeit von der D735 abfahren, Campingplatzschild „Le Plati"; **Platzanzahl:** 20; **Untergrund:** Rasengitter; **Ver-/Entsorgung:** Strom, Abwasser, Chemie-WC; **Sicherheit:** umzäunt, beleuchtet; **Preise:** 14–17 € inkl. Strom, Wasser 3 €/15 Min.; **Max. Stand:** unbegrenzt; **Geöffnet:** ganzjährig; **Adresse:** Avenue Gustave Perreau, Rivedoux-Plage, Tel. 0033 5460984, www.camping-ile-de-re.fr.

⑯ Stellplätze Angoulins
46.106265 –1.135663

Zwei ca. 50 m voneinander entfernte Stellplätze direkt an der Badebucht von Angoulins. Nr. 1 befindet sich neben dem Campingplatz Les Chirats, Nr. 2 neben einem Restaurant. **Anfahrt:** von der N137 kommend durch das Industriegebiet fahren, auf die D111 ein-

⑰ Stellplatz Châtelaillon-Plage
46.072752 –1.078521

Camping Car Park, Pass'Étapes (s. S. 32), Ortsrand beim Hippodrom, Strand und Zentrum je 1 km entfernt. **Anfahrt:** von der D137 kommend den Schildern „Hippodrom" folgen, Womo-Piktogramm; **Platzanzahl:** 50; **Untergrund:** Schotterrasen; **Ver-/Entsorgung:** Strom, Trinkwasser, Abwasser, Chemie-WC; **Sicherheit:** beleuchtet; **Preise:** 8,40–10,80 € (je nach Saison) inkl. Ver-/Entsorgung; **Max. Stand:** unbegrenzt; **Geöffnet:** ganzjährig; **Adresse:** Chemin des Cordées, Châtelaillon-Plage, www.châtelaillon-plage-tourisme.fr.

⑱ Stellplatz Fouras
45.978187 –1.082585

Stellplatz gegenüber dem Camping Municipal, nur durch den kleinen Campingplatz vom Strand entfernt, ruhig, Ortsrand. **Anfahrt:** den Ort Fouras auf der D214 umfahren, Plage Sud und Campingplatzschild folgen; **Platzanzahl:** 20; **Untergrund:** Asphalt; **Ver-/Entsorgung:** Trinkwasser, Abwasser, Chemie-WC; **Sicherheit:** beleuchtet; **Preise:** 8,20 €/Fahrz., Wasser 1 €, Entsorgung kostenlos; **Max. Stand:** unbegrenzt; **Geöffnet:** ganzjährig; **Adresse:** Rue de l'Espérance 2, Fouras, www.fouras.net.

◸ *Der Stellplatz von St-Clément-des-Baleines* ㊶ *auf der Île-de-Ré ist nur durch eine Düne vom Strand getrennt*

Ein spannender Mix aus Kultur und grandioser Landschaft prägt diese Route, die in Rochefort beginnt. Es gibt viel zu entdecken, dazu gehört für den Kulturinteressierten der Besuch bedeutender historischer Stätten. „Grand" ist auch das richtige Stichwort für die Île d'Oléron (s. S. 99), die Insel ist die zweitgrößte Kontinentalfrankreichs. Die naturbelassene Landschaft ist das wichtigste Merkmal der Insel: das riesige Moorgebiet, Le Marais aux Oiseaux (s. S. 100) und der große Salinenhafen, Le Port des Salines (s. S. 105), sind zwei unvergleichliche Ökomuseen. In schattenspendenden Pinienwäldern lässt es sich herrlich wandern und Radfahren. Aber auch kulinarische Genüsse kommen nicht zu kurz: Die Auster von Marennes-Oléron ist die einzige französische Auster, die das „Label rouge" tragen darf. Das Eiland erzeugt einen exzellenten Inselwein, der hervorragend zu Fisch und Meeresfrüchten passt. Mehrere Badestrände und die Qualität des Badewassers tragen das Gütesiegel der „Blauen Flagge" und gelten somit als besonders sauber. Das wilde, ungezähmte Gesicht der Côte sauvage zeigt sich besonders deutlich an der Spitze der Île d'Oléron, am Phare de Chassiron (s. S. 103). Beeindruckend donnern hier die Wellen des Atlantiks an die Küste.

058wf-as©Friedberg - stock.adobe.com

▷ *Viele Austerncabanes auf der Île-d'Oléron (s. S. 99) erstrahlen in bunten Farben*

ROUTE 4

ROCHEFORT UND EINE RUNDFAHRT ÜBER DIE ÎLE D'OLÉRON

STRECKENVERLAUF

Strecke: Rochefort – Port-des-Barques (16 km) – Brouage (14 km) – Inselrundfahrt Île d'Oléron (90 km)
Gesamtlänge: 120 km

ROCHEFORT

Überaus erfreulich empfängt die Stadt an der Charente den Besucher gleich zu Beginn mit einem Wohnmobilstellplatz ❹❾, von dem alle Sehenswürdigkeiten und das Zentrum im Rahmen eines schönen Spaziergangs bestens zu erreichen sind.

Hier befindet man sich in unmittelbarer Nähe des Hafens und des **Bassin de Plaisance,** des Freizeithafens, was so manchen verwundern wird, da Rochefort bekanntlich 20 km vom Atlantik entfernt liegt.

Strategische Gründe hatten Ludwig XIV. im 17. Jh. dazu bewogen, Rochefort als **Marinestützpunkt** zu wählen. Durch die Charente mit dem Meer verbunden und durch die vorgelagerten Inseln geschützt, erschien ihm die Lage perfekt. Die Stadt wurde schachbrettartig ausgebaut und mit einer Festungsmauer versehen.

Das größte Marinearsenal Frankreichs entstand und im Laufe von 250 Jahren wurden hier 350 Schiffe gebaut und ausgerüstet, umgebaut und repariert.

Erst 1927 wurde das Arsenal von Rochefort endgültig geschlossen.

Auf dem Gelände an der Charente ist 1666 die Königliche Seilerei errichtet worden, deren imposante Länge von 374 m kein Foto realitätsnah wiedergeben kann. In dieser **Corderie Royale,** die zum UNESCO-Weltkulturerbe gehört, wurden in der für damalige Zeiten möglichen Maximallänge bis zu 40 cm dicke Taue gedreht und geteert.

Heute befinden sich in den Räumlichkeiten die **Stadtbibliothek** und das **Centre international de la Mer,** ein Museum zur Geschichte der Seefahrt mit wechselnden Ausstellungen.

❯ **Centre international de la Mer,** Jardin de la Marine, Tel. 0033 5468701, www.corderie-royale.com, geöffnet: ganzjährig je nach Saison unterschiedlich, Eintritt: 10 €.

Ein schöner Spaziergang führt vom Stellplatz ❹❾ kommend links immer an der Charente entlang in 10 Min. zu dieser historischen Sehenswürdigkeit.

Ein kleines Stückchen weiter kommt man zur **Place Amiral Dupont,** an der zwei weitere Zeitzeugen der maritimen Vergangenheit zu bewundern sind. In der **Forme Louis XIV.** befindet sich ein historischer Schiffsnachbau, auf dem sich Unerschrockene hoch oben in den Masten wie Matrosen im Segelklettern üben können. Direkt daneben stößt man auf die **Forme Napoléon III.,** den Heimathafen des Nachbaus der historischen **Fregatte Hermione.** In nur elf Monaten wurde das 65 m

lange, 11,5 m breite und 1166 t schwere Schiff hier in Rochefort gebaut.

Mit 26 Kanonen bestückt, segelte der Marquis de Lafayette 1780 damit nach Amerika, um in Boston den Unabhängigkeitskrieg zu unterstützen.

Auch der Hermione-Nachbau bestand 2015 erfolgreich eine Atlantiküberquerung und ist regelmäßig auf Regatten unterwegs. Wer das Glück hat, das Schiff im Hafen liegend vorzufinden, kann sich auf eine interessante Besichtigung freuen.

Der Spaziergang durch Rochefort lässt sich wunderbar durch den **Jardin de la Marine** fortsetzen, der oberhalb des Marinearsenals liegt und einen herrlichen Blick über die Charente und das gegenüberliegende Ufer ermöglicht.

An königlichen Gebäuden und der **Église St-Louis** vorbei führt die Rue Audry de Puyravault zum nächsten Park, dem **Cours Roy Bry** mit dem Theater und Fremdenverkehrsbüro. Von hier aus ist die schöne Altstadt dann nicht mehr fern.

Ein etwas ausgiebigerer Spaziergang entlang der Charente führt zur nächsten Sehenswürdigkeit der Stadt, dem **Pont Transbordeur** in der Avenue Jacques Demy.

☐ *Die Salzwiesen und Sümpfe in Port-des-Barques sind ein Eldorado für Vögel*

◁ *Die Corderie Royale in Rochefort ist ein gigantisches Bauwerk*

Dabei handelt es sich um eine **Schwebefähre** aus dem Jahr 1900, die mittlerweile zum „Monument historique" erklärt wurde. Der 175 m lange Brückenträger wird von zwei 68 m hohen Stahlpylonen an den Ufern der Charente gehalten. Heute befördert die Fähre nur noch Fußgänger und Radfahrer und dient hauptsächlich dem Tourismus.

Wer mit dem Wohnmobil hierher an das andere Ende der Stadt fahren möchte, findet ausreichend Parkplätze und außerdem einige große Supermärkte vor, um seine Vorräte aufzustocken.

Information
> **Office de Tourisme,** Avenue Marie-Francois Sadi Carnot, Rochefort, Tel. 0033 546990860, www. rochefort-ocean.com, geöffnet: tägl.10–18.30 Uhr

PORT-DES-BARQUES
(16 km – km 16)

Mit Überquerung des Flusses Charente befindet sich der Reisende nun im Département Charente-Maritime. Von der Hauptverbindungsstraße D733 gen Süden zweigt kurz nach Verlassen von Rochefort die D125 rechts in Richtung Meer ab.

Dort, wo die Charente in den Atlantik mündet, liegt Port-des-Barques. Der Badeort nennt zwei schöne Strände sein eigen und bietet auch einen strandnahen Stellplatz ⑩. Von hier aus lassen sich einige reizvolle Ausflüge unternehmen, die man idealerweise mit dem Fahrrad unternimmt.

Die historische Stadt Rochefort (s. S. 96) ist nicht weit und der Besuch der **Île Madame** ist ohnehin ein Muss.

Über die 1 km lange **Passe aux Boeufs** kann die Insel bei Ebbe zu Fuß, per Rad, Bus oder mit dem Wohnmobil besucht werden. Diese Kleinste der vier Charente-Inseln umfasst gerade einmal 80 ha und ist komplett als Naturschutzgebiet ausgewiesen. So ist es auch verständlich, dass man hier nicht übernachten darf.

Einzig einige Austernzüchter und Fischer bewohnen das Eiland. Um das **Fort de l'Île Madame** zu besichtigen, muss man sich vorab im Austernmuseum von Port-des-Barques oder im Fremdenverkehrsbüro von Rochefort (s. S. 97) nach den Führungen erkundigen.

Mit einem herrlichen, 3 km langen Spaziergang ist die Insel bald umrundet, dabei kann man wunderschöne Panoramablicke auf die Mündung der Charente, Fort Fouras, Fort Boyard und die Île d'Oléron genießen.

Man sollte in diesem Zusammenhang niemals vergessen, sich vorab nach den regionalen Tidezeiten zu erkundigen. Diese erfährt man über das Internet und die Fremdenverkehrsbüros, aber auch viele Campingplätze halten einen Jahreskalender für ihre Gäste bereit. Noch einfacher ist es, vor Beginn der Reise die entsprechende App (Gezeiten in der Nähe, kostenlos für iOS und Android) auf dem Smartphone zu installieren. Wenn man dieser zudem erlaubt, auf den Standort des Gerätes zugreifen zu können, erhält man so immer die von Region zu Region unterschiedlichen Zeiten von Ebbe und Flut.

BROUAGE
(14 km – km 30)

Das landschaftlich reizvolle Sumpfgebiet entlang der D3 Richtung Marennes ist von unzähligen kleinen Kanälen durchzogen und inmitten von 3000 ha Marschland liegt ein mittelalterliches Kleinod, an dem man auf gar keinen Fall vorbeifahren sollte.

Das historische Dörfchen Brouage ist das nächste „Monument historique" auf dieser Route und gilt gleichzeitig als **„Grand Sîte de France"** (s. S. 99).

Hiers-Brouage, wie es offiziell heißt, lag einst direkt am Meer und war die bedeutendste Hafenstadt Europas für den Salzhandel. Auch als militärische Festungsstadt war der Ort von großer Bedeutung, nachdem Kardinal Richelieu den Auftrag erteilt hatte, eine uneinnehmbare Festung zu bauen. Im typischen sternförmigen Vauban-Stil entstand später ein Fort, das durch die Versandung des Meeres im Lauf der Zeit in der Bedeutungslosigkeit versank.

◁ *Außergewöhnliche, original erhaltene Kirchenfenster sind in der Kirche von Brouage zu bewundern*

Grands Sîtes de France

Seit dem Jahr 2000 gibt es diesen eingetragenen Verein, dem inzwischen 41 Gemeinden angehören. Zu den „Grands Sîtes de France" zählen die schönsten und berühmtesten Landschaften von Frankreich. Hier wird also kein kulturelles Denkmal geadelt, sondern die in jedem Fall einzigartige Natur. So gehören zum Beispiel die Marais Poitevin und die Camargue zu dem illustren Kreis. Ziel des Netzwerkes ist der Erfahrungsaustausch der Gebietsverwalter, um zu gewährleisten, dass die notwendige Infrastruktur für 32 Millionen Besucher pro Jahr geschaffen wird, ohne dem Naturdenkmal zu schaden.

Erst 1980 wurde die historische Stätte saniert. Heute ist sie eine überaus reizvolle und viel besuchte Touristenattraktion. Die gesamte Festungsanlage ist zu besichtigen, von der 2 km langen Wehrmauer hat man einen schönen Blick auf das weite Umland.

Die mittelalterlich gepflasterte Straße durch das historische Zentrum ist leider ein Teil der D3, sodass vor allen Dingen in den Sommermonaten mit Durchgangsverkehr gerechnet werden muss.

Zahlreiche Restaurants säumen den Weg durch die Festungsstadt, die man durch das bemerkenswerte Stadttor **Porte Royale** betritt.

In den **ehemaligen königlichen Ställen** unterhalb der Festungsmauer befinden sich heute Souvenirläden, neben der nahezu unveränderten Kirche ist das Touristenbüro in den ehemaligen Forges Royales (königliche Schmieden) untergebracht. Hier erhält man weitere ausführliche Informationen über diesen historischen Ort, in dem auch regelmäßig Mittelalterfeste veranstaltet werden.

⊳ *Die Côte sauvage, die wilde Küste, ist ein ganz besonderer Küstenabschnitt*

> **Office de Tourisme Brouage,** Rue de l'Hospital 2, Hiers Brouage, Tel. 546851916, www.brouage-tourisme.fr, geöffnet: April–Sept. tägl ab 10 Uhr durchgehend geöffnet, sonst Mo–Fr 10–12.30, 14–17 Uhr

Von Norden kommend, steht direkt unterhalb der 13 m hohen Festungsmauer ein großer Parkplatz am **Place Forte de Brouage** zur Verfügung, der auch für Wohnmobile ausreichend ist.

Wer die folgende Rundreise über die Île d'Oléron nicht machen möchte, dem sei der lohnende Zwischenstopp in Marennes (s. S. 110) ans Herz gelegt.

ÎLE D'OLÉRON
(90 km – km 120)

Seit 1966 kann man die nach Korsika zweitgrößte Insel Frankreichs über das imposante, fast 3 km lange **Viaduc d'Oléron** mautfrei erreichen. Die Inselhauptstraße ist die D734, auf der nach insgesamt 34 km die Inselspitze am Phare de Chassiron erreicht ist. Die Île d'Oléron misst an ihrer breitesten Stelle 12 km und wird von einem gut ausgebauten Straßennetz durchzogen.

Route 4: Rochefort und eine Rundfahrt über die Île d'Oléron

Die Île d'Oléron und ihre Geschichte

Spuren beweisen, dass die Insel schon während der Steinzeit bevölkert war. Bereits zu Zeiten der römischen Herrschaft über die Region war das Eiland unter dem Namen Ularius als Erholungsort bekannt.

Im 11. Jh. begann die Blütezeit der Insel durch die von Mönchen geförderte Salzgewinnung. Im Hundertjährigen Krieg (s. S. 144) war die Île d'Oléron dann lange Zeit Streitpunkt zwischen England und Frankreich. Hier wurde der Seerechtskodex Rôles d'Oléron niedergeschrieben, der auch heute noch die Grundprinzipien und Rechte der Seefahrt bestimmt. Eleonore von Aquitanien lebte 16 Jahre als Gefangene auf der Insel, da sie die Rebellion ihrer Söhne gegen ihren Mann Heinrich II. unterstützt hatte. Während der Religionskriege wurde die von Hugenotten bevölkerte Insel unter den Befehl Ludwigs II. gezwungen. Kardinal Richelieu ließ die Zitadelle bauen, die Vauban (s. S. 161) Ende des 17. Jh. befestigte. Im Zweiten Weltkrieg war die Insel Teil des Atlantikwalls (s. S. 170) und bis Kriegsende von den Deutschen besetzt. Fort Boyard (s. S. 102) galt in dieser Zeit als beliebte Zielscheibe für Schießübungen aus der Luft.

Auf dem 175 km² großen Eiland beginnt die Saison schon im April, denn der Golfstrom ermöglicht ein ausgesprochen mildes Klima. Hier wachsen die eigentlich tropischen Mimosen, 140 weitere Pflanzen- und Blumenarten sowie zahlreiche verschiedenartige Vögel, und machen die Insel zu einem **Naturparadies.**

Das **Sumpfgebiet Marais aux Oiseaux** ist ein Eldorado für Wanderer und Vogelfreunde; Radfahrer kommen auf dem gut beschilderten, 130 km langen Radwegenetz voll auf ihre Kosten. In den Fremdenverkehrsbüros der Insel gibt es eine spezielle Radwegekarte, in der verschiedene Touren vorgestellt werden.

76 Campingplätze zählt die Insel, von denen aber nur einer fast das ganze Jahr über geöffnet ist. Zwei „camping municipal" werden aufgrund ihrer herrlichen Lage beschrieben, auch fünf offizielle Stellplätze sollen hier vorgestellt werden.

So müsste sich eigentlich für jedes Wohnmobil ein Plätzchen zum Verweilen finden.

Die Rundfahrt über die Île d'Oléron beginnt auf der Südostseite entgegen dem Uhrzeigersinn.

▱ In den Kunstateliers in den ehemaligen Austernhütten in Le Château d'Oléron lässt sich viel Schönes entdecken

Die strategisch wichtige Lage des Ortes **Le Château d'Oléron** hatte man schon im 11. Jh. erkannt und die Altstadt entsprechend geschützt. Die lokale Zitadelle, auf den Überresten eines mittelalterlichen Schlosses entstanden, wurde vom königlichen Baumeister Vauban (s. S. 161) endgültig zur Festung ausgebaut. Das Areal betritt man am besten standesgemäß durch die **Porte Royale,** das „Königliche Tor". Das mächtige Anwesen verfügt über einen frei zugänglichen, wunderschönen Innenhof, die historischen Gebäude beherbergen wechselnde Ausstellungen.

Die **Zitadelle** thront hoch über dem Ort und von der Festungsmauer hat man einen grandiosen Rundumblick.

Nun geht es in den kleinen, alten Hafen von Le Château d'Oléron hinunter, der ein wahres Schmuckstück ist. Bunte Boote schaukeln im Wasser und einige Café-Terrassen laden zum Verweilen ein. Das Hafenviertel ist zum Künstlerviertel geworden, denn in den ehemaligen Austernhütten, den „**cabanes ostréicoles",** sind Ateliers untergebracht. In den buntbemalten Hütten wird Kunsthandwerk aller Art angeboten, es gibt unglaublich viel zu entdecken.

In der belebten Innenstadt von Le Château d'Oléron finden sich die historischen Markthallen von 1771 und 1891, hier am Marktplatz steht auch das Fremdenverkehrsbüro.

Information

> **Office de Tourisme Le Château d'Oléron,** Place de la République, Le Château-d'Oléron, www.ile-oleron-marennes.com, geöffnet: Mo–Fr 10–12.30 und 14.30–17.30 Uhr, Sa/So geschlossen

Die schönste Möglichkeit zur Weiterfahrt Richtung Inselspitze bietet die wenig befahrene Küstenstraße, an der auch der Stellplatz **51** des Ortes liegt.

Der Meeresabschnitt zwischen Île de Rè und Île d'Oléron nennt sich **Pertuis D'Antioche.** Diese, vor den Atlantikwellen geschützte Seite der Insel ist geprägt von Austernparks und Salzgärten.

Ungefähr in der Mitte der Île d'Oléron, an ihrer schmalsten Stelle, liegt **Dolus-d'Oléron.** Auf der einen Seite des Ortes befinden sich Austernparks, auf der anderen Seite Weinbaugebiete sowie Obst-und Gemüsefelder, auf der einen Seite Pinienwald, auf der anderen Seite das riesige Gebiet des **Marais aux Oiseaux.** Der *Parc ornithologique* ist ein Naturparadies, in dem sich zahlreiche Vogelarten beobachten lassen. Auf unzähligen Wegen kann man das Sumpfgebiet durchstreifen und diese ungewöhnliche Landschaft genießen – Fernglas nicht vergessen!

Der Stellplatz **52** von Dolus-d'Oléron liegt nahe dem Aquapark **Ileo Parc aquatique,** in einem der größten Supermärkte der Insel lässt sich hier auch der Wohnmobilkühlschrank auffüllen.

Mitten durch die Marais führt eine auch für Wohnmobile befahrbare Straße nach **Boyardville,** das neben einem kleinen Hafen mit Ausflugslokal einen langen, einladenden Strand bietet, an den aus ungeklärten Gründen immer wieder zahlreiche Seesterne angeschwemmt werden.

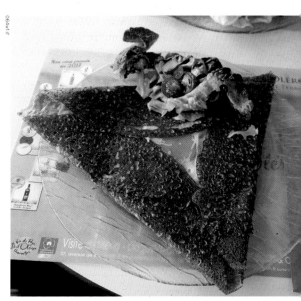

⌐ *Eine Galette, die herzhafte Variante des Crêpe, ist ein Genuss*

Über einen direkten Strandzugang verfügt auch das hiesige Camping Municipal **53**, das in schönster Lage angesiedelt ist. Nur wenige Schritte entfernt findet man ein Strandlokal mit herrlichem Blick auf das Meer, eine willkommene Gelegenheit, sich nach einem ausgiebigen Strandspaziergang zu stärken oder abends gemütlich schlemmend den Sonnenuntergang zu genießen.

Essen und Trinken

❯ **Le Café de la Plage,** Plage de Boyardville, Saint-Georges-d'Oléron, Tel. 0033 546472445, geöffnet: März–Okt., in der Hauptsaison durchgehend 12–22 Uhr geöffnet. Spezialität sind Fisch und Meeresfrüchte.

Eine kleine Wanderung oder Fahrradtour führt durch den großen Pinienwald **Fôret des Saumonards.** Von der **Pointe des Saumonards** hat man den besten Blick auf das berühmte **Fort Boyard** (s. unten), das schon häufiger als düstere Filmkulisse diente.

Die „Hauptstadt" der Insel heißt **Saint-Pierre d'Oléron** und ist Verwaltungs- und Wirtschaftszentrum in einem. Das Städtchen bietet nette Plätze, idyllische Gassen und viele Boutiquen, und so macht ein Bummel in dem lebendigen Ort viel Spaß. Dabei sollte man sich auch die Totenlaterne **„Laterne des morts"** auf der Place Camille-Mémain ansehen, die die älteste ihrer Art in Frankreich ist. Vom gewaltigen Glockenturm der **Église**

Fort Boyard

Das 61 m lange und 31 m breite Fort hat eine ovale Form und ist eine Inselfestung zwischen der Île de Ré und der Île d'Oléron. Fort Boyard sollte das Marinearsenal von Rochefort (s. S. 96) schützen, denn die Reichweite der auf den Inseln stationierten Geschütze reichte dazu nicht aus. Da das im Jahr 1801 auf einer Sandbank begonnene Fundament immer wieder absackte und wegen der starken Strömung nur bei Ebbe gebaut werden konnte, gelang es erst 1857, die Festung

fertigzustellen. Zu diesem Zeitpunkt allerdings war Fort Boyard nicht mehr von militärischer Bedeutung, und so diente es vorwiegend als Gefängnis. Seit 1950 steht die Inselfestung auf der Liste der „Monuments historiques" und ist per Ausflugsschiff von Boyardville oder Saint-Denis d'Oléron aus zu besichtigen.

☑ *Fort Boyard dient heute als Drehort für französische Fernsehproduktionen*

Saint-Pierre, der einst auch als Navigationsseezeichen diente, hat man einen fantastischen Blick über die Salinengärten und das Inselinnere.

Ganzjährige Märkte finden im 7000 Einwohner zählenden Saint-Pierre d'Oléron mehrmals pro Woche in der Rue Frank Massé statt.

Für nähere Informationen über die Insel steht das hiesige Fremdenverkehrsbüro zur Verfügung.

Information

> **Office de Tourisme Saint Pierre d'Oléron,** Place Gambetta, Tel. 0033 546856523, www.ile-oleron-marennes.com, geöffnet: Mo–Sa 10–12.30 und 14.30–17.30 Uhr

Weiter geht die Fahrt auf der D273 nach **Saint-Georges d'Oléron,** wo vor allem in den Monaten Mai bis September der kulinarische Blick in die prächtigen Markthallen von 1864 Genuss verspricht. Hier bietet sich die Gelegenheit, einmal unverbindlich die berühmte Auster mit dem „Label rouge" zu probieren und dazu ein Gläschen Wein von einem der auf der Insel ansässigen Weingüter zu genießen.

Die **Èglise Saint-Georges-d'Oléron,** die während der französischen Revolution als Stall benutzt wurde, ist heute nach aufwendiger Restauration eines der bemerkenswertesten Baudenkmäler der Insel.

La Brée-les-Bains, die kleinste eigenständige Gemeinde der Île d'Oléron, ist ein wichtiges Zentrum der Austernzucht und nennt einen kleinen Hafen sowie einen großzügigen Stellplatz 🔢 ihr Eigen. Das Wahrzeichen von La Brée-les-Bains ist die **Mühle „La Fontaine"** aus dem 15. Jh., die allerdings nicht besichtigt werden kann.

Der Badeort liegt direkt am Meer, hier sind, neben erholsamen Sonnenstunden am Strand, auch die schönsten Ausflüge möglich. Richtung Südosten sind der Fôret des Saumonards (s. S. 102) und Boyardville (s. S. 101) nicht weit, Richtung Nordwesten

erreicht man über die schöne Küstenstraße **Saint-Denis-d'Oléron.**

Dieser Badeort ist das wichtigste touristische Zentrum hier im Norden der Insel. Der Ortskern besticht mit großem Charme durch seine aufs Schönste restaurierten Fischerhäuser und die engen Gassen. Am kleinen Marktplatz steht die sehenswerte **Église Saint Denis,** hier findet man auch die täglich geöffnete Markthalle vor.

Im großen Jachthafen treffen sich tagsüber viele Segler, spätestens abends wird er zum Anziehungspunkt für Nachtschwärmer. Einige Bars und Hafenrestaurants werben mit großzügigen Terrassen um Gäste, auf denen neben dem kulinarischen Angebot auch meist ein traumhafter Sonnenuntergang garantiert ist.

Essen und Trinken

> **Quai 17, Restaurant de Fruits de Mer,** Rue Pierre Metayer 10, Port de Plaisance, St Denis d'Oléron, Tel. 0033 680720639, in der Hauptsaison täglich durchgehend von 11 bis 23 Uhr geöffnet. Das Restaurant ist auf Muscheln spezialisiert, die man in allen nur erdenklichen Variationen bestellen kann.

Auf der schönen Promenade lässt es sich herrlich flanieren und der Anblick der im Wind schaukelnden Segelboote vermittelt Urlaubsfeeling pur. Dazu sind auch die beiden Strände bestens geeignet, die sich rechts und links des Freizeithafens weithin erstrecken. Wie in vielen Orten an der französischen Atlantikküste stehen auch hier in Saint-Denis d'Oléron einige Bunker, Reste des Atlantikwalls aus dem Zweiten Weltkrieg (s. S. 170).

Ganz in der Nähe des Hafens liegen auch der naturbelassene Camping Municipal 🔢 und der große Stellplatz 🔢 des Ortes.

Die schönste Art den **Phare de Chassiron** zu besuchen, ist die per Rad. Auf der kleinen Rundtour sollte man unbedingt auch die Strecke entlang der gegenüberliegenden Seeseite miteinbeziehen. Hier erwartet den Inselbesucher ein ganz besonderer Abschnitt der „Côte sauvage", der wilden Küste. Der Blick

von der Steilküste auf den tosenden Atlantik ist wirklich beeindruckend. Dann ist der 46 m hohe Leuchtturm erreicht, der 1836 eingeweiht wurde und somit eines der ältesten noch aktiven Leuchtfeuer Frankreichs ist. Seit 2012 steht der Phare de Chassiron auf der Liste der Monuments historiques, ganz modern allerdings wirft der Leuchtturm ferngesteuert seine Lichtstrahlen 52 km weit auf den offenen Ozean. Um den grandiosen Rundumblick von der Aussichtsterrasse erleben zu können, muss man jedoch erst einmal über eine recht enge Wendeltreppe 224 Stufen hinaufsteigen. Die Mühe lohnt sich auf alle Fälle.

Von hier oben ist auch der berühmte **Rocher d'Antioche** gut zu sehen, der Felsen mitten im Meer, dem in der Vergangenheit so manches Schiff zum Opfer fiel. Erst 1925 hat man auf dem Felsen einen Turm gebaut, der mittels akustischer und optischer Warnsignale die Gefahr mindern sollte.

Rund um den Leuchtturm ist ein schöner Park angelegt worden, der neben einem Rosengarten, weiteren speziellen Ziergärten und Teichen zahlreiche interessante Informationen (auch in deutscher Sprache) bietet.

> **Phare de Chassiron,** die D734 endet an der Inselspitze direkt am Leuchtturm, Tel. 0033 546751862, www.chassiron.jimdo.com, geöffnet: Mo–So 10–12.30 und 14–17 Uhr, Eintritt: 3 €. Im Eingangsbereich wurde ein kleines Museum eingerichtet.

Nach erfolgreicher Leuchtturmbesteigung hat sicherlich nahezu jeder Besucher das Bedürfnis, sich in einem der Ausflugslokale zu stärken.

Tipp: Jeder Frankreichreisende sollte wenigstens einmal eine **Galette** probiert haben, einen herzhaften Pfannkuchen mit unterschiedlichen Belägen. Die süße Art dieses dünnen Pfannkuchens ist der **Crêpe,** der hier oft mit einer großen Kugel Eis, einer riesigen Portion Schlagsahne und einem leckeren Früchtecocktail serviert wird. Guten Appetit!

Die Rundfahrt über die Île d'Oléron verläuft nun entlang der „côte sauvage" wieder Richtung Südwesten mit Ziel Viaduc d'Oléron (s. S. 99).

▱ *Vom Phare de Chassiron am äußersten Zipfel der Île d'Oléron hat man einen fantastischen Blick über die Insel und den weiten Ozean*

Ein endlos langer, breiter Sandstrand schließt an den nächsten an. In dieser Gegend liegen auch die meisten Campingplätze, unter ihnen „Les Gros Joncs" **57**, der einzige Platz der Insel, der ganzjährig geöffnet ist.

Ungefähr in der Mitte des Eilandes ist **La Cotinière** erreicht, das zur Gemeinde Saint-Pierre d'Oléron gehört. Hier befindet sich der wichtigste Fischerhafen des Départements Charente-Maritime. Das **Spektakel der Heimkehr der Fischer** zu beobachten, ist ein Erlebnis für sich. Seezungen, Seebarsche, Langusten, Schollen und vieles mehr müssen entladen werden, was normalerweise ausgesprochen turbulent vonstatten geht. Fangfrisch werden die Meeresbewohner täglich auf der Place Victorine angeboten. In den diversen Fischrestaurants des Ortes werden sie dann kulinarisch aufbereitet. Die Fischerhäuser in den kleinen Gassen sind weiß getüncht und weisen traditionelle grüne oder blaue Fensterläden auf. Nicht nur in der Hochsaison herrscht eine Menge Leben in La Cotinière.

Den Höhepunkt des Treibens erlebt das Fischerdorf in den Sommermonaten, wenn rund um die Docks Händler ihre Stände aufbauen, Straßenkünstler ihre Fähigkeiten zur Schau stellen und Konzerte stattfinden.

Der Badeort **Le Grand Village** zeichnet sich durch den breitesten und längsten Strand, **La Grande Plage,** und den größten Pinienwald der Insel aus. Unter schattenspendenden Bäumen finden sich mehrere Campingplätze und der etwas enge und unebene Stellplatz **58**. Rad- und Wanderwege sowie diverse Sportpfade durchkreuzen den Wald und enden an einigen sehr schönen Aussichtspunkten.

Die bemerkenswerteste Sehenswürdigkeit hier ist der **Port des Salines.** Der Salinenhafen ist ein Ökomuseum, das der Besucher frei zugänglich, zum Beispiel mit einem geliehenen Kahn, durchstreifen darf. Man kann dem Salzsieder bei seiner Arbeit zusehen und später im kleinen Laden auch ein Tütchen als Urlaubserinnerung mitnehmen. Aber auch der Austernzucht ist ein Teil dieses écomusée

gewidmet, während einer der regelmäßig angebotenen Führungen erfährt der Interessierte alles über diese beiden jahrhundertealten Traditionen.

Ganz in der Nähe wurde ein altes Bauernhaus zum Museum umgebaut, in dem das Leben und Arbeiten in vergangenen Zeiten sehr aufschlussreich dargestellt ist.

Durch den großen Pinienwald von Le Grand Village fährt in den Sommermonaten ein kleiner Touristenzug, **Le Petit Train.** Die Schmalspurbahn hält auch an den südlichsten Enden der Île d'Oléron, dem **Pointe de Gatseau** und der Gemeinde **Saint-Trojan-les-Bains.** Die Mimose ist das Wahrzeichen des Ortes. 1892 wurde sie von einer Reise an die Riviera mitgebracht. Sie hat sich hier so heimisch gefühlt und ausgebreitet, dass die Île d'Oléron heute auch „**Mimoseninsel**" genannt wird. Jedes Jahr Anfang Februar findet in Saint-Trojan-les-Bains das große Mimosenfest statt. Der Umzug mit zahlreichen mit Blumen geschmückten Wagen führt auch an den schönen Villen des 19. Jh. vorbei. Schon damals war der Badeort wegen seines milden Klimas sehr beliebt.

Damit ist die Inselrundfahrt beendet, über die eindrucksvolle Brücke, den Viaduc d'Oléron, geht es nun wieder auf das Festland.

Nun gibt es **mehrere Weiterfahrtsoptionen,** die alle das gemeinsame Ziel Bordeaux haben.

Route 5 verläuft weiterhin an der Küste entlang bis nach Royan, um von dort dem Fluss Gironde bis zur berühmten Weinmetropole zu folgen.

Mit der **Route 6** beginnt ein lohnenswerter Ausflug durch die Charente bis ins Périgord, von dessen Hauptstadt Périgueux aus ist Bordeaux nach 137 km auf der A89 schnell erreicht.

Route 7 erkundet das Herz des Périgord mit all seinen kulturhistorischen Sehenswürdigkeiten und folgt der landschaftlich reizvollen Region entlang der Dordogne, die sich bei Bordeaux mit der Garonne zur Gironde vereint.

CAMPING- UND STELLPLÄTZE ENTLANG DER ROUTE 4

㊾ Stellplatz Rochefort
45.946949 –1.090337

Das Aire de Camping Cars befindet sich hinter der Capitanerie in unmittelbarer Nähe der Charente, ruhig, schattenlos, Ortsrand. **Lage/Anfahrt:** ein schöner Fußweg entlang des Flusses führt zu den Sehenswürdigkeiten der Stadt, Zentrum ca. 15 Minuten entfernt; von der D137 kommend auf die D5 wechseln und im Kreisverkehr rechts auf die D911 fahren, vor der ersten Brücke links abbiegen und der Beschilderung folgen; **Platzanzahl:** 30; **Untergrund:** Asphalt; **Ver-/Entsorgung:** Strom, Trinkwasser, Abwasser, Chemie-WC; **Sicherheit:** beleuchtet; **Preis:** 5,30 €/Fahrzeug inklusive Ver- und Entsorgung; **Geöffnet:** ganzjährig; **Kontakt:** Chemin de la Vieille Forme, Rochefort, www.ville-rochefort.fr.

㊿ Stellplatz Port-des-Barques
45.947122 –1.090361

Das Aire de Camping Cars liegt am Ortsrand in der Nähe eines Campingplatzes, des Stadions und eines kleinen Sees, Strand 250 m. **Lage/Anfahrt:** von der D125 kommend auf die D125E3 wechseln, der Stellplatz liegt am Ende der Straße; **Platzanzahl:** 25; **Untergrund:** Schotter; **Ver-/Entsorgung:** Strom, Trinkwasser, Abwasser, Chemie-WC; **Sicherheit:** beleuchtet; **Preise:** 8 €/Fahrzeug, **Ver- und Entsorgung:** 2 € (frei zugänglich); **Geöffnet:** ganzjährig; **Kontakt:** Avenue des Sports 45, Port-des-Barques, www.ville-portdesbarques.fr.

㊱ Stellplatz Château d'Oléron
45.896442 –1.202214

Das Aire de Camping Cars befindet sich auf einem ehemaligen Campingplatzgelände nördlich des Ortes, ruhig, großzügig, etwas Schatten. Shuttlebus in der Hochsaison in das Zentrum von Château d'Oléron. **Lage/Anfahrt:** der Strand ist über die wenig befahrene Küstenstraße zu erreichen, Zentrum 15 Min. entfernt; nach der Brücke die erste Ausfahrt rechts auf die D734 abbiegen, der Straße bis zum Ortsende folgen, noch 750 m weiterfahren; **Platzanzahl:** 90; **Untergrund:** Schotter, Schotterrasen; **Preis:** 11 €/Fahrzeug inklusive Ver- und Entsorgung; **Max. Stand:** unbegrenzt; **Geöffnet:** ganzjährig; **Kontakt:** Boulevard Philippe Dastre 55, Le Château d'Oléron, www.ot-chateau-oleron.fr.

㊲ Stellplatz Dolus-d'Oléron
45.913438 –1.252955

Großzügiger Stellplatz in der Mitte der Insel, Strand 3 km entfernt, Zentrum 500 m. **Lage/Anfahrt:** der Ort befindet sich an der schmalsten Stelle der Insel, Parc ornithologique in der Nähe, von der D734 kommend am Kreisverkehr auf die D126 abbiegen, der Beschilderung „Aquacentre" folgen, der Stellplatz ist ausgeschildert; **Platzanzahl:** 50; **Untergrund:** Asphalt, Schotterrasen; **Ver-/Entsorgung:** Strom, Trinkwasser, Abwasser, Chemie-WC; **Sicherheit:** beleuchtet; **Preise:** 6 €/Fahrzeug, Versorgung 4 €; **Max. Stand:** unbegrenzt; **Geöffnet:** ganzjährig; **Kontakt:** Route du Stade 13, Dolus-d'Oléron, www.ot-cateau-oleron.fr.

㊳ Camping Municipal „Les Saumonards"
45.978212 –1.241105

Naturbelassener, großer Campingplatz mit direktem Strandzugang, schattig, im Pinienwald. **Lage/Anfahrt:** von Saint-Pierre d'Oléron kommend auf der D126 nach Boyardville hineinfahren, am Kreisverkehr in Richtung „Port" und „Plage", dann der Beschilderung „Camping Municipal" folgen; **Untergrund:** Wiese, Sand, fest; **Ver-/Entsorgung:** Strom, Trinkwasser, Abwasser, Chemie-WC; **Sicherheit:** umzäunt, beleuchtet; **Preis:** 24,80 €/Fahrzeug; **Geöffnet:** April–Mitte Okt.; **Kontakt:** Route des Saumonards, Saint-Georges-d'Oléron, Boyardville, www.entreprisefrery.com/camping-les-saumonards.

🄌 Stellplatz La Brée-les-Bains
46.008081 –1.356851

Aire de Camping Cars, separate Stellplätze für Wohnmobile auf dem Parkplatz La Butte aux Ânes. **Lage/Anfahrt:** noch vor Ortsbeginn an der D273E1, Strand und Meer ca. 3 km entfernt, von der D734 kommend auf die D273E1 abbiegen; **Platzanzahl:** 5; **Untergrund:** Schotterrasen; **Ver-/Entsorgung:** Strom, Trinkwasser, Abwasser, Chemie-WC; **Sicherheit:** beleuchtet; **Preis:** kostenlos, Ver-/Entsorgung 4,50 €; **Max. Stand:** unbegrenzt; **Kontakt:** Rue de la Baudette 14, La Brée-les-Bains, www.la-bree-les-bains-tourisme.fr.

🄌 Camping Municipal Saint-Denis-d'Oléron
46.038608 –1.374305

Naturbelassener Campingplatz auf einem Dünengelände, direkter Meerzugang, sehr schöne, ruhige Lage. **Lage/Anfahrt:** von der D734 kommend auf die D273 Richtung Saint-Denis-Oleron abbiegen, hier rechts in die Avenue des Pins einbiegen, der Campingplatz liegt links vom Hafen; **Untergrund:** Wiese, Sand, nicht immer fest; **Ver-/Entsorgung:** Strom, Trinkwasser, Abwasser, Chemie-WC; **Sicherheit:** umzäunt, beleuchtet; **Preise:** 14–18 € (je nach Saison); **Geöffnet:** Mitte März–Mitte Okt.; **Kontakt:** Boulevard Antioche 10, Saint-Denis-Oléron, Tel. 0033 546478562, www.st-denis-oleron.com/le-camping-municipal.

🄌 Stellplatz Saint-Denis-d'Oléron, Aire Le Moulin
46.027636 –1.383149

Der Wohnwagenpark ist ein großzügiger ehemaliger Campingplatz im Norden der Insel. Kostenpflichtige Duschen, Waschmaschinen und Trockner vorhanden. **Lage/Anfahrt:** Strand ca. 1 km entfernt, Zentrum 600 m, südlich des Ortes gelegen, von der D734 kommend gleich zu Ortsbeginn auf die Route des Huttes links abbiegen, der Beschilderung folgen; **Platzanzahl:** 150; **Untergrund:** fest;

Preis: 12 €/Fahrzeug, Ver-/Entsorgung und Strom inklusive; **Max. Stand:** vier Nächte; **Geöffnet:** ganzjährig; **Kontakt:** Route des Huttes 374, Saint-Denis-d'Oléron, www.ile-oleron-marennes.com.

🄌 Camping Les Gros Joncs
45.953596 –1.379213

Viersterne-Campingplatz in der Mitte der Insel, großzügiger öffentlicher Bade- und Wellnessbereich, beheiztes Hallenbad, Blumenbeete schmücken den Platz. **Lage/Anfahrt:** großzügiger Campingplatz direkt hinter den Dünen und dem breiten Sandstrand, von der D734 kommend auf die D274 Richtung La Cotinière abbiegen und von dort die Küstenstraße Route des Grands Coutas ein Stück nach Norden fahren, der Campingplatz ist ausgeschildert; **Max. Stand:** unbegrenzt; **Geöffnet:** Feb–Dez.; **Kontakt:** Route de Ponthézières 850, Saint-Georges-d'Oléron, Tel. 0033 546765229, www.campinglesgrosjoncs.com.

🄌 Stellplatz Le Grand Village-Plage
45.862067 –1.240309

Aire de Camping Cars inmitten eines Pinienwaldes, Campingplatz Les Pins nebenan, ruhig, uneben. **Lage/Anfahrt:** Strand 1,5 km entfernt, kleiner Supermarkt gegenüber in der Saison geöffnet, von der D126 kommend rechts in den Boulevard de la Plage abbiegen, beim Supermarkt nach rechts fahren; **Platzanzahl:** 30; **Untergrund:** Asphalt; **Ver-/Entsorgung:** Strom, Trinkwasser, Abwasser, Chemie-WC; **Sicherheit:** beleuchtet; **Preise:** 8 €/Fahrzeug, Ver- und Entsorgung 4 €; **Geöffnet:** ganzjährig; **Max. Stand:** April–Sept. nur eine Nacht; **Kontakt:** Allée des Pins, Le Grand-Village-Plage, www.ile-oleron-marennes.com.

Die „Côte sauvage" zeichnet sich durch kilometerlange, feinste Sandstrände aus, hinter denen sich ein breiter Dünengürtel erstreckt. Unzählige Seekiefern wurden hier im 19. Jh. gepflanzt, um die Wanderung der Dünen zu stoppen – mit Erfolg! So findet der Urlauber heute ein großes Wanderparadies vor, das man auf unzähligen Pfaden durchstreifen kann. Bei La Palmyre (s. S. 112) beginnt der nur 30 km lange Küstenabschnitt, der sich „Côte de Beauté" nennt. Die „Küste der Schönheit" zeigt ein völlig anderes Bild. Die abwechslungsreiche Landschaft reicht von flachen Sandstränden über felsige Abschnitte mit kleinen, idyllischen Badebuchten bis hin zu etwa 30 m hohen Steilküsten. Der Panoramablick über das weite Meer ist überwältigend. Diesen Blick kann der Besucher in Meschers-sur-Gironde (s. S. 114) aus einer Höhlenwohnung wagen, während er die Grotten durchstreift. Dann ist der gewaltige Mündungstrichter der Gironde erreicht, die immer schmaler wird bis beim Besuch der Vauban-Festung in Blaye (s. S. 116) sogar das gegenüberliegende Ufer zu sehen ist. Das Weinanbaugebiet der Bordeaux-Weine beginnt hier. Die Rebgärten der großen Güter fallen sanft zum Fluss hin ab, über ihnen thronen die Châteaux, von denen einige zur Degustation einladen und Stellplätze anbieten.

▷ *Viele Kanäle durchziehen das große Austernzuchtgebiet von Marennes (s. S. 110)*

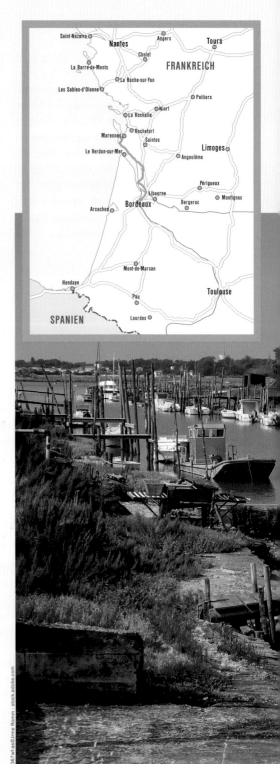

ROUTE 5

LE CÔTE SAUVAGE, LE CÔTE DE BEAUTÉ UND LA GIRONDE

STRECKENVERLAUF

Strecke: Marennes – La Tremblade (12 km) – La Palmyre (23 km) – Royan (14 km) – Meschers-sur-Gironde (15 km) – Talmont-sur-Gironde (6 km) – Mortagne-sur-Gironde (15 km) – Blaye (53 km) – Bordeaux (55 km)
Gesamtlänge: 193 km

MARENNES

Marennes ist das bedeutendste Austernzuchtgebiet der Welt. Anbauflächen und Verfeinerungsbecken *(claires)* umfassen hier ca. 6000 ha. Jährlich werden bis zu 60.000 Tonnen Austern geerntet, was ungefähr der Hälfte der französischen Gesamtproduktion entspricht. Von den Flüssen Seudre und Charente ständig mit frischem Süßwasser versorgt, findet in den riesigen **Parcs à Huîtres** ein permanenter Austausch mit dem Salzwasser des Atlantiks statt. So bietet das Becken der Seudre die perfekten Bedingungen für das Wachstum der von den Franzosen so geliebten Schalentiere.

Über die Austernstadt Marennes selbst gibt es nichts Besonderes zu berichten. Einzig der Supermarkt Leclerc in der Rue Robert

Éclade de Moules

Diese Art der Zubereitung von Muscheln wurde von Fischern erfunden, die sich zur Mittagspause am Strand aufhielten und kein Kochgeschirr dabei und kein Süßwasser zur Verfügung hatten. Not macht erfinderisch, und so wurden die Muscheln auf einem als Strandgut gefundenen, mit Nägeln bestückten Holzbrett horizontal aneinandergestellt. Aus getrocknetem Seegras entfachte man schnell ein Feuerchen, in das das muschelbestückte Brett gestellt wurde. Innerhalb von fünf Minuten sind die so gerösteten, köstlich schmeckenden Muscheln fertig.

Etchebarne ist erwähnenswert, da man hier den Kühlschrank auffüllen kann und auch das Übernachten gestattet ist. Für einen Kurzbesuch bietet sich auch der kostenlose Stellplatz **59** an. Sehenswert ist die **Cité de l'Huître** am Kanal **La Cayenne**. Da die Parkmöglichkeiten am Kanal recht begrenzt sind und der Andrang hoch ist, empfiehlt es sich, mit der kostenlosen Navette (Bus) oder dem Fahrrad hierhinzufahren.

Während eines gemütlichen Spaziergangs lassen sich hier und dort die ein oder andere Auster probieren und ein Gläschen Wein dazu genießen. Frischer geht nimmer und preiswerter wohl auch kaum.

Wer zur Abwechslung **Miesmuscheln** essen möchte, sollte unbedingt die **Èclade de Moules** probieren.

Essen und Trinken

› **L'Éclade, Dégustation et vente d'huîtres et fruits de mer,** Route des Martyres-La Cayenne, Marennes, Tel. 0033 623616732, geöffnet: tägl. ab 9 Uhr. Einfache Austernzüchterhütte, auf deren Terrasse man der Zubereitung des Muschelgerichtes Éclade zuschauen und diese probieren kann.

Wer eine Übernachtung am Meer bevorzugt, dem sei **Marennes-Plage** empfohlen, wo es mit Blick auf die Île d'Oléron und das imposante Viadukt einen zugegeben etwas einsam gelegenen Stellplatz **60** gibt.

LA TREMBLADE

(12 km – km 12)

Das **Viaduc de la Seudre** (D728E) überquert die Parcs à Huîtres, auf der anderen Seite liegt La Tremblade. In der Nähe des Austernzuchtgebietes findet man einen schön angelegten Stellplatz **61** mit Picknicktischen. Von hier aus erreicht man nach einem kleinen Spaziergang schnell das Hafengebiet. Entlang des Kanals kann man den Fischern und Austernzüchtern wunderbar bei ihrer Heimkehr und Arbeit zusehen. In der ein oder anderen cabanas (Austernhütte) wird für den kleinen Hunger zwischendurch zur Verköstigung eingeladen, ein Stück Baguette und einen Becher Wein gibt es auch dazu.

Im Zentrum von La Tremblade bestechen die imposante, rippengewölbte **Église Sacré-Coeur** und die **Markthalle** von 1864.

Ein ausgedehntes Wander- und Radwegenetz zeichnet die Gegend aus, sodass es ratsam ist, sich vorab im Fremdenverkehrsbüro über die vielen Tourenmöglichkeiten zu erkundigen.

Information

> **Office de Tourisme Tremblade,** Boulevard Pasteur 1, La Tremblade, Tel. 0033 546081752, www. royanatlantique.fr, geöffnet: Mo–Fr 9–12.30 und 14–17.30 Uhr, Sa/So geschlossen

Der hiesige Küstenabschnitt nennt sich **Côte sauvage.** Vom Phare de Chassiron an der Inselspitze der Île d'Oléron zieht sich die „Wilde Küste", nur von der engen Durchfahrt Pertius de Maumusson unterbrochen, nun die Küste entlang bis nach La Palmyre. Ob mit oder ohne Badesachen (hier ist man fast allein) kann man den herrlich breiten Strand geniessen, sich ins kühle Nass stürzen oder dem faszinierenden Naturschauspiel der Atlantikwel-

◁ *Die Düne an der Bucht von Marennes-Plage grenzt direkt an den Stellplatz* **60**

Die Auster

Die Auster zählt zur Familie der Muscheln und existiert schon seit 250 Millionen Jahren. Für die Küstengewässer hat diese Meeresfrucht mit ihrer extrem harten Schale eine wichtige ökologische Funktion. Sie filtert pro Tag rund 240 l Wasser durch ihren Körper und ernährt sich von Plankton. Nur wenige Austernarten sind für Menschen gut genießbar, die meisten dienen eher als Nahrungsmittel anderer Meeresbewohner.

Eine besondere Art, die Perlauster, lebt im Fernen Osten und besitzt die Fähigkeit, Perlen zu produzieren.

Die Pazifische Auster, die in erster Linie in Frankreichs Zuchtgebieten vorkommt, laicht am liebsten in den vom Golfstrom gewärmten Gewässern und vermehrt sich dort sehr zuverlässig. Die Zuchtauster wird im Laufe ihres mindestens dreijährigen Lebens mehrere Male umgesiedelt. Bei der in Frankreich üblichen sogenannten Tischkultivierung werden Austern eines Jahrganges in der Tidenzone in grobmaschigen Säcken auf ca. 50 cm hohe Eisentische gelegt, wo sie bei Ebbe regelmäßig geschüttelt und gewendet werden müssen. So werden Algenbewuchs und Schlammgeschmack vermieden und die Austernschale behält ihre gewünschte Form. Dies ist eine sehr teure und arbeitsintensive Art der Züchtung und erklärt den hohen Preis der Delikatesse.

068wf-if

len zusehen. Wenn die Brandung einsetzt, dann lässt das dumpfe Grollen der sich brechenden Wellen erahnen, wie wild es hier am Atlantik zugehen kann.

80 % des Gemeindegebietes von La Tremblade bestehen aus Wald und ab **Ronce-les Bains** führt die D25 durch den schönen **Forêt de la Coubre.** Parkplätze gibt es hier einige. Von ihnen hat man auf geheimnisvollen Wegen über den bewachsenen Dünengürtel auch bald den einsamen, langgestreckten Strand und das Meer erreicht. Immer wieder wird der Wanderer auf Menhire (s. S. 65) aufmerksam gemacht, die am Wegesrand versteckt liegen.

LA PALMYRE
(23 km – km 35)

Von La Tremblade bis nach La Palmyre sind es auf der D25 insgesamt 23 km. Diese Strecke parallel zum Meer und durch den Forêt de la Coubre ist landschaftlich sehr reizvoll. Nach etwa 20 km ist die **Pointe de la Coubre** mit dem gleichnamigen **Leuchtturm** erreicht. 300 Stufen führen auf die Aussichtsplattform des 1905 erbauten, 64 m hohen Phare hinauf, und das 360°-Panorama hier oben entschädigt in jeder Hinsicht für den mühse-

ligen Aufstieg (Eintritt 4 €, geschlossen Mitte Nov.–Ende Jan.).

Der Badeort La Palmyre glänzt gleich mit zwei strandnahen Stellplätzen (**62** bzw. **63**) und bietet so viele Freizeitmöglichkeiten, dass diese hier kaum alle erwähnt werden können.

Die durch eine Halbinsel geschützte Bucht ist **ideal für Wassersportaktivitäten aller Art.** Im Jachthafen können Segelboote, Kajaks und Surfausrüstung gemietet werden, Surf- und Segelschulen gibt es selbstverständlich auch.

Entlang der schönen **Promenade** mit ihren zahlreichen Cafés und Restaurants lässt es sich vortrefflich flanieren, im umtriebigen Zentrum macht der Bummel durch die vielen Boutiquen – zumindest den Damen – so richtig Spaß.

Dem begeisterten **Radfahrer** stehen 40 km Radwege zur Verfügung und selbst der passionierte **Golfspieler** kommt auf seine Kosten.

Nahezu mitten im Ort befindet sich auch eine **Pferderennbahn,** aber die eigentliche Attraktion ist der **Zoo von La Palmyre.** In dem 14 ha großen Tierpark sind 1600 Tiere in sehr schönen, artgerechten Gehegen untergebracht. Mit 800.000 Besuchern pro Jahr ist der Zoo der meistbesuchte in ganz Frankreich. Hier können viele, auch vom Aussterben bedrohte, Tiere wie das Breitmaulnashorn bestaunt werden und seit seiner Eröffnung 1966 hat dieser Zoo schon zahlreiche Preise und Auszeichnungen erhalten.

> **Zoo La Palmyre,** Avenue de Royan, Les Mathes/La Palmyre, Tel. 0033 546224606, www.zoo-palmyre. fr, geöffnet: tägl. 9–17.30 Uhr Eintritt: 17 €, Kinder bis 13 Jahre 13 €

La Palmyre liegt bereits an der **Côte de Beauté,** dem Küstenabschnitt mit dem schönen Namen, der sich 30 km bis in den Mündungsbereich der Gironde erstreckt.

◁ *Der Leuchtturm am Pointe de la Coubre kann bestiegen werden*

ROYAN
(14 km – km 49)

Wer es nicht eilig hat, sollte die Küstenstraße entlangfahren, die am Ende des herrlichen Strandabschnitts von La Palmyre mit dem Aussichtspunkt **La Grande Côte** beginnt. Vorbei geht es am Spielkasino von Royan in Richtung Hafen. Hier nun muss man sich wohl oder übel entscheiden, ob die Weiterfahrt entlang der Atlantikküste über Bordeaux (s. S. 154) führen soll oder ob man die Abkürzung per **Fähre nach Verdon-sur-Mer** (s. S. 164) wählt.

Siebenmal pro Tag verlässt ein Schiff den Hafen, die Überfahrt über den 15 km breiten Mündungstrichter der Gironde dauert 20 Minuten und kostet für ein Wohnmobil momentan 42,40 €.

Royan selbst kann keine nennenswerten Sehenswürdigkeiten sein Eigen nennen. In den letzten Monaten des Zweiten Weltkriegs wurde die von Deutschen besetzte Hafenstadt bei alliierten Luftangriffen fast vollständig zerstört. Als unzerstörbares Mahnmal wurde 1955 aus Stahlbeton die imposante **Église Notre-Dame** errichtet, die sich mit ihrem 60 m hohen Glockenturm über die Stadt erhebt.

Die 19.000 Einwohner leben heute in erster Linie vom Tourismus. In der Nähe des großen Hafens erstreckt sich ein ausgedehnter Innenstadtbereich mit einer **großen Auswahl an Geschäften,** die kaum einen Wunsch offenlassen.

Die Architektur der Stadt wechselt von Häusern der 1950er-Jahre zu wunderschönen Villen der Belle Époque. Dieses gelungenen Kontrasts wegen wurde Royan im Jahre 2010 als „Stadt der Kunst und Geschichte" ausgezeichnet. Mehr Informationen zu diesem und weiteren Themen erhält man im Fremdenverkehrsbüro.

Der ansprechende Stellplatz **64** der Stadt bietet Picknicktische und Grünflächen und liegt neben dem Zoo „Planet Exotica".

Der 3,5 km lange **Stadtstrand** von Royan nennt sich **La Grande Conche.** An dessen Strandpromenade befinden sich zahlreiche Restaurants und Cafés.

Information
> **Office de Tourisme Royan,** Boulevard de la Grandière 1, Royan, Tel. 0033 546081750, www.royanatlantique.fr, geöffnet: Mo–Sa 9–12.30 und 14–18 Uhr, in der Hauptsaison tägl. durchgehend, So geschlossen

Nahtlos geht die Bebauung in den Nachbarort **Saint-Georges-de-Didonne** über. Der nette Badeort verfügt über einen kleinen Hafen in einer schönen Bucht, an der auch der Stellplatz **65** liegt.

⌐ *Blick auf Royan und den großen Stadtstrand*

MESCHERS-SUR-GIRONDE

(15 km – km 64)

Auf der Fahrt entlang der Küste zeigt sich die „Côte de Beauté" von ihrer schönsten Seite. Kleine, idyllische Badebuchten verstecken sich zwischen schroffen Felsen, auf der anderen Seite der Küstenstraße D25E liegt der Forêt de Susac.

Bei Meschers-sur-Gironde, das sagt schon der Namenszusatz „Gironde", ist man nun endgültig im Flussbereich eingetroffen, hier endet auch offiziell die „Küste der Schönheit".

Ein großer **Hafen,** um den sich das touristische Leben dreht, prägt den Ort. Direkt neben der Capitanerie befindet sich auch der Stellplatz ⑥, von hier aus ist man sofort mitten im Geschehen. Auf der gegenüberliegenden Hafenseite ist ein kleiner Park angelegt worden und verschiedene Cafés und Restaurants laden zur Einkehr ein.

Zu Fuß kann man in 20 Minuten zu den beiden nebeneinanderliegenden Grotten spazieren, die den Ort berühmt gemacht haben. Die von Menschenhand in die Steilküste hineingetriebenen Höhlen dienten einst als Fischerhütten, Getreidespeicher oder Schmugglerverstecke und während der Religionskriege waren sie Zufluchtsstätte für Protestanten.

Die **Grottes de Matata** sind heute ein Écomusée-Hotel und Restaurant, in dem für 5 € Eintritt aber auch einige historisch eingerichtete Höhlenwohnungen besichtigt werden können. Von der Terrasse der angeschlossenen Crêperie hat man hoch über dem Meer sitzend einen traumhaften Blick.

Les Grottes Régulus, seit 1986 für den Publikumsverkehr freigegeben, können nur während einer 45-minütigen Führung besichtigt werden. Dabei geht es recht eng treppauf und treppab durch die unterschiedlich eingerichteten Höhlenwohnungen.

Der Gang über die Wege entlang der Klippe ist sicherlich nicht jedermanns Sache, der Ausblick allerdings ist atemberaubend. Der Name Régulus stammt von einem zu Napoléons Zeiten hier vor Meschers-sur Gironde versenkten Schiff.

❯ **Les Grottes de Régulus,** Boulevard de la Falaise 81, Meschers-sur-Gironde, Tel. 0033 546025536, www.meschers.com, geöffnet: Anfang April–Mitte Nov. tägl. 10.30–17.30 Uhr, in der Nachsaison nur nachmittags, Eintritt: 5 €. Die Grotten sind nur im Rahmen einer Führung zu besichtigen.

☐ *Die Höhlenwohnungen von Meschers-sur-Gironde sind etwas ganz Besonderes und können besichtigt werden*

TALMONT-SUR-GIRONDE

(6 km – km 70)

Nach kurzer Fahrt auf der D145 ist schon die nächste Sehenswürdigkeit erreicht, ein romanisches Kleinod, das unbedingt einen Besuch wert ist.

Talmont-sur-Gironde gehört zum illustren Kreis der **„Plus Beaux Villages"**, der schönsten Dörfer Frankreichs (s. S. 84).

Das Dorf, das auf einer kleinen Halbinsel gelegen in die Gironde hineinreicht, kann auf eine lange Vergangenheit zurückblicken. Historiker vermuten, dass der einst römische Ort schon im Mittelalter eine militärische Anlage war und im 13. Jh. zur Bastion ausgebaut wurde. Talmont wurde dabei komplett mit einer Wehrmauer umgeben und die Straßen wurden rechtwinklig angeordnet.

100 Einwohner zählt Talmont-sur-Gironde, das einem **wahren Schmuckstück** gleicht. Auf mittelalterlichem Pflaster durchstreift man die engen Gassen, in denen bunte Stockrosen aus dem Gemäuer wachsen. Vorbei geht es an weißgetünchten Häusern, in denen **kleine Boutiquen** mit allerlei Kunsthandwerk untergebracht sind. So gibt es u. a. einen Laden mit französischer Seife, an der nächsten Ecke wird selbstgefertigter Schmuck angeboten, dann wieder entdeckt man das Atelier eines Malers. An kleine Einkehrmöglichkeiten ist natürlich auch gedacht, und so macht der Bummel durch das historische Dorf viel Spaß.

Ziel des Spaziergangs ist die romanische **Église Sainte-Radegonde,** die am Ende des Ortes auf einem Felsvorsprung über der Gironde steht. Die schlichte Kirche war einst Station für Pilger auf dem Weg nach Santiago de Compostela, die hier an das andere Ufer des Flusses übersetzen wollten.

Der **Seemannsfriedhof** (Cimetière marin) vor der Kirche beherbergt einige Scheingräber für diejenigen Seeleute, die nicht mehr heimgekehrt sind.

Vom angrenzenden Park aus hat man einen wunderschönen Blick auf die riesige Flussmündung der Gironde, dann geht es zurück zum großen Platz vor der Altstadt, wo von April bis September sonntags ein traditioneller Markt stattfindet.

Talmont-sur-Gironde ist autofrei, es gibt aber einen großen Parkplatz (Tagesticket 2 €) mit separatem Teil für Wohnmobile, auf dem man für 8 € pro Nacht auch übernachten darf.

⌂ *In den kleinen Gässchen von Talmont-sur-Gironde lässt es sich herrlich bummeln*

MORTAGNE-SUR-GIRONDE

(15 km – km 85)

Die D145 verläuft durch eine reizvolle Landschaft, entlang der Strecke stehen immer wieder kleine Verkaufsstände, an denen Einheimische ihre bäuerlichen Produkte anbieten.

Dann geht es den Berg hinauf, denn Mortagne-sur-Gironde thront hoch oben auf einem Felsen. Im Zentrum des Ortes steht vor der **Eglise Saint-Étienne** ein Kriegerdenkmal, von hier aus hat man einen grandiosen Blick hinunter über den Hafen zum großen Fluss. Unten am langgestreckten Hafenbecken liegt auch der Stellplatz **❻⓿** des Ortes, der jedem Wohnmobilisten einen schönen Blick auf das Hafengeschehen ermöglicht.

Südlich des Ortes befindet sich an der D245 die größte Sehenswürdigkeit von Mortagne-sur-Gironde, **L'Ermitage-Monolithe Saint-Martial.** Die vollständig in den Kalksteinfelsen gehauene Einsiedlerkirche ist von außen kaum zu sehen. Der Eingang in die Felsenkirche ist in einer Felsspalte versteckt

☐ *Der Blick vom Stellplatz auf den Hafen von Mortagne-sur-Gironde ist wunderschön*

und einzig der aus Bruchsteinen bestehende Glockenturm ist auszumachen. Die Ermitage ist in Privatbesitz und kann – außer im Januar – mittwoch- bis sonntagnachmittags kostenlos besichtigt werden. Die Führung dauert etwa 1 Stunde, Erklärungen erfolgen auf Englisch und Französisch, über eine Spende ist man dankbar.

Da die kommende Strecke bis zur Festungsstadt Blaye keine nennenswerten Sehenswürdigkeiten bietet, geht die Weiterfahrt auf der D730 recht schnell voran. Nach 23 km ist der Ort Mirambeau erreicht, von hier geht es auf der D255 durch ein Sumpfgebiet bis nach Blaye.

BLAYE

(53 km – km 138)

Die **Citadelle de Blaye** aus dem 17. Jh. bildet zusammen mit dem **Fort Paté** auf der gleichnamigen Gironde-Insel und dem **Fort Médoc** am gegenüberliegenden Ufer einen Verteidigungsgürtel, der – wie könnte es anders sein – vom Festungsbaumeister Vauban (s. S. 161) konzipiert wurde. Die historische Wehranlage gehört zum UNESCO-Weltkulturerbe und thront 45 m über dem Fluss auf einer felsigen Anhöhe.

Die große Festung kann durch die **Porte Dauphine** oder die **Porte Royale** betreten werden und ist frei zugänglich. Im Innern der imposanten Zitadelle kann man während eines Rundganges eine richtige Festungsstadt mit Kasernen, Gefängnis und Pulvermagazin entdecken. Auf historischen Wegen wandelnd, geht es vorbei an einigen Souvenirläden, Ateliers für Kunsthandwerk, Cafés und Restaurants.

Nahtlos verschmilzt das große Areal mit den Ruinen des Burgvorläufers aus dem Mittelalter, dem **Château des Rudel.**

Von den Festungsmauern ist das Panorama mit dem größten Mündungstrichter Westeuropas grandios, aber wegen der gewaltigen Ausmaße dieser Zitadelle beeindruckt auch der Blick hinunter in den Festungsgraben.

Die 40 ha große Festungsstadt bietet Übernachtungsmöglichkeiten im Hôtel La Citadelle und besitzt sogar ein kleines Camping Municipal ⑱.

Im Fremdenverkehrsbüro werden spannende Führungen angeboten, während denen man zum Beispiel die unterirdischen Gänge erkunden kann und dabei sehr interessante Hintergrundinformationen erhält.

Die Tourismusinformation hält auch eine Liste der Weingüter bereit, die ihre Tore für Besucher zur Degustation und zum Weinverkauf öffnen sowie Stellplätze für die Nacht anbieten.

Wer zur Weiterfahrt die schöne Strecke auf der D669 Richtung **Saint-Seurin-de-Bourg** wählt, fährt mitten durch das Weinanbaugebiet. In dem kleinen Dorf **La Reuille** lohnt sich ein kurzer Halt, denn genau hier vereinigen sich die Flüsse Dordogne und Garonne zur Gironde.

Gerade mal 15 Kilometer sind es noch bis Bordeaux. Die Stadt ist eine bedeutende Etappe dieses Reiseführers und wird auf Route 8 ausführlich vorgestellt (s. S. 154).

Dort treffen diejenigen ein, die mit der Route 6 die Rundreise durch die Charente gemacht haben, an diesem Ort kommen auch die Urlauber an, die der Route 7 durch das Périgord gefolgt sind, und hier haben die Wohnmobilisten, die nur den südlichen Teil der französischen Atlantikküste bereisen wollen, ihren Startpunkt erreicht.

Information

> **Office de Tourisme Blaye,** Rue des Minimes, La Citadelle, Blaye, Tel. 0033 557421209, www.tourisme-blaye.com, tägl. 10–12.30, 14–17 Uhr

⌂ *Die Festung von Blaye gleicht einer ganzen Stadt*

CAMPING- UND STELLPLÄTZE ENTLANG DER ROUTE 5

⑤⑨ Stellplatz Marennes
Place G. Brassens
45.826007 –1.097333
Offizieller Stellplatz der Gemeinde, schattenlos, laut. **Lage/Anfahrt:** öffentlicher Parkplatz mit abgeteiltem Bereich für Wohnmobile; von der D728 kommend auf der D3 fahren, erste Straße links, der Platz liegt beim Supermarkt Intermarché; **Platzanzahl:** 10; **Untergrund:** Schotter; **Ver-/Entsorgung:** Trinkwasser, Abwasser, Chemie-WC, 5-€-Jetons im Fremdenverkehrsamt erhältlich; **Sicherheit:** beleuchtet; **Preise:** kostenlos; **Max. Stand:** unbegrenzt; **Geöffnet:** ganzjährig; **Kontakt:** Rue Jean Moulin 17, Marennes, www.tourisme-marennes.fr.

⑥⓪ Stellplatz Marennes-Plage
45.826152 –1.142973
Offizieller Stellplatz der Gemeinde Bourcefranc-le-Chapus. **Lage/Anfahrt:** direkt am Meer mit Blick auf die Île d'Oléron, von Marennes auf der D728 kommend auf die D26 abbiegen und der zweiten Abfahrt nach dem Kreisverkehr links Richtung Meer folgen, den Campingplatz passieren, dann dem Schild „Camping-Cars" folgen; **Platzanzahl:** 15; **Untergrund:** Sand; fest; **Versorgung:** vor dem Camping Municipal „La Giroflée"; **Preise:** 7,50 € pro Nacht; **Geöffnet:** ganzjährig; **Kontakt:** Prise du Portail Rouge, Bourcefranc-le-Chapus.

⑥① Stellplatz La Tremblade
45.782728 –1.152249
Mit Picknickplätzen versehenes und schön angelegtes Aire de Camping-Cars, wenig Schatten. **Lage/Anfahrt:** in der Nähe der Austernparks, Zentrum 3 km, Meer 2 km entfernt, von der D728E kommend am ersten Kreisverkehr links Richtung Port in die Zielstraße einbiegen; **Platzanzahl:** 50; **Untergrund:** Schotter; **Ver-/Entsorgung:** Strom, Trinkwasser, Abwasser, Chemie-WC; **Sicherheit:** beleuchtet; **Preise:** 12 €/Fahrzeug in-klusive Ver- und Entsorgung; **Max. Stand:** drei Nächte; **Kontakt:** Rue Marcel Gaillardon 85, La Tremblade, www.royanatlantique.fr. Am Platz hängt ein Stadtplan aus.

⑥② Stellplatz La Palmyre I
45.691876 –1.188912
Offizieller Stellplatz am Ortsbeginn und Waldrand, großzügig angelegt, teilweise Schatten. **Lage/Anfahrt:** unweit des „Plage de Bonne Anse", Restaurants und Hafen in der Nähe, Zentrum 20 Min. entfernt, von der D25 kommend noch vor Ortsbeginn rechts Richtung Meer abbiegen, dem Camping-Car-Schild folgen; **Platzanzahl:** 80; **Untergrund:** Asphalt; **Preise:** 12 €/Fahrzeug inklusive Ver- und Entsorgung; **Geöffnet:** ganzjährig; **Kontakt:** Avenue de l'Atlantique, 17570 Les Mathes/La Palmyre, www.royanatlantique.fr.

⑥③ Stellplatz La Palmyre II
45.68335 –1.18031
Aire de Camping Cars, Teil eines Parkplatzes. **Lage/Anfahrt:** strandnah, Zentrum fußläufig erreichbar, in La Palmyre in Richtung Hafen fahren, der Stellplatz befindet sich in unmittelbarer Nähe desselben; **Platzanzahl:** 50; **Untergrund:** Asphalt; **Sicherheit:** beleuchtet; **Preise:** 12 €/Fahrzeug inklusive Ver- und Entsorgung; **Max. Stand:** 3 Nächte; **Geöffnet:** ganzjährig; **Kontakt:** Boulevard de la Plage, 17570 Les Mathes/La Palmyre; www.la-palmyre-les-mathes.com.

⑥④ Stellplatz Royan
45.628272 –1.011933
Camping-Car-Park, schön angelegter Platz mit Picknicktischen und Grünflächen, etwas Schatten, neben dem Zoo Planet Exotica. **Lage/Anfahrt:** Zentrum 1,5 km, Strand 1 km entfernt, von der D25 kommend in Richtung Port abbiegen, an der nächsten Kreuzung rechts dem Camping-Car Schild folgen; **Untergrund:** Schotter; **Ver-/Entsorgung:** Strom, Trinkwasser, Abwasser, Chemie-WC;

Sicherheit: beleuchtet, bewacht; **Preise:** 9,60–10,80 € inklusive Ver- und Entsorgung, 1,60 € pro Person; **Geöffnet:** ganzjährig; **Kontakt:** Rue Bel Air 18, Royan, www.campingcarpark.com.

65 Stellplatz Saint-Georges-de-Didonne
45.60012 –1.006956

Offizieller Stellplatz der Gemeinde, klein, ruhig, kein Schatten, campinghaftes Verhalten ist nicht gestattet. **Lage/Anfahrt:** zentrumsnah, über einen Trampelpfad geht es zur nahen Badebucht, Royan ist über die Promenade erreichbar, auf der Küstenstraße von Royan kommend liegt der Platz noch vor Ortsbeginn rechts. Achtung: Die Zufahrt ist recht schmal; **Untergrund:** Asphalt; **Ver-/Entsorgung:** keine; **Sicherheit:** beleuchtet; **Preise:** 6 €/Fahrzeug; **Max. Stand:** drei Nächte; **Geöffnet:** ganzjährig; **Kontakt:** Rue du Port, Saint-Georges-de-Didonne, www.saintgeorgesdedidonne.fr.

66 Stellplatz Meschers-sur-Gironde
45.555837 –0.945113

Aire de Camping-Cars Port de Plaisance, erstreckt sich links der Capitanerie auf dem Hafengelände. **Lage/Anfahrt:** zentrale Lage mit schönem Blick, Strand anschließend, von der D25 kommend durch den Ort fahren und Richtung Port abbiegen; **Platzanzahl:** 30; **Untergrund:** Asphalt, Schotterrasen; **Ver-/Entsorgung:** Strom, Trinkwasser, Abwasser, Chemie-WC; **Sicherheit:** beleuchtet; **Preise:** 10 €/Fahrzeug, Wasser 2 €; **Max. Stand:** zwei Nächte; **Geöffnet:** ganzjährig; **Kontakt:** Route des Salines 1, Meschers-sur-Gironde, www.royanatlantique.fr.

67 Stellplatz Mortagne-sur-Gironde
45.475237 –0.796868

Der Stellplatz liegt auf der linken Seite des Hafens. Von jedem Platz hat man einen schönen Blick. Komplette Versorgungssäule jeweils für zwei Fahrzeuge, unter Bäumen, ruhig. **Lage/Anfahrt:** Naturschutzgebiet angrenzend, von der D145 kommend gleich zu Ortsbeginn recht steil Richtung Port hinunterfahren; **Platzanzahl:** 80; **Untergrund:** Schotter; **Ver-/Entsorgung:** Strom, Trinkwasser, Abwasser, Chemie-WC; **Sicherheit:** beleuchtet; **Preise:** 9,30 €/Fahrzeug inklusive Ver- und Entsorgung; **Max. Stand:** unbegrenzt; **Geöffnet:** ganzjährig; **Kontakt:** Quai de Pêcheurs, Mortagne-sur-Gironde, www.ot-mortagne.com.

68 Camping Municipal La Citadelle, Blaye
45.12948 –0.666514

Kleiner, gemeindeeigener Campingplatz innerhalb der Zitadelle, schattenspendende Bäume, teilweise Blick auf die Gironde. **Lage/Anfahrt:** von der D937 kommend die Stadt Blaye durchfahren und den Schildern „La Citadelle" folgen. Es ist ratsam, auf dem Parkplatz vor der Zitadelle das Fahrzeug abzustellen und sich erst einmal zu erkundigen, ob auf dem Campingplatz noch ein Stellplatz frei ist; **Untergrund:** Schotter, Wiese; **Ver-/Entsorgung:** Strom, Trinkwasser, Abwasser, Chemie-WC; **Preise:** 10 €/Fahrzeug; **Max. Stand:** unbegrenzt; **Geöffnet:** Anfang Mai– Ende Sept.; **Kontakt:** Dans La Citadelle, Blaye, Tel. 0033 557420020, www.tourisme-blaye.com.

◻ *Blick auf Stellplatz und Hafen von Mortagne-sur-Gironde* 67

Auf geschichtsträchtigen Spuren führt die Fahrt in die Kulturlandschaft der Saintonge mit ihrer Hauptstadt Saintes (s. S. 122), wo einige Zeugen der römischen Vergangenheit zu bewundern sind. Immer der Charente folgend ist Cognac (s. S. 124) erreicht, die Stadt, die dem bekannten Weinbrand ihren Namen gab. Nicht nur für den Liebhaber dürften die Besichtigung einer Brennerei und die Degustation der edlen Tropfen interessant sein. Im weiteren Verlauf trifft der Reisende auf einen faszinierenden Mix aus Historie und Moderne, denn Angoulême (s. S. 126) trägt nicht nur den Titel „Stadt der Kunst und Geschichte", sondern ist auch Hauptstadt des Comics. Das Gefühl weit zurück in der fernen Vergangenheit zu sein, vermittelt die größte Felsenkirche Europas in Aubeterre-sur-Dronne (s. S. 128), der Besuch dürfte für viele unvergesslich sein. Mit dem bezaubernden Städtchen Brantôme-en-Périgord (s. S. 129) ist ein neuer Landstrich erreicht – das „Périgord vert". Das waldreiche „Grüne Périgord" hat ein reiches historisches Erbe, ist aber auch für seine exzellente Küche bekannt. Geradezu malerisch liegt Périgueux (s. S. 131), das Herz des Périgord, auf einem Kalksteinplateau am Fluss Isle. Die gesamte Altstadt gehört zum UNESCO-Weltkulturerbe, die Atmosphäre in dieser historischen Stätte ist jedoch überaus jung und lebendig.

▷ *Saintes ist die Hauptstadt der Saintonge*

ROUTE 6

AUSFLUG DURCH DIE CHARENTE UND INS PÉRIGORD

STRECKENVERLAUF

Strecke: Marennes – Saintes (42 km) – Cognac (28 km) – Angoulême (45 km) – Aubeterre-sur-Dronne (48 km) – Brantôme-en-Périgord (53 km) – Périgeux (28 km)
Gesamtlänge: 244 km

SAINTES
(42 km – km 42)

Entlang der Parcs à Huîtres führt die D728 weg vom Meer ins Landesinnere des Départements Charente-Maritime.

Bei der Besichtigung von Saintes wandelt der Besucher in der geschichtsträchtigen Hauptstadt der alten Provinz **Saintonge,** in der der keltische Stamm der Santonen beheimatet war. Schon während der Herrschaft der Römer hatte die Stadt, als Mediolanum Santonum gegründet, beidseitig des Flusses Charente 15.000 Einwohner und lag an einer der ältesten Römerstraßen Galliens. Aus dieser gallo-romanischen Zeit stammt auch das **Amphitheater,** das zu den besterhalte-

nen Frankreichs zählt und einst 15.000 Zuschauer fasste. Während des Rundganges durch das antike Freilichttheater kann man sich gut in die Zeit zurückdenken, in der hier blutige Gladiatoren- und Tierkämpfe stattfanden, getreu dem Motto „Brot und Spiele" für das Volk. Das Amphitheater ist problemlos fußläufig von der Altstadt aus zu erreichen.

〉 **Amphitheater Saintes,** Rue Lacurie 20, Saintes, Tel. 0033 546977385, www.saintes-tourisme. fr, geöffnet: Mo–Sa 10–12.30 und 13.30–17, So 14–17.30 Uhr, Eintritt: Erw. 4 €, bis 18 Jahre frei. Führungen nur in den Monaten Juli und August.

Von der einstigen Bedeutung der Stadt zeugt auch der monumentale **Torbogen des Germanicus** (18–19 n. Chr.). Für Kaiser Tiberius und seinem Adoptivsohn Germanicus von den Einwohnern der Stadt gestiftet, dominiert der Triumphbogen noch heute den Weg von der römischen Brücke in die Altstadt.

Hier am monumentalen Eingangstor zur Stadt ist auch das **Archäologische Museum** zu finden, nebenan hält das Fremdenverkehrsbüro einen kleinen, kostenlosen Stadtplan mit deutschsprachigen Informationen bereit. Von Mai bis September startet hier ein

kleiner **Touristenzug** zu einer Stadtrundfahrt. Im Mittelalter führte die Via Turonensis, einer der französischen Jakobswege, die Pilger in Saintes zur bedeutenden **Église Saint-Eutrope,** die heute zum **UNESCO-Weltkulturerbe** zählt. Die Pilgerkirche in der gleichnamigen Straße, im 11. Jh. durch den Papst geweiht, gilt als Juwel der Romanik und ihre **Krypta** ist eine der größten Europas (freier Zugang). Zwischen imposanten Säulen und verzierten Kapitellen steht der Sarg des römischen Geschichtsschreibers Eutropius, des Namensgebers dieser Kirche.

Aus dem Mittelalter stammt die auf römischen Fundamenten gebaute **Cathédrale Saint-Pierre,** die mitten in der Altstadt mit ihrem massiven, weithin sichtbaren Glockenturm beeindruckt. Wie viele andere Gotteshäuser wurde auch diese Kathedrale während der Religionskriege zerstört und im 17. Jh. wieder aufgebaut.

In der Nähe der Kathedrale, auf der Place du 11 Novembre, findet zweimal pro Woche der Marché St-Pierre statt, auf dem hauptsächlich regionale Produkte angeboten werden. Hier ist man schon mitten im Geschehen und kann in aller Ruhe durch die autofreie Altstadt von Saintes spazieren. In einem der zahlreichen Cafés und Restaurants lassen sich bestens neue Kräfte für die Besichtigung der kulturell bedeutenden Sehenswürdigkeiten sammeln, denn es gibt noch einige mehr zu sehen. Insgesamt 16 Bauten gelten als „Monuments historiques", und so haben Kulturinteressierte noch einiges vor.

Schöne Fahrradtour mit ungewöhnlichem Ziel

Durch Saintes verläuft der bekannte Flow Vélo, ein Fernradweg von rund 290 km Länge. Eigentlicher Beginn dieses Radweges ist die Île d'Aix am Atlantik, das Wasser ist auch im weiteren Verlauf das prägende Element dieses Fernradweges, denn rund 50 % der Strecke verlaufen am Ufer der Charente. Ziel ist der Nationalpark Périgord-Limousin und auf der Fahrt dorthin passiert man bedeutende historische und kulturelle Zentren des Südwestens. Natürlich kann die Strecke auch umgekehrt befahren werden.

Der hier empfohlene Streckenabschnitt startet in Saintes entlang der Charente in nord-westliche Richtung. Nach einem schönen Flussabschnitt von 15 km ist Port d'Envaux erreicht, wo man unbedingt „Les Lapidiales" erkunden sollte, einen stillgelegten Steinbruch, in dem jedes Jahr Bildhauer in den riesigen Wänden aus weißem Kalkstein Kunstwerke schaffen – ein echtes Museum unter freiem Himmel, in dem es unglaublich viel zu entdecken gibt. Der Steinbruch ist ganzjährig geöffnet, der Eintritt frei.

▣ *Das Amphitheater von Saintes ist eines der besterhaltenen Frankreichs*

◁ *Der Triumphbogen des Germanicus in Saintes ist ein beeindruckendes römisches Bauwerk*

Vom 13. bis ins 15. Jh. wurde um die Stadt erbittert gekämpft. Zeitweise unterstanden die Bewohner des westlichen Ufers der Charente der englischen Krone, die auf der östlichen Seite des Flusses Frankreich.

Auf der rechten Seite der Charente liegt der Stellplatz ❻❾ von Saintes und bei dem kurzen Spaziergang durch den **Jardin Public** hat man einen herrlichen Blick auf die Altstadt am gegenüberliegenden Ufer. An der blumengeschmückten Fußgängerbrücke befindet sich auch die Anlegestelle einiger **Gabares,** der typischen Flussschiffe, mit denen man die Stadt aus einer weiteren schönen Perspektive erleben und betrachten kann.

Information

› **Office de Tourisme** Saintes, Place de l'Abbaye 11, Saintes, Tel. 0033 546921701, www.saintes-tourisme.fr, geöffnet: Mo–Sa 10–12.30 und 13.30–18 Uhr

⌂ *In der schönen Altstadt von Cognac lässt sich außer Weinbrand noch viel mehr entdecken*

▷ *Das außergewöhnliche Ambiente im Lokal La Scala (s. S. 126) in Cognac ist eine Augenweide*

COGNAC
(28 km – km 70)

Immer der Charente folgend, verläuft die D24 durch das Herz der Saintonge bis in die Region Cognac. Auf den von Kalksteinkieseln aufgelockerten Böden wird schon seit der Antike Wein angebaut, den man hier allerdings zu etwas Hochprozentigerem destilliert. In und um Cognac geben sich so berühmte Produzenten wie Hennessy, Rémy Martin, Martell oder Courvoisier die Ehre, darüber hinaus gibt es aber noch zahlreiche weitere Cognac-Brennereien und -Handelshäuser.

Die in einer Flussschleife liegende Stadt verdankt ihre wirtschaftliche Bedeutung seit Langem dem berühmten Eau-de-Vie. Am Charente-Kai mit den Türmen des **Porte Saint Jacques** (15. Jh.) luden einst flache Kähne die flüssige Kostbarkeit zur Verschiffung in die weite Welt und noch heute ist ein Großteil der knapp 20.000 Einwohner in der Produktion und dem Vertrieb des Brandweins beschäftigt.

Neben einer innerstädtischen Cognac-Fabrik liegt der kleine Stellplatz ❼❿ mit Blick auf die Charente und ihren Uferweg, an dem man herrliche Spaziergänge machen kann.

Cognac

Die drei großen C sind wohl die weltweit bekanntesten Genussmittel Frankreichs: Champagner, Camembert und Cognac, der seinen Namen vom Ort an der Charente hat.

Dieser Branntwein, so die einschlägige EU-Verordnung, wird nach anderen Regeln auch Weinbrand genannt, da er vollständig aus Weindestillat gewonnen wird.

Grundlage des international geschätzten Getränks mit seiner geschützten Ursprungsbezeichnung sind die Weißweine aus den Départements Charente und Charente-Maritime.

Der Branntwein wird in speziellen Destilliergefäßen, den „alambic", durch zweistufiges Brennen gewonnen. Grund für das Brennen war zunächst der Wunsch, Wein für den Export nach England, später dann auch nach Nordamerika, haltbar zu machen. Lange Zeit verdünnte man den Brand im Zielland wieder mit Wasser. Qualität und Aromen erhält das Destillat aus dem Grundwein und aus dem Holz der Fässer, aus diesen stammt auch seine Farbe. Hierfür wird Eiche aus der Region Limousin bevorzugt. Je älter der Branntwein ist, desto teurer wird er. Der einfachste Cognac mit der Bezeichnung V.S. muss mindestens zwei Jahre im Holzfass reifen, V.S.O.P. wurde mindestens vier Jahre gelagert, der Napoléon oder X.O. („extra old") ist mindestens zehn Jahre alt. Es ist kaum vorstellbar, was ein Liebhaber für einen 100 Jahre alten Cognac bezahlen darf.

In nur wenigen Minuten ist die Brücke erreicht, an der die schöne Altstadt von Cognac beginnt. Gleich hier vor den Toren der Stadt befindet sich am Fuß des **Château Cognac** ein Restaurant, das mit seiner ausgefallenen Einrichtung und dem Blick auf den Fluss besticht.

In der Altstadt von Cognac fallen in das mittelalterliche Pflaster eingelassene Metalldreiecke auf, die den Weg des **Parcours du Roi** anzeigen. Wer diesen Zeichen folgt, wird zu den wichtigsten Sehenswürdigkeiten geführt.

So ist bald das **Maison de la Lieutenance** aus dem 16. Jh. erreicht, das älteste und mit wunderschönen Schnitzereien verzierte Fachwerkhaus der Stadt.

Die **Grande Rue** entlang geht die Stadtbesichtigung weiter bis zur schlichten romanischen **Église Saint-Martin** mit ihrem weithin sichtbaren Glockenturm.

Das Zentrum der Stadt ist natürlich vom Cognac geprägt. So gibt es selbstverständlich auch ein Cognac-Museum, in dem man alles über das edle Getränk erfahren kann.

> **Musée du Cognac,** Place de la Salle Verte, Cognac, Tel. 0033 545362110, www.musees-cognac.fr, Di–So 14–18 Uhr, Mo geschlossen

Pineau des Charentes

Weniger bekannt ist der Pineau, ein Apéritiv aus Cognac mit Traubensaft.

Der Legende nach entstand er 1589, zur Zeit Heinrichs IV., durch das Versehen eines Winzers, der Most in ein Fass mit Eau-de-Vie-de-Cognac gekippt hatte und dies erst Jahre später entdeckte.

Der Pineau lagert ebenfalls fünf bis zehn Jahre in Eichenfässern, je nach Rebsorte gibt es ihn in Weiß, Rosé und Rot. Die meisten Brennereien erzeugen ihren Pineau nur für den Eigenbedarf, außerhalb des Départements ist er selbst in Frankreich kaum zu erwerben.

Die Fußgängerzone endet an der **Place Francois I.** mit dem großen Reiterstandbild dieses Sohnes der Stadt, der 1515 in der Kathedrale von Reims zum König von Frankreich gekrönt wurde.

Touristeninformation

> **Office de Tourisme Cognac,** Rue du 14 Juillet 16, Cognac, Tel. 0033 545821071, www.tourisme-cognac.com, geöffnet: Mo-Sa 10–17 Uhr, So geschlossen

Essen und Trinken

> **La Scala Ristorante Trattoria,** Rampe du Château 7, Cognac, Tel. 0033 545365911, tägl. 12–14 und 19–22 Uhr, www.lascalacognac.fr. Es ist empfehlenswert, einen Tisch zu reservieren.

ANGOULÊME
(45 km – km 115)

Nun geht es immer weiter ins Landesinnere hinein. Mit Angoulême ist die Hauptstadt des Départements Charente erreicht.

Wer es eilig hat, nimmt die vierspurig ausgebaute N141, wer die Strecke hierher genießen möchte, ist sicherlich auf den kleinen Straßen D22 und D84 entlang des Flusses Charente besser aufgehoben.

Angoulême ist eine **Comic-Metropole**. Seit 2009 ist das **Comicmuseum** in der Unterstadt in einem historischen Gebäude untergebracht, in dem sich einst ein großer Weinkeller befand. Ein faszinierender Rundgang zeigt die Geschichte der Comics von ihren Anfängen bis heute.

In der modern gestalteten Ausstellung sind 8000 Originalzeichnungen zu bewundern, die alle vier Monate ausgewechselt werden, um die Sammlung vor schädigenden Lichteinflüssen zu schützen.

> **Musée de la Bande Dessinée,** Quai de la Charente, Angoulême, Tel. 0033 545386565, www.citebd.org, geöffnet: Di–Fr 10–18, So 14–18 Uhr, Mo geschlossen

Seit 1974 findet in Angoulême jedes Jahr Ende Januar das berühmte Comicfestival statt. Während des viertägigen „Festival International de la Bande Dessinée d'Angoulême", des bedeutendsten seiner Art in Europa, empfängt die Stadt ca. 200.000 Besucher.

Das Comicmuseum ist über eine Fußgängerbrücke mit der Stadt verbunden, am anderen Ufer der Charente liegt auch gleich das nächste Museum, das **Papiermuseum „Le Nil"**. Vom Holz- und Wasserreichtum an der Charente begünstigt, wurde die Stadt ab dem 14. Jh. auch Zentrum der Papierproduktion, deren Blütezeit erst in den 1960er-Jahren zu Ende ging.

> **Musée du Papier – Le Nil,** Rue de Bordeaux 134, Angoulême, Tel. 0033 545927343, www.musee-du-papier.fr, geöffnet: Di–So 14–18 Uhr, Mo geschlossen

▷ Schöne, riesige Malereien verzieren so manche Hausfassade in Angoulême

Die **Innenstadt** liegt auf einem Kalkstein-Plateau 100 m über einer Schleife der Charente. Lange war die Stadt Kreuzungspunkt wichtiger Handelswege, vor allen Dingen für den Transport von Wein nach England und in die Niederlande.

Da die Stadt keinen offiziellen Stellplatz hat, sind der Parkplatz des Comicmuseums bzw. das Ufer der Charente auch die idealen Ausgangspunkte für die Besichtigung des Zentrums. Die Altstadt auf dem Felsplateau ist mit dem Wohnmobil etwas schwierig anzufahren und in den engen Gassen gibt es kaum eine Parkmöglichkeit.

Die kleine Bergwanderung lohnt sich allemal, denn Angoulême trägt auch den ehrenvollen Titel „Ville d'art et d'histoire".

Dort oben ist das imposante **Rathaus (Hôtel de Ville)** nicht zu übersehen: Es wurde auf dem höchsten Punkt und dem Hauptplatz der Stadt errichtet. Vor dem ehemaligen Schloss kann man ein großes Standbild von **Marguerite d'Angoulême** bewundern, die 1492 hier geboren wurde.

Weiter geht die Stadtbesichtigung zur **Cathédrale Saint-Pierre** aus dem 12. Jahrhundert, deren Portal mit unzähligen Skulpturen geschmückt ist. Der Blick auf die fünfgeschossige Fassade zeigt die für Aquitanien so typische Kuppel, der Blick hinunter streift über die Charente und das weite Umland.

Die **historische Markthalle** auf der **Place Victor Hugo** ist dienstag- bis sonntagvormittags geöffnet und der Besuch dieser in Frankreich so geliebten Institution ist ein optisches und kulinarisches Erlebnis.

Während des Rundgangs durch die Altstadt kann man an einigen Häuserfassaden riesige Wandbilder mit Comicmotiven entdecken, die dem historischen Umfeld eine außergewöhnliche Atmosphäre verleihen. Es lohnt sich, diese ideenreichen Malereien genauer zu betrachten und das bunte Kontrastprogramm von Angoulême ausgiebig zu genießen.

› **Office de Tourisme Angoulême,** Rue du Chat 7, Angoulême, Tel. 0033 545951684, www.angouleme-tourisme.com, geöffnet: Mo–Sa 9–12.30 und 13.30–18 Uhr, So geschlossen

Man verlässt Angoulême auf der D674, nach 32 km ist die D10 erreicht, die durch eine landschaftlich reizvolle Strecke zum nächsten sehenswerten Ort führt.

AUBETERRE-SUR-DRONNE

(48 km – km 163)

Die Ortsbezeichnungen in Frankreich sagen den Reisenden meist ganz genau, an welchem Fluss oder in welcher Region sie sich befinden. Dieser kleine Ort namens **Aubeterre** liegt demnach am Fluss Dronne.

Von der D10 kommend, gibt es gleich zu Ortsbeginn einen Parkplatz, auf dem auch einige Parkflächen für Wohnmobile ausgewiesen sind. Das 400-Seelen-Dorf ist nahezu autofrei und so durchstreift man den kleinen Ort per pedes.

Auf mittelalterlichem Pflaster geht es zur **Place Ludovic Trarieux,** auf der man unter Schatten spendenden Bäumen gemütlich eine Stärkung zu sich nehmen kann.

Das eigentliche Ziel des Besuchs von Aubeterre-sur Dronne ist aber die **Église Souterraine Saint-Jean.** Die unterirdische Felsenkirche ist die größte Höhlenkirche Europas. Das mystische Licht in dem im 7. Jahrhundert geschaffenen Nachbau des Felsengrabs von Jerusalem erzeugt eine einzigartige Atmosphäre. Die in den Fels gehauene Monolithkirche wurde im 12. Jh. von Benediktinermönchen erweitert und erst 1958 wieder entdeckt. Der Blick von einer Empore auf den 20 m hohen, 27 m langen und 16 m breiten Raum ist atemberaubend. Ein mystisches Licht erhellt den Schrein, in dem einst aus dem Heiligen Land mitgebrachte Reliquien aufbewahrt wurden.

In zahlreichen Nischen sind Hunderte Gräber eingelassen, auch in der Krypta, die erst 1961 durch einen Einsturz freigelegt wurde, befindet sich eine große Grabanlage.

> **Église Souterraine Saint-Jean,** Rue Saint-Jean, Aubeterre-sur-Dronne, Tel. 0033 545986506, www.aubeterresurdronne.com, geöffnet: Mo–So 9.30–12.30 und 14–18 Uhr, Eintritt 4 €. Im Sommer finden hier regelmäßig Konzerte statt.

Aubeterre-sur-Dronne gehört sicherlich zu Recht zu den „Plus Beaux Villages de France" (s. S. 84), das Dorf ist wirklich malerisch. Wunderschöne Häuser mit ihren typischen Holzbalkonen prägen ein idyllisches Bild, und über allem thront die Burg in 90 m Höhe.

An der Route de Ribérac D2 befindet sich direkt am Fluss der Camping Municipal d'Aubeterre-sur-Dronne, der vor seinen Toren auch Übernachtungsplätze für Wohnmobile anbietet (Mai–September).

▷ *Brantôme nennt sich das „Venedig des Périgord", ein wunderschönes Städtchen*

◁ *Der Reliquienschrein in der Felsenkirche von Aubeterre-sur-Dronne*

BRANTÔME-EN-PÉRIGORD
(53 km – km 216)

Auf der D20 ist nach 16 km **Ribérac** erreicht, am Ortsrand liegt ein offizieller Stellplatz ⓻, der zwar nicht gerade zum längeren Verweilen einlädt, aber zum Übernachten und Ver- und Entsorgen ausreicht.

Ribérac ist der Hauptort des „**Périgord Vert**", insbesondere freitagvormittags lohnt sich ein Bummel durch den Ort an der Dronne. Dann findet hier **einer der größten Märkte der Region** statt, auf dem bis zu 200 Straßenhändler ihre Stände aufbauen. Zusätzlich gibt es von April bis Oktober dienstagmorgens lokale Bauernmärkte und ein großer Supermarkt, in dem der Wohnmobilkühlschrank aufgefüllt werden kann, existiert hier auch. Jedes Jahr finden zwischen Dezember und Februar auch in kleineren Orten im Périgord Trüffelmärkte statt, auf denen ein erdiger und würziger Geruch die klare Luft durchzieht

Die Weiterfahrt verläuft auf der D710/D78 immer parallel zur Dronne und ist landschaftlich recht reizvoll. Nach weiteren 28 km ist der Ort **Bourdeilles** erreicht, hier wurde ein sehr einladender Stellplatz ⓻ für Wohnmobile eingerichtet. Das Dorf mit seinen 800 Einwohnern verfügt über ein reiches architektonisches Erbe, insbesondere das alles überragende Schloss, das **Château de Bourdeilles,** ist einen Besuch wert.

> **Château Bourdeilles,** Le Bourg, Bourdeilles, Tel. 0033 553037336, www.chateau-bourdeilles.fr, tägl. 10-13, 14–18 Uhr, geschlossen: montags (außer in den Schulferien), Eintritt: Erw. 8,80 €, Kinder 5–12 Jahre 5,80 €. Die Besichtigung per Audioguide ist auch in deutscher Sprache möglich.

Noch 9 km sind es bis **Brantôme-en-Périgord,** das mit einem sehr schönen, großen und zentrumsnahen Stellplatz ⓻ punktet. Durch den **Parc Public** mit seinen uralten Mammutbäumen erreicht man nach wenigen Minuten eines der zahlreichen Brückchen, die in das mittelalterliche Stadtzentrum führen.

Diese Altstadt liegt auf einer von Menschenhand geschaffenen Insel in der Dronne. Mönche hatten im 9. Jh. zur natürlichen Flussschleife eine gegenläufige gegraben, sodass eine nahezu runde Insel entstand.

Das Stadtbild ist so intakt und idyllisch, dass sich Brantôme zu einem Touristenmagnet entwickelt hat. Auffällig sind die vielen englischen Urlauber, die sich ganz besonders für das Périgord zu interessieren scheinen. Vielleicht spüren sie der Vergangenheit nach, in der England große Teile Frankreichs beherrschte.

Das Périgord

Diese historische Provinz entspricht dem heutigen Département Dordogne und ist ein Teil der Region Nouvelle-Aquitaine. Das Périgord wird aus touristischen und historischen Gründen in vier Gegenden untergeteilt:

*Das **Périgord Vert**, das grüne Périgord, liegt im hügeligen, waldreichen Norden und grenzt an das Limousin. Eine reiche Flora und Fauna gab der Gegend ihren Namen, die auch von zahlreichen Wasserläufen durchzogen wird. Brantôme, das „Venedig des Périgord", ist zu Recht ein „Plus Beaux Village" (s. S. 84).*

*Das **Périgord Blanc**, das weiße Périgord, erhielt seinen Namen wegen der zahlreichen hellen Getreidefelder und des ausgedehnten Kalksteinplateaus, das sich beiderseits des Flusses Isle gebildet hat. In diesem Streifen liegt auch die Hauptstadt Périgueux (s. S. 131).*

*Das **Périgord Noir**, das schwarze Périgord, befindet sich im Südosten des Départements, die Hauptstadt ist Sarlat-la-Canéda. Die Gegend zeichnet sich durch fruchtbare Landschaften, dunkle Eichenwälder, lichte Flusstäler der Dordogne und Vézère und schroffe Klippen aus. Zahlreiche historische Monumente zeigen von einer reichen Vergangenheit.*

*Das **Périgord Poupre**, das rote Périgord, befindet sich im Südwesten um die Stadt Bergerac. Der Name bezieht sich auf den Wein, der in dieser Gegend angebaut wird. Durch das milde Klima begünstigt, gedeihen hier auch Walnüsse, Tabak und Sonnenblumen.*

Aufgrund der außergewöhnlichen Güte der landwirtschaftlichen Produkte ist das Périgord schon seit Langem für seine schmackhafte Küche bekannt. Canard und Oie, Foie Gras und Confit sowie Trüffel (s. S. 133), „das schwarze Gold", sind in aller Munde.

Das Périgord ist eine der waldreichsten Gegenden Frankreichs und somit auch sehr wildreich. Reh, Wildschwein, Hirsch, Rebhuhn und Fasan stehen genauso auf der kulinarischen Menükarte wie Steinpilz, Pfifferling und Morchel.

Das „Venedig des Périgord" kann auf ein reiches kulturelles Erbe zurückblicken, hier muss zuallererst die **Abtei Saint-Pierre** erwähnt werden. Die von Benediktinermönchen im 7. Jahrhundert in den Uferfelsen gehauenen **Grottes de l'Abbaye** am Boulevard Charlemagne können für 5 € besichtigt werden. Die Abteikirche nebenan ist frei zugänglich und besitzt den ältesten Turm (11. Jahrhundert) des Périgord.

> **Grottes d'Abbaye de Brantôme,** Boulevard Charlemagne 14, Brantôme, Tel. 0033 553058063, www.brantome.fr, geöffnet: Mitte Feb.–Ende Dez, Eintritt: kostenlos. Geführte Besichtigungen in Verbindung mit dem Glockenturm 7,50 € pro Person, bis 12 Jahren kostenlos.

Die wunderschöne, breite Promenade führt zu einer Ellbogenbrücke, der **Pont Coudé** aus dem 16. Jh., die rechtwinklig geknickt die Dronne überquert. Schmiedeeiserne Skulpturen schmücken den Weg am Fluss, an dem in einer ehemaligen Mühle heute ein reizvoll begrüntes Restaurant mit idyllischer Terrasse untergebracht ist:

> **Le Moulin de l'Abbaye,** Route de Bourdeilles 1, Brantôme, Tel. 0033 553058022, www.moulinabbaye.com, geöffnet: Anfang April–Ende Oktober mittags und abends. Das hochwertige Restaurant gehört zum gleichnamigen Viersternehotel und ist im Guide Michelin erwähnt.

Bei einem Spaziergang durch die Altstadt sind rund um die **Place de la Liberté** einige interessante Häuser zu sehen, deren Besonderheiten auf Tafeln beschrieben werden. Während des Bummels durch Brantôme kann man so manchen Euro loswerden – denn allzu verlockend sind die süßen Auslagen in den Pâtisserien. Die bunten **Macarons** werden in unzähligen Geschmacksrichtungen angeboten und ihr Genuss gehört zu einem Frankreichurlaub einfach dazu.

Die Dronne bietet sich zu einer **Kanufahrt** an, das entsprechende Gefährt nebst Paddel und Schwimmweste kann an der Pont Notre-Dame ausgeliehen werden.

Brantôme ist das Tor in die Region **Limousin,** deren Eichen das bevorzugte Holz für die Cognac-Fässer liefern.

Wer sich für den Besuch und für Wanderungen in diesem Naturpark interessiert, erhält dazu im Fremdenverkehrsbüro ausführliches Informationsmaterial.

Information

> **Office de Tourisme Brantôme,** Rue Puyjoli de Meyjounissas 2, Brantôme-en-Périgord, Tel. 0033 553058063, www.brantomeperigord.fr, geöffnet: tägl. 10–18 Uhr, außerhalb der Hochsaison geänderte Öffnungszeiten. Informationen auch in deutscher Sprache erhältlich.

PÉRIGUEUX
(28 km – km 244)

Über die gut ausgebaute D939 ist die Hauptstadt des Périgord schnell erreicht, die den mobilen Reisenden mit einem ideal gelegenen Stellplatz **74** empfängt. Nur 200 m vom **Fluss Isle** entfernt ist man in wenigen Minuten auf der Brücke am Boulevard Georges Saumande, von hier hat man einen wunderschönen Blick auf die Kathedrale, drei elegante Kaihäuser und die alte Mühle, die später als Wachturm diente.

Vorbei an einigen prächtigen Bürgerhäusern geht es dann auf mittelalterlichem Pflaster und durch enge Gassen hinauf zur **Place de la Clautre.** Hier steht die imposante, 1669 geweihte **Cathédrale Saint-Front** mit ihrem sehr ungewöhnlichen Grundriss. In byzantinischem Stil ist sie einem griechischen Kreuz nachempfunden und mit zahlreichen Kuppeln versehen, auch der 62 m hohe Glockenturm ist der einzige weltweit, so heißt es, der romanisch-byzantinisch geprägt ist.

Im Innern der Kathedrale ist der Kronleuchter zu bewundern, der bei der Hochzeit von Napoléon III. mit Eugénie de Montijo in der Kathedrale Notre-Dame in Paris hing.

Um sich vorab einen Überblick zu verschaffen, sollte man erst einmal das Fremdenverkehrsbüro an der nicht weit entfernten **Place du Coderc** aufsuchen.

Hier gibt es eine kostenlose, deutschsprachige Broschüre, in der auch ein bebilderter Rundgang durch die historische Altstadt eingezeichnet ist.

⌂ *Die Grottes de l'Abbaye in Brantôme sind wirklich sehenswert*

Périgueux, die Hauptstadt des Périgord und ihre Geschichte

Périgueux kann auf lange Geschichte zurückblicken. Nach der Eroberung Galliens (52 v. Chr.) durch die Römer entstand der Ort Vesunna, der rasch zu einer bedeutenden Provinzstadt wurde. Die römische Stadt bekam eine schützende Stadtmauer, die später in Häuser integriert wurde und nur noch in Teilen sichtbar ist. Vom Amphitheater, das 10.000 Zuschauer fasste, sind noch einige Reste im Jardin des Arènes Romaines erhalten.

Zu Zeiten der Römer soll hier der Heilige Fronto als Bischof und Missionar gewirkt haben, ihm zu Ehren wurde auf der rechten Seite der Isle eine Kirche errichtet.

Puy-Saint-Front wurde die neu entstandene Ansiedlung genannt, die immer rascher wuchs, da sie an einer der Hauptpilgerrouten nach Santiago de Compostela lag. Im 11. Jh. wurde die Kirche abgerissen und die wesentlich größere Église Saint-Front wurde gebaut, die für damalige Verhältnisse geradezu gewaltig war.

Anfang des 13. Jh. vereinigten sich die beiden Orte Vesunna, genannt „La Cité", und Puy-Saint-Front, „Le Bourg", zur Stadt Périgueux, die die Hauptstadt der Grafschaft Périgord wurde. Die wirtschaftliche Lebensader der Stadt war die Isle, auf der in erster Linie Wein in alle Welt verschifft wurde. Die Epidemie der alles vernichtenden Reblaus setze diesem für die Region so wichtigen Wirtschaftszweig im 19. Jh. ein Ende. Große Teile der Bevölkerung wanderten ab, erst Mitte des vergangenen Jahrhunderts begann ein erneuter Aufschwung.

Trüffel

In 5 bis 50 cm Bodentiefe geht der Edelpilz eine Symbiose mit anderen Pflanzen ein und bildet sich in deren Wurzelsystem. Speziell Bäume die lockere Kalkböden bevorzugen, wie Steineiche, Hasel- oder Kirschbäume sind die idealen Trüffellieferanten. Der Umkreis der Wirtschaftspflanze fällt als nahezu vegetationsfrei ins Auge, da die Duftstoffe des Pilzes für manche Pflanze oxidative Auswirkungen haben.

Verbreitet werden die Trüffelsporen durch den Kot von Wildschweinen und die Larven der Trüffelfliege, die sich von dem Pilz ernähren. Der schwarze Trüffel wird oft auch als Périgord-Trüffel bezeichnet. Der Edelpilz kostet bis zu 2000 Euro das Kilo und besitzt eine schwarzbraune Haut. Das Fleisch ist zunächst weiß und wird mit zunehmendem Alter dunkler. Der französische schwarze Trüffel zeichnet sich durch eine unregelmäßige Struktur aus und hat einen starken erdigen Geruch. Sein Geschmack, der sich erst durch Erhitzen voll entfaltet, ist leicht pfeffrig und bitter.

Der teure europäische Trüffel weist einige Unterschiede zum preiswerteren chinesischen Trüffel auf. Dieser darf zwar auch als „Schwarzer Trüffel" bezeichnet werden, seine Farbe ist aber eher dunkelrot und seine Schale meist glatt. Erntezeit der Wintertrüffel aus dem Périgord oder aus der Region Dordogne sind die Monate November bis März, dann finden je nach Ernteerfolg in nahezu jedem Ort auch Trüffeltage und -märkte statt.

Der Sommertrüffel ist hauptsächlich im Piemont in Italien beheimatet. Das Fruchtfleisch ist weiß und besitzt ein unverwechselbares, kräftiges Aroma. Der sogenannte Alba- oder Herrentrüffel bekommt seine Farbe vom hellen Gehölz der Pappeln und Weiden, er erreicht oft die Größe eines kleinen Apfels und gehört zu den teuersten Lebensmitteln der Welt.

Da Schweine bekanntlich den Boden durchwühlen, ist ihr Einsatz bei der Ernte mittlerweile unerwünscht. Heutzutage werden nur noch speziell ausgebildete Hunde zur Trüffelernte eingesetzt, die aufgrund ihres Geruchssinnes die exakte Stelle und den Reifegrad des Pilzes erkennen können. Die Trüffelernte ist heute nicht mehr nur dem Zufall überlassen, denn der Anbau findet mittlerweile gezielt in Trüffelplantagen statt. So werden die Wurzeln der Plantagenbäume mit Trüffelsporen infiziert, allerdings dauert der Wachstumsprozess anschließend noch vier bis zehn Jahre und der Ernteertrag ist stark von den Wetterbedingungen abhängig.

Der Platz ist der ehemalige Hinrichtungsplatz, auf dem heute mittwochs und samstags am Vormittag ein farbenfroher Markt stattfindet. In den 1970er-Jahren wurde die gesamte Altstadt in den Rang eines **UNESCO-Weltkulturerbes** erhoben, mit dieser Aufwertung setzte auch der Tourismus ein.

◁ *Blick auf die Cathédrale Saint-Front in Périgueux, der Hauptstadt des Périgord*

Im Lauf der Jahre wurden alle Häuser nach historischem Vorbild renoviert und so zeigt Périgueux heute eines der schönsten Stadtbilder Frankreichs.

Die 30.000 Einwohner zählende Stadt mit ihren über 30 Monuments historiques ist sehr lebendig. 36 % der Bevölkerung sind unter 30 Jahre alt, wozu rund 3000 Studierende der Universität beitragen.

Rund um die idyllischen Plätze der Stadt haben sich Cafés und Restaurants angesiedelt, in den Straßen der Altstadt bezaubern im Sommer Nachtmärkte und Konzerte die Besucher.

Während der Wintermonate gibt es auf der **Place Saint-Louis,** abhängig von der Ernte, samstags den **Marché aux truffes,** hier findet von November bis März jeden Mittwoch und Samstag auch der **Marché aux gras** statt, auf dem Erzeuger aus der Region ihre Produkte rund um Gans und Ente präsentieren.

Information

> **Office de Tourisme Périgueux,** Place du Coderc 9, Périgueux, Tel. 0033 553531063, www.tourisme-perigueux.fr, geöffnet: Mo–Sa 9–12.30 und 14–18 Uhr, So geschlossen

Damit endet dieser Ausflug durch die Charente bis ins Périgord.

Wer noch mehr von dieser wunderschönen Region kennen lernen möchte, folgt am besten Route 7, die von Périgueux aus nach 47 km auf der D6089/D67 in Montignac beginnt.

Wer nun wieder Richtung Atlantik möchte, der erreicht von Périgueux aus auf der A89 nach 137 km Bordeaux, wo die Route 8 startet. Wer wieder gen Heimat muss, der hat auf der A89/A36 von Périgueux aus 733 km bis zur deutschen Grenze vor sich – Gute Fahrt!

STELLPLÄTZE ENTLANG DER ROUTE 6

69 Stellplatz Saintes
45.740469 –0.626984

Der Stellplatz ist zentral gelegen, von der vielbefahrenen Straße durch eine Hecke getrennt, ins Zentrum sind es 10 bis 15 Minuten, Supermarkt 100 m entfernt. **Lage/Anfahrt:** alle Sehenswürdigkeiten sind fußläufig erreichbar, von der D728 kommend die Stadt umfahren, auf die D24 wechseln und am ersten Kreisverkehr rechts, die Charente überqueren, Camping-Cars-Schild auf der rechten Seite; **Platzanzahl:** 10; **Untergrund:** Asphalt; **Ver-/Entsorgung:** Strom, Trinkwasser, Abwasser, Chemie-WC; **Sicherheit:** beleuchtet; **Preise:** 5 €/Fahrzeug; **Kontakt:** Avenue de Saintonge, Saintes, www.saintes-tourisme.fr.

70 Stellplatz Cognac
45.698683 –0.332904

Gebührenfreier, kleiner Stellplatz, zentrumsnah, schattig, an der Charente gegenüber der Altstadt. **Lage/Anfahrt:** im Quartier Saint-Jacques direkt neben einer großen Cognacfabrik gelegen, von der D24 kommend wechselt man kurz vor der Brücke über die Charente nach rechts auf die D48, vor dem nächsten Kreisverkehr rechts in die Rue de Vieux Port, der Parkplatzbeschilderung folgen, der Stellplatz liegt in einem Wohngebiet in Flussnähe; **Platzanzahl:** 3, Benutzung des angrenzenden Parkplatzes möglich; **Untergrund:** Asphalt; **Ver-/Entsorgung:** Trinkwasser, Abwasser, Chemie-WC; **Sicherheit:** beleuchtet; **Preise:** kostenlos, Versorgung 2 €; **Max. Stand:** eine Nacht; **Geöffnet:** ganzjährig; **Kontakt:** Place de la Levade 20, Cognac, www.tourisme-cognac.com.

◁ *Dieser Kronleuchter in der Cathédrale Saint-Front in Périgueux hing einst in der Cathédrale Notre-Dame in Paris*

▷ *Der schöne Stellplatz von Brantôme* 73

⓪ Stellplatz Ribérac
45.256987 0.342343

Der Stellplatz liegt vor dem „Camping Municipal de la Dronne" am Ortsrand, ins Zentrum 1 km, neben dem Kanuverleih direkt am Fluss. **Lage/Anfahrt:** von D728 kommend am Ortsende links in die Aux Deux Ponts Quest abbiegen; **Platzanzahl:** 25; **Untergrund:** Schotter; **Ver-/Entsorgung:** Strom, Trinkwasser, Abwasser, Chemie-WC; **Sicherheit:** beleuchtet; **Preise:** gebührenfrei, Wasser und Strom je 2 €; **Max. Stand:** unbegrenzt; **Geöffnet:** ganzjährig; **Kontakt:** Route d'Angoulême, Ribérac, Tel. 0033 553900310, www.riberac-tourisme. com.

⓪ Stellplatz Bourdeilles
45.323144 0.583398

Aire municipale Camping-Cars direkt an der Dronne, am Ortsrand, 500 m ins Zentrum. **Lage/Anfahrt:** Sportplatz und Schwimmbad nebenan, von der D78 kommend im Ort links über die Brücke auf die D106 fahren, Beschilderung „Stade municipal" folgen; **Platzanzahl:** 50; **Untergrund:** Wiese; **Ver-/Entsorgung:** Trinkwasser, Abwasser, Chemie-WC; **Sicherheit:** beleuchtet; **Preise:** 4 €/Fahrzeug, die Gebühr wird abends abkassiert; **Max. Stand:** unbegrenzt; **Geöffnet:** ganzjährig; **Kontakt:** Plaine des Loisirs, Bourdeilles, www.bourdeilles.com.

⓪ Stellplatz Brantôme-en-Périgord
45.360484 0.648377

Offizieller, großer Stellplatz der Gemeinde, sehr schön angelegt, teils parzelliert, etwas Schatten. **Lage/Anfahrt:** am Fluss, Park angrenzend, 300 m ins Zentrum, Restaurants und Supermarkt in der Nähe, von der D78 kommend am Ortsbeginn die erste Möglichkeit nutzen, um die Dronne zu überqueren, Beschilderung „Aire de Camping-Cars" folgen; **Untergrund:** Schotter; **Ver-/Entsorgung:** Strom, Trinkwasser, Abwasser, Chemie-WC; **Sicherheit:** umzäunt, beleuchtet; **Preise:** 7,10 €/Fahrzeug, Ver-/Entsorgung (außerhalb der Einzäunung) 2 €; **Max. Stand:** zwei Nächte; **Geöffnet:** ganzjährig; **Kontakt:** Chemin du Vert Galant, Brantôme, Tel. 0033 553058063, www.ville-brantome.fr.

⓪ Stellplatz Périgueux
45.187749 0.730828

Offizieller Stellplatz der Stadt, in einem Wohngebiet in der Nähe der Isle, ruhig, zentrumsnah. Ein Stadtplan ist angebracht. **Lage/Anfahrt:** von der D939 kommend den Fluss Isle überqueren, am nächsten Kreisverkehr die vierte Ausfahrt nehmen und noch 200 m am Fluss entlangfahren; **Platzanzahl:** 40; **Preise:** 6 €/Fahrzeug inklusive Ver- und Entsorgung; **Max. Stand:** zwei Nächte; **Geöffnet:** ganzjährig; **Kontakt:** Rue des Prés 37, Périgueux, www.tourisme-perigueux.fr.

Den Anfang dieser landschaftlich reizvollen Route macht das wunderschöne
Tal der Vézère, dessen Flussabschnitt
hier über eine Länge von 50 km zum
Weltkulturerbe erklärt wurde. 15 prä-
historische Fundstätten stehen auf der
Liste der UNESCO. Mit der Grotte von
Lascaux (s. S. 139) wird der Besucher von einem Highlight empfangen.
Überhaupt findet der Höhlenfan in der
näheren Umgebung zahlreiche sehenswerte Stätten, in denen das Leben des
steinzeitlichen Cro-Magnon nachempfunden werden kann. Die Reise führt
vorbei an sehenswerten Schlössern
und Burgen, die majestätisch über dem
Tal der Dordogne thronen. In den Fels
gehauene Dörfer entführen den Gast
in eine nahezu verwunschene Welt, in
der man das Gefühl hat, dass die Zeit
stehengeblieben ist. Das Périgord Noir,
das schwarze Périgord (s. S. 130), hat
seinen Namen wegen der charakteristi-
schen, dichten Eichenwälder erhalten.
Aber kalt und dunkel ist die Region
mitnichten – die Sommer sind lang und
angenehm temperiert. Walnussplanta-
gen prägen das Landschaftsbild, und
so sind natürlich diverse Spezialitäten
durch diese Nuss inspiriert. Dann folgt
das berühmte Weinanbaugebiet von
Saint Émilion. Hier befindet sich die
größte unterirdische Felsenkirche
Europas, die unbedingt einen Besuch
wert ist (s. S. 149).

▷ *La Roque-Gageac (s. S. 143) ist ein sehr schönes*
Felsendorf am Ufer der Dordogne

ROUTE 7

KULTURROUTE DURCH DAS PÉRIGORD

STRECKENVERLAUF

> **Strecke:** Montignac – Sarlat-la-Canéda (26 km) –
> Domme (12 km) – La Roque-Gageac (5 km) –
> Beynac-et-Cazenac (5 km) – Castelnaud-la-
> Chapelle (6 km) – Limeuil (28 km) –
> Bergerac (43 km) – Saint-Émilion (58 km)
> **Gesamtlänge:** 183 km

MONTIGNAC

Wer von Périgueux kommt, nimmt am besten die D6089/D67, um nach Montignac zu gelangen. Wer die mautpflichtige A89 wählt, verlässt diese an der Autobahnausfahrt Nr. 17. Schon nach 12 km ist Montignac erreicht, hier befindet man sich bereits mitten im Tal der Vézère. Die Region gehört zum Département Dordogne und ist seit der Gebietsreform auch ein Teil Aquitaniens.

Das reizende Städtchen Montignac liegt direkt am Fluss, an dem es sich sehr idyllisch spazierengehen lässt. Die **Brücke** aus dem 14. Jh. ist mit Blumenkübeln geschmückt, alles macht einen sehr gepflegten, einladenden Eindruck. Von mehreren **Restaurants und Cafés** aus hat man einen herrlichen Blick auf das Gewässer und die Speisekarten werden natürlich von der Spezialität der Region dominiert – Canard und Foie Gras (s. S. 141).

Auch die diversen **Souvenirgeschäfte** bieten die Entendelikatessen in Dosen aller Größenordnungen an, und daneben ist noch der harte Walnusskuchen bzw. -keks eine süße Herausforderung.

Bereits zu Beginn des Mittelalters gab es in Montignac eine **Burg,** Sitz des Grafen von Périgord. Sie thront über einem kleinen Labyrinth mittelalterlicher Gässchen mit schön restaurierten Häusern aus dem 14. bis 16. Jahrhundert. Wer Montignac also nur auf den Besuch der Grotte von Lascaux reduziert, wird etwas verpassen, denn die kleine Altstadt ist allemal einen Rundgang wert.

Der Ort hat sich auf den Besucheransturm eingestellt und bietet einen großen Stellplatz **75** für Wohnmobilisten an, denn das Übernachten auf dem neuen Wohnmobil-Parkplatz P2 an der Grotte ist nicht gestattet.

Vom offiziellen Stellplatz in Montignac aus sind es 20 Min. Fußweg bis zur Grotte, sodass man das Fahrzeug getrost dort stehen lassen kann.

☑ *Montignac an der Vézère ist ein zauberhaftes Städtchen mit einen guten Stellplatz*

Die Besichtigung der **Grotte mit ihren welt-berühmten Höhlenmalereien** ist ein absolutes Muss. Die 1½ Std. dauernde Führung ist in mehreren Sprachen möglich und sehr interessant und kurzweilig gehalten. Auch wenn man sich in der absolut detailgetreuen Nachbildung der Höhle aufhält, ist die Besichtigung doch faszinierend und beeindruckend.

Die 1940 von spielenden Kindern entdeckte Grotte wurde bereits 1963 wieder geschlossen, da man feststellen musste, dass die Feuchtigkeit, die durch den hohen Besucherandrang in die Höhle getragen wurde, die einzigartigen Wandmalereien zu zerstören begann. Man entschloss sich, 200 m weiter eine originalgetreue Reproduktion der Grotte zu schaffen. Lascaux II wurde 1983 eröffnet und empfängt seitdem jährlich fast 300.000 Interessierte.

Im Jahre 2016 wurde das hochmoderne **Besucherzentrum Lascaux IV** eingeweiht, in dem sämtliche Höhlenmalereien in multimedialer Aufbereitung und mit Erklärungen ausgestellt sind. Die einstündige Führung endet in einem Ausstellungsraum, in dem den Besuchern nochmals die Geschichte der Entdeckung von Lascaux, beeindruckende Nachbildungen von diversen Höhlenmalereien und Erklärungen dazu gezeigt werden. Hier kann man ungestört fotografieren. Im internationalen Zentrum für Höhlenmalerei sind neben dem Ticketschalter noch ein Café und eine Boutique untergebracht.

› **Lascaux Centre International de L'Art Pariétal,** Lascaux Centre International, Montignac, Tel. 0033 553509910, www.lascaux.fr, geöffnet: ganzjährig tägl. 9–10 Uhr. In der Hauptsaison ist eine Reservierung empfehlenswert. Eintritt: 17 €, Kinder 11 €. Die Grotte selbst ist nur mit Führer zu besichtigen.

Informationen

› **Office du Tourisme Montignac,** Place Bertran-de-Born, Montignac, Tel. 0033 553518260, www.lascaux-dordogne.com, geöffnet: 9.30–12.30 und 14–18 Uhr, in der Hauptsaison durchgehend, in der Nebensaison sonntagnachmittags geschlossen

Essen und Trinken

› **Les Pilotis Restaurant-Pizzeria,** Rue Laffite 6, Montignac, Tel. 0033 553508815, www.restaurant-lespilotis.com, geöffnet: tägl. Kleines, gemütliches Restaurant mit Terrasse und Blick auf den Fluss.

Für Reisende, die ausreichend Zeit mitbringen, ist die Weiterfahrt entlang der Vézère landschaftlich wie kulturell unbedingt empfehlenswert. Auf einigen wenigen Kilometern häufen sich die prähistorischen Fundstätten, sodass man problemlos einen ganzen Urlaub hier verbringen kann. Für diese Routenwahl bietet sich ein Besuch inkl. Stellplatz **76** im kleinen, idyllischen **Saint-Léon-sur-Vézère** an.

⌃ *Eine von vielen beeindruckenden Höhlenmalereien in Lascaux*

SARLAT-LA-CANÉDA

(26 km – km 26)

Die schnellste Möglichkeit, nach Sarlat-la-Canéda zu kommen, bietet die D704. Die Stadt verfügt über einen grandios erhaltenen mittelalterlichen Stadtkern. Rund um den weitläufigen Marktplatz haben sich diverse Lokalitäten angesiedelt und der hier mittwochs und samstags stattfindende **Markt** ist eine echte Institution. Von regionalen Produkten, den Spezialitäten des Périgord Noir, bis hin zu Bekleidung wird dann alles angeboten. In ungewöhnlicher Umgebung befindet sich die **Markthalle** von Sarlat, denn hierfür wurde die alte Kirche Sainte Marie am Place de la Liberté umgebaut.

Sarlat ist ein echter Besuchermagnet, und auch wenn der hiesige Stellplatz **⑰** nicht gerade zum Übernachten einlädt, sollte man auf das Erlebnis „Sarlat bei Nacht" auf keinen Fall verzichten. In den abends beleuchteten mittelalterlichen Gassen herrscht dann eine unvergessliche Atmosphäre. Gaslaternen erzeugen rund um die Kathedrale, das Rathaus und die vielen historischen Patrizierhäuser ein mystisches Licht. Im Sommer verstärken

zahlreiche Gaukler, Straßenmusikanten und Zauberer noch das Gefühl, in der fernen Vergangenheit angekommen zu sein.

Zwischen dicken mittelalterlichen Gemäuern haben erstaunlich **preiswerte Restaurants** Stühle und Tische in die Gassen gestellt und wetteifern um Gäste. Wo, wenn nicht in Sarlat, bietet sich eine bessere Gelegenheit, um eine der vielen **Canard-Variationen** zu probieren. Eine hübsche Bronzeskulptur zu Ehren der Enten steht übrigens mitten in der Altstadt.

In Sarlat finden rund ums Jahr diverse **Feste** statt, u. a. das Trüffelfest im Januar, La Fête d'Oie („Gänsefest") im März, das Jazzfestival im Juni oder das Filmfestival im November. Egal zu welcher Jahreszeit – in Sarlat ist immer etwas los.

Informationen

> **Office de Tourisme Sarlat-la-Canéda,** Rue Tourny, Sarlat-la-Canéda, Tel. 0033 553314545, www.sarlat-tourisme.com, geöffnet: Mo–Sa 9–19.30, So 10–13 und 14–18 Uhr. Von April bis Oktober werden geführte Stadtrundgänge angeboten. Hier erhält man auch einen kleinen Stadtplan und nähere Informationen zu vielen Themen.

Essen und Trinken

> **Auberge le Mirandol,** Rue des Consuls 7, Sarlat-la-Canéda, Tel. 0033 554295389, www.restaurant-auberge-mirandol-sarlat.fr, täglich bis ca. 21 Uhr geöffnet, eine Reservierung oder ein Eintreffen bis 19 Uhr ist empfehlenswert, da sonst alle Tische besetzt sind. Das Restaurant bietet mehrere gute und preiswerte Menüs rund um die Ente an. **Tipp:** Probieren Sie doch mal „Pommes sarladaies". Als Beilage zu Fleischgerichten, vor allen Dingen zur allgegenwärtigen Ente, sind diese Bratkartoffeln ein Genuss. Die in Scheiben geschnittenen rohen Kartoffeln werden in Gänsefett angebraten, später kommen dann noch Steinpilze, Knoblauch und Petersilie dazu.

◁ *Sarlat bei Nacht ist ein unvergessliches Erlebnis*

Canard und Foie Gras

Frankreich gilt als Heimatland dieser kulinarischen Spezialität, was nicht ganz stimmt, denn schon im alten Ägypten schätzte man die Fettleber von Vögeln. Tatsache ist weiterhin, dass auch die Produktion durch Überfütterung der Tiere schon in vorchristlicher Zeit üblich war. Und auch wenn Foie Gras von vielen Franzosen abgelehnt und als Tierquälerei angesehen wird, so sprechen die Zahlen dieses bedeutenden Wirtschaftszweiges für sich: Etwa 75 % der weltweiten Produktion, davon 96 % Entenleber und 4 % Gänseleber, entstehen in Frankreich. Dies garantiert einer Vielzahl von Menschen im Südwesten des Landes Arbeit. Hier werden über 20.000 Tonnen Stopfleber produziert, mit weitem Abstand folgen Ungarn und Bulgarien. In vielen Ländern weltweit sind sowohl Produktion wie auch Import verboten, Deutschland allerdings steht als einer der Hauptabnehmer an fünfter Stelle. Diese Tatsache erstaunt umso mehr, wenn man bedenkt, welchen Stellenwert der Tierschutz und das Tierwohl in der Bundesrepublik haben. Gesetzliche Bestimmungen dieser Art gibt es in Frankreich natürlich auch, Foie Gras bildet allerdings eine Ausnahme, da diese Spezialität zum „nationalen und gastronomischen Kulturerbe" erklärt wurde. Trotzdem verzichten immer mehr Restaurants auf ihrer Speisekarte auf die von vielen Franzosen so geliebte Delikatesse.

Im Alter von ca. einem Monat beginnt die Mast, bei der den Vögeln bis zu viermal pro Tag ein Brei aus Mais und Schweineschmalz im wahrsten Sinne des Wortes eingetrichtert wird. Schon nach kurzer Zeit ist das Tier so schwer, dass es nicht mehr in der Lage ist zu fliegen. Die Leber eines natürlich aufgewachsenen Vogels hat bei der Schlachtung ein Gewicht von ca. 300 Gramm, bei den gemästeten Tieren sind es 1 bis 2 Kilogramm.

Es gibt fünf verschiedene Qualitätsstufen oder Variationen: Foie Gras entier, reine Geflügelleber am Stück, Foie Gras ist aus mehreren Leberstücken zusammengesetzt, Mousse de Foie Gras ist eine Emulsion aus Geflügelleber und anderen pflanzlichen oder tierischen Fetten, Pâte de Foie Gras ist eine Geflügelleberpastete und enthält mindestens 50 % Entenleber. Außerdem gibt es Parfait de Foie Gras mit mindestens 75 % Geflügelleber.

Selbstverständlich wird die komplette Ente kulinarisch aufbereitet und verzehrt. Neben den auch in Deutschland bekannten Zubereitungsarten, zum Beispiel die knusprige gegrillte Ente oder Entenbrust in Orangensoße, gibt es in Frankreich noch das Confit de Canard.

Hier wird bereits gekochtes Entenklein in einer dicken Fettschicht in Gläsern oder Dosen haltbar aufbewahrt, das Gericht muss dementsprechend nur noch aufgewärmt werden.

Was kann man mit Foie Gras noch machen? Die Leber wird normalerweise für die Langzeitkonservierung sterilisiert. Sie kann aber als „mi-cuit" gekauft werden. Hierbei wurde die Garzeit verkürzt und die Leber vakuumverpackt. Bei einer Kühlung von +3 °C aufbewahrt, muss die von Franzosen so geschätzte Delikatesse allerdings kurz nach dem Kauf gegessen werden. Die frische Leber wird leicht angebraten, wobei die Pfannensäfte entweder mit Himbeeressig oder Walnuss-Aperitif (Vin de Noix) glasiert und mit Salz bestreut werden.

Foie Gras wird i.d.R. kalt serviert und mit einem in heißes Wasser eingelegten Messer geschnitten. In der Dordogne werden dazu oft ein Glas Monbazillac oder ein milder Bergerac-Wein serviert.

152wf-if

◰ *Bronzeskulptur „Hommage an die Ente"*
in Sarlat

DOMME
(12 km – km 38)

Nach kurzer Fahrt auf der D46 ist die nächste Sehenswürdigkeit erreicht. Domme trägt zu Recht den Titel eines „Plus Beaux Villages de France" (s. S. 84). Ein wenig Anstrengung ist schon vonnöten, um zum alten Stadttor, der Porte des Tours, hinaufzusteigen und hier die Stadt zu betreten. Einfacher geht dies natürlich mit dem kleinen **Touristenzug,** der für 5 € vom Parkplatz zu einer Sightseeingtour durch das mittelalterliche Städtchen einlädt. Sicherlich ist Domme sehr touristisch geprägt, aber ohne Frage eine Reise wert.

Domme ist als Wehrdorf *(bastide)* trapezförmig angelegt und verengt sich zum Ortsende, wo ursprünglich die Burgfeste angesiedelt war. Hier befinden sich der **Marktplatz** und die **Marktkirche.** Die bergan führende Grande Rue ist von zahlreichen Souvenirgeschäften gesäumt, in denen die regionalen Produkte des Périgord Noir angeboten werden: Walnusskuchen, Walnusskekse, Confit de canard in Dosen und natürlich Foie Gras, der in dieser Region allgegenwärtigen Spezialität.

Unbedingt sollte man bis zur **Aussichtsterrasse La Barre** weitergehen, denn der Blick von hier ist einmalig. Das mittelalterliche Domme thront hoch über der Dordogne auf einem 150 m hohen Felsen. Weit unten frönen Kanufahrer ihrem Hobby und auf der anderen Seite des Dordogne-Tals erblickt man das in den Felsen gebaute **La Roque-Gageac** (s. S. 143) und die trutzige Burg Beynac-et-Cazenac (s. S. 144).

Dem Steilfelsen folgend, führt die „promenade des falaises" zum Garten **Jardin Public.** Das je nach Tages- und Jahreszeit wechselnde Licht macht das Panorama zu etwas ganz Besonderem.

Unterhalb des Gartens liegt der Eingang zu einer weiteren Sehenswürdigkeit, einer **Tropfsteinhöhle,** die den Einwohnern von Domme im Hundertjährigen Krieg (s. S. 144) und während der Religionskriege als Zufluchtsstätte diente.

Die mittelalterliche Stadtmauer ist noch vollständig erhalten, denn der Ort war gut zu verteidigen und galt als uneinnehmbar. Niemals hätten die Bewohner damals vermutet, dass jemals ein Angriff über den Steilhang geführt werden könnte, doch genau dieser erfolgte auf den streng katholischen Ort während der Religionskriege im 16. Jh. durch den protestantischen Geoffroy de Vivans. Am Ende der vier Jahre seiner Herrschaft war in Domme vieles zerstört. Der Wiederaufbau Anfang des 17. Jh. ist aufs Schönste gelungen und erfreut heute eine große Anzahl von Périgord-Reisenden.

Information
> **Office de Tourisme** Domme, Place de Halle, Domme, Tel. 0033 553317100, www.perigordnoir-valleedordogne.com, geöffnet: tägl. 9.30–19 Uhr

Von dem sehr schön gelegenen Stellplatz ⑦⑧ oberhalb des Pkw-Parkplatzes hat man einen herrlichen Blick auf das historische Dorf.

▢ *Weit schweift der Blick in das Tal der Dordogne von Domme aus*

LA ROQUE-GAGEAC

(5 km – km 43)

Das Örtchen zählt ebenfalls zu den „schönsten Dörfern Frankreichs" und ist von Domme aus auf der D703 nach nur 5 km erreicht. Es gibt nur diese eine Straße entlang der schönen **Flusspromenade** auf der einen und den wie Schwalbennester am Felsen klebenden Häusern auf der anderen Seite.

In sonniger Südlage sind mit einer für damalige Zeiten architektonischen Meisterleistung aus ehemaligen Höhlenwohnungen **nette, einladende Häuser** entstanden. Die kleinen Gassen winden sich steil nach oben und alles ist selbstverständlich nur zu Fuß erreichbar. Ganz versteckt gibt es einige kleine **Souvenirgeschäfte** und **Restaurants** zu entdecken.

Das Felsgestein speichert die Wärme, daher herrscht hier ein fast mediterranes Klima. Neben der kleinen, schlichten **Kirche** aus dem 12. Jh. erstreckt sich ein ausgedehnter **Bambusgarten,** der frei zugänglich ist. Zahlreiche tropische Pflanzen wie Palmen, Kakteen, Bananen, Zitronen und natürlich Bambus in allen Variationen wachsen und gedeihen aufs Üppigste.

Noch ein Stückchen weiter bergauf befindet sich das Herrenhaus **Manoir de Tarde,** von hier aus hat man einen herrlichen Blick über das Dordogne-Tal bis hin zur geschichtsträchtigen Burg Castelnaud (s. S. 144).

Direkt hinter dem Stellplatz werden an sportlich ambitionierte Urlauber **Kanus** verliehen, aber derjenige, der es gerne etwas gemütlicher angehen lässt, kann auf einem kleinen **Ausflugsdampfer** die schöne Gegend genießen. Die heutigen Schiffe sind sehr viel bequemer als die früher gängigen **Gabarres,** die traditionellen Boote der Schiffer (Gabariers). Vom Mittelalter bis ins 20. Jh. war La Roque-Gageac ein wichtiger Handelsplatz für Güter, die mit diesen flachen Lastkähnen flussabwärts geschafft wurden. Am Ziel angekommen, demontierte man die Gabarres und verkaufte sie als Brennholz.

Der Stellplatz **79** direkt am Fluss lädt zum Übernachten ein, denn La Roque-Gageac bei Sonnenuntergang ist ein unvergesslicher Anblick.

☑ *Etwas ganz Besonderes ist das Felsendorf La Roque-Gageac*

BEYNAC-ET-CAZENAC

(5 km – km 48)

Nicht ganz so spektakulär in die Felswand gebaut ist der Nachbarort Beynac-et-Cazenac. Dafür thront weit sichtbar 150 m über der Dordogne ein imposantes Anwesen. Château **Beynac** aus dem 12. Jh. ist eine der besterhaltenen Burgen der Region und beherbergt eine **spannende Ausstellung über die Geschichte des Hundertjährigen Krieges.** Zu dieser Zeit lag die Grenze zwischen Frankreich und England hier an der Dordogne und so war die Burg immer wieder Ziel kriegerischer Auseinandersetzungen, wobei Beynac unter französischer Herrschaft stand. Auf den Spuren so herausragender Persönlich-

Der Hundertjährige Krieg

Der „Guerre de Cents Ans" begann 1337 und endete erst 1453. Grund für die kriegerischen Auseinandersetzungen waren Besitzansprüche der englischen Könige, die auch gleichzeitig Herzöge von Aquitanien waren und den französischen Thron beanspruchten.
Eigentlich begann die Auseinandersetzung bereits 1066, als der normannische Herzog Wilhelm I. England eroberte. Aus lehensrechtlichen Streitereien, mit der Zeit völlig undurchsichtigen Erbfolgeansprüchen oder durch Vermählungen wähnte jede Seite sich im Recht, Frankreich zu besitzen. Je nach kriegerischen Erfolgen lag die Grenze zwischen Frankreich und England beispielsweise mal bei Saintes oder hier an der Dordogne.
Die wohl bekannteste Person im Zusammenhang mit dem Hundertjährigen Krieg ist sicherlich Johanna von Orléans, die durch ihr mutiges Eingreifen ins Kriegsgeschehen England eine bittere Niederlage bescherte. Durch diesen Sieg wurde Karl VII. zum König von Frankreich, die Jungfrau von Orléans aber wurde denunziert, an die Engländer ausgeliefert und am 30. Mai 1431 im Alter von 19 Jahren auf dem Schafott verbrannt.

keiten wie Richard Löwenherz und Simon de Montfort taucht der Besucher in eine äußerst spannende, mittelalterliche Welt ein.

Auch Beynac-et-Cazenac gehört zum illustren Kreis der schönsten Dörfer Frankreichs. Es ist wirklich ein Genuss, durch die alten Gässchen mit den gelben Kalksteinhäusern zu spazieren oder am mittelalterlichen Hafen einzukehren. Hier hat der Besucher die Möglichkeit, auf einer Schute die Dordogne zu erkunden.

❭ **Schloss Beynac,** Château de Beynac, Beynac-et-Cazenac, Tel. 0033 553295040 www.chateau-beynac.com geöffnet: ganzjährig tägl. 10–18.30 Uhr. Von April bis Oktober sind im Eintrittspreis Führungen enthalten, die ca. 1 Std dauern. In der Nebensaison kann die Burg anhand eines Tour-Buches selbstständig besichtigt werden. Eintritt: 8 € pro Person, Kinder 4 €.

CASTELNAUD-LA-CHAPELLE

(6 km – km 54)

Auf der anderen Seite der Dordogne liegt Castelnaud-la-Chapelle, das während des Hundertjährigen Krieges (siehe links) fest in englischer Hand war.

Da es nicht allzu viele Brücken über die Dordogne gibt, führt der Weg auf der D703 erst einmal Richtung La Roque-Gageac (s. S. 143) und Domme (s. S. 142) zurück, um auf der D50/D57 nach Castelnaud-la-Chapelle zu gelangen.

Auch hier beherrscht die Silhouette der **Burg Castelnaud** den kleinen, nicht einmal 500 Einwohner zählenden Ort, der ebenfalls zu den schönsten Dörfern des Landes zählt. Die Burg aus dem 13. Jh. wurde während der Französischen Revolution geplündert und so stark beschädigt, dass sie Anfang des 19. Jh. nur noch als Steinbruch genutzt wurde.

▷ *Les Milandes ist das Schloss von Josephine Baker. Hier befindet sich eine großartige Ausstellung über das Leben der Ausnahmekünstlerin.*

In den 1960er-Jahren erfolgte dann eine aufwendige Restaurierung der historischen Gemäuer und so gilt sie heute als meistbesuchte Burg in ganz Südfrankreich.

Eine umfangreiche Ausstellung über die Kriege des Mittelalters mit zahlreichen Waffen, Rüstungen und Kriegsmaschinen ist zu sehen. Darüber hinaus werden immer wieder Mittelalter-Events veranstaltet, auch für Kinder ist die Entdeckung der Burg hochinteressant.

> **Château Castelnaud,** Castelnaud-la-Chapelle, Tel. 0033 553313000, geöffnet: je nach tägl. Jahreszeit 10–18 Uhr, für 1½ Std ist die Besichtigung kostenlos, Führungen und Events sind kostenpflichtig

Im 15. Jh. gehörte die strenge Trutzburg der Familie Caumont, die bald das ganz in der Nähe gelegene, sehr besuchenswerte **Renaissanceschloss Les Milandes** erbauen ließ. Hier ließ es sich sehr viel angenehmer leben, allerdings wurde das Schloss in der Französischen Revolution enteignet und dem langsamen Verfall preisgegeben.

1870 kaufte dann der Industrielle Charles Claverie das Anwesen und ließ Schloss und Garten völlig neu gestalten. 1947 ging Les Milandes in den Besitz der berühmten Sängerin Josephine Baker über (s. S. 146), die das Schloss und das Dorf Milandes in ihrem Sinne prägte und mit großem finanziellem Aufwand modernisierte. So sorgte sie z. B. für einen Strom- und Wasseranschluss im Schloss und im Dorf, das damit die erste Ortschaft im Périgord mit diesem Luxus war.

Das Leben der Josephine Baker ist in einer großen Ausstellung dargestellt. Das komplette Schloss mit seinen 15 Zimmern ist nach wie vor mit ihren Möbeln bestückt und ihre fantastische Bühnengarderobe ist zu bewundern. Aber vor allem der Lebenslauf der Sängerin, Tänzerin und Schauspielerin beeindruckt so sehr, dass so mancher Besucher das Schloss berührt und nachdenklich verlässt.

Der wunderschön angelegte **Garten** mit seinen Springbrunnen, herrlichen Blumenarrangements und teils uralten Bäumen beherbergt auch ein Greifvogelgehege und mehrmals täglich stellen die verschiedenen Vogelarten hinter dem Schloss ihre unglaublichen Flugtechniken zur Schau.

> **Château Les Milandes,** Les Milandes, Castelnaud-la-Chapelle, Tel. 0033 553593121, www.lesmilandes.com, geöffnet: tägl. 10–18 Uhr, Eintritt: 11 €, Kinder 7 €. Im Eintrittspreis ist ein Audioguide enthalten. Mehrmals täglich finden hinter dem Schloss Greifvogelshows statt. Außerdem gibt es ein kleines Restaurant. Das Übernachten auf dem Schlossparkplatz ist nicht erlaubt.

LIMEUIL

(28 km – km 82)

Auf der D53/D25 geht die Route weiter gen Westen und bei Le Buisson-de Cadouin führt endlich wieder eine Brücke über die Dordogne.

Ziel ist das **mittelalterliche Dorf** Limeuil, wo die Vézère sich mit dem großen Fluss vereint. In zahlreichen Schleifen haben sich die Flüsse von West nach Ost ihren Weg zum Atlantik gebahnt und vom hügeligen Umland bieten sich auch weiterhin herrliche Ausblicke ins weite Tal. An der kleinen Flusspromenade von Limeuil kann man sich nochmals mit der schönen Aussicht stärken, bevor der steile Aufstieg ins Dorf in Angriff genommen wird. Handwerkerateliers von Goldschmieden, Glasbläsern und Töpfern begleiten den Weg nach oben, an dessen Ende sich die kleine **Kirche Saint-Martin** befindet.

Einen herrlichen Blick auf die Dordogne-Schleife weit unten hat man vom **Jardin panomarique** aus, einem Englischen Garten, der sicherlich dazu beiträgt, dass Limeuil zu den schönsten Dörfern Frankreichs zählt. Verschiedene Themengärten gruppieren sich um das ehemalige Schloss, und der Blick auf die alte Doppelbrücke über Vézère und Dordogne ist wohl der schönste von ganz Limeuil.

Hier oben finden in der Hauptsaison auch verschiedene Events wie Konzerte oder Aus-

BERGERAC
(43 km – km 125)

Bruno – chef de police

Bruno ist die sympathische Hauptfigur der Kriminalgeschichten von Martin Walker. Der britische Autor beschreibt mit großer Zuneigung zum Périgord Land und Leute rund um den fiktiven Ort St-Dénis. In der Realität ist dies Le Bugue, ein kleines Städtchen nördlich von Limeuil, das sehr reizvoll an einer großen Schleife der Vézère liegt. In den millionenfach international aufgelegten Kriminalromanen müssen natürlich Morde aufgeklärt werden, ebenso wichtig sind allerdings Brunos Vorliebe für gutes Essen und die dazu gehörenden delikaten Weine der Region. Dem Leser werden in den spannenden Geschichten das Périgord und seine kulinarischen Genüsse so schmackhaft gemacht, dass der Tourismus hier in der Provinz um Le Bugue stark zugenommen hat.

Wieder unten in den Flussniederungen ist man auf der gut ausgebauten D660 recht zügig in der Stadt Bergerac, die bereits im Périgord Pourpre liegt. Hier im westlichen Dordognetal überwiegt der Obst- und Weinanbau, der der Region den Namen gegeben hat. Für eine reine Stadtbesichtigung bietet sich der Parkplatz direkt am Ufer der Dordogne in der Rue Hippolyte an. Hier am alten Hafen liegt auch das „Maison des Vins", in dem man viel über das große Weinanbaugebiet des Bergerac erfährt und verschiedene Weine verkosten kann. Insgesamt rund 900 Winzer bearbeiten 12.300 ha Land und erzeugen 530.000 hl Wein – eine nicht gerade unbedeutende Menge –, der zwar unter ähnlichen klimatischen Bedingungen wie die Bordeaux-Weine wächst, allerdings viel günstiger ist.

> **Maison des Vins,** Rue des Récollets 1, Bergerac, Ecke Quai Salvette, am alten Hafen, Tel. 0033 553635755, www.vins-bergeracduras.fr, geöffnet: Di–Sa 10–13 und 14–19 Uhr, Eintritt frei

stellungen mit traditioneller Handwerkskunst statt.

Der offizielle Parkplatz für Wohnmobile **80** liegt ganz in der Nähe des Flusses, in dem es sich auch herrlich baden oder Kanu fahren lässt.

Die D31 nach **Trémolat** führt hier vorbei und dort lässt sich oberhalb einer weiteren Flussschleife (Cingle de Trémolat) ein letzter schöner Blick über das Dordogne-Tal genießen. Trémolat bietet erfreulicherweise einen offiziellen Stellplatz **81** mit Ver- und Entsorgung an, es gibt auch einen Bäcker und einige Restaurants.

Schnell ist man zu Fuß in der schön restaurierten Altstadt, in der es sich zwischen prachtvollen Patrizierhäusern aus der Renaissancezeit vortrefflich bummeln, ein-

◁ *Am Zusammenfluss von Vézère und Dordogne bei Limeuil*

▷ *In den Gässchen der Altstadt von Bergerac lässt es sich herrlich bummeln*

kaufen und einkehren lässt. Mittwochs und samstags findet am Vormittag im historischen Zentrum um die Markthalle an der Place Gambetta ein **traditioneller Markt mit regionalen Produkten** statt. Ein spezieller Biomarkt wird dienstags an der Église Notre Dame abgehalten, die noch heute eine Pilgerstation auf dem Weg nach Santiago de Compostela ist.

Beim Altstadtspaziergang wird man auf der Place Pélissière unweigerlich auf die Statue von **Cyrano de Bergerac** stoßen, dem Dichter mit der großen Nase, der zwar nie einen Fuß in die Stadt gesetzt hat, aber sehr erfolgreich den Ort repräsentiert. Der gleichnamige Film von 1990 mit Gérard Depardieu in der Hauptrolle hat Bergerac über die Grenzen Frankreichs hinweg bekannt gemacht.

Neben dem Wein ist der Tabakanbau nach wie vor für die Landwirtschaft um Bergerac von Bedeutung, auch wenn der Tabakkonsum der Franzosen stark zurückgegangen

ist. Im hiesigen **Tabakmuseum,** einzigartig in Europa, ist eine große Ausstellung zu 3000 Jahren Geschichte, Kultur und Produktion des Tabaks zu sehen, die sicherlich auch für Nichtraucher sehr informativ sein dürfte. Das Museum befindet sich im Maison Peyrarère, einem schönen Haus aus dem 17. Jh.

> **Musée du Tabac,** Place du Feu, Bergerac, www.pays-bergerac-tourisme.com, geöffnet: Di–Fr 10–12 und 14–18, Sa 10–12 Uhr, Eintritt: 4 €

Bergerac ist mit 27.000 Einwohnern nach Périgeux die zweitgrößte Stadt im Département Dordogne und liegt beidseits des Flusses.

Am Hafen beginnt ein **Spaziergang auf dem alten Leinpfad** mit äußerst reizvollen Blicken auf die Stadt. Hier kann man auch einen kleinen Ausflug mit einer traditionellen Gabarre (s. S. 143) machen oder eine Fahrradtour von 16 km entlang der Dordogne bis zum Freizeitpark von Pombonne starten, wo sich auch der gepflegte Stellplatz **82** befindet.

Information

> **Office de Tourisme Bergerac,** Rue Neuve d'Argenson 97, Bergerac, Tel. 0033 5535703, www.bergerac-tourisme.com, geöffnet: tägl. 9.30–12.30 und 14–18.30 Uhr. Es werden auch Stadtführungen angeboten.

Die Reise durch das Périgord neigt sich nun ihrem Ende zu – ein neues Département mit einem anderen Landschaftsbild, besonderen Spezialitäten und vielen neuen Eindrücken erwartet den Reisenden.

SAINT ÉMILION
(58 km – km 183)

Saint Émilion liegt bereits im Département Gironde im Norden der Region Nouvelle-Aquitaine. Die Fahrt auf der gut ausgebauten D936 ist recht eintönig und schnell geschafft.

Um den speziellen Wohnmobil-Parkplatz **83** am einfachsten zu erreichen, ist es ratsam, bereits in Castillon-la-Bataille abzu-

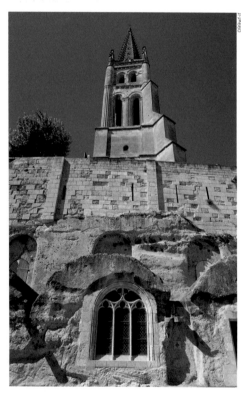

fahren und den Ort über die D130 von Norden her anzufahren. Die Parkplätze rundum sind äußerst knapp und ein Wendemanöver mit dem Wohnmobil ist selten ein Vergnügen.

Saint Émilion ist das ganze Jahr über ein **touristischer Hotspot.** Der Ort selbst sowie das umliegenden Weinanbaugebiet sind seit 1999 UNESCO-Weltkulturerbe.

Namensgeber des Ortes war ein Bretone namens Émilion, der auf seiner Wanderschaft im 7. Jh. hier unter dem Felsplateau eine Grotte fand, die er zur Ermitage ausbaute und die noch heute zu besichtigen ist. Die wundersamen Heilkräfte des Benediktinermönches sprachen sich schnell herum und so zogen bald viele Pilger zu seiner Einsiedelei und ließen sich in der Nähe nieder. Die **Église monolithe** wurde im späten 11. Jh. aus einem Kalksteinfelsen gehauen und ist beeindruckende 38 m lang und 11 m hoch. Der Glockenturm mit seinen 196 Stufen entstand ein Jahrhundert später. Von hier oben hat man einen fantastischen Blick auf die Stadt und das Umland. Die Kirche ist eine Sehenswürdigkeit der besonderen Art, denn sie ist die **größte Felsenkirche Europas.** Eine Besichtigung ist unbedingt zu empfehlen, allerdings ist das nur im Rahmen einer Führung möglich. Tickets gibt es im Touristenbüro im oberen Ortsteil genau gegenüber dem Glockenturm.

> **Office de Tourisme Saint-Èmilion,** Place de Créneaux, Saint-Emilion, Tel. 0033 557552828, www.saint-emilion-tourisme.com, geöffnet: tägl. 9.30–12.30, 13.30–18.30 Uhr

Hier befindet sich auch eine Aussichtsterrasse, von der man das schöne Stadtpanorama so richtig genießen kann. Direkt darunter sieht man den Place du Marché mit mehreren Restaurants und dem Eingang zur Felsenkirche, der gleichzeitig Treffpunkt für die Führung ist. Die mittelalterlich gepflasterten Gassen führen steil nach unten und die Steine sind im Lauf der Jahrhunderte so glatt geworden, dass ein fester Schuh mit gröberer Sohle sehr empfehlenswert ist.

Saint Émilion ist ein **international bekannter Weinort** und es finden sich hier zahlreiche Weinkeller (caves), die teilweise sehr edle Tropfen anbieten. So kostet zum Beispiel ein 2005er Château Pétrus über 4000 € pro Flasche. Ein „Schnäppchen" aus demselben Jahrgang ist der Mouton Rothschild für unter

⌐ *Der Blick vom Glockenturm aus schweift weit über Saint Émilion hinaus ins Weinanbaugebiet*

⌐ *Die beeindruckende Felsenkirche von Saint Émilion sollte man unbedingt bei einer geführten Tour besichtigen*

900 €. Da gönnt sich der normale Tourist doch lieber eine Packung **Macarons,** eines traditionellen Kekses auf Marzipanbasis mit unterschiedlichen Geschmacksvariationen.

Ganz St-Émilion und das umliegende Weinanbaugebiet sind Teil des UNESCO-Weltkulturerbes. Auf engstem Raum finden sich auch noch andere bedeutende Bauwerke. Das ehemalige **Franziskanerkloster Cloître des Cordeliers** aus dem 13. Jh. nennt einen wunderschönen Kreuzgang und einen herrlichen Garten mit entsprechender Aussicht sein Eigen. Allerdings werden die heiligen Hallen mittlerweile als Weinkeller genutzt, in dem man diverse Tropfen aus der Region lustwandelnd probieren kann.

Zu den **Monuments historiques** gehören u. a. die Dreifaltigkeitskapelle (Chapelle de la Trinité) aus dem 13. Jh., die Magdalenapelle (Chapelle de la Madeleine), ebenfalls aus dem 13. Jh., und der Wehrturm (donjon) des Château du Roi, auf den man vom Parkplatz aus als Erstes trifft, sowie einige weitere Sehenswürdigkeiten.

Im Touristenbüro am Glockenturm ist ausführliches Informationsmaterial erhältlich.

CAMPING- UND STELLPLÄTZE ENTLANG DER ROUTE 7

⑮ Stellplatz Montignac
45.067816 1.164857

Neu angelegter, sehr gepflegter Stellplatz direkt am Ortseingang. **Lage/Anfahrt:** historisches Zentrum, Fluss und Restaurants in unmittelbarer Nähe, von der A89 kommend auf der D67 bis nach Montignac fahren, die D704 führt in den Ort hinein, erste Straße links dem Womo-Piktogramm folgen; **Platzanzahl:** 30; **Untergrund:** Schotter; **Ver-/Entsorgung:** Strom, Trinkwasser, Abwasser, Chemie-WC; **Sicherheit:** beleuchtet; **Preis:** 6 €/Fahrzeug inklusive Ver- und Entsorgung; **Max. Stand:** unbegrenzt; **Geöffnet:** ganzjährig; **Kontakt:** Rue des Sagnes, Montignac, www.lascaux-dordogne.com.

⑯ Stellplatz St-Léon-sur-Vézère
45.01224 1.08946

Offizieller Stellplatz vor dem Camping Municipal Saint-Léon-sur-Vézère. **Lage/Anfahrt:** Flussnähe, Zentrum fußläufig erreichbar, Restaurant in der Nähe, von der D706 kommend auf die D66 Richtung Zentrum fahren, kurz vor dem Fluss rechts Richtung Campingplatz abbiegen, Beschilderung „Aire de Camping-Cars"; **Platzanzahl:** 20; **Untergrund:** Rasengitter; **Ver-/Entsorgung:** Trinkwasser, Abwasser, Chemie-WC; **Preis:** 6 €/Fahrzeug inkl. Ver- und Entsorgung; **Max. Stand:** unbegrenzt; **Geöffnet:** ganzjährig; **Adresse:** Le Bourg, St-Léon-sur-Vézère, www.saint-leon-sur-vezere.fr.

⑰ Stellplatz Sarlat-la-Canéda
44.89585 1.212674

Offizieller Stellplatz am Ortsrand, historische Altstadt 10 Min. entfernt. Wenig ansprechend direkt an der D704. Bäckerei direkt neben den Stellplatz. **Lage/Anfahrt:** neben dem Friedhof, die D704 führt direkt am Stellplatz vorbei, Womo-Piktogramm; **Platzanzahl:** 20; **Untergrund:** Asphalt; **Ver-/Entsorgung:** Trinkwasser, Abwasser, Chemie-WC; **Preis:** 7 €/Fahrzeug; **Max. Stand:** zwei Nächte; **Geöffnet:** ganzjährig; **Adresse:** Avenue de Général de Gaulle, Sarlat-la-Canéda, www.ot-sarlat-perigord.fr.

⑱ Stellplatz Domme
44.800894 1.221814

Offizieller Stellplatz außerhalb der historischen Stadt, sehr gepflegt. Ein Stadtplan hängt aus. **Lage/Anfahrt:** für Wohnmobile reservierter Bereich des Parkplatzes von Le Pradal, sehr schöner Blick auf Domme, ca. 10 Minuten Fußweg bis zur Stadtmauer, von der D46E3 kommend unbedingt den Schildern „Bus/Campingcars" folgen; **Platzanzahl:** 25; **Untergrund:** Asphalt; **Ver-/Entsorgung:**

Trinkwasser, Abwasser, Chemie-WC; **Sicherheit:** beleuchtet; **Preise:** 9 €/Fahrzeug; 3 Std. 2 €, 5 Std 3 €, Wasser 2 €, der Automat akzeptiert Karte und Barzahlung; **Geöffnet:** ganzjährig; **Adresse:** Le Pradal, Domme, www.domme.fr.

⑲ Stellplatz La Roque-Gageac
44.824458 1.185282

Offizieller Wohnmobil-Stellplatz hinter einem Parkplatz. Kanuverleih am Platz, Bademöglichkeit. **Lage/Anfahrt:** sehr schöne Lage direkt an der Dordogne, Blick auf den Ort, zentral gelegen, ruhig, die D703 führt am Ortsbeginn direkt am Stellplatz vorbei; **Platzanzahl:** 20; **Untergrund:** Schotter; **Ver-/Entsorgung:** Trinkwasser, Abwasser, Chemie-WC; **Sicherheit:** beleuchtet; **Preise:** 7 €/Fahrzeug, Versorgung je 2 € pro Relais-Station; **Max. Stand:** unbegrenzt; **Geöffnet:** ganzjährig; **Adresse:** D703, La Roque-Gageac, www.la-roque-gageac.com.

⑳ Parkplatz Limeuil
44.884786 0.887989

Camping-Car-Parkplatz P4, neu angelegter Parkplatz für Wohnmobile ca. 100 m vom Fluss entfernt. **Anfahrt:** von der D5 kommend direkt hinter der Brücke links abbiegen, an der Promenade vorbei in Richtung Trémolat fahren; **Untergrund:** Schotter; **Preis:** kostenlos; **Platzanzahl:** 40; **Untergrund:** Schotter; **Max. Stand:** unbegrenzt; **Geöffnet:** ganzjährig; **Kontakt:** www.limeuil-en-perigord.com.

㉑ Stellplatz Trémolat
44.873826 0.830235

Kleiner, wenig einladender Stellplatz in zentraler Lage. **Lage/Anfahrt:** D31 führt direkt am Stellplatz vorbei; **Platzanzahl:** 6; **Untergrund:** Asphalt; **Ver-/Entsorgung:** Trinkwasser, Abwasser, Chemie-WC (je 2 €); **Preis:** kostenlos; **Sicherheit:** beleuchtet; **Max. Stand:** unbegrenzt; **Geöffnet:** ganzjährig; **Adresse:** Rue Aube de Braquemont, Trémolat, www.pays-bergerac-tourisme.com.

㉒ Stellplatz Bergerac
44.871094 0.503537

Aires de services pour camping, großzügiger, gepflegter Platz am Ortsrand in der Nähe des Freizeitsparks von Pombonne. **Lage/Anfahrt:** nordöstlich des Stadtzentrums, kleiner See und schöner Weg durch den abgrenzenden Park bis in die Stadt ca. 3 km; von der D660 kommend in Richtung Zentrum fahren, dann auf der D936E rechts Richtung Lembras; **Platzanzahl:** 15; **Untergrund:** Schotter; **Ver-/Entsorgung:** Strom, Trinkwasser, Abwasser, Chemie-WC; **Preise:** 5 €/Fahrzeug (in der Hauptsaison), Ver-/Entsorgung je 2 €, zahlbar mit Kreditkarte; **Max. Stand:** drei Nächte; **Adresse:** Rue du Coulobre 45, Bergerac, Tel. 0033 553570311, www.bergerac-tourisme.com.

㉓ Wohnmobil Parkplatz St-Émilion
44.896414 −0.157101

Reservierter Bereich eines öffentlichen Parkplatzes, sehr eng, kein Übernachtungsplatz. **Lage/Anfahrt:** 5 Min. Fußweg ins historische Zentrum. Da Saint Émilion nicht durchfahren werden kann, sollte man den Ort von Norden her anfahren (über die D243 oder D243E1), Parkplatz liegt an der Kreuzung zur D122, dem Womo-Piktogramm folgen; **Platzanzahl:** 15; **Untergrund:** Asphalt; **Sicherheit:** beleuchtet; **Preis:** 1,50 € pro Stunde; **Geöffnet:** ganzjährig; **Kontakt:** www.saint-emilion-tourisme.com.

⌂ *Der Stellplatz von Domme* ㉘ *ist mustergültig und hat eine herrliche Lage*

Bordeaux ist eine Stadt, die sich seit geraumer Zeit neu erfindet, und momentan das größte Stadtentwicklungsprojekt Europas verwirklicht. Die Stadt ist progressiv, jung und modern, hat aber auch ein reiches kulturhistorisches Erbe. So wurde die Altstadt 2007 zum UNESCO-Weltkulturerbe erklärt. Bordeaux gilt als Welthauptstadt des Weins und das Weinanbaugebiet rund um die Gironde wird Bordelais genannt. Médoc heißt das Weinparadies westlich des Flusses, und auf den wenigen Kilometern bis zum Atlantik wachsen Rebsäfte von Weltruf. Die Route du Vin oder Route des Châteaux verläuft durch ein erstaunlich flaches Weinanbaugebiet, das sich nördlich von Bordeaux 80 km zwischen der Mündung der Gironde und dem Atlantischen Ozean erstreckt. Hier wachsen die berühmtesten Weine der Welt. Der nahe Atlantik sorgt für ein ganzjährig mildes Klima mit frostfreien Wintern, ausreichend Regen im Frühling und viel Sonne in den Sommermonaten. Jede Sekunde werden weltweit 23 Flaschen Bordeaux-Weine verkauft, deren Preise sich seit 2009 verdoppelt haben, nachdem China die Welt der Spitzenweine entdeckt hat. Eine Degustation ist eine ideale Möglichkeit, sich mit den Weinen des Médoc vertraut zu machen, und ein Vergnügen ist so eine Weinprobe in jedem Fall.

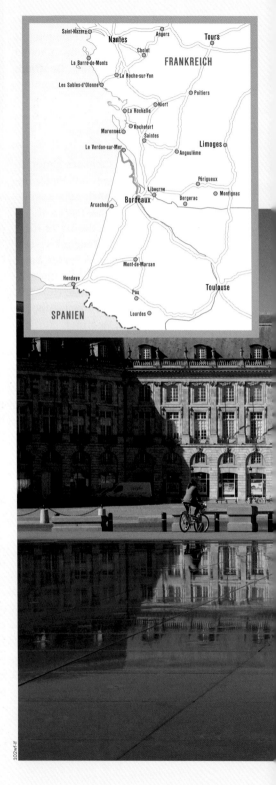

▷ *Der berühmte Miroir d'Eau am Place de la Bourse - eines der Wahrzeichen von Bordeaux*

102wf-if

ROUTE 8

DIE GIRONDE, BORDEAUX UND DER WEIN

STRECKENVERLAUF

Strecke: Bordeaux – Macau (24 km) – Margaux
(7 km) – Fort Médoc (12 km) – Pauillac (24 km) –
Saint-Estèphe (9 km) – Saint-Yzans-de-Médoc
(10 km) – Le Verdon-sur-Mer (48 km)

Gesamtlänge: 134 km

BORDEAUX

Bordeaux ist unbestritten der wichtigste An-
laufpunkt für alle Reisenden, die den südlichen Teil der französischen Atlantikküste besuchen wollen. Die einen haben die Route 5
über Blaye an der Garonne entlang gewählt,
die anderen kommen aus dem Périgord (Route 7) oder direkt von Zuhause. Unbestritten
ist, dass man sehr viel versäumt, wenn man
sich in dieser sehenswerten Stadt nicht wenigstens einen kurzen Aufenthalt gönnt.

Bordeaux ist eine überschaubare Groß-
stadt mit einem hervorragenden öffentlichen
Straßenbahnnetz, sodass man das Wohnmobil problemlos auch außerhalb der Innenstadt parken kann. Die einzige Möglichkeit,
dort das Fahrzeug (Womo-Piktogramm) abzustellen, ist an der **Esplanade des Quinconces.** Allerdings ist der Parkplatz recht eng,
teuer und meistens überfüllt.

Denjenigen, die die Stadtbesichtigung in
Ruhe angehen möchten, sei der Campingplatz **Le Village du Lac ❽** empfohlen. Er ist
über die Stadtautobahn gut zu erreichen und
an den öffentlichen Nahverkehr angebunden.

Im historischen Zentrum angekommen,
lassen sich **alle Sehenswürdigkeiten problemlos zu Fuß** erreichen. Einen hervorragenden Überblick und die ersten Informationen
erhält man bei der Fahrt mit einem Sight-
seeingbus. Die 70-minütige **Visitour** kostet
11 €, die Kommentare sind über Kopfhörer
in zehn Sprachen wählbar. Der Ticketschalter für die roten Doppeldeckerbusse befindet
sich gegenüber dem Fremdenverkehrsamt

(s. S. 160), das neben vielen individuellen
Informationen auch einen kleinen, kostenlosen Stadtplan und eine Stadtbroschüre in
deutscher Sprache bereithält.

Die **Straßenbahnlinien B und C** halten an
der Station Quinconces. Für einen längeren
und intensiveren Stadtbesuch lohnt sich
auf alle Fälle der Bordeaux City-Pass, den
es für 29 € (24 Std.), 39 € (48 Std.) 43 €
(72 Std.) gibt (kostenloser ÖPNV, Stadtführung und kostenloser Eintritt zu zahlreichen
Attraktionen) .

Seit 2007 gehört die Altstadt von Bordeaux
mit über 300 historischen Bauwerken zum
UNESCO-Weltkulturerbe.

Eine der wichtigsten Sehenswürdigkeiten
der Stadt steht gleich hier auf der Esplanade des Quinconces, das **Monument aux Gi-
rondins.** Das 43 m hohe Denkmal erinnert
an die im Jahre 1792 hingerichteten Giron-
disten, die sich während der französischen
Revolution gegen die Zentralregierung auf-
lehnten. Die Brunnen rundum sind üppig mit
ausdrucksstarken Bronzefiguren versehen
und erzählen alle eine Geschichte. Es lohnt
sich, genauer hinzusehen. Der Anblick des
bei Sonnenschein in bunten Regenbogen-
farben schimmernden Wassers ist wunderschön. Auf der anderen Seite des weitläu-
gen Platzes, der einer der größten Europas
ist, stehen die Standbilder zweier historisch
bedeutender Herren, Montesquieu (Schriftsteller und Philosoph) und Montaigne (Jurist
und Humanist), die auf die Garonne blicken.

Die **Flusspromenade** war noch vor nicht
allzu langer Zeit mit einer Vielzahl von Lager-
häusern bestückt. Als im letzten Jahrzehnt
die Erneuerung von Bordeaux in Angriff genommen wurde, verschwanden diese, seitdem lädt das Garonne-Ufer zu herrlichen
Spaziergängen ein.

▷ *Jacques Chaban-Delmas war langjähriger
Bürgermeister von Bordeaux und hat viel für die
Stadtentwicklung getan*

Mit dem Rad durch das Entre-Deux-Mers

Am Bahnhof von Bordeaux beginnt eine schöne Fahrradtour, die entlang einer stillgelegten Bahntrasse nach Sauveterre-de-Guyenne führt. Die 55 km für die einfache Tour sind eine recht weite Distanz, die so manchen Radler abschrecken wird, aber die Route ist landschaftlich wirklich empfehlenswert und ein Umkehren ist jederzeit möglich. Die Tour verläuft auf einer perfekt ausgebauten Asphaltpiste, die nur von Fahrradfahrern, Inlineskatern und Fußgängern benutzt werden darf. Nach der Pont St-Jean in Bordeaux führen die ersten 4 km entlang des Ufers der Garonne flussaufwärts. Schöne Villen und auf Stelzen gebaute Fischerhütten treten optisch in den Vordergrund. Die Piste unterquert die D113, dann geht es ab Latresne weiter Richtung Osten. Man kommt nun in das Herz des Entre-Deux-Mers. Den Namen „zwischen zwei Meeren" verdankt die Gegend den Flüssen Garonne und Dordogne.

Bis Créon geht es durch das leicht ansteigende Pimpine-Tal. Das Dorf ist das erste von mehreren Bastiden (Wehrdörfern) entlang der Strecke und wurde im Mittelalter nach einem einheitlichen Schema angelegt. Erwähnenswert ist der Mittwochsmarkt, der ein Anziehungspunkt für das gesamte Entre-Deux-Mers ist.

Von Créon aus geht es in östlicher Richtung durch einen 400 Meter langen Tunnel, danach durch Weinberge, Wälder und Felder zur Abbaye de La Sauve-Majeure.

Die Kirche liegt ungefähr einen Kilometer von der Strecke entfernt auf einem Hügel. Sie wurde der Kirche, 1079 als Benediktinerabtei gegründet, ist heute eine Ruine und überrascht mit Schlangenwesen und Sirenen an ihren Säulen. Ebenfalls beachtenswert sind die in Stein gehauenen Weintrauben im Chor hoch über den Köpfen der Betrachter.

Der ehemalige Bahnhof von Espiet wird von Radlergruppen gerne als Raststätte genutzt. Man ist hier auf die Bedürfnisse der Radfahrer eingerichtet. In sanftem Auf und Ab geht es weiter nach St-Brice. Von dort aus lohnt sich ein fast 3,5 km langer Abstecher nach Castelviel. Eine romantische Dorfkirche besticht durch ein herrliches Portal und kostbare Kapitellen.

Der weitere Weg nach Sauveterre-de-Guyenne, dem Ziel dieser Radtour, führt zum größten Teil durch Weinberge. Sauveterre-de-Guyenne wurde 1281 als Bastide gegründet und ist mit den vier Haupttoren und einem von Arkaden gesäumten Hauptplatz original erhalten. Am Dienstag, dem Tag des Wochenmarkes, geht es hier sehr turbulent zu.

Die Rückfahrt nach Bordeaux verläuft auf demselben Weg, der Blick in die andere Himmelsrichtung vermittelt aber völlig neue Eindrücke.

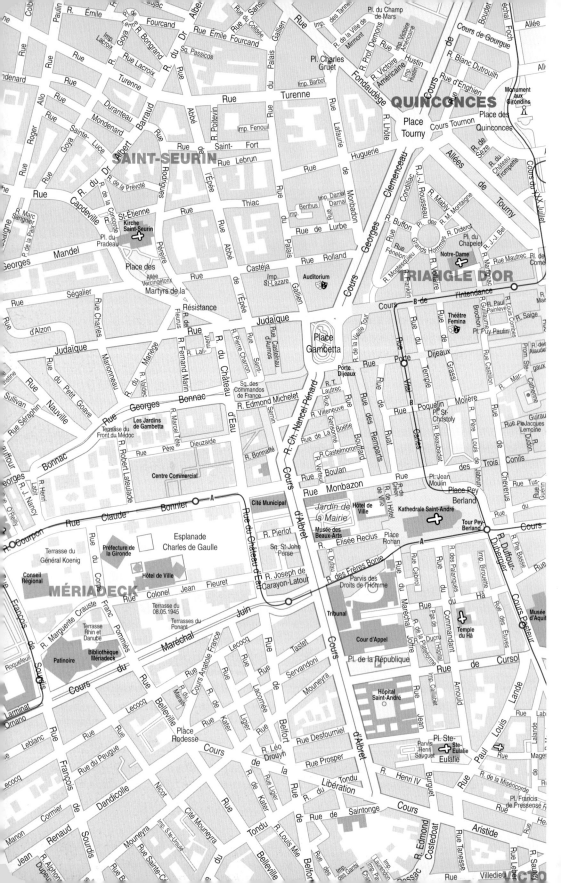

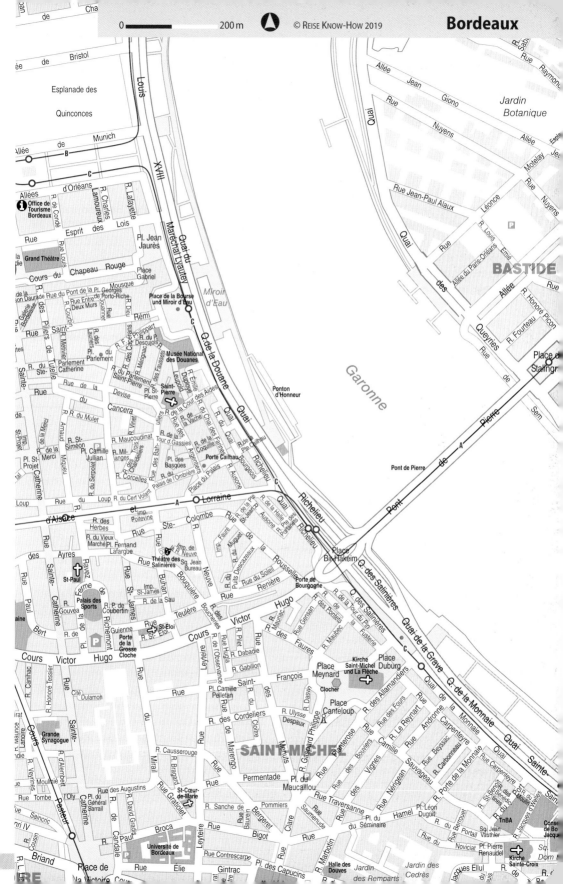

Hält man sich rechts, so ist bald der berühmte **Miroir d'Eau** erreicht, in dessen Wasserspiegel sich der **Place de la Bourse** (Börsenplatz) mit seinem **Brunnen der drei Grazien** reflektiert. Die 3450 m² große Wasserfläche ist einer der Höhepunkte von Bordeaux und außer im Winter täglich von 10 bis 22 Uhr in Betrieb.

Über die königliche **Porte Cailhau,** ein Stadttor aus dem 15. Jh., gelangt man standesgemäß ein kleines Stückchen weiter in die historische Altstadt. Die Turmbesteigung kostet 5 € und ermöglicht einen schönen Ausblick auf den Fluss.

Der im Stadtplan aus der Touristeninformation entsprechend markierte Altstadtrundgang „**Circuit UNESCO**" führt den Besucher zu allen wichtigen Sehenswürdigkeiten, und so erreicht man bald die **Grosse Cloche,** ein Tor aus dem 13. Jh., auf dessen Spitze ein goldener Löwe thront, das Symbol der englischen Könige.

Unbedingt besuchen sollte man auch die **Cathédrale Saint-André,** in der im Jahre 1137 die Hochzeit von König Ludwig VII. und Eleonore von Aquitanien stattfand (Mittagspause 13–15 Uhr).

Hier auf der **Place Pey Berland** steht der gleichnamige, 50 m hohe, separate Glockenturm der Kathedrale, der für 6 € über eine Wendeltreppe mit 233 Stufen bestiegen werden kann. Für die atemraubende Mühe wird man oben mit einer grandiosen Aussicht belohnt.

Oft begegnet dem Bordeaux-Touristen der Name **Jacques Chaban-Delmas,** dessen Sta-

Das Weinbaugebiet Bordeaux

Hier eine kleine Einführung in die Welt der Weine aus dem Médoc: Die renommiertesten Grands Crus de Bordeaux sind meist schon verkauft, bevor die Reben überhaupt reif sind, sie gehören zu der Klassifikation Premiers Crus. Danach folgen Deuxièmes, Troisièmes, Quatrièmes und Cinquièmes Crus. Die zweithöchste Kategorie sind Premier Cru Supérieur, Premier Cru Classée und Deuxièmes Cru Classée. Wer es von den Winzern nicht in die Topliga geschafft hat, dessen Weine gehören zum Cru Bourgeois.

Das Weinanbaugebiet wird auch Bordelais genannt und umfasst auf 120.000 ha alle geeigneten Lagen im Département Gironde, also die links- und rechtsseitig des Mündungstrichters von Dordogne und Garonne, aber auch solche nördlich und südlich beider Flüsse, die sich bei der Stadt Bordeaux vereinen. Hier gehen der Weinbau und sein wirtschaftlicher Erfolg auf die frühen Jahre der römischen Besatzung im 1. Jh. n. Chr. zurück, als aus der Hafenstadt Bordeaux Wein für die römischen Truppen nach England exportiert wurde. Dies verstärkte sich unter der englischen Herrschaft und in späteren Jahrhunderten.

Grundlage der Weinqualität ist zunächst das atlantische, ganzjährig milde Klima mit ausreichend Regen und Sonne. Hinzu kommen die Böden mit Kalkstein in unterschiedlicher Tiefe, überlagert von Sand und Kies, die durch die beiden Flüsse angeschwemmt wurden. Grob einteilen lässt sich das Bordeaux in das Médoc nördlich der Stadt Bordeaux am linken Ufer der Gironde, südlich der Stadt am linken Ufer der Garonne schließen sich die Graves an. Zwischen beiden Flüssen liegt das Entre-Deux-Mers, bekannt für seine Weißweine, nördlich davon das Libournais rund um die Stadt Libourne rechtsseitig der Dordogne mit den berühmten Lagen von Pomerol und Saint-Émilion. Nordwestlich davon und rechtsseitig der Gironde findet man schließlich Blaye und Bourg.

Bordeaux-Weine sind typischerweise Cuvées, also aus getrennt vinifizierten Lagen und Rebsorten gemischt. Es liegt an den Kellermeistern, ihrem Château damit einen spezifischen Charakter und Ruf zu verschaffen. Die wichtigsten roten Rebsorten sind Cabernet Sauvignon, Cabernet Franc und Merlot, bei den weißen dominiert Sauvignon Blanc.

tue sich auch auf der Place Pey Berland befindet. 48 Jahre lang, von 1947 bis 1995, war Chaban-Delmas Bürgermeister von Bordeaux und prägte die Stadt maßgeblich. Darüber hinaus bekleidete er auch auf nationaler Ebene wichtige politische Ämter.

In der Altstadt von Bordeaux lassen sich immer wieder idyllische Plätze entdecken, an denen **Straßencafés** zum Verweilen einladen, **Restaurants** gibt es unzählige.

Die Haupteinkaufsstraße ist die **Saint-Catherine,** die sich einmal quer vom **Place de la Comédie** durch das historische Quartier zieht.

Tipp: Man sollte die Spezialität von Bordeaux probieren, die „Cannelés". In der Größe von Pralinen, und einem kleine Gugelhupf ähnlich, werden dem Teig dieser Miniküchlein Vanille und ein Schuss Rum beigefügt. Diese werden dann erstaunlich lange gebacken. Der perfekte Cannelé ist also recht dunkel, hat eine dicke, karamelisierte Kruste, ist aber innen weich.

An der Place de la Comédie steht auch das **Grand Théâtre,** ein majestätischer Prachtbau aus der Zeit Ludwigs XVI. Eine beeindruckende Säulenhalle mit zwölf Steinstatuen bildet den Eingang dieses imposanten Bauwerks. Für 6 € kann man mittwoch- und samstagnachmittags an einer Führung durch das Theater teilnehmen. Der Platz ist auch ein beliebter Treffpunkt und befindet sich ganz in der Nähe des Touristenbüros (s. S. 160) und der Esplanade des Quinconces, sodass sich hier der Kreis des Altstadtrundgangs schließt.

Am anderen Ufer der Garonne liegt der Stadtteil **Bastide,** der sich mittlerweile zu einem angesagten Künstlerviertel entwickelt hat. Vom Zentrum aus führt die **Pont de Pierre** hinüber, die nicht für den allgemeinen Verkehr freigegeben ist und somit einen ruhigen Spaziergang ermöglicht.

Die spektakuläre, 2013 eingeweihte Hubbrücke **Pont Jacques Chaban-Delmas** überquert die Garonne in der Nähe der **Cité du Vin.** Das 2016 eröffnete Designergebäude ist eine weltweit einzigartige Einrichtung rund um den Wein. In der Dauerausstellung in der zweiten Etage erlebt der Besucher neunzehn Themenbereiche, die mit modernster Technik inszeniert werden. Mit diesem architektonisch außergewöhnlichen Komplex, der eine Gesamtfläche von 13.350 m² hat, ist Bordeaux endgültig zur Welthauptstadt des Weins geworden.

Die Kostprobe eines Bordelais, im Eintrittspreis inklusive, genießt man zum Abschluss des Besuches in der achten Etage auf der Aussichtsterrasse mit einem fantastischen Panorama auf die Stadt und ihren Fluss.

▷ *Durch die eindrucksvolle Porte Cailhau betritt man die Altstadt von Bordeaux*

Direkt hinter der Cité du Vin befindet sich ein **Schiffsanleger,** von wo Ausflugsdampfer ablegen und dem Fahrgast einen weiteren wunderschönen Blick auf die Kulisse des erlebenswerten Bordeaux ermöglichen.

> **La Cité du Vin,** Quai de Bacalan 134, Bordeaux, www.laciteduvin.com, geöffnet: tägl. 9.30–19 Uhr, Eintritt: 20 €. Ein Audioguide (auch in deutscher Sprache) begleitet die Besichtigung.

Informationen

> **Office de Tourisme Bordeaux,** 12 cours du XXX Juillet, Tel. 0033 556006600, www.bordeaux-tourisme.de, geöffnet: tägl. 9–18.30 Uhr. Hier sind ein kleiner Stadtführer in deutscher Sprache und ein Stadtplan erhältlich. Weiterhin bekommt man eine Liste der Weingüter rund um Bordeaux, bei denen ein Spontanbesuch möglich ist.

MACAU
(24 km – km 24)

Die Route du Vin, wie die D2 auch genannt wird, ist vom Campingplatz „Le Village du Lac" **84** über den Stadtteil Bordeaux-Blanquefort schnell erreicht.

Macau liegt bereits im Weinanbaugebiet der Region Haut-Médoc und hat neben einem **Weingut** sogar **mehrere historische Gebäude** (Monuments historiques) zu bieten. Am kleinen **Hafen** schweift der letzte Blick auf die Garonne, bevor diese sich auf Höhe der Île Macau mit der Dordogne zur Gironde vereint.

Der kostenlose Stellplatz **85** ist günstig gelegen, es gibt einen Bäcker im Ort und einige Restaurants.

▷ *Das Fort Médoc gehört zum UNESCO-Weltkulturerbe und steht auf einem großen Areal direkt an der Gironde*

MARGAUX
(7 km – km 31)

Im weiteren Verlauf der Route folgt ein Weingut dem nächsten. Manche geben sich eher bescheiden und sind schmucke Herrenhäuser, andere aber gleichen richtigen Schlössern. „Château" jedoch nennen sie sich alle.

Eines der bekanntesten Güter der Region ist Château Margaux, dessen Weine seit 1855 mit als beste der Welt gelten. „Premier Grand Cru" ist hierfür der Titel, mit dem sich nur sehr wenige Weingüter schmücken dürfen.

Château Margaux blickt auf eine jahrhundertelange Vergangenheit zurück und ging im Lauf seiner Geschichte an zahlreiche unterschiedliche Besitzer über.

Dadurch hat die Qualität des Weines jedoch keinen Schaden genommen, denn der Boden, auf dem die Reben wachsen, gilt als einer der besten des Médoc: mit leichtem Humus, aufgelockert durch feine Kiesel und recht kalkhaltig, neigen sich die Weinberge in Richtung Gironde. So kann, vereinfacht ausgedrückt, das Wasser ablaufen und es entsteht keine Staunässe.

Château Margaux gilt auch als eine der teuersten Grundbesitzungen Frankreichs.

Zu besichtigen ist das Weingut nur mit Voranmeldung, der normale Tourist wird sich also auf einen Blick auf das edle Anwesen im Vorbeifahren beschränken müssen.

FORT MÉDOC
(12 km – km 43)

Das nächste Ziel dieser Route hat ausnahmsweise nichts mit Wein zu tun. Fort Médoc gehört zu einem Verteidigungsgürtel, der über das Fort Pâté auf einer kleinen Insel in der Gironde hinüber zur Festung von Blaye führt.

Dieser Sperrriegel, auch **Vauban-Riegel** genannt, gehört zum **UNESCO-Weltkulturerbe.** 1689 von Ludwig XIV. in Auftrag gegeben, ist hier eine weitläufige Befestigungsanlage entstanden, die man durch das königliche Tor betritt. Die hölzerne Tür ist oben im Giebeldreieck mit einer Sonne verziert, dem Emblem des Sonnenkönigs. Im Innern der nie in Kämpfe verwickelten Garnison ist u. a. noch das Pulvermagazin zu besichtigen. In den Räumlichkeiten des Kommandanten gibt es eine interessante Ausstellung zu den vielen Vauban-Forts, die über ganz Frankreich verstreut liegen. Das ehemalige Gebäude der Wachmannschaften und Schützen unten am Fluss, teilweise aber auch das ganze Fort, werden heute für unterschiedliche Veranstaltungen, etwa Konzerte, genutzt.

Nach der endgültigen Aufgabe als Garnison 1916 begann ein schleichender Verfall. Seit 1960 kümmern sich Ehrenamtliche aus der Gemeinde Cussac um die wirklich gelungene Restaurierung, daher zahlt sicherlich jeder Besucher gerne den kleinen Obolus von 4 €.

Mit Blick auf die Gironde lässt es sich hier im Fort Médoc außerdem noch herrlich picknicken, spazieren gehen oder in der Hauptsaison vom Bootsanleger aus zur vorgelagerten Insel mit dem Fort Pâté hinüberfahren.

❯ **Fort Médoc**, Avenue du Fort Médoc, Cissac-Fort-Médoc, von der D2 kommend ist das Fort bereits ausgeschildert, ein ausgebauter Feldweg führt zur ehemaligen Garnison, Tel. 0033 556589840, www. cussac-fort-medoc.fr, geöffnet: je nach Saison zu unterschiedlichen Zeiten, Dez./Jan. geschlossen.

Sébastien le Prestre de Vauban

Es ist an der Zeit, ein wenig mehr über den Mann zu erfahren, dessen Bauwerke Frankreichreisenden im ganzen Land immer wieder begegnen.

Vauban (1633–1707) war französischer General, Marschall von Frankreich und Festungsbaumeister König Ludwigs XIV. Aus einfachem Landadel stammend, gab es für junge Männer der damaligen Zeit eigentlich nur zwei berufliche Alternativen: Kirche oder Armee. Vauban wählte das Militär und bereits mit 22 Jahren wurde der mathematisch hochbegabte junge Mann zum „Ingénieur ordinaire du roi" ernannt. Nach zahlreichen Erfolgen in der Armee wurde Vauban mit dem Ausbau der Festung von Lille betraut, die zu seinem ersten Meisterwerk wurde. Im Laufe seiner 56 Dienstjahre baute er 33 neue Festungen, darunter so bekannte wie Saint-Malo, Belfort, Neuf-Brisach, Metz und Saint-Martin-de-Ré. Außerdem wurden viele schon bestehende Wehranlagen von Vauban modernisiert und umgebaut.

Zwölf seiner Festungsanlagen werden seit 2008 zum UNESCO-Weltkulturerbe gezählt.

Der etwas abseits der Gironde gelegene Ort **Saint-Laurent-Médoc** befindet sich an der vielbefahrenen D1215 und wird hier hauptsächlich wegen seines Supermarktes erwähnt. Die gesamte Region des Haut-Médoc ist versorgungstechnisch nicht gut ausgestattet. Da der eine oder andere Wohnmobilist aber doch zwischendurch einkaufen muss, ist dieser kleine Umweg sehr zu empfehlen.

Saint-Laurent-Médoc liegt auf dem Jakobsweg nach Santiago de Compostela und wird auch heute noch in eine Pilgerreise mit einbezogen. Das außerhalb des Ortes gelegene ehemalige Pilgerhospiz **Nôtre-Dame de Benon** ist seit 1972 ein offiziell anerkanntes „Monument historique". Erfreulicherweise bietet Saint-Laurent-Médoc einen Stellplatz **86** an.

PAUILLAC
(24 km – km 67)

Ohne den Einkaufsumweg ist Paullic wesentlich schöner und schneller über die Route du Vin D2 anzufahren. Ein direkt an der Gironde gelegener großer Parkplatz, das Quai Paul Doumer, ist auch für Wohnmobile bestens geeignet und sicherlich hat niemand etwas dagegen, wenn man über Nacht dort stehenbleibt.

Ein kleiner Spaziergang führt zum **Hafen** von Pauillac, von wo aus Ausflugsdampfer zu einer schönen Fahrt auf der Gironde einladen. Hier an der Flusspromenade findet samstagvormittags der **Wochenmarkt** statt.

Ein Stückchen weiter liegt das Office de Tourisme, in dem auch das **Maison du Vin** untergebracht ist. Hier kann man Besuche in Weinschlössern reservieren, Weine probieren und kaufen sowie einen kleinen Film über das Médoc anschauen.

Pauillac ist das Zentrum der großen Bordelais-Weine, denn nördlich des Orts findet man die berühmtesten Weingüter der Welt. Namen wie **Mouton-Rothschild, Lafite-Rothschild** und **Latour** lassen den Liebhaber der Bordeaux-Weine ehrfurchtsvoll werden. Neben den drei berühmten Produzenten des „Premiers crus", gibt es in der Region noch die **Châteaux Pichon-Longueville,** deren Weine der Kategorie „Deuxièmes Grands Crus Classés" zugeordnet werden, und zahlreiche weniger bekannte Weingüter, bei denen der Besucher jederzeit herzlich willkommen ist.

Nebenbei sei hier erwähnt, dass in Frankreich nach dem Besuch eines Weinguts mit Weinprobe auch ein Kauf erwartet wird.

Zu bemerken ist weiterhin, dass in den meisten Weingütern während der Zeit der Weinlese Ende September bis Ende Oktober keine Besichtigungen möglich sind, da jede verfügbare Arbeitskraft für das Einbringen der Trauben benötigt wird.

Jedes Jahr im September dreht sich in Pauillac alles um den **Médoc-Marathon,** der auch Marathon des Châteaux genannt wird. Die 42,2 Marathonkilometer verlaufen durch die Weinberge bis nach Saint-Estèphe und streifen unterwegs 50 Schlösser, darunter auch die berühmten Weingüter. Überall warten Weinverkostungen, sodass der Wettkampf zu einem großen Fest wird. Die Veranstaltung ist überaus beliebt und so laufen mittlerweile fast 10.000 Sportbegeisterte und leidenschaftliche Weintrinker in zum Teil sehr ausgefallenen Kostümierungen mit. Ein Prost auf diejenigen, die trotz der stark erhöhten Promillezahl den Lauf in den erforderlichen 6½ Stunden schaffen!

Information
> **Office de Tourisme Pauillac,** La Verrerie, Pauillac, Tel. 0033 556590308, www.pauillac-medoc.com, geöffnet: tägl. 9.30 – 19 Uhr, außerhalb der Hochsaison Mittagspause bis 14 Uhr. Das Touristenbüro hält eine Broschüre in deutscher Sprache bereit sowie eine Liste der kleineren Weingüter, bei denen ein Spontanbesuch sowie eine eventuelle Übernachtung möglich sind.

▷ *Das Château Loudenne (s. S. 164), ein bekanntes Weingut im Médoc, bietet auch Führungen in deutscher Sprache an*

SAINT-ESTÈPHE

(9 km – km 76)

Auf den wenigen Kilometern nach Saint-Estèphe streift die Route du Vin weitere berühmte Châteaux, die sich allerdings dezent in ihren Weinbergen verstecken. Das **Château Cos d'Estournel** jedoch liegt direkt an der D2 und ist ein sehr beliebtes Fotomotiv, denn das Schloss erinnert mit seinen aufwendigen Schnitzarbeiten, zierlichen Türmchen und steinernen Elefanten eher an einen indischen Palast. Der Gründer des Weingutes, Louis-Gaspard Estournel, hatte neben dem Wein auch eine Leidenschaft für Araberpferde, woraus sich ein blühender Austausch und Handel mit Indien entwickelte. Doch so manche Passion wird zum Fanatismus und führt in den finanziellen Ruin. So auch bei Monsieur Estournel, der sein Weingut 1852 verkaufen musste und ein Jahr später verarmt und vereinsamt starb.

Die Weine des Châteaus gehören der Klassifikation „Deuxième Grand Cru Classé" an, sind also Weine von Weltruf, allerdings ist auch hier ein Spontanbesuch nicht möglich. Das Örtchen Saint-Estèphe liegt direkt an der Gironde, genau hier befindet sich auch die offizielle Parkmöglichkeit mit Ver-/und Entsorgungsstation **87**.

Ganz in der Nähe von Saint-Estèphe liegt der Winzerort **Vertheuil,** wo man nach dem Genuss von Weinproben gerne auch übernachten darf (Château Ferré, 9 Rue des Aubépines, Vertheuil, Tel. 0033 556419639).

SAINT-YZANS-DE-MÉDOC

(10 km – km 86)

Immer weiter geht es entlang der Gironde, an deren Ufer viele Fischerhütten auf Stelzen zu sehen sind, die sogenannten „Carrelets".

Das nächste Ziel befindet sich bereits in der Region Nord-Médoc, auch hier bestimmt der Weinbau das Leben der Menschen. Pro Jahr werden in mehr als 3000 Weingütern mit einer Rebfläche von 16.000 ha durchschnittlich 700.000 hl Wein erzeugt.

Noch im 17. Jh. war hier zum großen Teil Sumpfland, das Boot war ein unverzichtbares Fortbewegungsmittel. Mithilfe von Entwässerungsexperten aus den Niederlanden gelang es, nach und nach das Gebiet trockenzulegen.

Die überwiegend flachen Lagen mit ihren leichten Kiesböden in Verbindung mit dem ausgeglichenen Klima stellten sich bald als das **perfekte Weinanbaugebiet** heraus.

Diese ideale Lage mit dem leicht zur Gironde abfallenden Terrain besitzt auch das **Château Loudenne.** Das ehemalige Kartäuserkloster gehörte von 1875 bis 2000 einer britischen Familie und so ist es nicht verwunderlich, dass es auf dem Anwesen einen wunderschönen englischen Garten gibt.

Seit 2013 gehört das Château Loudenne einem chinesischen Investor, der für das Traditionsunternehmen 20 Mio. Euro bezahlte. China ist der weltgrößte Absatzmarkt für Bordeaux-Weine.

Château Loudenne bietet auch Weinproben in deutscher Sprache an, bekannt ist das Weingut vor allen Dingen für seinen „Cru Bourgeois Supérieur".

Weiterhin ist im viktorianisch angehauchten Keller ein kleines **Weinbaumuseum** eingerichtet und der idyllische Spaziergang zum châteaueigenen Anlegesteg an der Gironde rundet den Besuch auf schöne Art und Weise ab.

> Saint-Yzans-de-Médoc, Tel. 0033 5567317, www.chateau-loudenne.com, April–Okt. Di–Sa 11–14.30 und 16–17.30 Uhr. Das Weingut liegt noch vor dem Ort Saint-Yzans-de-Médoc etwas abseits der D2 auf einem Weinberg, ist aber ausgeschildert.

LE VERDON-SUR-MER

(48 km – km 134)

Der nun folgende Streckenabschnitt der D2 ist landschaftlich sehr reizvoll und verläuft zum Teil ebenfalls direkt entlang der Gironde.

Nach 20 km ist **Port-de-Richard** erreicht, wo sich ein Ausflug zum **Phare de Richard** lohnt, von dessen Plattform in 18 m Höhe sich ein schöner Blick über den Fluss und die Umgebung bietet. Viele **Carrelets** zieren hier das Ufer, die Netze werden langsam bis zum Boden der Gironde abgesenkt, um sie nach kurzer Zeit zügig wieder aus dem Wasser zu heben. Mit etwas Glück haben dann einige Fische nicht mehr rechtzeitig den Weg in die Freiheit gefunden.

> **Phare de Richard,** Passe de Richard, Route D2, Jau-Dignac et Loirac, Tel. 0033 556095239, Juli-Okt. nachmittags geöffnet, ansonsten nach Voranmeldung, Eintritt: 2 €. Im Leuchtturm ist auch ein kleines Museum untergebracht.

Die Gironde hat mittlerweile gigantische Ausmaße erreicht und ist hier 15 km breit. Aufgrund der enormen Breite gibt es **keine Brücken,** sondern nur **zwei Autofähren,** mit denen sich die Reise vom nördlichen Teil der Atlantikküste kommend erheblich abkürzen lässt. Die erste Fährverbindung, wie bereits in Route 5 erwähnt (s. S. 116), besteht in Blaye, die zweite hier im Mündungsbereich in Le Verdon-sur-Mer.

Siebenmal pro Tag verlässt ein Boot den Hafen von Royan, die Überfahrt kostet für ein Wohnmobil inklusive zwei Personen 46 €.

Am **Pointe de Grave** auf der anderen Seite der Gironde liegt der Hafen von Verdon-sur-Mer, hier am Grave kann ein 28 m hoher **Leuchtturm** mit kleinem Museum besichtigt werden.

Ein sehr gepflegter Stellplatz **88** am Strand von **La Chambrette** empfängt Wohnmobilisten. Zur Erkundung der Gegend hat man schöne **Wander- und Fahrradwege** angelegt, allerdings kann man sich auch mit dem kleinen **Touristenzug** auf Entdeckungstour begeben.

Sieben Kilometer vor der Gironde-Mündung steht der **Phare Cordouan** im Atlantischen Ozean. Er ist der **älteste Leuchtturm Frankreichs** und als „Monument historique" eingestuft. Um den Blick aus 67 m Höhe genießen zu können, muss man erst einmal 311 Stufen hinaufsteigen. Je nach Wetterverhältnissen fährt von April bis Anfang November in 45 Min. ein Boot hinüber zum prunkvollen „Versailles des Meeres", in dem sich sogar königliche Räume bewundern lassen.

Der **Plage Saint-Nicolas** lässt erahnen, welch herrliche Strände hier an der südlichen Atlantikküste auf den erholungssuchenden Touristen warten – mehr dazu in Route 9.

CAMPING- UND STELLPLÄTZE ENTLANG DER ROUTE 8

84 Camping Le Village du Lac
44.897787 –0.582656

Viersternecampingplatz mit Sommerpool, Restaurant, Minishop, teilweise sehr sandiger Untergrund. Bushaltestelle direkt am Platz, Bustickets gibt es an der Rezeption (tägl. 8.30–19.30 Uhr). **Lage/Anfahrt:** der Campingplatz liegt am nördlichen Stadtrand von Bordeaux hinter dem Messegelände; aus dem Süden kommend Bordeaux auf der Stadtautobahn A630/E5 umfahren, im Ortsteil Buges der Beschilderung „Parc des expositions" folgen, der Campingplatz ist ausgeschildert; **Untergrund:** Wiese, Sand; **Preise:** 21–33 € (je nach Saison); **Geöffnet:** ganzjährig; **Kontakt:** Boulevard Jacques Chaban-Delmas, Bordeaux-Bruges, Tel. 0033 557877060, www.camping-bordeaux.com.

85 Stellplatz Macau
45.007025 –0.613125

Übernachtungsplatz in Zentrumsnähe, wenig einladend. **Lage/Anfahrt:** Ortsrand; von der D2 kommend in den Ort hineinfahren, Womo-Piktogramm; **Platzanzahl:** 8; **Untergrund:** Asphalt; **Ver-/Entsorgung:** Trinkwasser, Abwasser, Chemie-WC; **Sicherheit:** beleuchtet; **Preis:** kostenlos; **Max. Stand:** unbegrenzt; **Geöffnet:** ganzjährig; **Kontakt:** Chemin du Mahoura, Macau; www.ville-macau.fr.

86 Stellplatz Saint-Laurent-Médoc
45.149185 –0.821087

Offizieller Übernachtungsplatz der Gemeinde, zentral gelegen, wenig einladend. **Anfahrt:** von der D1215 kommend auf die D1E8 abbiegen und bis zum Platz durchfahren; **Platzanzahl:** 6; **Untergrund:** Asphalt; **Ver-/Entsorgung:** Strom, Trinkwasser (mit kostenlosen Jetons, die es im Office de Tourisme oder im Tabakladen gibt); **Sicherheit:** beleuchtet; **Preise:** kostenlos; **Max. Stand:** unbegrenzt; **Geöffnet:** ganzjährig; **Kontakt:** Place du 8 mai, Saint-Laurent-Médoc, www.saint-laurent-medoc.fr.

87 Parkplatz Saint-Estèphe
45.26545 –0.758248

Parkmöglichkeit an der Flusspromenade gegenüber dem Restaurant Le Peyrat, sehr schön gelegen. **Lage/Anfahrt:** direkt an der Gironde, von der D2 kommend bis zum Fluss fahren; **Platzanzahl:** 20; **Untergrund:** Wiese; **Ver-/Entsorgung:** Strom, Trinkwasser, Abwasser, Chemie-WC, 1-€-Jetons gibt es im Restaurant; **Max. Stand:** eine Nacht; **Geöffnet:** ganzjährig; **Kontakt:** Rue du Littotal, Saint-Esthèpe, www.mairie-saint-estephe.fr.

88 Stellplatz Le Verdon-sur-Mer
45.546906 –1.055712

Sehr gepflegter, zweigeteilter Stellplatz, mit Blumenkübeln geschmückt, parzelliert; **Lage/Anfahrt:** am Ortsrand von Verdon-sur-Mer hinter einer Düne; von der D 1215 kommend in Verdon-sur-Mer der Beschilderung Plage de la Chambrette folgen, der Stellplatz ist mit einem Womo-Piktogramm ausgeschildert.; **Platzanzahl:** 30; **Untergrund:** Schotter; **Ver-/Entsorgung:** Strom, Trinkwasser, Abwasser, Chemie-WC; **Sicherheit:** beleuchtet; **Preise:** 10 €/Fahrzeug inklusive allem; **Max. Stand:** unbegrenzt; **Geöffnet:** ganzjährig; **Kontakt:** Rue du Levant 8, Le Verdon-sur-Mer, Tel. 0033 556096178, www.ville-verdon.org.

Die Côte d'Argent, die Silberküste, beginnt am Mündungstrichter der Gironde und erstreckt sich über 200 km von Soulac-sur-Mer bis nach Bayonne. Ein bekannter Badeort löst den nächsten ab und alle teilen sich den schönen, 100 km langen Sandstrand, an dem Platz für jeden Sonnenhungrigen ist. Winzige Muschelteilchen haben sich im Lauf der Jahrhunderte mit dem Sand vermischt und so glitzert der Strand in der Abenddämmerung wie von einer Silberschicht überzogen. Mit der Flut kommt das Wasser und da am Atlantik eine kräftige Brise weht, kommen auch die Wellen. Surfer, Windsurfer und Kitesurfer strömen an den Strand und stürzen sich ins kühle Nass. Große Seen wie der Lac d'Hourtin-Carcans oder der Lac de Lacanau befinden sich in der Nähe jenseits der Dünen und des großen Pinienwalds – ein Paradies im Paradies. Meer, Seen und Badeorte sind nicht weit voneinander entfernt und so lässt sich alles bei einem Fahrradausflug wunderbar erkunden. Am Cap Ferret (s. S. 173) öffnet sich das große Bassin d'Arcachon. Rundherum finden sich zahlreiche geschäftige Häfen mit ihren Austernbars, in denen die von Franzosen so geliebten Spezialität absolut kein Luxus ist. Dann ist Arcachon (s. S. 176) erreicht: „Die elegante Stadt" hat ganz eindeutig Flair und ist zu jeder Jahreszeit einen Besuch wert, denn hier ist immer etwas los.

▷ *Cap Ferret zeigt ein abwechslungsreiches Bild*

ROUTE 9

ENTLANG DER CÔTE D'ARGENT

STRECKENVERLAUF

Strecke: Soulac-sur-Mer – Montalivet-les-Bains
(23 km) – Hourtin Plage (20 km) – Hourtin Port
(13 km) – Carcans-Plage (27 km) – Lacanau-Océan
(12 km) – Cap Ferret (53 km) – Andernos-les-Bains
(26 km) – Arcachon (40 km)

Gesamtlänge: 214 km

SOULAC-SUR-MER

Ob über die Route du Vin von Bordeaux gekommen oder per Fähre von Royan aus übergesetzt (s. S. 113), am **Pointe de Grave** sieht man die Gironde in den atlantischen Ozean münden, hier beginnt der Urlaub am südlichen Teil der französischen Atlantikküste.

Soulac-sur-Mer ist der erste Badeort an der Côte d'Argent. Das sympathische Städtchen ist im Gegensatz zu anderen Badeorten historisch gewachsen. Die **Basilika Notre-Dame-de-la-Fin-des-Terres,** die „Kirche am Ende der Welt", ist eine Benediktinerklosterkirche aus dem 12. Jahrhundert und gehört als Teil des französischen Jakobswegs nach Santiago de Compostela zum UNESCO-Weltkulturerbe. Schon bald nach der Fertigstellung musste man feststellen,

dass die Kirche Gefahr lief, in den Dünen zu versanden. Alle Versuche, das Gotteshaus zu retten, scheiterten, und so musste die Kirche 1741 aufgegeben werden. Mitte des 19. Jh. war die Düne soweit weiter gezogen, dass das historische Gebäude wieder ausgegraben und restauriert werden konnte. Das dazugehörige Kloster allerdings ist nie wieder aufgetaucht. Noch heute ist der Höhenunterschied zum Rest des Ortes nicht zu übersehen, denn die Basilika liegt in einer Sandkuhle.

In Soulac gibt es eine **hübsche Einkaufsstraße,** in der sich auch die historische **Markthalle** befindet. Eine nette, blumengeschmückte Strandpromenade führt entlang einiger Villen aus der Zeit der Belle Époque und trotz der zahlreichen Touristen bleibt es selbst im Sommer eher ruhig und beschaulich.

Soulac-sur-Mer hat einen 7 km langen Strand, von dem man den **Phare Cordouan** sehen kann, dessen Licht eine Reichweite von 45 km hat. Dieser einzigartige königliche Leuchtturm mitten im Meer kann per Ausflugsboot von Verdon-sur-Mer aus besucht werden (s. S. 164).

> **Office de Tourisme Soulac-sur-Mer,** Rue de la
> Plage 68, Soulac-sur-Mer, Tel. 0033 556098661,
> www.medoc-atlantique.com, geöffnet: tägl.
> 9–19 Uhr

Mit Soulac beginnt auch der lange **Sandstrand,** der sich ohne Unterbrechung 100 km bis nach Cap Ferret erstreckt. Eine ebenso lange, bewaldete Dünenlandschaft liegt wie ein breiter Gürtel zwischen Meer und dem kaum besiedelten Hinterland.

Durch diesen herrlichen Pinienwald verläuft ein Teilabschnitt der **Vélodyssée.** Der französische Radwanderweg hat insgesamt eine Länge von 1200 km und verläuft von der Bretagne bis an die spanische Grenze.

Die D101E führt von Soulac Centre in den Vorort L'Amélie-sur-Mer, wo sich neben diversen Campingplätzen auch ein direkt am Meer gelegener Stellplatz **89** befindet.

Hier kann man ab September, wenn die Hauptsaison vorbei ist, den verzweifelten Versuch der Gemeinde beobachten, die Erosion an der Küste aufzuhalten. Unermütlich fahren Lkw Sand heran und schütten den Strand auf, der von Wind und Wellen abgetragen wurde.

Auf der Weiterfahrt nach Süden führt nahezu jede nach rechts abzweigende Straße Richtung Meer und zu einem Badeparkplatz, in dessen Nähe sich auch Campingplätze und Stellplätze befinden. Exemplarisch hierfür sei der Stellplatz von **Le Gurp 90** erwähnt, das 13 km von Soulac entfernt liegt.

Da die Stellplätze in Meeresnähe sich bereits im Dünengürtel befinden, ist bei der Parkplatzsuche Vorsicht geboten: Der Untergrund ist sandig und teilweise sehr weich. Tief eingeschnittene Reifenspuren zeugen von einigen Wohnmobilen, die wahrscheinlich nur mit fremder Hilfe mühselig wieder befreit werden konnten.

Küstenschutz an der französischen Atlantikküste

Der Küstenabschnitt zwischen Soulac-sur-Mer und dem Becken von Arcachon zieht mit seinen herrlich breiten und feinen Sandstränden Millionen von Besuchern an. Die Strandidylle wird aber Jahr für Jahr durch heftige Stürme im Winter stark bedroht. Das Meer erobert sich dann regelmäßig rund zweieinhalb Meter Land zurück und so mancher Orkan hat schon bis zu 20 m Küste fortgerissen. Strandpromenaden werden zerstört, angrenzende Häuser sind bedroht und der durch die Erderwärmung verursachte Meeresanstieg verstärkt die Gefahr noch um ein Vielfaches. Hier ein bedrohliches Beispiel aus Soulac-sur-Mer: das große Appartementhaus „Le Signal", gebaut 1965, lag damals 200 m vom Meer entfernt, 2018 waren es sage und schreibe nur noch 10 m bis der Dünengrat beginnt! 2014 wurde das Gebäude evakuiert und wartet seitdem auf den Abriss.

Der Mensch ist machtlos gegen Stürme und die Gewalt der Atlantikwellen, die einzige Möglichkeit, die Erosion zumindest etwas zu verzögern, ist der Dünenschutz. Strandhafer wird gepflanzt und gepflegt, denn das ausgedehnte Wurzelwerk hält den Sand fest und vermindert das Abtragen durch den Wind. Der Dünenbereich wird eingezäunt und jedes Jahr werden neue offizielle Strandzugänge angelegt, um zu verhindern, dass die Touristen die Bepflanzung zertrampeln. Dies geschieht auf dem kompletten 200 km langen Küstenabschnitt bis fast zur spanischen Grenze.

Besonders gefährdet sind auch die Surferparadiese Lacanau und Cap Ferret, wo zusätzlich mit Steinblöcken ganz Wälle geschaffen worden sind, was zwar nicht gerade schön, aber effektiv ist.

◁ *Das Rathaus von Soulac-sur-Mer ist äußerst repräsentativ*

Atlantikwall

Auf Befehl Hitlers wurden ab 1943 die Küstenregionen der besetzten Länder Norwegen, Dänemark, der britischen Kanalinseln, Belgiens und Frankreichs zu einem Verteidigungsgürtel befestigt. Die über 2500 Küstenkilometer umfassende Anlage entlang der Nordsee, des Ärmelkanals und der französischen Atlantikküste sollte die Gebiete vor alliierten Überfällen schützen. Die größte Befestigungsanlage der Geschichte wurde installiert, in der 12.000 Bunker und Geschützstände mit 17,3 Mio. Tonnen Beton und 1,2 Mio. Tonnen Stahl errichtet wurden. Mit zur Zwangsarbeit verurteilten fast 300.000 Gefangenen entstand so der Atlantikwall, der allein in Frankreich über 8000 Bunker und unzählige Betonhindernisse besaß. Die erfolgreiche Invasion konnte trotzdem nicht verhindert werden. Der sogenannte D-Day am 6. Juni 1944 war der Tag, von dem an sich das Kriegsgeschehen dramatisch ändern sollte. Nachdem die geringe Verteidigungstiefe, die nur aus den Strandbunkern bestand, überwunden war, konnten die Alliierten schnell ins Landesinnere Richtung Paris und Berlin vorrücken. Wichtige Küstenstädte wie Brest, Saint-Nazaire oder La Rochelle wurden von den Deutschen bis zur endgültigen Kapitulation verteidigt, was der Bevölkerung noch zusätzliche neun Monate Belagerung, Entbehrung und Unterdrückung bescherte.

MONTALIVET-LES-BAINS
(23 km – km 23)

Durch einen herrlichen Strandkiefernwald führt die D102E direkt ins 10 km entfernte Montalivet-les-Bains. Parallel zur Straße verläuft der Fahrradweg, der dem kompletten Küstenabschnitt bis nach Cap Ferret folgt. Der hiesige große Wald nennt sich **Forêt de Vendays,** in ihm wurden von der Gemeinde insgesamt 40 km Wander- und 30 km Radwege angelegt.

Wer also im Urlaub ein wenig aktiv sein will, ist hier bestens aufgehoben. Im **Surfklub** am Strand werden Kurse und Ausrüstung auch für Anfänger angeboten und die offiziellen Strandabschnitte des Ortes sind in der Saison überwacht.

Montalivet-les-Bains ist ein **typischer Badeort,** in dem außerhalb der Hochsaison nichts geboten wird. Von Juni bis September aber werden hier mehr als 30.000 Gäste gezählt und dementsprechend groß sind die Campingplätze und zahlreich die Ferienwohnungen und Hotels. In den Hauptmonaten findet täglich ein **Markt** statt, zahlreiche Events sorgen für Abwechslung.

Das Centre Hélio-Marin ist der große **FKK-Bereich,** für den Montalivet-les-Bains berühmt ist. Seit 1949 besteht hier das größte Naturistenzentrum Europas.

Der große Stellplatz **91** des Badeortes liegt hinter einer Düne und bietet direkten Meerzugang.

Verwaltungstechnisch gehört der Ort zu Vendays-Montalivet, das nahe den **Marais de la Perge** erbaut wurde, eines der wenigen kleinen Sumpfgebiete der Region, das nicht trockengelegt wurde und noch heute die für Feuchtgebiete typische Fauna und Flora aufweist. Informationen über Wander- und Fahrradwege, zu Führungen durch den Sumpf und vieles mehr erhält man im Touristenbüro.

⌂ Die Bunker am Strand der französischen Atlantikküste sind Zeitzeugen des Atlantikwalls

Information
> **Office de Tourisme Vendays-Montalivet,** Ave-
nue de l'Océan, Vendays-Montalivet, Tel. 0033
556093012, www.medoc-atlantique.com,
geöffnet: in der Saison tägl. 9–19 Uhr

Zwischen Vendays-Montalivet und Hourtin
führt ein Abzweig nach **Le Pin-Sec** zu einem
nahezu einsamen Strandabschnitt, an dem
sich diverse Zeitzeugen aus dem Zweiten
Weltkrieg befinden – Bunker des Atlantikwalls. Außer einem großen Parkplatz, auf
dem das Übernachten leider verboten ist,
einigen Imbissbuden und einer Surfschule
gibt es hier außer Sonne, Sand und Meer
nichts.

HOURTIN-PLAGE
UND HOURTIN-PORT
(20 km + 13 km – km 56)

Hourtin-Plage ist ein reines Feriendomizil,
das 13 km vom eigentlichen Ort entfernt direkt am Meer liegt. Das touristische Leben
beschränkt sich auf die Monate Juni bis September, sodass man sich fragt, wovon die Eigentümer und Angestellten der zahlreichen
Hotels und Gastronomiebetriebe das restli-
che Jahr über leben.

Das Städtchen Hourtin selbst befindet
sich am nördlichen Ufer des gleichnamigen
Lac d'Hourtin-Carcans. Dieser ist der **größte Süßwassersee Frankreichs** und definitiv
einen Besuch wert. Rund um den 5700 ha
großen See erlebt man Natur pur: Strände
und Sanddünen, unberührte Sümpfe und der
große Kiefernwald **Forêt d'Hourtin** befinden
sich hier. **Wassersport** wird natürlich ganz
groß geschrieben, es gibt mehrere Segel-
und Surfschulen. Aber auch Kanufahrern und
Anglern bietet sich hier ein ideales Revier,
ganz zu schweigen von den herrlichen Wan-
der- und Fahrradtouren, die man auf markierten Wegen rund um den 18 km langen und
4 km breiten See machen kann.

Hourtin-Port nennt sich ein relativ neuer
Sportboothafen, zu dem auch die entsprechende touristische Infrastruktur mit Restaurants und Cafés gehört. In der Nähe der sehr
gepflegten Anlage befinden sich auch ein
schöner Strandabschnitt und eine Kinderin-
sel für die Kleinen. Nur wenige Schritte sind
es von dem empfehlenswerten Stellplatz **92**
zum See, wo sich allabendlich ein traumhafter Sonnenuntergang genießen lässt.

Das **Touristenbüro** Médoc Atlantique mit
Hauptsitz in Lacanau hat in der Rue de Lacanau 1 in Hourtin eine Außenstelle, die allerdings nur in den Monaten April bis September geöffnet ist.

CARCANS-PLAGE
(27 km – km 83)

Der südliche Teil des Lac d'Hourtin gehört
zur Gemeinde Carcans. Der Ort selbst bietet
nicht viel und ist auf der D3 nach 15 km erreicht. Zum berühmten Strand Carcans-Plage
sind es dann noch weitere 12 km.

Auf der Fahrt dorthin durchquert man das
Feriendorf **Maubuisson,** das am See gelegen
alle Freizeitangebote bereithält, die ein Urlauber sich so wünscht: Segeln, Surfen, Kitesurfen, Kanufahren, Wasserski, Gleitschirmflie-
gen und, und, und – für alles gibt es einen
Verleih und eine Schule. Über die zahlreichen Wander- und Fahrradrouten (insgesamt
120 km) erkundigt man sich am besten im
Touristenbüro in der Avenue de Maubuisson
127, das wie das in Hourtin nur von April bis
September geöffnet ist. Ganzjährig geöffnet
ist die Hauptstelle in Lacanau (einheitliche
Telefonnummer 0033556032101, www.me
doc-atlantique.com).

Etwas außerhalb von Maubuisson in Richtung Bombannes liegt sehr idyllisch mitten im
Strandkiefernwald ein kleiner Stellplatz **93**.

Von hier aus führt ein schöner Fahrrad-
und Wanderweg entlang des Lac d'Hourtin-
Carcans nach Norden oder durch den Forêt
de Lacanau nach Süden zum gleichnamigen

See. Auf den Weg dorthin durchquert der Weg ein Naturreservat mit dem Sumpfgebiet **Marais de Talaris** und dem **Étang de Cousseau.**

Zum Baden lädt dann Carcans-Plage ein, das nach wenigen Minuten erreicht ist. Auf dem großen Parkplatz herrscht, wie auf allen Badeplätzen, von Anfang Mai bis Ende September aber ein Übernachtungsverbot für Wohnmobile.

Der Badeort selbst ist einer der typischen Feriendomizile an der französischen Atlantikküste, in dem nur in den Sommermonaten das Leben pulsiert.

Den fantastischen Atlantikstrand kann man nach Überquerung der Düne allerdings auch außerhalb der Saison genießen. Dann ist man mit den wenigen anderen Urlaubern und einigen Surfern nahezu allein.

In diesem Zusammenhang sei erwähnt, dass man außerhalb der Hauptsaison unbedingt jede Gelegenheit nutzen sollte, um den Wohnmobilkühlschrank zu füllen. Es gibt nur **wenige Supermärkte** in der Region und ein frisches Baguette zum Frühstück ist nicht garantiert. Auch die **Restaurants** haben meist nur tagsüber geöffnet, sodass das abendliche Mahl wohl generell im Wohnmobil eingenommen werden muss.

LACANAU-OCÉAN
(12 km – km 95)

Mitten durch den wunderschönen **Forêt de Lacanau** verläuft parallel zum Küstenfahrradweg die D6E nach Lacanau-Océan.

Das Surferparadies bietet eine der wenigen Möglichkeiten am Atlantik, ohne anstrengende Überquerung der Dünen direkt ans Meer zu kommen. Wer also ein Surfbrett dabei hat, wird diese Gelegenheit natürlich sofort wahrnehmen und ist mit Sicherheit nicht allein. Hier in Lacanau finden jährlich im August die Lacanau Pro Wettbewerbe statt, eine wichtige Etappe für die Qualifizierung zu der Weltmeisterschaft im Profisurfen, und dass der Ort in der Community bekannt ist, lässt sich nicht leugnen. Eine ausgesprochen hippe, junge und sportliche Gemeinschaft findet hier zusammen und wartet geduldig auf die ultimative Welle.

Entlang der schönen Strandpromenade, dem Boulevard de la Plage, befinden sich zahlreiche **Cafés und Bistros** und eine sehr alternative **Strandbar** lädt zum Relaxen ein. Auch in der Fußgängerzone glänzt Lacanau mit Eisdielen, Restaurants und Boutiquen, die noch weit in den Herbst hinein geöffnet

110wf-as © Thomas Launois

sind. Selbiges gilt auch für die Sportartikel-
geschäfte, denn dank Neoprenanzug gibt es
für den passionierten Surfer außer Windstille
kein schlechtes Wetter.

14 km Strände gehören zum Ferienort, die
sich in Plage Nord, Plage Central und Plage
Sud aufteilen. An allen Stränden befinden
sich Badeparkplätze, auf denen in der Saison
Übernachtungsverbot herrscht, soweit sie
nicht sowieso mit einer Höhenbeschränkung
versehen sind. Aber es gibt ja den großen
Stellplatz 🎰 im Vorort Le Huga, der 1,5 km
vom touristischen Hotspot entfernt ist.

Auf einem von der Straße getrennten Fahrradweg ist Lacanau-Océan schnell erreicht
und von hier lässt sich auch auf dem 100 km
langen Radwegenetz die schöne Umgebung
bestens erkunden. Nähere Informationen dazu und zu den vielen Veranstaltungen in der
Saison erhält man im Fremdenverkehrsamt.

Information

> **Office de Tourisme Lacanau,** Avenue de l'Europe,
Lacanau, Tel. 0033 556032101, www.medoc-
atlantique.com, geöffnet: in der Saison tägl.
9–19 Uhr. Das Fremdenverkehrsbüro Lacanau ist
auch für die Nachbargemeinden zuständig.

Der Weg gen Süden führt durch **Lacanau,** das
einen kleinen Hafen mit schöner Aussicht auf
den gleichnamigen See bietet.

Die D3 verläuft nun durch **Le Porge,** das
hier nur wegen seines Supermarktes mit an-
geschlossener Ver- und Entsorgungsstation
erwähnt wird. Natürlich gibt es auch den Badeort Le Porge-Océan sowie einige Kilometer
weiter Grand Crohot Océan, die beide zu den
typischen Ferienorten gehören, die außerhalb der Saison zu Geisterstädten werden.

◁ *100 Kilometer verläuft der herrliche Strand
nahtlos entlang der südlichen Atlantikküste*

CAP FERRET
(53 km – km 148)

In Lège-Cap-Ferret stößt die D3 auf die D106,
eine der Hauptrouten von Bordeaux zum Becken von Arcachon oder den Atlantiksträn-
den. Gerade mal 60 km beträgt die Entfernung und so können viele Großstädter ihr
Feriendomizil hier schnell erreichen.

Lége-Cap-Ferret ist ein Gemeindezusam-
menschluss, der sich 30 km die Halbinsel
hinunter bis zum eigentlichen Kap erstreckt.

Cap Ferret ist eines der bevorzugten Urlaubsziele der Reichen und Schönen. Dementsprechend niveauvoll ist das Angebot an
Villen und Hotels, Restaurants und Boutiquen. Auf der Meerseite lockt der traumhafte Strand mit dem Forêt de Lège, die andere
Seite der schmalen Halbinsel besticht durch
nette Ortschaften und den herrlichen Blick
auf das Becken von Arcachon.

Ob jedoch die Fahrt zum Kap mit dem
Wohnmobil ein Vergnügen ist, sei jedem
Fahrer selbst überlassen. Eine nicht enden
wollende Fahrzeugkolonne quält sich über
die teilweise recht schmale Straße, und Parkplätze gibt es mit viel Glück eher für kleine
Pkw. Die einzige offizielle Möglichkeit, das
Wohnmobil auf der Halbinsel abzustellen, befindet sich hinter dem Austerndorf **L'Herbe,**
das allerdings wirklich einen Besuch wert ist.
Hier wird gelebt und gearbeitet, Austernbars
gibt es reichlich. Der Parkplatz liegt direkt an
der D106 recht versteckt auf der linken Seite der Straße und ist mit Womo-Piktogramm
versehen, aber ohne Ver- und Entsorgung 🎰.

Da die Parkmöglichkeiten für Wohnmobile
auf der Halbinsel rar sind, ist es empfehlenswert, zur Erkundung der Gegend die Draht-
esel zu satteln.

Der unter Denkmalschutz stehende
Leuchtturm (phare) an der nahezu unberühr-
ten Landzunge von Cap Ferret ist ebenfalls
einen Besuch wert. 258 Stufen geht es hinauf auf die Aussichtsplattform, von der das
grandiose Panorama mit Arcachon und der
Düne von Pilat so richtig zur Geltung kommt.

**Eine kleine Fahrradtour auf
der Halbinsel Cap Ferret**

*Eine schöne Rundroute von ca. 16 km Länge
startet am Wohnmobilparkplatz ⑨⑤ an der
D106 in L'Herbe beim Friedhof. Von hier geht
es in östliche Richtung direkt an das Becken
von Arcachon und dort immer am Wasser
entlang in nördliche Richtung. Auf einem
kleinen Zwischenstück muss das Fahrrad am
Strand entlang entweder geschoben werden
oder man wählt die Weiterfahrt durch den Ort.
Vorbei an einigen Austernzüchtern und ihren
Austernbars geht die Fahrt auf der Rue du
Cap Ferret weiter nach Norden bis zum Réservois de Piraillan, dort biegt man nach Westen
Richtung Atlantik ab. Beim Campingplatz
Truc Vert wendet man sich nach Süden und
fährt parallel zur Straße auf einem separaten
Fahrradweg wieder zurück zum Ausgangspunkt. Unterwegs lädt der überaus feine, breite und saubere Atlantikstrand immer wieder
zum Baden und Entspannen ein.*

Seit geraumer Zeit kann die äußerste Spitze von Cap Ferret, die **Belvédère,** nicht mehr
betreten werden, da die Wellen des Atlantiks
diesen Küstenabschnitt so abgetragen und in
Mitleidenschaft gezogen haben, dass Besucher zu Schaden kommen könnten.

Der aus Paris stammende und hier ansässige ehemalige Modeschöpfer **Benoît
Bartherotte** hat es sich zum Lebensziel gemacht, Cap Ferret zu retten. Aus seinem privaten Vermögen finanziert er seit Jahren eine
Schutzmauer aus losen Gesteinsbrocken, die
verhindern soll, dass das Meer die Landspitze verschlingt. So ist mittlerweile der **höchste
Deich Frankreichs** entstanden, der bei Ebbe
über 30 m in die Tiefe reicht, bis zur Deichkrone 40 m misst und bisher 470 m lang ist.
Nach wie vor bringen jedes Jahr mindestens
100 Laster 3000 Tonnen Gestein, um den
Deich weiter zu befestigen.

Wer stressfrei das berühmte Cap Ferret
erkunden und genießen will, nimmt am besten den **Bus** oder den kleinen **Touristenzug.**
Gleich zu Beginn der Halbinsel befinden sich
im Ortsteil **Claouey** die Touristeninformation
und neben einem Campingplatz ein großer
Stellplatz ⑨⑥.

Information

> **Office de Tourisme Lège-Cap-Ferret,** Avenue du
  Général de Gaulle, Claouey, Tel. 0033 556039449,
  www.lege-capferret.com, geöffnet: Mo.–Sa. 10–13
  und 15–19 Uhr, im Juli und August auch sonntags
  und durchgehend

ANDERNOS-LES-BAINS
(26 km – km 174)

Nun geht es 80 km rund um das Becken von
Arcachon, das ganze 150 km groß ist. Das gezeitenabhängige **Binnenmeer** ist zum Atlantik hin offen und wird von der Halbinsel Cap
Ferret geschützt. Viele Bereiche des Bassin
d'Arcachon sind Naturschutzgebiet, der größte Teil aber gehört der Austernzucht. Rundum
gibt es 26 Austernhäfen, ca. 350 Austernzüchter bearbeiten ungefähr 7000 ha Austernparks und züchten dabei bis zu 10.000 t
Austern pro Jahr.

Jede der vier verschiedenen Zuchtgebiete
produziert eine andere Geschmacksrichtung,
z. B. die Auster vom Cap Ferret oder die Auster der Vogelinsel. Viele Austernzüchter öffnen ihre Hütten für eine **Verköstigung** der
meist roh gegessenen Delikatesse. Für den
Kostverächter dieser Art von Genuss werden
aber auch andere Meeresfrüchte und diverse
Sorten Atlantikfisch angeboten.

Der **Besuch eines Austernhafens** ist
schon für sich eine Reise wert. Es ist hochinteressant, dem geschäftigen Treiben zuzusehen und die speziellen Austernkutter zu
betrachten.

▷ *Im Austernhafen von Andernos-les-Bains
lässt es sich vortrefflich schlemmen und
nächtigen*

Nach Andernos-les-Bains sollte man nicht zu spät anreisen, um noch einen Wohnmobilstellplatz für die Nacht und einen Tisch für die eigenen kulinarischen Genüsse zu ergattern. Der **Stellplatz 97** befindet sich in unmittelbarer Nähe der Restaurants, sodass man ruhigen Gewissens auch das ein oder andere Gläschen Bordeaux-Wein genießen kann.

Für denjenigen, der lieber im Wohnmobil dinieren möchte, gibt es auch ein gut sortiertes Fischgeschäft.

Andernos-les-Bains ist ein kleiner Ferienort mit einer Hafenmole, die 230 m ins Bassin hinausragt und einen herrlichen Rundumblick ermöglicht. Es gibt feine Sandstrände, einen Segelklub, nette Geschäfte und den gemütlichen Stadtkern mit der historischen Église Saint Éloi aus dem 11. Jh.

Information

> **Office de Tourisme Andernos-les-Bains,** Esplanade du Broustic, Andernos-les-Bains, Tel. 0033 556820295, http://tourisme.andernoslesbains.fr, geöffnet: Mo–Sa 9.30–12.30 und 14–17.30 Uhr, So geschlossen

Kleiner Fahrradausflug am Becken von Arcachon

Diese Rundtour von ca. 20 km Länge beginnt in Le Teich am Parkplatz des Parc Ornithologique 98, auf dem man auch übernachten kann.

Ein ausgewiesener Radweg führt zuerst in östlicher Richtung an der Avenue de la Côte d'Argent entlang Richtung Biganos, bis kurz nach dem Ortsende von Biganos die Möglichkeit besteht, noch vor dem dortigen kleinen See nach links abzubiegen.

Es wartet ein fast schnurgerader Weg in Richtung Audenge bis zum Ortsanfang, um dann nach links Richtung Port abzubiegen (Rue du Port). Von dort schlängelt sich die Strecke dann an den Salinen vorbei zurück in südlicher Richtung, bis der Port Biganos erreicht ist. Hier führt sie ein kleines Stückchen auf seperatem Fahrradweg an der D650 entlang, da der rechts liegende Flusslauf ansonsten nicht überquert werden kann. Durch ein landschaftlich reizvolles Teilstück ist nach weiteren 2,5 km wieder der Parkplatz Le Teich erreicht.

Essen und Trinken

> **Chez Hugo** Austernbar, Tel. 0033 663334383, Avenue du Commandant David Allègre 9, Andernos-les-Bains, geöffnet: mittags 12–15 und ab 19 Uhr (je nach Saison). Kleines Austernlokal, in dem in schlichtem Rahmen Meeresfrüchte aller Art serviert werden.

Die D3 verläuft parallel zum Becken von Arcachon und auch im Austernhafen (Port Ostréiculture) von **Taussat** bietet sich die Gelegenheit, offiziell das Wohnmobil abzustellen, essen zu gehen und zu übernachten.

Im weiteren Verlauf der Strecke passiert man das **Réservoirs à Poissons,** ein Zuchtgebiet für Fische, dann geht es auf der D650 Richtung Arcachon.

Auf dem Weg dorthin liegt noch die Gemeinde **Le Teich,** die sowohl mit einem Stellplatz ⑨⑧, als auch mit einem ornithologischen Park in einem großen Naturreservat punkten kann. Hier, am Mündungsdelta des Flusses Eyre, liegt das 110 ha große **Vogelschutzgebiet,** das vielen Vogelarten ganzjährig oder zumindest auf der Durchreise eine Bleibe bietet. Ein 6 km langer Rundweg ermöglicht es Besuchern, über Beobachtungshütten, Aussichtspunkte und Infotafeln die diversen Vogelarten kennenzulernen. Mittlerweile sind unter den über 300 gesichteten Arten mehr als 80 Nistvögel beobachtet worden und es werden immer mehr.

> **Réserve Ornithologique du Teich,** Rue du Port 11, Le Teich, Tel. 0033 524733733, geöffnet: ganzjährig 10–18 Uhr, in der Hochsaison bis 20 Uhr, Eintritt: 9 €, Kinder 6,80 €. Ein Fernglas ist empfehlenswert.

ARCACHON
(40 km – km 214)

Wer schnell nach Arcachon gelangen möchte, nimmt am besten die kostenlose N250/A660. Schon an der Ausfahrt in La Teste-de-Bruch ist der Camping Club Arcachon ausgeschildert. Der schöne Campingplatz ⑨⑨ liegt recht zentral und ist die einzige offizielle Übernachtungsmöglichkeit für Wohnmobile in der Stadt. Arcachon ist auf einem Hügel erbaut und der Campingplatz liegt oben in der **Winterstadt,** die durch ihre wunderschönen Villen zu Ruhm gekommen ist.

Die **Ville d'Hiver** wurde im 19. Jh. als Kurstadt für betuchte Kranke gebaut, denen durch die jodhaltige Meeresluft und den Pinienduft Heilung versprochen wurde. Noch heute gibt es unter den 200 wunderschönen Häusern 96 denkmalgeschützte Villen, teilweise im Stil von Schweizer Chalets, englischen Cottages oder mit maurischen Elementen bestückt. Sie wurden ursprünglich alle von den Gebrüdern Péreire, Eigentümer der Eisenbahngesellschaft Chemins de fer

du Midi, zur Vermietung gebaut und brachten der Stadt den erhofften Aufschwung.

Direkt zum Strand oder ins Zentrum von Arcachon gelangt man vom Campingplatz aus bei einem schönen 1,8 km langen Spaziergang durch den angrenzenden **Parque Mauresque.** Der Weg endet kurioserweise an einem Aufzug, der hinunter in die **Innenstadt** fährt. Hier ist man sofort mitten im Geschehen: Kleine, individuelle Boutiquen, edle Chocolatiers und natürlich Eisdielen und Restaurants zu Hauf finden sich hier.

Die **historische Markthalle** am Place des Marquises ist mit ihrer Auswahl an Spezialitäten ein kulinarisches Erlebnis: Leckere regionale Backwaren, eine große Auswahl an edlen Bordeaux-Weinen, hochwertige Fleisch- und Wurstwaren und nicht zu vergessen die grandiosen Fischstände machen das Einkaufen zu einem Genuss. Die Markthalle ist täglich vormittags geöffnet, in der Hauptsaison finden rundherum noch Sonntags- oder Nachtmärkte statt.

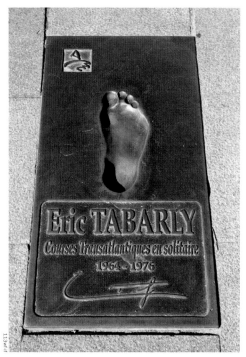

Hier in der **Sommerstadt,** der **Ville d'Été,** ist die Avenue Gambetta die wichtigste Fußgängerzone. Sie stößt am Strand auf den Boulevard de la Plage. Hier pulsiert das touristische Leben: Maler stellen ihre Gemälde aus, Musiker geben ihr Können zum Besten und Straßenkünstler laden zum Staunen ein.

Von Bordeaux aus sind es gerade einmal 65 km bis nach Arcachon und so wundert es nicht, dass hier am Wochenende in den Restaurants kaum ein freier Tisch zu bekommen ist.

Die großzügige Strandpromenade der 11.000-Einwohnerstadt ist gesäumt von prächtigen Villen der Belle Époque, die ir-

⌃ Am Jetée Thiers sind zahlreiche berühmte Segler mit ihren Fußabdrücken verewigt

⌂ Der schönste Blick auf den Strand und die Stadt Arcachon bietet sich vom Jetée Thiers aus

gendwann zu Appartementhäusern und Hotels umgebaut wurden. Was in anderen Städten eher abschreckend wirkt, gilt für Arcachon nicht – im Gegenteil! Die „elegante Stadt" strahlt eine bemerkenswerte Atmosphäre aus, in der man sich richtig wohlfühlen kann.

Den schönsten Blick auf das Bassin d'Arcachon und die Kulisse der Stadt hat man von der Hafenmole **Jetée Thiers** aus. Auf dem Platz vor der langen Mole, an der auch diverse Ausflugsschiffe anlegen, sind zur Erinnerung an berühmte Segler deren Fußabdrücke in den Boden eingelassen – eine schöne Art der Ehrung.

Zum **Segeln oder Windsurfen** ist das Becken von Arcachon absolut ideal: Eine steife Brise weht verlässlich vom Atlantik hinüber, vor den hohen Wellen jedoch ist man bestens geschützt. Dem Treiben auf dem Wasser zuzuschauen, zu schwimmen oder einfach nur in der Sonne zu liegen, dafür besitzt Arcachon mehrere schöne Strände, die die ganze Stadt umschließen.

Arcachon

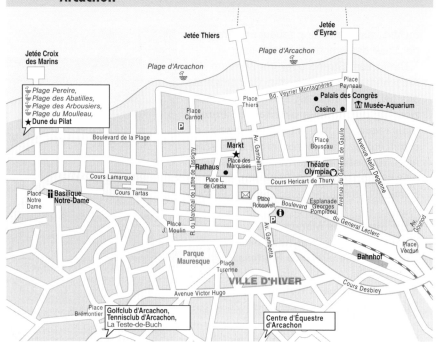

Jetée Thiers

Jetée d'Eyrac

Jetée Croix des Marins

Plage d'Arcachon

Plage d'Arcachon

Plage d'Arcachon

Place Peyneau

🏖 Plage Pereire,
🏖 Plage des Abatilles,
🏖 Plage des Arbousiers,
🏖 Plage du Moulleau,
★ Dune du Pilat

Bd. Veyrier Montagnères

Palais des Congrès

Place Thiers

Casino

🏛 Musée-Aquarium

Place Carnot

Boulevard de la Plage

Place Bouscau

Markt ★

Av. Gambetta

R. du Maréchal de Lattre de Tassigny

Rathaus ●

Place des Marquises

Théâtre Olympia ○

Avenue du Général de Gaulle

Avenue Nelly Deganne

Cours Lamarque

Place L. de Gracia

Cours Hericart de Thury

Cours Tartas

Place Notre Dame

🏛 Basilique Notre-Dame

✉ Place Roosevelt

Esplanade Georges Pompidou

Boulevard

du General Leclerc

Av. Gounod

Place J. Moulin

🅿 Av. Gambetta

ⓘ

Place Verdun

Parque Mauresque

Place Turenne

Bahnhof

VILLE D'HIVER

Cours Desbiey

Avenue Victor Hugo

Place Brémontier

Golfclub d'Arcachon, Tennisclub d'Arcachon, La Teste-de-Buch,

Centre d'Équestre d'Arcachon

115wf-f

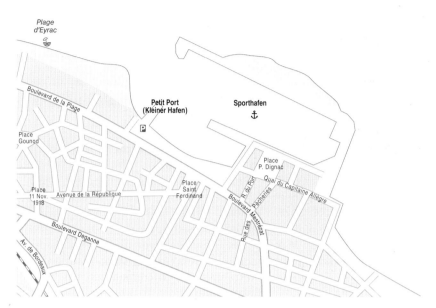

Plage
d'Eyrac

Boulevard de la Plage

Place
Gounod

Petit Port
(Kleiner Hafen) 🅿

Sporthafen ⚓

Place
P. Dignac

Place
Saint
Ferdinand

Quai du Capitaine Allègre

R. du Port

Rue des Pêcheries

Boulevard Mestrézat

Place
11 Nov.
1918   Avenue de la République

Boulevard Deganne

Av. de Bordeaux

Am Zentrum für Thalassotherapie (s. S. 44) in der **Ville de Printemps** (Frühlingsstadt) beginnt ein von Fußgängern getrennter, sehr schöner **Radweg.** Er führt direkt an der Promenade entlang und endet an den Häfen von Arcachon, dem **Port de Pêche** und dem Sportboothafen **Port de Plaisance,** der mit 2600 Liegeplätzen der zweitgrößte an der französischen Atlantikküste ist.

Der angrenzende Stadtteil wird als **Ville d'Automne (Herbststadt)** bezeichnet. Hier steht die Èglise St-Ferdinand, die als Dank für den fulminanten Aufstieg der Stadt Mitte des 19. Jh. erbaut wurde.

◁ *Der Parque Mauresque in Arcachon erstreckt sich vom Campingplatz ⓭ bis zum Aufzug, der in das Zentrum hinunterfährt*

Wer mit dem Fahrrad noch ein wenig weiterfahren möchte, sollte den **Pointe de l'Aiguillon** besuchen, das Austernzentrum von Arcachon. Die komplette Rundfahrt um das Bassin d'Arcachon ist natürlich auch möglich, dafür ist der sportlich Ambitionierte allerdings 100 km lang unterwegs.

Über die vielen Veranstaltungen und Events, die in Arcachon organisiert werden, informiert man sich am besten im Fremdenverkehrsbüro, das im Zentrum der Stadt zu finden ist.

Informationen

> **Office de Tourisme,** Esplanade Georges Pompidou, Arcachon, Tel. 0033 557529797, www.arcachon. com, geöffnet: Mo–Sa 9–18, So 10–13 und 14–17 Uhr. Hier kann man auch Fahrräder ausleihen, eine Bootsfahrt zur Düne von Pilat oder zum Cap Ferret buchen oder sich über eine Stadtführung erkundigen.

Arcachon geht nahtlos in den Vorort **Pyla-sur-Mer** über. Hier befindet sich die weltweit bekannte **Düne von Pilat,** die den Auftakt der Route 10 markiert.

CAMPING- UND STELLPLÄTZE ENTLANG DER ROUTE 9

⑧⑨ Stellplatz Soulac-sur-Mer/ L'Amélie-sur-Mer

45.4994444 –1.1375

Stellplatz in schöner Lage direkt am Meer, kein Schatten, neben dem Campingplatz Les Sables d'Argent. **Lage/Anfahrt:** 1,5 km von Soulac Centre entfernt von Soulac kommend die Küstenstraße D101E entlangfahren, Stellplatz liegt auf der Meerseite, Womo-Piktogramm; **Platzanzahl:** 45; **Untergrund:** Schotter; **Ver-/Entsorgung:** Strom, Trinkwasser, Abwasser, Chemie-WC; **Preise:** je nach Saison zwischen 4,80 € und 8,80 €, Strom und Wasser je 3,70 € (zahlbar mit Kreditkarte); **Sicherheit:** umzäunt, beleuchtet; **Max. Stand:** drei Nächte; **Geöffnet:** ganzjährig; **Adresse:** Boulvard de l'Amélie 31, Soulac-sur-Mer, www.medoc-atlantique.com.

⑨⓪ Stellplatz Le Gurp

45.433516 –1.145301

Stellplätze vor dem Campingplatz Municipal du Gurp inmitten des pinienbewachsenen Dünenbereichs, ruhig, schattig. **Lage/Anfahrt:** beiderseits der Zufahrtsstraße zum Strand; von Soulac kommend rechts auf die D102E abbiegen und bis zum Meer durchfahren, der Campingplatz ist ausgeschildert; **Platzanzahl:** 10; **Untergrund:** Sand (Vorsicht!); **Ver-/Entsorgung:** Trinkwasser, Abwasser, Chemie-WC, Euro-Relais-Station; **Preise:** kostenlos, Ver- und Entsorgung kostenpflichtig; **Max. Stand:** drei Nächte; **Geöffnet:** ganzjährig; **Kontakt:** Route de l'Océan, Grayan-et-L'Hôpital, Le Gurp Plage gehört zur Gemeinde Grayan.

⑨① Stellplatz Vendays-Montalivet

45.376331 –1.156689

Großzügig angelegter Campingcar-Park von Pass'Étapes (s. S. 32) direkt hinter der Düne. **Lage/Anfahrt:** Süden des Ortes, schattenlos, D102E führt direkt am Meer entlang und durchquert den Ort; **Platzanzahl:** 100; **Untergrund:** Schotter; **Ver-/**Entsorgung:** Strom, Trinkwasser, Abwasser, Chemie-WC; **Sicherheit:** beleuchtet; **Preise:** 8,40 – 10,80 € (je nach Saison) inklusive Ver-/Entsorgung; **Max. Stand:** unbegrenzt; **Geöffnet:** ganzjährig; **Adresse:** Boulevard de Lattre de Tassigny, Montalivet-les-Bains, www.campingcarpark.com.

⑨② Stellplatz Hourtin-Port

45.181287 –1.081087

Großzügiger Stellplatz, sehr gepflegt, ruhig, einige Bäume. **Lage/Anfahrt:** 50 m vom See entfernt, Restaurants in der Nähe, Supermarkt im Ort selbst; von der D101 kommend in den Ort hineinfahren und der Beschilderung Hourtin-Port folgen, Womo-Piktogramm; **Platzanzahl:** 70; **Untergrund:** Schotter; **Ver-/Entsorgung:** Strom, Trinkwasser, Abwasser, Chemie-WC; **Sicherheit:** umzäunt, beleuchtet; **Preis:** 11,30 €/Fahrzeug inklusive Ver- und Entsorgung, zahlbar mit Kreditkarte; **Max. Stand:** unbegrenzt; **Geöffnet:** ganzjährig; **Kontakt:** Avenue du Lac 108, Hourtin, www.medoc-atlantique.com.

⑨③ Stellplatz Maubuisson

45.085109 –1.147992

Naturbelassener, offizieller Stellplatz der Gemeinde, ruhig, idyllisch. **Lage/Anfahrt:** außerorts im Pinienwald gelegen, sandiger Waldboden, von der D207 kommend am Ortsende von Maubuisson rechts Richtung Bombannes abbiegen und noch ca. 1,5 km weiterfahren; **Platzanzahl:** 15; **Untergrund:** Sand; **Ver-/Entsorgung:** Trinkwasser, Abwasser, Chemie-WC, Euro-Relais-Station; **Preis:** 6,40 €/Fahrzeug, nur in der Hauptsaison kostenpflichtig; **Max. Stand:** eine Nacht.

⑨④ Stellplatz Lacanau/Le Huga

45.005833 –1.165278

Offizieller Stellplatz im Vorort Le Huga, der Fahrradweg führt nach Lacanau-Océan. **Lage/Anfahrt:** an der D6 gelegener, zweigeteilter Stellplatz ca. 1,5 km vom Strand entfernt, teilweise Schatten; von Carcans kommend links auf die D6 abbiegen, der Stellplatz befindet sich am Ortsrand von Le Huga; **Platzanzahl:** 125; **Untergrund:** Schotter; **Ver-/Entsorgung:** Strom, Trinkwasser, Abwasser, Chemie-WC; **Sicherheit:** beleuchtet; **Preise:** 13,80 €/Fahrzeug inklusive allem (zahlbar mit Kreditkarte); **Max. Stand:** unbegrenzt; **Geöffnet:** ganzjährig; **Kontakt:** Allée des Sauveils, Lacanau, Tel. 0033 556038303, www. mairie-lacanau.fr.

⑨⑤ Parkplatz Lège-Cap-Ferret/L'Herbe
44.686496 –1.245181

Wohnmobilparkplatz außerhalb des Austerndorfs L'Herbe, schattig, Womo-Piktogramm, keine Ver- und Entsorgung, neben dem Friedhof. **Lage/Anfahrt:** direkt an der D106 auf der linken Seite der Straße, die Zufahrt ist etwas versteckt; **Platzanzahl:** 10; **Untergrund:** Schotterrasen; **Preise:** kostenlos; **Max. Stand:** zwei Nächte; **Geöffnet:** ganzjährig; **Kontakt:** D106, Lège-Cap-Ferret, www.tourisme.andernoslesbains.fr.

⑨⑥ Stellplatz Lège-Cap-Ferret/Claouey
44.751174 –1.180345

Offizieller Stellplatz neben dem Camping Municipal Les Pastourelles, schattig. **Lage/Anfahrt:** direkt an der D106 gegenüber einer Tankstelle, Strand, Zentrum und Supermarkt in der Nähe; auf der D106 kommend zu Beginn der Halbinsel in Claouey am Kreisverkehr auf der linken Seite; **Platzanzahl:** 15; **Untergrund:** fest; **Ver-/Entsorgung:** Trinkwasser, Abwasser, Chemie-WC; **Preise:** Übernachtung kostenlos, Ver-/Entsorgung kostenpflichtig; **Max. Stand:** sieben Nächte; **Geöffnet:** ganzjährig; **Kontakt:** Avenue du Géneral de Gaulle 106, Lège-Cap-Ferret, www.ville-lege-capferret.fr.

⑨⑦ Stellplatz Andernos-les-Bains
44.744929 –1.111544

Offizieller, einfacher Parkplatz in unmittelbarer Nähe des Austernhafens, schlicht, teilweise etwas Schatten. **Lage/Anfahrt:** der

Zahlautomat und die Eurorelaisstation befinden sich direkt hinter dem Hafenbecken, zum Stellplatzbereich ca. 50 m weiterfahren, von der D3 kommend den Wegweisern „Port Ostreicole" folgen; **Platzanzahl:** 50; **Untergrund:** Schotter; **Ver-/Entsorgung:** Strom, Trinkwasser, Abwasser, Chemie-WC, kostenpflichtig; **Sicherheit:** beleuchtet; **Preis:** 14,30 €/Fahrzeug (zahlbar mit Kreditkarte); **Max. Stand:** zwei Nächte; **Kontakt:** Avenue du Commandant David Allègre 25, Andernos-les-Bains, Tel. 0033 556820295, http:// tourisme.andernoslesbains.fr.

⑨⑧ Parkplatz Le Teich
44.64004 –1.019404

Parkplatz des Parc Ornithologique du Teich, das Übernachten ist offiziell erlaubt. **Lage/Anfahrt:** direkt am Vogelpark; von der D650 kommend ist der Parc Ornithologique ausgeschildert; **Platzanzahl:** 25; **Untergrund:** Schotter; **Sicherheit:** beleuchtet; **Preis:** kostenlos, keine Ver- und Entsorgung; **Kontakt:** Rue du Port 14, Le Teich, www.leteich-touris me.com.

⑨⑨ Camping Club Arcachon
44.651427 –1.174118

Viersternecampingplatz im Pinienwald mit Pool, Restaurant und Brötchenservice. **Lage/Anfahrt:** der Campingplatz liegt auf einer Anhöhe oberhalb des Zentrums (1,8 km entfernt), schöner Fußweg durch einen Park und mit Aufzug hinunter zum Citybereich; von der Ausfahrt La Teste-de-Bruch der Beschilderung „Camping" folgen; **Untergrund:** fest; **Ver-/Entsorgung:** Strom, Trinkwasser, Abwasser, Chemie-WC; **Preis:** 33 €; **Sicherheit:** umzäunt, beleuchtet, bewacht; **Max. Stand:** unbegrenzt; **Geöffnet:** ganzjährig; **Kontakt:** Allée de la Galaxie 5, Arcachon, Tel. 0033 556832415, www.camping-arcachon.com.

Die Dune du Pilat (s. S. 184) ist die größte Wanderdüne Europas und gilt als zweitstärkster Besuchermagnet Frankreichs. Die in Höhenmetern, Kilometern und Kubikmetern beschriebenen Ausmaße übertreffen sicherlich die Vorstellungskraft der meisten Menschen – man muss die Düne einfach selbst gesehen und erklommen haben. Der anschließende über 100 km lange Küstenabschnitt besticht mit Dünen, Strand und Meer und auf der anderen Seite mit großen Seen. Dazwischen liegen Badeorte wie Biscarrosse (s. S. 185) oder Mimizan (s. S. 186). Das Département Landes besitzt auch das größte zusammenhängende Waldgebiet Westeuropas, das hinter dem Surfparadies Capbreton (s. S. 189) am Fluss Adour endet. Dort steht nicht nur die Besichtigung der Stadt an, der Bayonner Schinken ist einen Versuch wert. Am Golf von Biskaya, dem baskischen Teil des Golfe de Gascogne, hat sich die Küste verändert: Kleine Buchten verstecken sich zwischen schroffen Küsten und wildromantisch donnern die Wellen an die Felsen. Der baskische Einfluss ist unübersehbar. Die Schuhgeschäfte bieten in erster Linie Espandrilles an und alle Straßenschilder sind zweisprachig. Die elegante Stadt Biarritz (s. S. 194) ist das Ziel dieser Route, hier wandelt man auf königlichen Spuren.

▷ *Blick auf Bayonne, die baskische Stadt am Zusammenfluss von Adour und Nive*

116wf-as©asiko3p - stock.adobe.com

ROUTE 10

ENTLANG DES GOLFE DE GASCOGNE

STRECKENVERLAUF

DUNE DU PILAT

Die Düne von Pilat ist **eines der bekanntesten Naturwunder Europas** und steht seit 1974 unter Naturschutz. Sie ist schon für sich eine Reise wert und mit über einer Million Besuchern pro Jahr ist sie nach dem Mont Saint Michel in der Normandie das meistbesuchte Naturwunder Frankreichs. Der Anblick dieser größten Wanderdüne Europas ist wirklich atemberaubend.

Ohne große Vorstellungen über die Ausmaße der Düne steht man, vom Parkplatz kommend, plötzlich vor einem riesigen Sandberg. Mit einer Steigung von bis zu 40 % ragt die Düne 110 m auf der Landseite in die Höhe und fällt auf der Meeresseite mit 20 % etwas sanfter ab.

Es ist empfehlenswert, den Aufstieg über die Treppe zu machen, die jedes Jahr der veränderten Düne angepasst werden muss. Diese dient auch dem Schutz des Naturwunders und macht die Besteigung für den Besucher um ein Vielfaches einfacher.

Auf dem Gipfel angekommen, ist das Panorama absolut überwältigend. Die Düne soll geschätzt aus **60 Millionen Kubikmetern Sand** bestehen, tatsächlich ist sie bis zu 500 m breit und 2,7 km lang. Einem ausgedehnten, wenn auch etwas anstrengenden Spaziergang hier oben steht also nichts im Wege.

Die **Wanderdüne** verändert sich weiterhin ständig: 1–4 m pro Jahr wandert sie ins Landesinnere und verschlingt dabei Stück für Stück den dahinterliegenden Pinienwald. Die starken Atlantikwinde wehen unablässig al-

lerfeinsten Sand an Land und erhöhen den Berg, dessen Höhe Ende des 19. Jh. noch 80 m betrug (heute sind es schon 30 m mehr).

Der **Dünenkamm** ist so gewaltig, dass sich der Besucheransturm angenehm verteilt. So hat man die Möglichkeit, den fantastischen Blick auf das Becken von Arcachon, das gegenüber liegende Cap Ferret und den Atlantik in aller Ruhe zu genießen. Im Sommer verschönern **Segelschiffe** den Anblick zusätzlich und die Aktivitäten der **Paraglider** zu beobachten, ist auch eine spannende Sache.

> **Syndicat Mixte de la Grande Dune,** Aire d'Accueil de la Dune du Pilat, Pyla-sur-Mer, www.ladunedu pilat.com, geöffnet: April–Nov. Das Syndicat Mixte ist ein Infozentrum mit WC und Imbiss. Die Besichtigung der Düne ist frei und kostenlos möglich.

An der Dune du Pilat gibt es einen sehr großen **Parkplatz,** der im hinteren Teil für Wohnmobile reserviert ist. Die Preise sind nach Stunden gestaffelt (2 Std. 8 €, 4 Std. 10 €), bezahlt wird bei Ausfahrt per Kreditkarte. Eine Übernachtung ist nicht erlaubt und wird mit hohen Bußgeldern geahndet.

Die Bebauung von Arcachon geht nahtlos in den Vorort **Pyla-sur-Mer** über, an dessen Ortsausgang die Düne beginnt. Entlang der Straße verläuft ein separater Fahrradweg, sodass man auch problemlos zum Besuch der Dune du Pilat radeln kann.

BISCARROSSE-PLAGE UND BISCARROSSE-BOURG
(34 km – km 34)

Der gigantische Atlantikstrand, der nur durch das Bassin d'Arcachon unterbrochen wird, setzt sich ab Pyla-sur-Mer fort. Biscarrosse-Plage, das auf der D218 nach 24 km Fahrt durch

◁ *Das Panorama der gewaltigen Dune du Pilat ist ein unvergessliches Erlebnis*

den **Forêt de la Teste** erreicht ist, hat einen herrlich breiten Strandabschnitt. Der **Badeort** ist etwas größer als so manch anderes Feriendomizil in der Region und bietet in der Saison dementsprechend viel. Neben den sportlichen Aktivitäten am Strand wie Surfen, Strandsegeln, Schwimmen und Strandspaziergängen bietet der Ort, in dem man mit dem Besuch von **Boutiquen, Eisdielen und Restaurants** den Urlaubstag bestens abrunden kann, ein Kontrastprogramm. Im Juli und August finden zudem **Abendmärkte** statt, auf denen sich so manches Souvenir erwerben lässt.

Etwas vom touristischen Geschehen entfernt liegt der große Stellplatz ⓾ von Biscarrosse-Plage im schönen Pinienwald, dem **Forêt de Biscarrosse.**

Erwähnenswert sind auch hier die Wander- und Fahrradwege, die zum nahe gelegenen **Étang de Cazaux et de Sanguinet** im Norden oder zum **Étang de Biscarrosse** im Süden führen. Beide Seen sind sehr groß und durch einen Kanal miteinander verbunden.

Der **Süßwasserliebhaber** wird sich hier wahrscheinlich wohler fühlen und Strände sowie nette Ferienorte mit reichlich Freizeitangeboten gibt es auch. Vor allen Dingen der Segelsport lässt sich auf den Seen perfekt ausüben, denn jeder Ort hat einen kleinen Hafen und die Atlantikwinde versprechen Segelspaß pur.

In Biscarrosse-Lac gibt es nahe dem Hafen von **Navarrosse** einen großen Stellplatz ⓿, von dem in der Saison auch ein Bus zum Strand und zurück fährt.

Biscarrosse-Bourg, wie der Hauptort heißt, liegt 10 km vom Meer entfernt. 14.000 Einwohner zählt das Städtchen, das schon lange als Stützpunkt für Wasserflugzeuge bekannt ist. So gibt es auch ein **Museum,** in dem zahlreiche Modelle ausgestellt und erklärt werden.

> **Musée de L'Hydraviation,** Rue Louis Breguet 332, Biscarrosse, Tel. 0033 558780065, www.hydra vions-biscarrosse.com, geöffnet: tägl. 10–19 Uhr, außerhalb der Hauptsaison Öffnungszeiten erfragen, Eintritt: Erw. 8 €, 6–18 Jahre 3 €

PARENTIS-EN-BORN

(10 km – km 44)

Die D652 führt nach Parentis-en-Born am **Étang de Biscarrosse et de Parentis.** Der große See wird nur zu einem geringen Teil touristisch genutzt und so geht es auch in der Hochsaison eher ruhig und beschaulich zu.

Vom Hafen **Le Lac** kann man wunderbar beobachten, wie die kleinen Flugzeuge der nahegelegenen Flugbootbasis zur Übung auf dem Wasser starten, eine große Schleife fliegen und wieder im See landen.

Von der Hafenmole aus sind in der Ferne auch einige kleine **Bohrtürme** auszumachen, die seit den 1950er-Jahren Erdöl fördern. Das Wasser ist aber absolut sauber und auch das **Centre d'Essais des Landes,** das militärisch genutzte Gebiet zwischen Meer und See, hinterlässt keinen negativen Eindruck.

In Seenähe befindet sich auch der **Stellplatz** des Ortes ⓶, der recht zentral, aber doch ruhig gelegen ist. Auch ein Ausflugslokal gibt es hier und so steht einigen gemütlichen Urlaubstagen nichts im Wege.

Ganzjährig wird donnerstagvormittags auf dem Marktplatz ein traditioneller **Wochenmarkt** mit regionalen Produkten aufgebaut, aber einmal pro Jahr findet hier in Parentis-en-Born etwas für die Region ganz Besonderes statt, die **Feria de Parentis.**

Der baskische Einfluss ist schon spürbar, denn dies ist ein **Stierkampf** – allerdings ein unblutiger! Fünf Tage lang messen sich mutige junge Männer mit mächtigen, ausgewachsenen Stieren, dabei dürfen die Tiere von den Toreros noch nicht einmal berührt, geschweige denn verletzt werden. Akrobatische Höchstleistungen sind gefordert, um den wütenden Stieren auszuweichen. Aber nicht nur in der Stierkampfarena Les Arènes Roland Portalier wird gejubelt, in der ganzen Stadt wird gefeiert und musiziert.

Das Spektakel findet Anfang bis Mitte August statt, ein Platz in der Arena kostet bis zu 55,50 €, bei Interesse sollte man die Eintrittskarten rechtzeitig im Internet vorbestellen.

Weitere Informationen über das Städtchen erhält man im Fremdenverkehrsbüro.

Information

› **Office de Tourisme Parentis-en-Born,** Place Georges Duffau 55, Parentis-en-Born, Tel. 0033 558784360, www.biscagrandslacs.com, geöffnet: Mo–Fr 9.30–12 und 14–17 Uhr, Sa/So geschlossen

Im südlichen Teil des Étang de Biscarrosse et de Parentis liegt der kleine Ort **Gastes,** wo man einen weiteren großen Stellplatz ⓷ in der Nähe des kleinen Hafens findet.

MIMIZAN-PLAGE

(29 km – km 73)

Auf der Route des Lacs, wie die D652 entlang der großen Seen heißt, ist bald der nächste bekannte Badeort erreicht – Mimizan.

Der Hauptort **Bourg** liegt am unter Naturschutz stehenden, malerischen **Ètang d'Aureilhan.** Hier sollte man im Sommer unbedingt die **Promenade Fleurie** besuchen, auf der 300 verschiedene Blumen- und Pflanzenarten zu entdecken sind. Dieses Blütenmeer wird noch gekrönt von dem schönen Blick auf den See. In diesem Zusammenhang sei erwähnt, dass in alle Seen entlang der französischen Atlantikküste viele kleine Flüsschen münden und dass hier im südlichen Teil des Landes diese Gewässer durch Kanäle miteinander verbunden sind. Dies ermöglicht herrliche **Kanutouren** auf zum Teil idyllischen Wasserwegen. Das nötige Equipment wie Boote, Paddel und Schwimmwesten kann in zahlreichen Wassersportzentren ausgeliehen werden.

▷ *Geduldig warten Surfer auf die ultimative Welle*

Nahtlos geht die Bebauung nach 4 km in das Urlaubsparadies **Mimizan-Plage** über, das 10 km feinsten Sandstrand sein Eigen nennen darf. Das typische Sommerreiseziel verfügt über eine breite Strandpromenade mit Bars, Cafés und Restaurants. Auf der Avenue Maurice Martin wird das touristische Angebot mit Boutiquen, Eisdielen und saisonalen Märkten abgerundet.

Neben den diversen Strandaktivitäten wie Sonnen, Schwimmen, Surfen und Spazierengehen, lockt ein großes Wander- und Fahrradwegenetz in den **Forêt de Mimizan.** 40 km geht es insgesamt auf gut ausgebauten Wegen in alle Richtungen. In der Touristeninformation ist eine Broschüre erhältlich, in der unterschiedliche Wege beschrieben werden. So gibt es den 4 km langen Dünenweg, den 5 km langen Küstenweg, aber auch längere Touren z. B. zu den Seen im Inland sind aufgeführt. Außerhalb der Hochsaison hat man das alles fast für sich allein.

Information

> **Office de Tourisme Mimizan-Plage,** Avenue Maurice Martin, Mimizan-Plage, Tel. 0033 558091120, www.mimizan-tourisme.com, geöffnet: in der Hochsaison tägl. 10–12 und 15–18 Uhr, in der Nebensaison Mi und So geschlossen

Der Stellplatz ⑭ von Mimizan liegt am Ortsrand in einer Seitenstraße. Strand und Zentrum sind problemlos zu Fuß zu erreichen.

Auf der Weiterfahrt nach Süden bieten sich noch weitere Abstecher zum Meer an. Alle Straßen enden an einem großen Badeparkplatz, einige wenige Ferienhäuser, Campingplätze und Restaurants runden das touristische Angebot ab.

Exemplarisch hierfür sei **Contis-Plage** erwähnt, das über die Stichstraße D41 zu erreichen ist und das als einzige Attraktion einen Leuchtturm besitzt. Dieser ist allerdings insofern erwähnenswert, als er der einzige „Phare" zwischen Arcachon und Biarritz ist und nach Überwindung von 183 Stufen eine phantastische Aussicht bietet. Für denjenigen, der also einfach nur ein paar Tage Ruhe sucht, sind der Ort und sein Stellplatz ⑮ wirklich zu empfehlen.

VIEUX-BOUCAU-LES BAINS
(61 km – km 134)

Auf der Fahrt entlang des Golfe de Gascogne findet sich neben den zahlreichen Badeparkplätzen noch ein großer Stellplatz ⑯ am **Ètang de Léon.**

Das Naturschutzgebiet Réserve Natuerelle du Courant d'Huchet

Ein unvergesslicher Tagesausflug am Étang de Léon startet ganz in der Nähe des Stellplatzes **106***, der unweit des Sees und in unmittelbarer Nähe des Naturschutzgebietes liegt. Hier befindet sich auch das Maison de la Réserve, in dem eine Ausstellung über das Ökosystem des Naturschutzgebiets zu sehen ist. Das kleine Museum ist kostenlos zugänglich, die lohnenswerte Wanderkarte für die Region kostet 1 €.*

Direkt neben dem Museum steht der Pavillon des Bâteliers, in dem Flussschiffer mit ihren tradionellen Flachbodenbooten („galupe") auf Gäste warten. Dieser Bootsausflug mit einem „batelier" (Flussschiffer) führt erst einmal über den Étang de Léon bis ans westliche Seeufer und hinein in den Courant d'Huchet, der sich durch eine wunderschöne Landschaft Richtung Atlantik schlängelt. Das Naturreservat entlang der sumpfigen Ufer ist eine paradiesische Heimat für zahlreiche Tiere wie Otter, Bisamratte, Natter, Weißreiher und diverse Zugvögel sowie den leider vom Aussterben bedrohten Eisvogel. Wegen seiner bemerkenswerten Flora und Fauna wird dieses Naturreservat auch der „Amazonas des Département Landes" genannt. Blühender Sumpfhibiskus, seltene Farnarten und meterhohe Kahlzypressen säumen das verwunschene Flussufer, eine Flussinsel wird umrundet und dann geht es zu Fuß weiter. Die zweite Hälfte des Ausflugs startet am Parkplatz des Réserve Naturelle Pichelèbe, von wo ein 4 km langer Wanderweg entlang des unteren Courant d'Huchet beginnt, der durch einen schattigen Pinien- und Korkeichenwald führt und am schönen Atlantikstrand endet.

Moliets-Plage heißt das Ziel und wer nicht zurückwandern möchte, hat hier die Möglichkeit, in der Saison den Bus („navette") zu nehmen.

Der bewaldete Dünengürtel entlang der französischen Atlantikküste geht nun langsam zu Ende. Die Seen werden kleiner, der Strand schmaler – die Landschaft verändert sich merklich.

Die Route des Lacs durchquert noch den kleinen Ort **Messanges,** der für den **Vin de Sable** (s. S. 189) bekannt ist.

Dann ist **Vieux-Boucau-les-Bains** erreicht, das, nur durch den Strand vom Ozean getrennt, einen großen Salzwassersee mit Insel besitzt. Der in den 1970er-Jahren angelegte Badesee ist ideal für diejenigen Gäste, denen die Atlantikwellen zu hoch und die Atlantikströmung zu gefährlich sind. Der See, dessen Wasser per Kanal und Schleuse immer wieder ausgetauscht wird, hat den Vorteil, dass er gezeitenunabhängig ist. Zum großen Badespaß dieses Urlaubsortes ist noch der **Aygueblue-Wasserpark** hinzugekommen und so stehen dem Gast unzählige Freizeitmöglichkeiten offen.

Der Name „Vieux-Boucau" bedeutet „Alte Mündung", denn die Stadt und ihr damals wichtiger Hafen **Port d'Albert** lagen einst am Fluss Adour. 1578 jedoch musste der Fluss umgeleitet werden, seitdem fließt er weiter südlich bei Bayonne in den Atlantik. Die Problematik der Versandung bereitet noch heute so mancher Gemeinde großes Kopfzerbrechen.

Port d'Albert ist heute ein lebendiges Ferienzentrum mit neuen Hotels und Appartementhäusern sowie einem großen Stellplatz **107**. Wer die Gelegenheit hat, sollte unbedingt einmal zur Zeit des **Course Landaise** in Vieux-Boucau-les-Bains sein. Auch dieser traditionelle Stierkampf erfordert artistische Höchstleistungen, um dem wütenden, bis zu 500 kg schweren Rind zu entkommen. Auch hier darf das Tier nur herausgefordert und gereizt, aber nicht berührt, geschweige denn verletzt werden. Von März bis Oktober finden diese Stierkämpfe vor allen Dingen zu Kirchweihfesten statt. Genaue Termine und weitere Informationen erfährt man im Fremdenverkehrsbüro.

CAPBRETON
(21 km – km 155)

Vin de Sable

Schon seit dem 13. Jahrhundert werden die Reben des Sandweins auf Sandböden angebaut. Ursprünglich dienten sie auch zur Befestigung der Dünen mit dem angenehmen Nebeneffekt, dass diese Weinstöcke nicht der Reblaus zum Opfer fielen.

Man findet die Weine an der südlichen Atlantikküste, aber auch an der französischen Mittelmeerküste. Die jodhaltige Luft und die speziellen Meeresaromen verleihen dem Wein eine kräftige Note und ein ganz besonderes Aroma. Aus den bekannten Rebsorten Cabernet Sauvignon oder Merlot werden Rotweine, aber vor allem Roséweine gekeltert. Der Vin de Sable des Départements Landes ist seit 2011 eine geschützte Marke (DOC).

Informationen

> **Office de Tourisme Vieux-Boucau-les-Bains,** Mail André Rigal 11, Vieux-Boucau-les-Bains, Tel. 0033 558481347, www.tourisme-vieuxboucau.com, geöffnet: Mo–Sa 9.30–12.30 und 14–18 Uhr

Zwischen dem Lac Marin de Port d'Albert und dem Étang de Pinsolle befindet sich noch ein weiter Stellplatz ⑩, der offiziell zur Gemeinde Soustons gehört.

Um direkt an der Atlantikküste weiterfahren zu können, ist ein Wechsel von der Route des Lacs auf die D79 erforderlich. Die Straße verläuft durch den **Forêt de Soustons,** hier endet das größte zusammenhängende Waldgebiet Westeuropas.

Die Badeorte **Seignosse** und **Hossegor,** die beide nur Stellplätze am See anbieten, gehen nahtlos ineinander über.

Direkt am Meer allerdings liegt der **Stellplatz von Capbreton** ⑩. Der beliebte Platz im Ortsteil **Ortolans** südlich des Zentrums ist nicht ganz einfach anzufahren und nur mit sehr kleinen Womo-Piktogrammen beschildert, man muss also aufpassen!

Capbreton ist **eines der bekanntesten Surfparadiese an der Küste** und dementsprechend ausgefallen sind zum Teil die Wohnmobile und deren Fahrer.

Der Sport steht hier am herrlich breiten und langen Strand im Vordergrund und die ultimative Welle ist das Ziel des Urlaubs.

☐ *An der Hafeneinfahrt von Capbreton befindet sich der uralte Steg Estacade*

Capbreton hat aber auch einen großen **Jachthafen** und ist somit bei Seglern hoch im Kurs. Je nach Wetter und Erfolg findet hier im Hafen der **Fischmarkt** (Marché aux Poissons) statt, auf dem die Fänge des Tages frisch verkauft werden.

Die Alternative zum Kauf heißt selbst angeln, einige Hochseekutter bieten mehrstündige Ausfahrten an.

Der **Passe du Boucarot** verbindet den geschäftigen Hafen mit dem Meer, hier steht auch das Wahrzeichen von Capbreton, der hölzerne **Steg Estacade** aus dem Jahr 1858. Er war ein Geschenk von Kaiser Napoléon III. und einst 400 m lang. Mit seinen noch zum größten Teil erhaltenen, schweren Eichenholzplanken ist der lange Steg ein sehr schöner, antiker Blickfang, an dessen Ende ein Leuchtturm die Hafeneinfahrt markiert.

Das Flüsschen Boudigau fließt am eigentlichen Stadtkern vorbei, an seinem Ufer verläuft ein schöner Weg in das umtriebige **Zentrum von Capbreton,** das man unbedingt besuchen sollte. Nette kleine Geschäfte, Cafés und Restaurants befinden sich in der Fußgängerzone und der baskische Einfluss ist allgegenwärtig. Der alte Stadtkern des über 8000 Einwohner zählenden Städtchens endet an der unter Denkmalschutz stehenden **Église Saint-Nicolas,** der im Inneren sehr beeindruckenden **Kirche der 100 Kapitäne.**

Tipp: Hier sollte man einmal **Marmitako** probieren, einen baskischen Fischeintopf mit Tunfisch, Kartoffeln, Zwiebeln, Paprika und Tomaten. Der Name des Gerichts leitet sich von dem baskischen Wort marmita („Topf mit Deckel") ab, der einzigen Kochutensilie, die Fischer einst an Bord ihres Schiffs mit auf See nahmen. Marmitako hat sich zu einem beliebten Eintopf entwickelt, der in vielen Regionen zubereitet wird und manchmal sogar bei Kochwettbewerben zubereitet wird.

Neben dem ganzjährigen **Wochenmarkt** am Samstagvormittag finden in der Hauptsaison noch spezielle **Handwerks-** und **Nachtmärkte** statt. In Capbreton wird gelebt und gearbeitet, und so gibt es das ganze Jahr über diverse Veranstaltungen, über die man sich ganz in der Nähe des Marktplatzes im Fremdenverkehrsbüro ausgiebig informieren kann.

Information

❯ **Office de Tourisme Capbreton,** Avenue Georges Pompidou, Capbreton, Tel. 0033 558721211, www.capbreton-tourisme.com, geöffnet: Mo–Sa. 9.30–12.30 und 14–17 Uhr

Bevor der lange Sandstrand der französischen Atlantikküste endet und die zerklüftete baskische Küstenregion beginnt, findet der mobile Camper noch einen Stellplatz ⑩ in **Ondres-Plage** vor.

BAYONNE
(21 km – km 176)

Auf der D652/D810 ist man schnell am nächsten Ziel. Am Zusammenfluss von **Nive und Adour** liegt Bayonne, die erste größere Stadt seit Arcachon. 49.000 Einwohner zählt das historische Städtchen, das im Mittelalter eine bedeutende Pilgerstation auf dem Jakobsweg war.

Durch die Heirat von Eleonore von Aquitanien mit Heinrich II. war Bayonne lange Zeit englisches Herrschaftsgebiet und intensiv ab Ende des 13. Jh. in die Englisch-Französischen Kriege verwickelt. Erst seit Mitte des 15. Jh. gehört die Stadt zu Frankreich, wobei ein großer Teil der Bewohner sich eher als Baske fühlt. Dieses Erbe zeigt sich dem Fremden in erster Linie an den zweisprachigen Straßenschildern und den vielen baskischen Spezialitäten. Auch die prächtigen Fassaden der Häuser haben einen auf dieser Reise ganz neuen Architekturstil, der typisch für das Baskenland ist.

Rund um den historischen Stadtkern von Bayonne befinden sich große Parkplätze, von denen man die Altstadt schnell zu Fuß erkunden kann, z. B. die **Place de la Liberté.** Eine hervorragende Möglichkeit, sich einen ersten

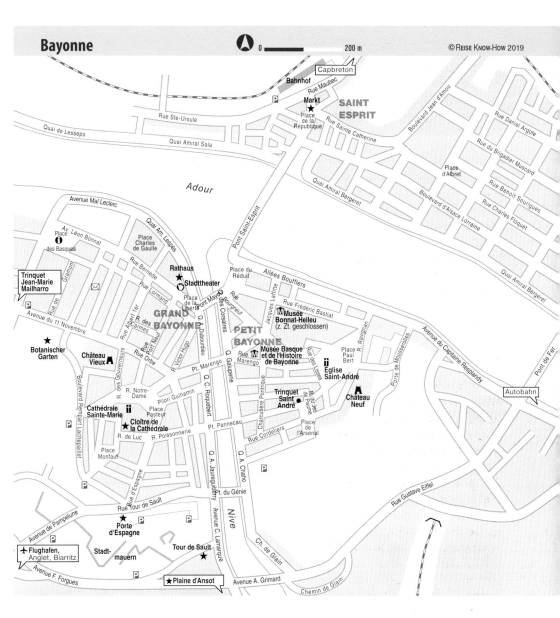

Gesamteindruck zu verschaffen, bietet eine Fahrt mit einem der kostenlosen Kleinbusse, den *navettes,* in die man überall ein- und aussteigen kann.

Die **Altstadt von Grand Bayonne** wird auf der einen Seite von der gut erhaltenen Stadtmauer und auf der anderen Seite vom Ufer der Nive begrenzt. Der Fluss mündet in die Adour und genau hier am Quai Lespès steht das imposante Rathaus der Stadt, das **Hôtel de Ville et Théâtre.** Am anderen Flussufer liegt **Petit Bayonne,** hier lädt das **Musée**

Basque et de l'Histoire de Bayonne zu einem Besuch ein. Da uns die baskische Kultur eher fremd ist, ist die große Ausstellung überaus aufschlussreich.

> **Musée Basque et de l'Histoire de Bayonne,** Quai des Corsaires, Bayonne, Tel. 0033 559590898, www.museebasque.com, geöffnet: Di–So 10.30–18 Uhr, Mo geschlossen, Eintritt: 6,50 €. In zwanzig Ausstellungsräumen werden auf drei Etagen insgesamt 2000 Gegenstände der baskischen Kultur gezeigt –sehr ansprechend und mit Erklärungen versehen.

Route 10: Entlang des Golfe de Gascogne

Bayonner Schinken

Der Bayonner Schinken ist eine 1000 Jahre alte Spezialität der Region, ein luftgetrockneter Schinken, zart und fein im Biss und mit leicht süßlichem Aroma. Er gilt als hochwertigster Schinken Frankreichs, für den ganz besondere, nur im Département Pyrenées-Atlantiques gezüchtete Schweine verarbeitet werden. Die Schweinerasse aus Orthez hat besonders saftige Hinterkeulen und wird in artgerechter Haltung und nur mit bestem Futter gemästet. Der Bayonne-Schinken wird zunächst gepökelt und muss dann 12 Monate reifen.

Ein schöner Rundgang führt über eine der Nive-Brücken zurück in den eigentlichen Bayonner Altstadtkern, wo man sich unbedingt auch die beeindruckende **Cathédrale Sainte-Marie** aus dem 14. Jh. anschauen sollte. Sie ist hier eines der größten Bauwerke der Gotik. Das dazugehörige Kloster, das **Cloître de la Cathédrale,** schließt sich in der Rue Pasteur an.

Von hier ist man schnell in der belebten Fußgängerzone und kann sich nun den Bayonner Spezialitäten zuwenden, dem berühmten **Schinken** (s. links) und der grandiosen **Schokolade.** Die Herstellung der Bayonner Schokolade lernt man am besten im „Atelier du Chocolat Andrieu" kennen, wo man immer montags viel über die Entdeckung des Kakaos und seine Herkunft bis zur fertigen Schokolade erfahren kann. Die berühmte Spezialität der Stadt erhält man in zahlreichen Geschmacksvariationen aber auch bei vielen anderen Chocolatiers, deren Geschäfte eine einzige Verführung darstellen.

Der Bayonner Veranstaltungskalender ist von diesen kulinarischen Genüssen inspiriert. So gibt es unter anderem zu Ostern das **Schinkenfest** oder am Himmelfahrtswochenende die **Schokoladentage.**

Darüber hinaus ist die Stadt auch für ihren **Cidre** bekannt. Der eigentlich normannische Apfelwein wurde durch die Vermählung von Eleonore mit Heinrich II. in der Region eingeführt.

In Bayonne wurde übrigens auch das **Bajonett** erfunden, eine am Lauf von Schusswaffen befestigte Stichwaffe in Form eines langen Dolchs.

Bevor man sich wieder zum Wohnmobil begibt, sollte man noch einen Spaziergang

durch den **Botanischen Garten** von Bayonne machen. Der japanisch beeinflusste Garten ist ein Ruheidyll und erstreckt sich entlang der alten Stadtmauer unweit des **Château Vieux,** das über der Altstadt thront.

Einen kleinen, kostenlosen Stadtplan, den Veranstaltungskalender und viele weitere Informationen erhält man im Fremdenverkehrsbüro.

Information

> **Office de Tourisme Bayonne,** Place des Basques, Bayonne, Tel. 0033 559460900, www.bayonne-tourisme.com, geöffnet: Mo–Sa 9–18 Uhr, So geschlossen

Die Stadt liegt 5 km vom Meer entfernt und geht nahtlos in den Badeort **Anglet** über. Einen offiziellen Stellplatz hat Bayonne nicht, zum Übernachten muss man also die wenigen Kilometer bis nach Anglet ans Meer fahren (Stellplatz ⑪). Von hier aus kann man sowohl zur Stadtbesichtigung von Bayonne wie auch zum Besuch von Biarritz mit dem Bus gelangen.

Anglet selbst hat einen schönen, 4 km langen Strand mit einer sehr gepflegten Liegewiese und einer Strandpromenade, die an dem Felsen endet, auf dessen anderer Seite Biarritz beginnt. Hier trifft sich eine begeister-te Surfergemeinde und die im Wasser auf die nächste Welle wartenden Sportler erinnern in ihren schwarzen Neoprenanzügen an eine große Ansammlung von Haien.

Das ausgeschilderte „**Chambre d'Amour**", das Liebeszimmer, ist eine Grotte, in der einst ein Liebespaar von der Flut überrascht und ertrunken sein soll.

> **Restaurant Le Lieu,** Place des Docteurs Gentilhe, Anglet, Tel. 0033 559454218, www.lelieuanglet.fr, geöffnet: in der Saison täglich 11–15 und 18–24, So 9.30–17 Uhr. Modernes, gehobenes Fischrestaurant mit großer Terrasse am Ende der Promenade von Anglet.

Am besten verlässt man Bayonne auf der D260, um dann auf die D5 in Richtung „Chambre d'Amour" zu wechseln. So kommt man automatisch am Stellplatz von Anglet ⑪ vorbei.

⌃ Die Kuppel und die Säulen in der Cathédrale Sainte-Marie in Bayonne sind wahre Schmuckstücke

⌃ Die baskischen Gebäude in Bayonne haben mit der Zeit etwas gelitten

BIARRITZ
(9 km – km 185)

Wer direkt in die „elegante Stadt" reisen möchte, ist von Bayonne über die D810 am schnellsten her. Bis in die Mitte des 19. Jh. war Biarritz noch ein unbedeutendes Fischerdorf. Das änderte sich schlagartig, als 1854 Kaiserin Eugénie von Spanien kommend auf der Durchreise zwei Monate in Biarritz Station machte. Der Kaiserin gefiel es hier so gut, dass Kaiser Napoléon III. ihr eine Residenz bauen ließ, in der das Paar viele Jahre den Sommer verbrachte. Von da an war Biarritz für den europäischen Adel von großem Interesse – man war schließlich gerne unter sich. Künstler und Literaten, Stars und Sternchen und natürlich der Geldadel ließen nicht lange auf sich warten. Casinos gehörten damals zum guten Ton und auch ein Golfplatz musste sein, der legendäre **Golf de Phare** entstand. Auch der russische Zar liebte die elegante Stadt und so gibt es hier in der Avenue de l'Impératrice eine **russisch-orthodoxe Kirche** mit einer goldenen Kuppel. Kaiserin Eugénie wiederum ließ die **Chapelle Impériale** in der Avenue de la Reine Victoria bauen, eine Kapelle im spanisch-maurischen Stil.

Der Boom währte über zwei Weltkriege hinaus bis in die 1960er-Jahre, als plötzlich Saint-Tropez in Mode kam.

Biarritz gilt nach wie vor als **gehobener Badeort** und hat sich seinen Charme bewahrt. Herrliche Villen aus der Zeit der Belle Époque prägen das Stadtbild und die ehemalige königliche Residenz, heute das vornehme Hotel du Palais, ist nach wie vor ein beeindruckender Blickfang.

Der elegante Ort verführt geradezu zum Lustwandeln: hochwertige Boutiquen, edle Chocolatiers und elegante Cafés und Restaurants vermitteln den Eindruck von Exklusivität. Im Kontrast dazu erzählt das **Musée de la Mer** am alten **Port des Pêcheurs** vom harten Leben der Walfänger. In dem ultramodernen Museum, das sehr geschickt in die Klippen gebaut wurde, ist auch ein großes Aquarium untergebracht, dessen Meerwasser direkt aus dem Atlantik kommt.

❯ **Musée de la Mer,** Plateau Atalaye, Biarritz, Tel. 0033 559227540, geöffnet: ganzjährig 9.30–19 Uhr (im Sommer länger), Eintritt: 14,90 €. Das Aquarium ist barrierefrei.

⌃ *Der Blick auf Biarritz und den kleinen alten Hafen bezaubert immer wieder aufs Neue*

⌄ *Die hiesigen klimatischen Verhältnisse lassen prachtvolle Trauben für geschmackvollen Wein gedeihen*

Die Gascogne und ihr Wein

Bayonne (s. S. 190) und Biarritz sind zwei Städte im Südwesten Frankreichs, die einst zur historischen Provinz Gascogne gehörten, welche von Gironde und Garonne bis zum Pyrenäenkamm reichte. Seit Napoleons Zeiten ist sie in diversen Départements aufgegangen und heute ein Teil der Region Nouvelle-Aquitaine. Erhalten hat sich ihre Sprache, das Gascognische, das mit dem Baskischen verwandt ist, es wurde später mit romanischen Elementen vermischt und ist nach wie vor ein eigener französischer Dialekt.

In der Antike besiedelt, behielt die Provinz lange eine gewisse Eigenständigkeit; sie wurde auch von den Römern noch vom übrigen Gallien unterschieden. Um diese Eigenständigkeit gab es zahlreiche Kämpfe, so gehörte die Region zeitweise zu England, ihre Geschichte spiegelt also das übliche Kriegsgeschehen in Südwestfrankreich wieder. „Côtes de Gascogne" bezeichnet ein Weinanbaugebiet im Landesinneren, in dem hauptsächlich Landweine produziert werden. „Vins de Pays Côtes de Gascogne" ist ein AOC-Prädikat, das die Weinbauern seit 1982 zur Einhaltung strenger Richtlinien verpflichtet. Mit 1400 Weinlandwirten und einer Produktionsmenge von 830.000 hl befindet sich hier Frankreichs größtes Produktionsgebiet für weißen Landwein, abgefüllt in 100 Mio. Flaschen, von denen 75 % exportiert werden.

Etwa in der Mitte der Gascogne liegt die alte Provinz Armagnac (gasconisch „Armanhac") mit ihrem Hauptort Auch. Weniger bekannt, aber deutlich älter als Cognac ist der Armagnac, der aus den Weißweinen der Region gebrannt wird. Eine Urkunde im Museum von Condom bezeugt seine Existenz schon im 15. Jh. Name, Herkunft und Herstellungsverfahren werden durch die Apellation d'Origine Côntrolée gesetzlich geregelt. Anders als Cognac, den man in zwei aufeinander folgenden Brennvorgängen gewinnt, wird Armagnac nur einmal gebrannt; spezielle technische Vorkehrungen trennen die Dämpfe von Roh- und Feinbrand vor der Kondensation. Gelagert wird er in Fässern aus dem Holz Gascogner Eichen, wobei jedes Mal zunächst neue Fässer verwendet werden, die ihm sein Bouquet, das an Vanille und Backpflaume erinnert, und Farbe geben, bevor man ihn in alte Fässer umlagert. Auch das unterscheidet ihn von Cognac, für den auch z. T. uralte Fässer wiederverwendet werden. Zeitweilig gab es eine große Nachfrage nach diesem Weinbrand, die zur Qualitätsminderung verführte. Vielleicht steht er deswegen noch immer etwas im Schatten des berühmteren Cognac. Wie für den großen Bruder gilt aber auch für Armagnac: je älter, desto teurer. Auch die Klassifizierung richtet sich nach dem Alter: V.S. steht für „Very Special", V.S.O.P. bedeutet „Very Superior Old Pale" und X.O. „Extra Old" oder „Napoléon".

D'Artagnan

D'Artagnan, den Alexandre Dumas mit seinen drei Musketieren in Romanen verewigte, ist eine der Berühmtheiten der Region. Den Comte d'Artagnan gab es wirklich, er machte unter Ludwig XIV. eine glänzende Karriere bei den französischen Musketieren, der Hausgarde des Königs. So begleitete er den jungen Monarchen 1660 zu seiner Eheschließung mit der spanischen Infantin Maria Teresa nach Saint-Jean-de-Luz. Ludwig XIV. vertraute seinem Musketier in großem Maße und betraute ihn mit zahlreichen geheimen und heiklen Missionen. Nach einem ereignisreichen Leben fiel er 1673 im Französisch-Niederländischen Krieg bei Maastricht.

Couloum

Plateau de
l'Atalaye

Labardin

Rocher
des Enfants

Le Basta

Jargin

**Aussichts-
promenaden**

Rocher
de la
Vierge

★ Esplanade Anciens Combatants

Pointe de
l'Atalaye

⚓ **Port des
Pêcheurs**

Place
Bellevue

Petit Atalaye

Aquarium 🏛

Esplanade de la Vierge

Boulevard du Maréchal Leclerc

Ⓟ

Grande Atalaye

Place
Ste-Eugénie

**Église
Sainte-Eugénie**

Rue Mazagran

Place G.

Rue   de l'Atalaye

Plage du Port Vieux

Rue   du   Port Vieux

Esplanade
du Port Vieux

Place du
Port
Vieux

Rue   de Gaston Larre

**Musée
Historique** 🏛

Rue Broquedis

Rue   des Halles

Rue des Halles

Rue du Centre

Perspective   de la Côte des Basques

R. Champ Lacombe

Cachaous

Boulevard Prince de Galles

Rue Peyroloubilh

Rue Gambetta

Rue Duler

Avenue Victor Hugo

Avenue de Londres

*Plage Côte
des Basques*

★ 🏛 **Cité de l'Océan,**
🏛 **Planète Musée du Chocolat,**
St. Jean-de-Luz, Spanien

★ Leuchtturm

Avenue de l'Impératrice

Grande
Plage

ii Église
Orthodoxe

Avenue Reine Victoria

Chapelle
Impériale ii

Av. de la Marne

P

Esplanade du Casino

Casino

Boulevard du Général de Gaulle

Avenue Edouard VII

Rue Gardague

Sq. Dalpierre

P

Av. J. Petit   i   Av. d'Ossuna

✈ Flughafen
Anglet, Bayonne

Clemenceau   Avenue de Verdun

Rue de Helder

Rue Jean Bart

✉

Rue Jaulerry

Place de la
Libération

Av. du Maréchal Foch

Avenue du Jardin Public

Jardin
Public

Musée
d'Art Oriental
Asiatica
🏛

● Pelota

Rue G. Petit

Rue Jean Jaurès

🚌 Busbahnhof,
Bahnhof,
Lac Marion,
Autobahn

Etwas ganz Besonderes ist auch der **Planète Musée du Chocolat,** das Schokoladenmuseum, in dem der Interessierte alles über die Geheimnisse der süßen Versuchung erfahren kann. Selbstverständlich ist dem Museum ein entsprechender Verkaufsraum angeschlossen.

〉 **Planète Musée du Chocolat, Biarritz,** Avenue Beaurivage 14, Biarritz, Tel. 0033 559232772, www.planetemuseeduchocolat.com, geöffnet: tägl. 10–12.30 und 14–18.30 Uhr, Eintritt: 6,50 €

⌃ *Zum Leuchtturm von Biarritz führt ein wunderschön angelegter Park*

Route 10: Entlang des Golfe de Gascogne

Direkt hinter dem alten Fischerhafen führen eine Treppe und ein schmaler Tunnel (für Wohnmobile nicht passierbar) zum **Rocher de la Vierge,** dem **Jungfrauenfelsen.** Auf dem Wahrzeichen von Biarritz thront seit 1865 eine Madonna und der Blick von hier auf das Panorama der Stadt und den tosenden Atlantik ist äußerst beeindruckend. Auf der anderen Seite des Stadtstrands, des **Grande Plage,** erblickt man das zweite Wahrzeichen von Biarritz, den weißen, 1831 erbauten Leuchtturm. Die Phare steht auf der Felsspitze des **Pointe St-Martin,** der über einen schön angelegten Park erreicht werden kann. 248 Stufen führen zu einem fantastischen Rundumblick auf den 73 m hohen Turm.

Südlich von Biarritz, das man problemlos auf der Hauptstraße D911 durchfahren sollte, schließt sich der Ortsteil **Milady** an, wo sich neben Strand und Meer auch ein Stellplatz ⑫ befindet.

Information

> **Office de Tourisme Biarritz,** Square d'Ixelles, Biarritz, Tel. 0033 559223710, www.tourisme.biarritz.fr, geöffnet: Mo–Sa 9–18, So 10–13 Uhr

CAMPING- UND STELLPLÄTZE ENTLANG DER ROUTE 10

⑩⑩ Stellplatz Biscarrosse-Plage
44.459205 –1.246233

Offizieller, naturbelassener Stellplatz auf dem Parking du Vivier im Pinienwald, ruhig, Schatten spendende Bäume, ca. 400 m vom Strand entfernt, 2,5 km zum Zentrum von Biscarrosse-Plage. **Lage/Anfahrt:** von der D218/D83 kommend der Beschilderung „Plage Viviers" und „Camping-Car" folgen; **Platzanzahl:** 180; **Untergrund:** fester Waldboden; **Ver-/Entsorgung:** Strom, Trinkwasser, Abwasser, Chemie-WC; **Sicherheit:** beleuchtet, überwacht; **Preise:** 8–16 € (je nach Saison); **Max. Stand:** unbegrenzt; **Geöffnet:** ganzjährig; **Kontakt:** Rue du Tit 681, Biscarrosse-Plage, Tel. 0033 558046452, www.biscagrandslacs.de.

⑩① Stellplatz Biscarrosse/ Port de Navarrosse
44.431534 –1.166983

Offizieller Aire-de-Stationnement-Stellplatz, teilweise Schatten, ruhig. **Lage/Anfahrt:** in Hafennähe, kleiner Supermarkt, von der D146 kommend am Ortsrand von Biscarrosse links in Richtung Navarrosse abbiegen, der Beschilderung „Camping-Car" folgen; **Platzanzahl:** 80; **Untergrund:** fest; **Ver-/Entsorgung:** Strom, Trinkwasser, Abwasser, Chemie-WC; **Sicherheit:** beleuchtet; **Preise:** 8–16 € (je nach Saison); **Max. Stand:** unbegrenzt; **Geöffnet:** ganzjährig; **Kontakt:** Chemin de Navarrosse, Biscarrosse, www.biscagrandslacs.de. In der Hauptsaison fährt ein Shuttlebus zum Strand.

▷ *Am Étang de Biscarrosse befindet sich ein sehr schöner Stellplatz ⑩①*

◁ *Vom Rocher de la Vierge, dem berühmten Jungfrauenfelsen von Biarritz, bietet sich ein herrlicher Blick auf den legendären Badeort*

⑩ Stellplatz Parentis-en-Born
44.344016 –1.098413

Offizieller Stellplatz nahe dem Seeufer, ruhig, etwas Schatten. **Lage/Anfahrt:** Ortsrand, in Parentis-en-Born in Richtung Centre Ville und dann Le Lac fahren; **Platzanzahl:** 25; **Untergrund:** Schotter; **Ver-/Entsorgung:** Strom, Trinkwasser, Abwasser, Chemie-WC; **Sicherheit:** beleuchtet; **Preis:** 8,50 €/Fahrzeug inklusive Ver- und Entsorgung; **Max. Stand:** unbegrenzt; **Geöffnet:** ganzjährig; **Kontakt:** Route des Campings 44, Parentis-en-Born, www.biscarrosse.com.

⑩ Stellplatz Gastes
44.329047 –1.150969

Aire de Camping Cars, gepflegt, mit großzügigen Parzellen, teilweise Schatten. **Lage/Anfahrt:** der Stellplatz befindet sich neben dem kleinen Hafen, ruhig, Geschäfte und Restaurant in der Nähe, von der D652 kommend in Gastes Richtung Lac rechts abbiegen; **Platzanzahl:** 50; **Untergrund:** Schotter, Wiese; **Ver-/Entsorgung:** Strom, Trinkwasser, Abwasser, Chemie-WC; **Sicherheit:** beleuchtet; **Preis:** 7 €/Fahrzeug inklusive Ver- und Entsorgung; **Max. Stand:** unbegrenzt; **Geöffnet:** ganzjährig; **Kontakt:** Avenue du Lac 851, Gastes, Tel. 0033 558097503, www.biscarrosse.com.

⑩ Stellplatz Mimizan-Plage
44.214709 –1.28225

Die Station Camping Car Mimizan ist ein neu angelegter Stellplatz, kein Schatten. **Lage/Anfahrt:** Ortsrand, Strand und Zentrum sind zu Fuß erreichbar; von der D626 kommend liegt der Stellplatz noch vor Ortsbeginn auf der rechten Seite, Womo-Piktogramm; **Platzanzahl:** 55; **Untergrund:** Asphalt, Rasengitter; **Ver-/Entsorgung:** Strom, Trinkwasser, Abwasser, Chemie-WC; **Sicherheit:** beleuchtet; **Preis:** 14 €/Fahrzeug inklusive allem (zahlbar mit Kreditkarte); **Geöffnet:** ganzjährig; **Kontakt:** Rue des Hournails, Mimizan, Tel. 0033 558091120, www.mimizan-tourisme.com.

⑩ Stellplatz Contis-Plage
44.093712 –1.310365

Aire de Camping Cars im Pinienwald, 500 m vom Strand entfernt. Der Stellplatz hat ein Waschhäuschen mit WC, Duschen und Waschmaschine. **Lage/Anfahrt:** von der D41 kommend in Richtung Phare rechts abbiegen, Womo-Piktogramm folgen; **Platzanzahl:** 70; **Untergrund:** Schotterrasen; **Ver-/Entsorgung:** Strom, Trinkwasser, Abwasser, Chemie-WC; **Sicherheit:** beleuchtet; **Preise:** 9–13 € (je nach Saison) inklusive Ver- und Entsorgung (zahlbar mit Kreditkarte); **Max.**

Stand: drei Nächte; **Geöffnet:** ganzjährig; **Kontakt:** Avenue du Phare 315, Saint-Julien-en-Born, www.tourismelandes.com.

⑩⑥ Stellplatz Léon
43.884696 –1.318921

Das Aire de Camping Cars Léon liegt in der Nähe des Sees, Schatten spendende Bäume, ruhig und großzügig, neben dem Campinglatz Capfun. **Lage/Anfahrt:** von der D652 kommend in Léon Richtung See fahren, Womo-Piktogramm folgen, der Platz liegt an der D409; **Platzanzahl:** 80; **Untergrund:** Schotterrasen; **Preise:** 11 €/Fahrzeug inklusive Ver- und Entsorgung (zahlbar per Automat); **Max. Stand:** zwei Nächte; **Geöffnet:** ganzjährig; **Kontakt:** Route du Puntaou, Léon, www.cotelandesnaturetourisme.com.

⑩⑦ Stellplatz Vieux-Boucau-les-Bains
43.780917 –1.4012

Aire de Village de Vieux-Boucau. **Lage/Anfahrt:** der große Stellplatz liegt ganz in der Nähe des Lac Marin und ist 500 m vom Zentrum sowie dem Meer entfernt; von der D652 kommend in Richtung Port d'Albert fahren, Womo-Piktogramm; **Platzanzahl:** 150; **Untergrund:** Asphalt; **Ver-/Entsorgung:** Strom, Trinkwasser, Abwasser, Chemie-WC; **Sicherheit:** beleuchtet; **Preise:** 8–15 € (je nach Saison) inklusive Ver- und Entsorgung (zahlbar per Kreditkarte); **Max. Stand:** eine Nacht; **Geöffnet:** ganzjährig; **Kontakt:** Promenade Bire-Plecq 3, Vieux-Boucau-les Bains, www.tourisme-vieuxboucau.com.

⑩⑧ Stellplatz Parking Du Lac Marin, Soustons
43.775533 –1.411531

Das Parking du Lac Marin gehört zur Gemeinde Soustons-Plage und ist ein gemischter Parkplatz. **Lage/Anfahrt:** großer Stellplatz zwischen Meer, dem Badesee Port d'Albert und dem Étang de Pinsolle, teilweise Schatten, von der D652 kommend der Beschilderung Soustons-Plage folgen, den Courant de Soustons auf der Brücke queren und der Avenue de la Petre bis zum Stellplatz folgen; **Platzanzahl:** 60; **Untergrund:** Schotter; **Ver-/Entsorgung:** Strom, Trinkwasser, Abwasser, Chemie-WC; **Sicherheit:** beleuchtet; **Preise:** 7–13 € (je nach Saison, zahlbar per Kreditkarte), inklusive Ver- und Entsorgung; **Max. Stand:** unbegrenzt; **Geöffnet:** ganzjährig; **Kontakt:** Avenue de la Petre 6, Soustons, www.soustons.fr.

Strom, Trinkwasser, Abwasser, Chemie-WC; **Sicherheit:** beleuchtet; **Preis:** 10 €/Fahrzeug inklusive Ver- und Entsorgung (nur von Ostern bis zum 1.11. kostenpflichtig, sonst keine Ver-/Entsorgung); **Max. Stand:** zwei Nächte; **Geöffnet:** ganzjährig; **Kontakt:** Avenue de la Plage 2511, Ondres, www.seignanx-tourisme.com.

⑪ Stellplatz Anglet
43.506924 –1.533728

Das Aire de Camping Cars des Corsaires ist von einer hohen Hecke abgeschirmt, Ortsrand, ruhig, 200 m vom Strand entfernt. **Lage/Anfahrt:** der schattenlose Stellplatz liegt oberhalb des Plage des Corsaires, aus Bayonne kommend die D260 in Richtung Plage und „Chambre d'Amour" (ausgeschildert) verlassen; **Platzanzahl:** 60; **Untergrund:** Asphalt; **Ver-/Entsorgung:** Trinkwasser, Chemie-WC; **Sicherheit:** beleuchtet; **Preise:** 6–10 € (je nach Saison, zahlbar per Kreditkarte bei der Ausfahrt am Automaten); **Max. Stand:** unbegrenzt; **Geöffnet:** ganzjährig; **Kontakt:** Boulevard des Plages 67, Anglet, www.anglet-tourisme.com.

⑫ Aire de Camping Cars Milady
43.466566 –1.571762

Stellplatz an der D911, durch Hecken von der Straße getrennt. **Lage/Anfahrt:** Strand 300 m entfernt, Ortsrand, Restaurants und Geschäfte in unmittelbarer Nähe; vom Zentrum kommend liegt der Stellplatz auf der linken Seite der D911; **Platzanzahl:** 60; **Untergrund:** Asphalt; **Ver-/Entsorgung:** Strom, Trinkwasser, Abwasser, Chemie-WC; **Sicherheit:** beleuchtet; **Preis:** 12 €/Fahrzeug inklusive Ver- und Entsorgung; **Max. Stand:** zwei Nächte; **Geöffnet:** ganzjährig; **Kontakt:** Avenue de la Milady, Biarritz, www.tourisme.biarritz.fr.

⑩⑨ Stellplatz Capbreton
43.636205 –1.44708

Das Aire de Camping Cars ist ein großer, schattenloser Stellplatz am Ortsrand direkt hinter der Düne von Capbreton. **Anfahrt:** im Ortsteil Ortolans, ca. 1,5 km in südlicher Richtung vom Zentrum entfernt; **Untergrund:** Asphalt, Schotter; **Platzanzahl:** 120; **Ver-/Entsorgung:** Strom, Trinkwasser, Abwasser, Chemie-WC; **Sicherheit:** beleuchtet; **Preise:** 7–14 € (je nach Saison), zahlbar per Kreditkarte am Automat oder beim Kassierer inklusive Ver- und Entsorgung; **Max. Stand:** unbegrenzt; **Geöffnet:** ganzjährig; **Kontakt:** Allée des Ortolans 1, Capbreton, www.capbreton-tourisme.com. Das Ticket muss an der Windschutzscheibe angebracht werden, tägliche Kontrolle auch außerhalb der Hochsaison.

⑩⑩ Stellplatz Ondres-Plage
43.57621 –1.486508

Dieses Aire de Camping Cars ist ein schattenloser Platz direkt am Strand. **Lage/Anfahrt:** abgeteilter Bereich auf einem großen Parkplatz, von der D810 kommend Richtung Ondres abbiegen und bis zum Badeparkplatz und Plages durchfahren; **Platzanzahl:** 50; **Untergrund:** Asphalt; **Ver-/Entsorgung:**

◹ Die Sonnenuntergänge und die Abendstimmung am Strand von Capbreton bezaubern

Mit Überquerung der Adour befindet man sich im Département Pyrénées-Atlantiques. In Saint-Jean-de-Luz (s. S. 204) ist man im französischen Teil des Baskenlandes angelangt. Noch vor zwanzig Jahren undenkbar, wird das Baskische wieder gelebt. Man ist stolz darauf, Baske zu sein, dazu gehören Sprache, kulinarische Spezialitäten und Traditionen wie Pelota (s. S. 205). Nun heißt es Abschied nehmen vom Meer, denn die Route führt in die atlantischen Pyrenäen. Vom heiligen Hausberg der Basken, dem La Rhune (s. S. 207), hat man einen letzten, fantastischen Blick auf die Atlantikküste, dann geht es „auf zu neuen Gefilden". Im Pilgerort Saint-Jean-Pied-de-Port (s. S. 209) ist man endgültig in einer anderen Welt angekommen und sicherlich wird sich so mancher wünschen, auch einmal eine Pilgerreise nach Santiago de Compostela mitmachen zu können. Weiter geht es durch das liebliche Weinanbaugebiet des Juracon bis in die Universitätsstadt Pau. Hier wähnt man sich in mediterranen Regionen, denn ein Palmen- und Blumenmeer verschönert die lebendige Stadt. Der Höhepunkt der Route ist Lourdes (s. S. 215): Die nächtliche Prozession um den Heiligen Bezirk ist so beeindruckend, dass auch nichtreligiöse Gäste sie niemals vergessen werden.

▷ *Saint-Jean-de-Luz ist ein baskisches Städtchen, das man unbedingt besuchen sollte*

ROUTE 11

DIE BASKISCHE KÜSTE
UND DIE PYRÉNÉES-ATLANTIQUES

STRECKENVERLAUF

Strecke: Saint-Jean-de-Luz – Hendaye (12 km) – Sare (23 km) – Espelette (14 km) – Saint-Jean-Pied-de-Port (37 km) – Oloron-Sainte-Marie (76 km) – Pau (32 km) – Lourdes (41 km)
Gesamtlänge: 235 km

SAINT-JEAN-DE-LUZ

Dieses überaus charmante Städtchen hat eine lange und bewegte Vergangenheit vorzuweisen. Da die Bucht von Saint-Jean-de-Luz den einzigen geschützten Hafen im Golf von Biskaya darstellte, war der Ort schon im Mittelalter das Fischereizentrum schlechthin, insbesondere für den Walfang. Das Fett der Wale wurde für die Öllampen benötigt und aus ihren Knochen wurden allerlei Haushaltsgegenstände gefertigt.

Nachdem die Bestände stark überfischt waren, verdienten sich viele Einwohner von Saint-Jean-de-Luz als Freibeuter ihr Brot. Im Namen des Königs von Frankreich wurden englische und spanische Schiffe gekapert und geplündert – die Stadt kam zu ungeheurem Reichtum.

Saint-Jean-de-Luz wurde immer wieder von Sturmfluten erheblich zerstört und 1854 endlich genehmigte Napoléon III. die Gelder für die Schließung der Bucht durch eine Schutzmauer.

Ein wunderschöner Spaziergang führt am Stadtstrand entlang auf der **Promenade Jacques Thibaud,** die am Leuchtturm des historischen Hafens endet.

Ein Ereignis, das noch heute in der Stadt lebendig ist, war die königliche **Hochzeit von Ludwig XIV. mit der spanischen Infantin (Königstochter) Maria Teresa.** Am 9. Juni 1660 fand die Vermählung in der **Église Saint-Jean-Baptiste** statt, die sich inmitten der heutigen Fußgängerzone, der **Rue Gambetta,** befindet. Das Hauptportal, durch das das Brautpaar die im Innern sehr schöne Kirche verließ, wurde zugemauert und ist es bis heute geblieben. Nur von außen zu bewundern ist in dem Zusammenhang das **Maison de l'Infante** in der **Rue de l'Infante.** Das **Maison Louis XIV** am **Place des Corsaires,** das

☑ *Zwischen prächtigen Häusern lässt es sich in Saint-Jean-de-Luz hervorragend bummeln*

seit 1643 derselben Familie gehört, beherbergt heute ein kleines Museum.

› **Maison Louis XIV,** Place des Corsaires, Saint-Jean-de-Luz, Tel. 0033 559262758, geöffnet: Anfang April–Anfang November Mi–Mo 11.30–17 Uhr, Eintritt: 6,50 €, Die Besichtigung dauert ca. 40 Minuten.

Ein Bummel durch die belebten Gassen von Saint-Jean-de-Luz ist in jeder Hinsicht ein Genuss. Unzählige Cafés und Restaurants laden zur Einkehr ein, edle Chocolatiers bieten ihre süßen Verführungen an, kleine Boutiquen stellen die typischen baskischen Streifen in allen Variationen zur Schau, und an den vielen Espandrilles (Sommerschuhe) dürfte wohl kaum eine Frau vorbei kommen.

Auch die historische **Markthalle** von 1884 am **Boulevard Victor Hugo** muss man unbe-

Pelota

Dieses Spiel ist eine der schnellsten Sportarten der Welt und erfordert ungeheure Konzentration sowie eine immense Reaktionsfähigkeit. Pelota ist ein baskisches Rückschlagspiel, bei dem ein kleiner Gummiball gegen eine Wand („frontón") geschleudert wird. Ein Zweierteam wirft und fängt den Ball abwechselnd, zum Teil mit der bloßen Hand, einem Schlagbrett oder einem Spitzkorb („chistera") als Beschleunigungsinstrument. Das Spielfeld ist bis zu 60 m lang und 15 m breit und der Ball kann eine Spitzengeschwindigkeit von über 200 km/h erreichen.

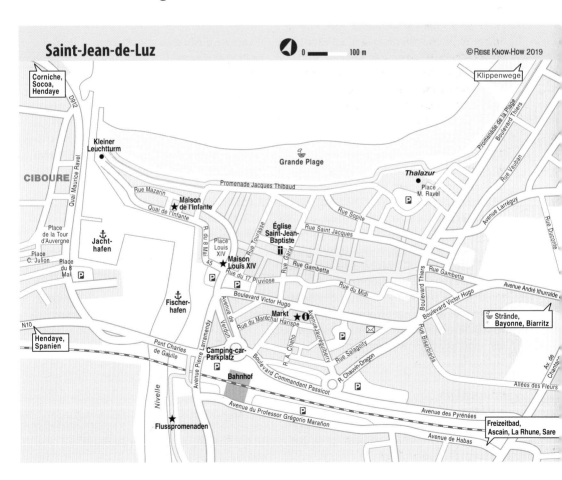

dingt besucht haben, die Auswahl ist groß-
artig. Hier lassen sich auch die hiesigen
Spezialitäten, die **Fischsuppe Ttoro** und der
baskische Mandelkuchen gleich vor Ort probieren.

Nur wenige Häuser weiter befindet sich das
Fremdenverkehrsbüro.

Tipp: Man sollte einmal die „**Brébis Pyrénées**" probieren. Dieser Pyrenäenkäse aus
Schafsmilch ist eine Seltenheit. Er ist ein
Bergkäse, wird im Baskenland hergestellt, ist
frei von Konservierungsstoffen und hat eine
verzehrbare Naturrinde. Der Rohmilchkä-
se reift mindestens sechs Monate, hat eine
schnittfeste Konsistenz und einen würzigen
Geschmack.

Der Stellplatz ⓭ von Saint-Jean-de-Luz ist
leider nicht sehr einladend, und so ist eher
einer der vielen Campingplätze zu empfehlen, die zum Teil bis Anfang November geöffnet sind. Ein mehrtägiger Aufenthalt in
dieser schönen Umgebung lohnt sich auf
alle Fälle.

Die **Pont Charles-de-Gaulle** verbindet
Saint-Jean-de-Luz mit **Cibourne,** hier liegt
der Port de Plaisance, der Jachthafen. Der
Nachbarort ist ein reiner Ferienort, den man
automatisch durchquert, wenn man sich zur
Weiterfahrt für die **Route de la Corniche**
entschieden hat. Den westlichen Abschluss
der Bucht gegenüber von Saint-Jean-de-Luz
bildet **Socoa,** das einen schönen Sandstrand
zu bieten hat.

Nun geht es die Steilküste hinauf, die
D912 entlang der **Corniche Basque** ist aber
auch für Wohnmobile problemlos zu befahren. Parallel zur Straße verläuft der **Sentier
du Littoral,** der Küstenwanderweg, der sich
von Bidart nördlich von Saint-Jean-de-Luz
bis nach Hendaye an der spanische Grenze
erstreckt.

Information

› **Office de Tourisme Saint-Jean-de-Luz,** Boulvard
Victor Hugo 20, Saint-Jean-de-Luz, www.saint-
jean-de-luz.com, geöffnet: Mo–Sa 9–12.30 und
14–18 Uhr, So geschlossen

HENDAYE
(12 km – km 12)

Hier ist das Ende der französischen Atlantikküste erreicht, auf der anderen Seite der
Bucht von Hendaye beginnt Spanien. Die
Grenze bildet der Fluss **Bidassoa,** auf dessen **Fasaneninsel** 1659 der Pyrenäenfrieden
zwischen Ludwig XIV. und dem spanischen
König geschlossen wurde. Darin war auch
die Vermählung mit Maria Teresa (s. S. 204)
festgeschrieben worden. Eine zweckdienliche
Ehe, die laut Geschichtsbüchern allerdings
nicht glücklich war. Die 6820 m² große Insel
wird übrigens noch heute im halbjährlichen
Rhythmus abwechselnd von Frankreich und
Spanien verwaltet.

Im 65 ha großen Naturschutzgebiet nördlich des Orts, der **Site Naturel Protégé Do-
maine d'Abbadia,** steht das neogotische
Château d'Antoine d'Abbadie, in dem sowohl das Observatorium des ehemaligen
Besitzers wie auch die original möblierten
Räume zu bewundern sind. Der Astronom
Antoine d'Abbadie hat das Märchenschloss,
dessen Fassade mit allerlei Skulpturen geschmückt ist, 1860 bauen lassen. Vom schönen Schlosspark aus kommt man direkt zum
3 km langen Strand des Orts, wo es heißt, Abschied zu nehmen von Sand und Meer.

› **Château Oberservatorium Abbadia,** Route de la
Corniche, Hendaye, Tel. 0033 559200451, www.
chateau-abbadia.fr, Eintritt: 8,90 €, geöffnet: ganzjährig Di–So 14–18 Uhr, Mo geschlossen

Hendaye ist eine typische Grenzstadt mit einem großen Bahnhof, wo sich auch der leider
nicht sehr schöne Stellplatz ⓮ befindet.

▷ *Ein Strandspaziergang in der Bucht
von Hendaye ist ein Genuss*

130w-des © Xiongmao

SARE

(23 km – km 35)

Nun geht es in die atlantischen Pyrenäen – das erste Ziel ist der heilige Hausberg der Basken, der **La Rhune.** Auf der D810 passiert man **Urrugne,** wo man an einem Badesee einen ganzjährig geöffneten Campingplatz ⑮ vorfindet. Zurück in Saint-Jean-de-Luz folgt man dem Wegweiser Richtung **Ascain** D918, und nach 3 km ist der **Col de Saint-Ignace** erreicht. Vom hiesigen Parkplatz aus fährt ein kleiner Zug 4,2 km hinauf zum Gipfel des La Rhune, wofür er 35 Minuten benötigt.

Die Zahnradbahn aus dem Jahr 1924 transportiert jährlich 350.000 Besucher. Bei einer Geschwindigkeit von 8 km/h hat man ausreichend Zeit, die Landschaft zu genießen. Dem echten Basken allerdings ist es eine Ehre, den 910 m hohen Gipfel zu Fuß zu erklimmen. Auf gut markierten Wegen wandernd, braucht man je nach Kondition ungefähr zwei Stunden.

Oben angekommen, bildet der Grat die Grenze zu Spanien. Von hier hat man einen grandiosen Rundumblick über die baskische Küste bis hin zur spanischen Stadt San Sebastián und über die Pyrenäenkette.

La Rhune wird sicherlich auch deshalb „heiliger Berg des Baskenlands" genannt, weil hier 24 Dolmen (s. S. 65) und elf Cromleche gefunden wurden – der Beweis für eine große, religiöse Kultstätte in der fernen Vergangenheit.

〉 **Le petit train de la Rhune,** Col de Saint-Ignace, Sare, Tel. 0033 559542026, www.rhune.com, geöffnet: 11.2–11.11. täglich 9.30–11.30 und 14–16 Uhr, im Sommer bis 17.30 Uhr, Hin- und Rückfahrt 19 €

Nach kurzer Fahrt auf der D4 ist **Sare** erreicht, ein Plus Beau Village (s. S. 84), dem man nachsagt, einst ein Piratennest gewesen zu sein. Sehr schön restaurierte historische Häuser aus dem 15. Jh. säumen die Straße und die **Église Sainte-Cathérine** besticht im Innern durch ihre typisch baskische, dreigeschossige Eichenholzgalerie.

Ganz in der Nähe des Kirchenplatzes liegt auch das obligatorische Pelotafeld und mit etwas Glück findet gerade ein spannendes Spiel statt.

Da Sare auch einige nette Restaurants vorzuweisen hat, ist der hiesige Übernachtungsplatz ⑯ natürlich sehr willkommen.

Hauptanziehungspunkt des Ortes ist allerdings die **Grotte de Sare,** die etwas außerhalb über die D306 auch von Wohnmobilen problemlos angefahren werden kann. Während der 45-minütigen Führung wird der Besucher ungefähr 1 km durch die illuminierte Höhle begleitet, in der auf sehr anschauliche Weise das Leben der Steinzeitmenschen dargestellt wird.

Immer wieder begegnet man ganzen Horden von Fledermäusen, die, kopfüber an der Höhlendecke hängend, in aller Selenruhe schlafen. So nah kommt man den kleinen Flugtierchen sehr selten, hier kann man sie bestens beobachten.

Im anschließenden **Garten** sind unterschiedliche Menhire (s. S. 65) mit den entsprechenden Erklärungen aufgebaut und ein kleines **Museum** zeigt eine Ausstellung über die Entwicklung des Menschen bis in die heutige Zeit.

> **Grotte de Sare,** an der D306, Sare, www.grottedes are.fr, geöffnet: tägl. je nach Jahreszeit unterschiedlich, Eintritt: 8,50 €. Die Grotte ist nur im Rahmen einer Führung zu besichtigen.

ESPELETTE
(14 km – km 49)

Weiter geht die Fahrt nach **Ainhoa,** einem kleinen Ort, der ebenfalls zu den schönsten Dörfern Frankreichs zählt. Die gepflegten Häuser hier sind ein Paradebeispiel für die schöne baskische Architektur. Die nette Atmosphäre von Ainhoa lässt sich bei schönem Wetter von einer Restaurantterrasse aus so richtig genießen.

Ein Erlebnis der besonderen Art ist der Besuch von **Espelette.** Das Dorf ist berühmt für seine Chilischoten, mit denen ganze Häuserfronten geschmückt sind. Vor allem im Herbst werden die kleinen Paprikaschoten zum Trocknen an den Fassaden aufgehängt, um sie dann später zum berühmten **„piments d'Espelette"** zu mahlen. Nach erfolgreicher Ernte im Oktober feiert das Dorf mit viel Tanz und Musik auch die **Fête du Piment.** Anläßlich dieses Festes findet traditionell ein Wettbewerb statt, bei dem das beste Axoa der Region gekürt wird. Dies ist im Original eine Kalbfleischpfanne, bei der es darauf ankommt, dass das Fleisch möglichst klein geschnitten ist und selbstverständlich mit Piment d'Espelette gewürzt wird.

Die scharfe Pfefferschote hat selbst das Rathaus von Espelette fest im Griff, denn hier gibt es eine kostenlos zugängliche Dauerausstellung zum Thema „Chili in der Welt".

Schlendert man gemütlich durch den Ort, so begegnet dem Besucher die Chilischote in allen denkbaren Variationen: frisch, getrocknet, eingelegt, als Pulver, aber auch als äußerst delikate Zugabe zu Schokolade.

Vom Wohnmobilstellplatz ⑰ kommend, führt der Weg zur Dorfbesichtigung automatisch an Anttons Schokoladenlädchen am Place du Marché vorbei. In der angeschlossenen Manufaktur gibt es regelmäßige Vorführungen, bei denen man angefangen von der Pflanze Kakao bis hin zur fertigen Süßigkeit alles über die Schokolade erfährt.

> **Chocolatier Antton,** Place du marché, Espelette, Tel. 0033 559938872, www.chocolats-antton.com, geöffnet: Feb.–Dez. tägl. 9.30–19.30 Uhr. Jede halbe Stunde wird eine kostenlose, 20-minütige Vorführung rund um die Schokolade angeboten. Selbstverständlich erwartet man anschließend auch einen kleinen Einkauf.

Tipp: Piperade ist ein traditionelles baskisches Gericht, das aus Gemüsepaprikaschoten, kurz in Olivenöl angebratenen Tomaten, Zwiebeln und Knoblauch besteht. Anschließend wird in Streifen geschnittener, leicht angebratener Bayonne-Schinken hinzugefügt und das Ganze wird mit aufgeschlagenen Eiern übergossen. Wie ein Omelett in der Pfanne erwärmt, lässt sich dieses wohlschmeckende Gericht auch bestens im Wohnmobil zubereiten.

◁ *An vielen Hausfassaden in Espelette hängen Chilischoten zum Trocknen*

SAINT-JEAN-PIED-DE-PORT

(37 km – km 86)

Die Fahrt zu einem der Höhepunkte dieser Route führt durch eine saftig grüne Landschaft. Nur gelegentlich sieht man Bauernhöfe mit Kühen, Schafen und den kleinen, stämmigen **Pottok-Pferden,** die es nur hier im Baskenland gibt.

Die D918 verläuft entlang des **Flusses Nive,** der sich bestens für Canyoning und Rafting eignet, ganz zu schweigen von den zahlreichen Wander- und Klettermöglichkeiten der Gegend. Noch sind die Pyrenäen hier im baskischen Hinterland eher sanft hügelig, bis sie irgendwann mit dem Berg **Pico de Aneto** und seinen 3404 Metern ihren höchsten Gipfel erreicht haben werden.

Nach 37 km ist dann **Saint-Jean-Pied-de-Port** erreicht, wo es gleich mehrere zentrumsnahe Übernachtungsmöglichkeiten (**18**/**19**) gibt.

Seit Hape Kerkelings Buch „Ich bin dann mal weg" ist Saint-Jean-Pied-de-Port wohl einer der bekanntesten Orte auf dem 800 km langen spanischen Teil des Jakobsweges nach Santiago de Compostela. Diese letzte französische Bastion, direkt an der spanischen Grenze gelegen, ist der Startpunkt schlechthin.

Die Atmosphäre hier vibriert geradezu vor lauter freudiger Erwartung der Wanderer, bevor sie die große Pilgerreise beginnen.

Man kann die historische Altstadt durch mehrere Stadttore betreten und spätestens hier dürfte wohl jeder Besucher das Gefühl bekommen, in einer anderen Welt zu sein.

Auf uraltem Kopfsteinpflaster wandelnd, geht es über die alte Nive-Brücke stetig hinauf. Die **Église Notre-Dame** lädt den Besucher zu einigen Minuten des Innehaltens ein, das Pilgerbüro hält den ersehnten Pilgerpass bereit und drückt auch gleich den ersten Pilgerstempel hinein. Direkt nebenan ist die kostenlos zu sehende Ausstellung im Bischofsgefängnis **Prison des Evêques** aus dem 13. Jh. sehr interessant und gegenüber

Pilgern gestern und heute

Frei aus dem Kirchenlatein übersetzt bedeutet das Wort Pilger (franz. pélerin) „aus Glaubensgründen in die Fremde ziehen". Dies war sicherlich zur Hochzeit des Pilgertourismus zwischen dem 11. und 15. Jh. der Fall, als mit dem mühseligen Wandern zu Wallfahrtsstätten eine Vergebung der Sünden einherging. Reformatoren wie Martin Luther und Johannes Calvin sprachen sich gegen das Pilgerwesen aus, da sie den Aberglauben und Ablasshandel verurteilten.

Über 400 Jahre fast in Vergessenheit geraten, ist der Trend zu pilgern seit etwa 30 Jahren wieder ungebrochen. Dabei wird heutzutage in den meisten Fällen allerdings keine religiöse Wallfahrt unternommen, sondern teilweise sogar nur die sportliche Herausforderung gesucht. Die meisten Menschen unserer Zeit wollen Stress abbauen und in der Ruhe und Schlichtheit des Pilgerwanderns in Einklang mit sich selbst und der Umwelt kommen.

Der meistgewanderte Weg nach Santiago de Compostela ist der spanische Camino Francés, der von Saint-Jean-Pied-de-Port in 800 km zum Ziel, der Kathedrale von Santiago, führt, wo der heilige Jakobus begraben liegt.

Durch Frankreich führen vier historisch gewachsene Pilgerrouten, an denen 49 UNESCO-Weltkulturerbestätten liegen und die alle hier in Saint-Jean-Pied-de-Port zusammentreffen, die Via Turonensis aus Paris, die Via Podiensis aus Le Puy-en-Velay, die Via Lemovicensis aus Vézelay und die Via Tolosana aus Arles. Die französischen Fernwanderwege haben eine rot-weiße Streifenmarkierung und die Jakobswege erkennt man an einem blauen Jakobsmuschelsymbol mit gelben Streifen.

Grundvoraussetzung für das Erlangen der Pilgerurkunde in Santiagio de Compostela ist ein Pilgerpass, der an vielen Pilgerstätten abgestempelt wird und den Nachweis erbringt, dass mindestens 100 km zu Fuß oder 200 km per Rad oder Pferd zurückgelegt wurden.

Kleine Wanderung auf den Spuren der Pilger

Am Spanischen Tor am südlichen Altstadtausgang beginnt die erste Etappe der Pilgerreise nach Santiago de Compostela. Früher hieß die Route über den großen Pyrenäenpass Route de Napoléon, heute Route du Maréchal Harispe. Der erste Streckenabschnitt verläuft über 6 km auf asphaltierten Wegen 300 Höhenmeter bergauf bis nach Huntto, von wo es auf schönen Bergwegen mit teils herrlichem Panorama weitergeht. Unterwegs finden sich in regelmäßigen Abständen kleine Pilgerunterkünfte, die zur Einkehr einladen.

Die 16 km zum Col de Bentarte werden mit 4½ Stunden Wanderzeit angegeben, hier verläuft die Grenze zu Spanien. Stattliche 1160 Höhenmeter sind bis hierher zu bewältigen, wofür man mit einer fantastischen Aussicht belohnt wird.

Wer noch bis ins spanische Ronceveaux pilgern möchte, muss mit insgesamt über 6 Stunden Wanderzeit für die 24,5 km rechnen und sollte dort besser auch übernachten.

Da das Panorama der Hin- bzw. Rückwanderung völlig unterschiedliche Eindrücke vermittelt, ist es genauso schön, dieselbe Strecke nach Saint-Jean-Pied-de-Port oder, wie das Städtchen auf baskisch heißt, Donibane Garazi, wieder hinunterzuwandern.

hat ein Geschäft alles parat, was Pilger eventuell auf ihrer Wanderung benötigen könnten. Unverzichtbar sind die Jakobsmuschel und der Wanderstock, beide sind in zahlreichen Variationen zu erwerben. In bescheidenen Herbergen kann der Gast absteigen und auch die Restaurants sind auf das schlichte Pilgerniveau eingestellt und bieten erstaunlich preiswerte Gerichte an.

> **Restaurant Hurrup Eta Klik,** Rue de la Citadelle 3, Saint-Jean-Pied-de-Port, Tel. 0033 559370918. Gemütliches Restaurant in der historischen Altstadt, empfehlenswert ist die Forelle (truite) aus heimischen Gewässern.

Die Rue de Citadelle endet – wie könnte es anders sein – an der Zitadelle oberhalb der Stadt, von hier oben lässt sich ein fantastischer Blick über das weite Umland genießen. Die Vauban-Festung (s. S. 161) selbst kann nicht besichtigt werden, allerdings kann man sehr schön auf den Spuren des Festungsbaumeisters auf der Stadtmauer entlangspazieren.

◩ In Saint-Jean-Pied-de-Port beginnt für viele Pilger die 800 km lange Wanderung nach Santiago de Compostela

▷ Das „apokalyptische Orchester" befindet sich an der reich geschmückten Fassade der Église von Oloron-Sainte-Marie

Saint-Jean-Pied-de-Port ist ein wirklich malerisches Städtchen, die Altstadt trägt den begehrten Titel „Plus Beau Village", und das **Jakobs-Tor** unterhalb der Zitadelle gehört zudem zum UNESCO-Weltkulturerbe.

Montags hat man zwischen 16 und 17 Uhr hier in Saint-Jean-Pied-de-Port die Gelegenheit, einmal bei einem Pelota-Spiel (s. S. 205) zuzusehen. Der Tradition der Region entsprechend wird das rasante Spiel sogar mit bloßer Hand ausgeführt.

Das **Pelote Basque Fronton** (Spielmauer) steht unterhalb der Stadtmauer in der Nähe des städtischen Campingplatzes.

Information

> **Office de Tourisme Saint-Jean-Pied-de-Port,** Place Charles de Gaulle 14, Saint-Jean-Pied-de-Port, www.saintjeanpieddeport-paysbasque-tourisme. com, geöffnet: Mo–Sa 9–12 und 14–18 Uhr, So geschlossen. Hier ist auch eine deutschsprachige Stadtbeschreibung erhältlich.

OLORON-SAINTE-MARIE

(76 km – km 162)

Weiter geht die Reise nach Nord-Osten und noch immer befindet man sich im Département Pyrénées-Atlantiques. Auf der Höhe des kleinen Ortes **Larceveau** ist der Abzweig Richtung **Mauléon** erreicht. Die D918 verläuft durch einen ausgesprochen schönen Landstrich. Oben auf dem **Col d'Osquich** lädt ein Ausflugslokal mit herrlicher Aussicht zur Einkehr ein und auf einigen schön angelegten Parkplätzen lässt sich ein Panorama-Picknick genießen.

Oloron-Sainte-Marie ist ein Zusammenschluss zweier Gemeinden an den Ufern des **Gave d'Oloron.** Auf der einen Seite liegt **Sainte-Marie** mit der gleichnamigen Église im Quartier Sainte-Croix. Die Kirche hat eine sehr interessante, ungewöhnliche Form mit drei Längsschiffen, an die sich je zwei Kapellen anschließen. Schon allein das außergewöhnliche, skulpturenreiche Portal, von König Heinrich IV. gestiftet, macht diese Kathedrale zu einem der schönsten Gotteshäuser Frankreichs.

In der Sonne sitzend, einen Café au Lait beim Kirchenwirt genießend, hat der Betrachter reichlich Zeit, all die Feinheiten der Kirchenfassade zu entdecken. Ganz oben ist das apokalyptische Orchester zu sehen, auf dem unteren Bogen sind Bauern und Handwerker in ihrer täglichen Arbeit dargestellt und überall finden sich Wasserspeier und kuriose Figuren. Welche Botschaft wollte wohl der Steinmetz im 13. Jh. mit den zwei aneinandergeketteten Muslimen ausdrücken, die die Last des Portals auf ihren Schultern zu tragen scheinen?

Seit 1998 ist die **Église Sainte-Marie** Teil des UNESCO-Weltkulturerbes „Jakobsweg in Frankreich", doch trotz der UNESCO-Förderung ist sie leider in bedauernswertem Zustand.

Ein schöner Spaziergang führt durch den Stadtteil Sainte-Marie hinunter zum Fluss, über die blumengeschmückte Brücke betritt man den weltlicheren Teil des Ortes, **Oloron.** Hier wird eher gelebt und gearbeitet, hier geht man ins Restaurant und einkaufen.

Eine Urlaubserinnerung gefällig? Oloron ist bekannt für seine Manufakturen, in denen **Baskenmützen** und **Espandrilles** gefertigt werden, zwei der wenigen noch verbliebenen Produktionsstätten für diese typisch baskischen Accessoires.

Der kostenlose **Stellplatz** ⑫⓪ der Gemeinde befindet sich in Sainte-Marie.

PAU

(32 km – km 194)

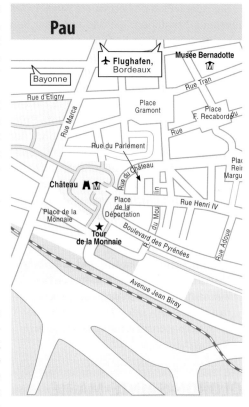

Auf der N134 geht die Reise mitten durch das leicht hügelige, sonnenreiche Weinanbaugebiet des Juracon weiter. Und dann ist die Hauptstadt des Départements Pyrénées-Atlantiques erreicht – Pau. Das Wichtigste zuerst: Einen offiziellen Übernachtungsplatz gibt es hier nicht. Der einzige beschilderte Parkplatz für Wohnmobile befindet sich direkt am Bahnhof *(gare)*, der auch der ideale Ausgangspunkt für die Stadtbesichtigung ist.

Genau gegenüber ist schon die Station der Schrägseilbahn zu sehen, das touristische Wahrzeichen der Stadt. Der kostenlose **Funiculaire** bringt den Besucher in die Oberstadt und auch wieder hinunter. Hier oben bietet der **Boulevard des Pyrénées** einen fantastischen Blick in die Ferne.

Unterhalb der unter Napoléon I. angelegten Prachtstraße erstreckt sich ein wunderschöner, vertikaler (!) Park, der ein einziges Palmenmeer zu sein scheint. Kaum eine andere Stadt in den atlantischen Pyrenäen dürfte wohl so viel mediterranes Flair besitzen wie Pau.

Der Spaziergang entlang der blumengeschmückten Promenade ist ein wahrer Genuss: auf der einen Seite der traumhafte Blick, auf der anderen Straßenseite edelste Appartementhäuser. Der herrliche Weg endet am Schloss, in dem Heinrich IV. 1553 geboren wurde. Das majestätische historische Bauwerk beherbergt heute ein Nationalmuseum, in dem neben einer beeindruckenden Sammlung von Teppichen und Gobelins auch die königlichen Prachtsäle und privaten Gemächer zu bewundern sind.

❯ **Musée National du Château de Pau,** Rue du Château, Pau, Tel. 0033 559823800, www.chateau-pau.fr, geöffnet: tägl. 9.30–17.45 Uhr

Während des Rundgangs durch den historischen Teil der Oberstadt kommt man automatisch an der **Place Royale** vorbei, auf der ein großes Standbild von Heinrich IV. steht, König von Frankreich und Navarra (Spanien).

▷ *Blick auf die Prachtbauten von Pau und das beeindruckende Schloss von Heinrich IV.*

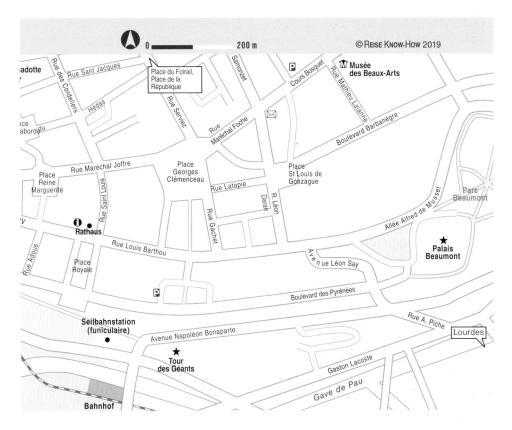

Route 11: Die baskische Küste und die Pyrénées-Atlantiques

Gegenüber befindet sich auch das **Fremdenverkehrsbüro,** wo man gerne zu weiteren Sehenswürdigkeiten und Museen Auskunft gibt.

Die Fußgänger- und Einkaufsstraße der lebendigen Universitätsstadt ist die **Rue Maréchal Joffre,** die auf die brunnengeschmückte **Place Georges Clémenceau** führt. Die Wasserspiele unter den pinkfarbenen Sonnenschirmchen sind der beliebteste Treffpunkt der 78.000 Einwohner zählenden Stadt, die natürlich noch viel mehr zu bieten hat und in der es noch viel mehr zu entdecken gibt.

Ein außergewöhnliches Ereignis für die französische Nation, die ja nicht als fasnachtbegeistert gilt, ist der **Carneval Béarnais,** der hier in Pau jedes Jahr voller Begeisterung gefeiert wird.

Ein weiteres wichtiges Ereignis in der Stadt ist der **Grand Prix de Pau,** heute der Europäische Formel-3-Cup, der jährlich auf dem **Circuit de Pau** abgehalten wird. Eine Woche vor oder nach dem eigentlichen Rennen findet darüber hinaus ein Showrennen mit historischen Wagen statt, ein weiterer Anziehungspunkt dieser wirklich sehenswerten Stadt.

Pau liegt in der historischen Provinz Béarn, die zusammen mit dem französischen Baskenland das Département Pyrénées-Atlantiques bildet. Zu den Spezialitäen der Region gehören der Honig aus Béarn und die allseits bekannte Sauce Béarnaise.

Information

⟩ **Office de Tourisme Pau,** Place Royale, Pau, Tel. 0033 559272708, www.tourismepau.com, geöffnet: Mo–Sa 9–18, So 9.30–13 Uhr

◁ *Der Funiculaire ist der einzigartige Stadtaufzug von Pau*

Die Weine des Juracon

Dieses Weinanbaugebiet liegt im Südwesten Frankreichs in den Ausläufern der Pyrenäen. Man geht davon aus, dass bereits vor 2000 Jahren Weinanbau in dieser Region stattgefunden hat, schriftlich wurde dieses Gebiet jedoch erstmals im Jahr 1117 erwähnt. Im 16. Jh. wurden auf Beschluss des Parlaments von Navarra die Anbauflächen als besondere Weinberglagen („Crus") definiert. Gleichzeitig wurde verboten, ausländische Weine einzuführen. Der Herzog von Vendôme, Anton von Bourbon, ließ bei der Taufe seines Sohnes, des besser unter dem Namen Heinrich IV. bekannten französischen Königs, dessen Lippen mit Wein aus dem Juracon benetzten und gleichzeitig mit einer Knoblauchzehe einreiben. Dies sollte den Neugeborenen

stärken. Diese Taufpraxis ist unter dem Namen „baptême béarnais" bekannt und wurde im französischen Königshaus Sitte.

Doch das Anbaugebiet litt unter dem Panschen von Wein, dem 1860 aufkommenden Mehltau und bald darauf der alles vernichtenden Reblaus. Der Erste Weltkrieg besiegelte dann fast das Ende des Weinanbaus in dem Gebiet. Erst die Anerkennung zur AOC (Appelation d'Origine Contrôlée) verhalf dem Gebiet seit 1936 dazu, dass sich hier ein Qualitätswein entwickelte.

Im Juracon werden hauptsächlich trockene und süße Weißweine produziert, seit 1975 ist es erlaubt, den Wein als Auslese zu deklarieren. Diese Sonderstellung hat in Frankreich sonst nur noch die Apellation Alsace Grand Cru.

LOURDES
(41 km – km 235)

Die Anziehungskraft des Ortes der Marienerscheinung ist ungebrochen und heute ist
Lourdes, das den Abschluss dieser Route
markiert, **nach Rom der meistbesuchte
Wallfahrtsort der Christenheit.**

Tausende und Abertausende von Christen
finden sich hier regelmäßig in ihrem Glauben
zusammen und hoffen auf die Kraft des Wassers aus der Quelle der Bernadette, die 1933
heiliggesprochen wurde. Die katholische Kirche hat aus 7000 Einreichungen bisher 67
Wunderheilungen offiziell anerkannt und
so ist die Hoffnung auf Genesung für viele
Kranke zu verstehen. Über fünf Millionen
Besucher, darunter viele Schwerstkranke,
kommen jährlich nach Lourdes, rundum gibt
es allein 200 Hotels und insgesamt 35.000
Übernachtungsbetten.

☑ *Der Heilige Bezirk von Lourdes liegt direkt
am Fluss Gave de Pau*

Bernadette und die Heilige Quelle von Lourdes

*Der Legende nach ist der 14-jährigen Bauers-
tochter Bernadette Soubirous im Jahr 1858
nahe der Grotte von Massabielle mehrfach eine
weiß gekleidete Jungfrau erschienen. Da der
Pfarrer des Dorfes ihr nicht glaubte, bat er sie,
die Dame bei der nächsten Begegnung nach ihrem Namen zu fragen. „Ich bin die unbefleckte
Empfängnis" war die Antwort der Marienerscheinung. Da man glaubte, dass ein ungebil-
detes Bauernmädchen niemals einen solchen
Ausdruck kennen würde, war der Beweis
erbracht, dass es sich wirklich um eine Marienerscheinung handeln musste. Eines Tages
entsprang in der Grotte eine Quelle, in deren
Wasser eine Frau aus einem Nachbarort ihren
gelähmten Arm tauchte und daraufhin geheilt
war. Nach dieser Wunderheilung strömten
immer mehr Pilger zu der Grotte, gesehen
hat die Marienerscheinung außer Bernadette
allerdings seitdem niemand. Die Muttergottes
bat das Mädchen darum, dass an der Stelle der
Grotte eine Kirche errichtet werden sollte.*

Route 11: Die baskische Küste und die Pyrénées-Atlantiques

Lourdes

Trotz der immensen Anzahl der gläubigen Wallfahrer und neugierigen Touristen ist der **Heilige Bezirk, Sanctuaires Notre-Dame,** ein geheimnisvoller Ort geblieben.

An 365 Tagen im Jahr kann der Gläubige in einer der 22 Kirchen und Kapellen an einem der in zahlreichen unterschiedlichen Sprachen gehaltenen Gottesdienste teilnehmen.

Von April bis Oktober, der eigentlichen Wallfahrtszeit, zieht jeden Abend um 21 Uhr eine Lichterprozession rund um den Kreuzweg mit seinen 15 Stationen. Die Nacht wird von Tausenden von Kerzen erleuchtet, die **Basilique de l'Immaculée Conception** und die **Basilique Notre-Dame-du-Rosaire** sind wunderschön illuminiert. Dabei ist der riesige Freiplatz vor der unterirdischen **Basilika Sankt Pius X.** für die vielen Kranken reserviert, für die diese Wallfahrt oft die letzte Hoffnung ist.

Nachdem der Rosenkranz in fünf Sprachen gebetet wurde, wendet sich die Prozession der heiligen Grotte zu.

Auch der weniger gläubige oder eher nüchterne Tourist wird sich der Faszination dieses Anblicks kaum entziehen können. Der feierliche Ernst und die Hoffnung in den Augen der Prozessionsteilnehmer berühren und machen betroffen.

Um die **Grotte de Massabielle** entstand ein 52 ha großer Pilgerkomplex, durch den die Gave du Pau fließt. Das Wasser der Grotten-Quelle kann an verschiedenen Hähnen kostenlos entnommen werden und wer möchte, kann es auch segnen lassen.

Von der großen Freitreppe zur **Église Sainte-Bernadette** hat man einen grandiosen Blick über den Kreuzweg hinauf zur weltlichen Burg von Lourdes.

In seiner tausendjährigen Geschichte ist dieses **Château Fort** niemals eingenommen worden. Heute ist hier ein Museum untergebracht (www.chateaufortlourdes.fr). Im Eintritt von 7 € ist ein fantastischer Blick inbegriffen.

❯ **Château Fort de Lourdes,** Rue du Fort, Lourdes, Tel. 0033 562423737, www.lourdes-infotourisme. com, geöffnet: Di–So 10–18 Uhr, Eintritt: 7.50 €

⌂ *Blick vom 948 m hohen Hausberg Pic du Jer auf die Stadt Lourdes und den Heiligen Bezirk*

138wf-as © rustamank

Die schönste Aussicht auf Lourdes und den Sanctuaires Notre-Dame hat man vom 948 m hohen Hausberg, dem **Pic du Jer.** Südlich der Stadt wird der Besucher in einer über 100 Jahre alten Standseilbahn hinaufgefahren (Hin- und Rückfahrt 12 €, www.picdujer.fr). Hier oben auf dem Gipfel sind herrliche Spaziergänge möglich, ein Ausflugslokal zur Stärkung gibt es auch.

Lourdes hat keinen gemeindeeigenen Stellplatz. Rund um den Ort findet man mehrere Campingplätze, von denen nur **Le Vieux Berger** (121) vor seinen Toren ganzjährig Wohnmobil-Stellplätze anbietet.

Information

› **Office de Tourisme Lourdes,** Place Peyramale, Lourdes, Tel. 0033 562427740, www.lourdes-infotourisme.com, geöffnet: Mo–Sa 9–12 und 14–17.30 Uhr, So geschlossen

CAMPING- UND STELLPLÄTZE ENTLANG DER ROUTE 11

(113) Stellplatz Saint-Jean-de-Luz
43.385326 -1.662771

Aire de Camping Cars, nur geeignet um den historischen Ort zu besichtigen, nicht sehr ansprechend zwischen Bahnhof und der D810 gelegen, eng, unruhig, schattenlos, Womo-Piktogramm. Für große Wohnmobile nicht geeignet. **Lage/Anfahrt:** Zentrum und Strand zu Fuß erreichbar, die D810 durchquert den Ort, der Stellplatz befindet sich kurz vor der Brücke nach Cibourne auf der linken Seite; **Platzanzahl:** 15; **Untergrund:** Asphalt; **Preise:** 6 €/Fahrzeug für 24 Stunden, Ver- und Entsorgung kostenpflichtig; **Max. Stand:** zwei Nächte; **Geöffnet:** ganzjährig; **Kontakt:** Avenue Charles de Gaulle, Saint-Jean-de-Luz, www.saint-jean-de-luz.com.

137wf-if

Die nächtliche Prozession in Lourdes ist sicherlich auch für nicht religiöse Teilnehmer ein unvergessliches Erlebnis

⑭ Stellplatz Hendaye
43.370333 –1.764399

Aire de Camping Cars, reiner Übernachtungsplatz ohne Schatten, unruhig, eng. **Lage/Anfahrt:** am Bahnhof im Ortszentrum, Geschäfte, Hafen und Strand fußläufig erreichbar; **Platzanzahl:** 25; **Untergrund:** Asphalt; **Ver-/Entsorgung:** Strom, Trinkwasser, Abwasser, Chemie-WC; **Sicherheit:** beleuchtet; **Preise:** 10 €/Fahrzeug, Ver-/Entsorgung kostenpflichtig (zahlbar mit Kreditkarte vor der Einfahrt); **Max. Stand:** drei Nächte; **Geöffnet:** ganzjährig; **Kontakt:** Rue d'Ansoenia, Hendaye, www.hendaye-tourisme.fr.

⑮ Camping Larrouleta, Urrugne
43.370295 –1.686225

Dreisterne-Campingplatz südlich von Saint-Jean-de-Luz, ACSI-Platz. Beheizte Sanitäranlagen, beheiztes und überdachtes Schwimmbad, Minimarkt, Bar und Restaurant nur in der Hauptsaison geöffnet, Supermarkt 800 m entfernt. Cibourne, Sacoa und Saint-Jean-de-Luz sind per Bus zu erreichen. **Lage/Anfahrt:** der Platz liegt im Grünen an einem kleinen, privaten Badesee, 3 km vom Strand entfernt; von der D810 oder A63 kommend Ausfahrt 2 „Saint-Jean-de-Luz" nehmen; **Untergrund:** Wiese; **Ver-/Entsorgung:** Strom, Trinkwasser, Abwasser, Chemie-WC; **Sicherheit:** umzäunt, beleuchtet, bewacht; **Preise:** 18–22 € (je nach Saison); **Max. Stand:** unbegrenzt; **Geöffnet:** ganzjährig; **Kontakt:** Route de Sacoa 210, Urrugne, Tel. 0033 559473784, www.larrouleta.com.

⑯ Stellplatz Sare
43.311985 –1.583972

Aire de Camping Cars, Teil eines Parkplatzes. **Lage/Anfahrt:** zentrumsnah, von Ascain kommend biegt man in Sare am ersten Kreisverkehr rechts auf die D406 ab, dem Womo-Piktogramm folgen; **Platzanzahl:** 20; **Untergrund:** Asphalt; **Ver-/Entsorgung:** Trinkwasser, Abwasser, Chemie-WC; **Sicherheit:** beleuchtet; **Preise:** 4–8 € (je nach Saison) inklusive Ver-/Entsorgung; **Max. Stand:** zwei Nächte; **Geöffnet:** ganzjährig; **Kontakt:** D406, 64310 Sare, www.sare.fr.

⑰ Parkplatz Espelette

43.33873 –1.447551

Der speziell für Wohnmobile ausgewiesene Parkplatz befindet sich gleich am Ortseingang des Dorfs, der Platz ist mit Hecken von der Straße abgeschirmt. **Lage/Anfahrt:** von der D918 kommend am ersten Kreisel rechts Richtung Itxassou abbiegen, Womo-Piktogramm; **Platzanzahl:** 20; **Untergrund:** Asphalt; **Sicherheit:** beleuchtet; **Preise:** kostenlos; **Geöffnet:** ganzjährig, **Adresse:** Merkatu Plaza, Espelette.

⑱ Stellplatz Saint-Jean-Pied-de-Port I

43.165108 –1.232165

Aire de Camping Cars „Jai-Alai" am Ortsrand, wenig einladend, unruhig gelegen neben einem Supermarkt, Zentrum fußläufig erreichbar. **Lage/Anfahrt:** von der D918 kommend den Ort durchfahren und auf die D933 abbiegen, am anderen Ortsrand in der Nähe des Sportzentrums, **Platzanzahl:** 50; **Untergrund:** Schotter; **Preise:** 7 €/Fahrzeug, Ver-/Entsorgung an der Sporthalle; **Max. Stand:** zwei Nächte; **Geöffnet:** ganzjährig; **Kontakt:** Chemin de la Nasse 5, Saint-Jean-Pied-de-Port, www.saintjeanpieddeport-paysbasque-tourisme.com.

⑲ Stellplatz Saint-Jean-Pied-de-Port II

43.159207 –1.236894

Der Stellplatz liegt auf einem feuchten Wiesengelände mit altem Baumbestand, ruhig, Beton-Potons bilden die Parkflächen. In der Nähe befindet sich auch Camping Municipal Plaza-Berri, der allerdings nur vom 15. April bis zum 1. November geöffnet ist. **Lage/Anfahrt:** in unmittelbarer Nähe des historischen Zentrums, von der D918 kommend den Ort zur Hälfte durchfahren, der Beschilderung „camping municipal" folgen, Womo-Piktogramm; **Platzanzahl:** 50; **Untergrund:** Wiese; **Ver-/Entsorgung:** Strom, Trinkwasser, Abwasser, Chemie-WC; **Sicherheit:** beleuchtet; **Preise:** 9 €/Fahrzeug (zahlbar per Automat), inklusive Ver-/Entsorgung; **Kontakt:** Chemin d'Eyheraberry, Saint-Jean-Pied-de-Port, www.saintjeanpieddeport-paysbasque-tourisme.com.

⑳ Stellplatz Oloron-Sainte-Marie

43.183971 –0.608462

Parkbuchten für Wohnmobile auf dem Parkplatz Tivoli direkt am Fluss. **Lage/Anfahrt:** von der D9 aus dem Stadtteil Sainte-Marie kommend über die Brücke fahren, links auf die D936 abbiegen und die zweite Brücke überqueren, der Parkplatz liegt an der N134; **Platzanzahl:** 6; **Preise:** kostenlos, Ver- und Entsorgung 4 €; **Max. Stand:** zwei Nächte; **Geöffnet:** ganzjährig; **Adresse:** Rue Adoue, Oloron-Sainte-Marie, www.oloron-ste-marie.fr.

㉑ Stellplatz Le Vieux Berger, Lourdes

43.104541 –0.032667

Separate Wohnmobilplätze vor den Toren des Campingplatzes „Le Vieux Berger". **Lage/Anfahrt:** am nördlichen Ortsrand von Lourdes, von der N21 kommend auf die D821 abbiegen, der Campingplatz ist ausgeschildert; **Untergrund:** Schotter; **Ver-/Entsorgung:** Trinkwasser, Abwasser, Chemie-WC; **Sicherheit:** beleuchtet; **Preise:** 11 €/Fahrzeug, alle Servicebereiche des Campingplatzes sind inklusive, vom 16.11 bis zum 31.3 ist der Campingplatz geschlossen, die Stellplätze sind dann kostenlos, Ver- und Entsorgung kosten dann 3 €; **Geöffnet:** ganzjährig; **Kontakt:** Route de Julos, Lourdes, Tel. 0033 562946057.

◁ *Auf dem Stellplatz II in Saint-Jean-Pied-de-Port* ⑲ *sind die Pontons etwas gewöhnungsbedürftig*

140wf-if

141wf-if

142wf-if

139wf-if

ANHANG

KLEINE SPRACHHILFE

Die folgenden Wörter und Redewendungen wurden dem Reisesprachführer „Französisch – Wort für Wort" (Kauderwelsch-Band 40) aus dem REISE KNOW-HOW Verlag entnommen.

DIE WICHTIGSTEN

RICHTUNGSANGABEN

à droite	(a droat)	rechts / nach rechts
à gauche	(a gohsch)	links / nach links
tout droit	(tu droa)	geradeaus
en face	(ã faß)	gegenüber
ici	(ißi)	hier
là	(la)	dort
juste ici	(shüst ißi)	gleich hier
proche / près d'ici	(prosch / prä dißi)	nah / in der Nähe
loin	(loẽ)	weit
de retour	(dö rötur)	zurück
le carrefour	(karfur)	die Kreuzung
le feu	(fö)	die Ampel
au coin	(o koẽ)	an der Ecke
au centre	(o ßãtr)	im Zentrum

HÄUFIG GEBRAUCHTE WÖRTER

UND REDEWENDUNGEN

oui	(ui)	ja
non	(nõ)	nein
merci	(märßi)	danke
s'il vous plaît	(ßilwu plä)	bitte
Salut!	(ßalü)	Hallo!
Salut!	(ßalü)	Tschüss!
Bonjour!	(bõshur)	Guten Tag!
Bonsoir!	(bõßoar)	Guten Abend!
Au revoir!	(oh röwoar)	Auf Wiedersehen!
Pardon! / Excusez-moi!	(pardõ / äxküsemoa)	Entschuldigung!

DIE WICHTIGSTEN ZEITANGABEN

hier	(jär)	gestern
aujourd'hui	(oshurdüi)	heute
demain	(dömẽ)	morgen
après-demain	(aprä dömẽ)	übermorgen
le matin	(lö matẽ)	morgens
à midi	(a midi)	mittags
l'après-midi	(laprä midi)	nachmittags
le soir	(lö ßoar)	abends
la nuit	(la nüi)	nachts
tous les jours	(tu le shur)	täglich
avant	(awã)	früher
plus tard	(plü tar)	später

ZAHLEN

0	(sero)	zéro
1	(ẽ, ün)	un, une
2	(dö)	deux
3	(troa)	trois
4	(katr)	quatre
5	(ßẽk)	cinq
6	(ßiß)	six
7	(ßät)	sept
8	(üit)	huit
9	(nöf)	neuf
10	(diß)	dix
11	(õs)	onze
12	(dus)	douze
13	(träs)	treize
14	(kators)	quatorze
15	(kẽs)	quinze
16	(säs)	seize
17	(dißät)	dix-sept
18	(dißüit)	dix-huit
19	(dißnöf)	dix-neuf
20	(wẽ)	vingt
30	(trãt)	trente
40	(karãt)	quarante
50	(ßẽkãt)	cinquante
60	(ßwaßãt)	soixante
70	(ßwaßãtdiß)	soixante-dix
80	(katrwẽ)	quatre-vingt
90	(katrwẽdiß)	quatre-vingt-dix
100	(ßõ)	cent

WOCHENTAGE

lundi	(lẽdi)	Montag
mardi	(mardi)	Dienstag
mercredi	(märkrödi)	Mittwoch
jeudi	(shödi)	Donnerstag
vendredi	(wẽdrödi)	Freitag
samedi	(ßamdi)	Samstag
dimanche	(dimãsch)	Sonntag

MONATE

janvier	(shãwie)	Januar
février	(fewrie)	Februar
mars	(marß)	März
avril	(awril)	April
mai	(mä)	Mai
juin	(shüẽ)	Juni
juillet	(shüijä)	Juli
aôut	(ut)	August
septembre	(septẽbr)	September
octobre	(oktobr)	Oktober
novembre	(nowẽbr)	November
décembre	(deßẽbr)	Dezember

DIE WICHTIGSTEN FRAGEWÖRTER

qui?	(ki)	wer?
quoi?	(qua)	was?
où?	(u)	wo?
d'où?	(du)	woher?
où?	(u)	wohin?
pourquoi?	(purqua)	warum?
comment?	(komẽ)	wie?
combien?	(kõbiẽ)	wie viel?
quand?	(kã)	wann?
depuis quand?	(döpüi kã)	seit wann?
combien de temps?	(kõbiẽ dö tã)	wie lange?

DIE WICHTIGSTEN FLOSKELN UND REDEWENDUNGEN

Soyez le bienvenu! / Soyez la bienvenue!	(ßoaje lö / la biẽwönü)	Herzlich willkommen! (m/w)
Comment allez-vous?	(komãtalewu)	Wie geht es Ihnen?
Ça va?	(ßa wa)	Wie gehts?
Ça va.	(ßa wa)	Danke gut.
Je ne sais pas.	(shö nö ßä pa)	Ich weiß nicht.
Bon appétit!	(bõ apeti)	Guten Appetit!
A votre santé!	(a wotr ßãte)	Zum Wohl!
L'addition, s'il vous plaît!	(ladißjõ, ßilwuplä)	Die Rechnung bitte!
Je suis désolé!	(shö ßüi desole)	Es tut mir sehr leid!
Est-ce qu'il y a ...?	(äß kilja ...)	Gibt es ...?
Est-ce que vous-avez ...?	(äß kö wusawe ...)	Haben Sie ...?
J'ai besoin de ...	(shä bösõ dö ...)	Ich brauche ...
S'il vous plaît, donnez-moi ...	(ßilwuplä, done-moa ...)	Geben Sie mir bitte ...
Où est-ce qu'on peut acheter ...?	(u äß kõ pö aschte ...)	Wo kann man ... kaufen?
Combien coûte ...?	(kõbiẽ kut ...)	Wie viel kostet ...?
Je cherche ...	(shö schärsch ...)	Ich suche ...
Où est ...?	(u ä ...)	Wo ist ...?
Où se trouve ...?	(u ßö truw ...)	Wo befindet sich ...?
Pourriez-vous m'emmener à ...?	(purie wu mãmöne a ...)	Können Sie mich zu/nach ... bringen?
Aidez-moi, s'il vous plaît!	(äde-moa, ßilwuplä)	Helfen Sie mir bitte!
A quelle heure?	(a käl-ör)	Um wie viel Uhr?

WOMO-WÖRTERLISTE DEUTSCH – FRANZÖSISCH

A

Abblendlicht	feux de croisement
abdichten	étanchéifier
Ablassschraube	écrou de vidange
Abschleppen	tracter, dépanner
Abschleppseil	câble de remorquage
Anlasser	démarreur
Antenne	antenne
Antriebswelle	arbre de transmission
Antriebsräder	roues motrices
Armaturenbrett	tableau de bord
Auspuff	tuyau d'échappement
Außenspiegel	rétroviseur extérieur
austauschen	changer
Autoschlüssel	clé de voiture

B

Batterie	batterie
Batterie laden	charger la batterie
befahrbar	praticable
Benzin	essence
Benzinpumpe	pompe à essence
beschädigt	en panne
Blech	tôle
Blinker	clignotant
Bremsbelag	plaque de frein
Bremse	frein
Bremsflüssigkeit	liquide de frein

C, D

Chemietoilette	WC chimique
defekt	en panne
dicht	étanche
Dichtung	joint
Diesel	diesel, gasoil
Differenzial	différentiel
Druck	pression

E

Einspritzanlage	système à injection
Einspritzpumpe	pompe d'injection
Einstellschraube	vice de réglage
Einstellung	réglage
entleeren	vider, vidanger
Ersatzrad	roue de secours
Ersatzteil	pièce de rechange

F

Felge	jante
Feder	ressort
Fernlicht	feux de route
Feuerlöscher	extincteur
Frostschutz	antigel
Flüssigkeit	liquide
Führerschein	permis de conduire
Fühler	senseur

G

Gang	vitesse
Garantie	garantie
Gaspedal	accélérateur
Gebläse	ventilateur
gebrochen	cassé
Gelenk	joint, charnière
Geschwindigkeit	vitesse
gesperrt	fermé, barré
Getriebe	boîte de vitesses
Gewinde	filetage
Gewicht	poids
Glühbirne	ampoule
Glühkerze	bougie de préchauffage
Gurt	ceinture
Grauwasser	eaux usées

H

Handbremse	frein à main
Hauptbremszylinder	cylindre principal de frein
Hebebühne	plate-forme élévatrice
Hebel	levier
Heizung	chauffage
Hinterachse	essieux arrière
Hupe	klaxon

K		Ölfilter	filtre à huile
Kabel	*câble*	Ölverlust	*perte d'huile*
(Benzin-)Kanister	*bidon (d'essence)*	Ölwanne	*cuvette à huile*
Kardanwelle	*cardan*	Ölwechsel	*vidange*
Karosserie	*carrosserie*		
Keilriemen	*courroie*	**P**	
Klimaanlage	*climatisation*	Panne	*panne*
Kfz-Kennzeichen	*plaque d'immatriculation*	Plattfuß	*pneu dégonflé*
		Profil	*profil du pneu*
Kolben	*piston*	Propangas	*GPL (gaz propane liquide)*
Kugellager	*roulement à billes*		
Kühler	*radiateur*	Prüflampe	*lampe de contrôle*
Kühlwasser	*eau de refroidissement*	Pumpe	*pompe*
Kühlschrank	*frigidaire, frigo*	**R**	
Kupplung	*embrayage*	Rad	*roue*
Kurzschluss	*court circuit*	Radkappe	*enjoliveur*
		Radkreuz	*clé en croix*
L		Radmutter	*boulon*
Ladedruck	*pression de l'alimentation*	Radwechsel	*changement de roue*
		Rahmen	*châssis*
Ladung	*chargement*	Rastplatz	*aire*
Lager	*coussinet*	Reduzierung	*réduction*
Leck	*fuite*	Reflektor	*réflecteur*
Leerlauf	*point mort*	Regelung	*réglage*
Lenkung	*direction*	Reifen	*pneu*
Lenkrad	*volant*	Reifendruck	*pression*
Lichtmaschine	*générateur*	Relais	*relais*
Luftfilter	*filtre à air*	reparieren	*réparer*
Lüftung	*ventilation*	Reserverad	*roue de secours*
		Rohr	*tuyau*
M		Rücklicht	*feux arrière*
Massekabel	*câble de masse*	Rückspiegel	*rétroviseur*
Messstab	*jauge*	Rückwärtsgang	*marche arrière*
Motor	*moteur*		
Motoröl	*huile de moteur*	**S**	
Mutter	*boulon*	Schalter	*interrupteur*
		Scheibenbremse	*disque de frein*
N		Scheibenwischer	*essuie-glace*
Nabe	*pivot*	Scheinwerfer	*phares*
niedrig	*bas, basse*	Schlauch	*chambre à air*
Nockenwelle	*arbre à cames*	Schlüssel	*clé*
Notrufsäule	*borne de détresse*	Schneeketten	*chaînes*
		Schraube	*vis, boulon*
O		Schraubenschlüssel	*clé*
Oktanzahl	*indice d'octane*	Schraubenzieher	*tournevis*
Öl	*huile*	Sicherung	*fusible*

Starthilfekabel	câble	verstellbar	réglable
Stecker	prise mâle	Verteiler	distributeur
Steckdose	prise femelle	volltanken	faire le plein
Stoßstange	par choc	Vorderachse	essieu avant
Stoßdämpfer	amortisseur		
Strom	courrant électrique		

W

		Wagenheber	cric
T		Warnblinker	feu de détresse
Tank	réservoir	Wartung	entretien
Tankstelle	station d'essence	Wassertank	réservoir d'eau
Tempolimit	vitesse limitée	Werkstatt	garage
Trommelbremse	frein tambour	Werkzeug	outil
Turbolader	chargeur turbo	Windschutzscheibe	pare-brise
		Wohnmobil	camping-car
		Wohnmobilist	camping cariste (CC)
U		Wohnmobilstellplatz	aire (de camping-car),
Überbrückungskabel	câble		aire naturelle
undicht	perméable		
Umwälzpumpe	pompe de		
	circulation	**Z**	
Unfall	accident	Zahnrad	pignon
Unterdruck	dépressurisation	Zahnriemen	courroie
Unterlegscheibe	rondelle	Zündfunke	étincelle d'allumage
		Zündkabel	câble d'allumage
		Zündkerze	bougie
V		Zündschlüssel	clé de contact
Ventil	valve	Zündspule	bobine d'allumage
Ventilspiel	jeu de valve	Zündung	allumage
Ventilator	ventilateur	Zündverteiler	distributeur
Ver-/Entsorgung	eau/vidange		d'allumage
Vergaser	carburateur	Zylinder	cylindre
Versicherung	assurance	Zylinderkopf	culasse
Verschleiß	usage		

DIE WICHTIGSTEN SÄTZE FÜR WOHNMOBILISTEN

AUF DEM CAMPINGPLATZ

Haben Sie noch einen Stellplatz frei?	*Est-ce que vous avez un emplacement libre?*
Kann ich hier parken?	*Est-ce que je peux me garer ici?*
Wir brauchen einen ...	*Il nous faut ...*
... Stromanschluss.	*... un branchement électrique.*
... Wasseranschluss.	*... un branchement d'eau.*
... Anschluss an die Kanalisation.	*... un branchement d'égout.*
Was kostet ein Stellplatz pro Tag?	*Combien coûte l'emplacement par jour?*
Wo sind bitte die Toiletten?	*Où sont les toilettes?*
Wann wird nachts das Tor geschlossen?	*Quand est-ce que l'entrée sera fermée pour la nuit?*
Gibt es auf dem Campingplatz ...	*Est-ce qu'il y a sur le camping ...*
... einen Supermarkt?	*... un supermarché?*
... ein Restaurant?	*... un restaurant?*
Machen Sie bitte die Rechnung fertig?	*Pourriez-vous préparer la facture s'il vous plaît?*
Wir reisen morgen früh ab.	*On partira demain matin.*

IN DER WERKSTATT

Gibt es hier eine Werkstatt?	*Est-ce qu'il y a un garage ici?*
Können Sie mich abschleppen?	*Est-ce que vous pouvez me remorquer?*
Ich habe ein Problem mit ...	*J'ai un problème de ...*
Können Sie sofort reparieren?	*Pouvez-vous réparer tout de suite?*
Wie lange dauert die Reparatur?	*La réparation durera combien de temps?*
Was kostet die Reparatur?	*Combien coûte la réparation?*

IM NOTFALL

Rufen Sie bitte schnell ...	*S'il vous plaît appelez vite ...*
... die Polizei.	*... la police/les gendarmes.*
... einen Krankenwagen.	*... une ambulance.*
... die Feuerwehr.	*... les pompiers.*

KULINARISCHES WÖRTERBUCH

Jeder Auslandsreisende kennt das Gefühl, im Supermarkt verzweifelt durch die Regalreihen zu irren, um ein bestimmtes Lebensmittel anhand von Abbildungen zu finden. Wie verunsichert steht man oft vor dem in Mittelmeerländern grandiosen Angebot an Fisch, ohne die Bezeichnungen übersetzen zu können? Wie oft sitzt man im Restaurant und braucht unsäglich lange, bis man die Speisekarte auch nur einigermaßen verstanden hat? Im Endeffekt kauft und bestellt jeder Tourist in erster Linie das, was er auch kennt. Das ist sehr schade, denn gerade das Ausprobieren regionaler Spezialitäten macht so manchen Urlaub zusätzlich spannend. Da Wohnmobilisten nunmal keine Vollpension gebucht haben und sich selbst versorgen müssen, sieht sich der mobile Reisende diesen Problemen also besonders häufig ausgesetzt. Folgende Übersetzungen einiger gängiger Lebensmittel und weiterer kulinarischer Begriffe sollen ein klein wenig zur Entspannung beitragen! Im REISE KNOW-HOW Verlag ist auch der Sprachführer „Französisch kulinarisch Wort für Wort" erhältlich, der beim Restaurant- und Marktbesuch vor Ort weiterhilft.

Anguille – Aal
Aiglefin – Schellfisch
Agneau – Lamm
Ail – Knoblauch
Airelle – Heidelbeere
Amande – Mandel
Anchois – Anchovis, Sardellen
Avocat – Avocado
Bifteck – Beefsteak
Beignet – Krapfen/Berliner
Bette – Mangold
Betterave rouge – Rote Beete
Beurre – Butter
Bière – Bier
Blé – Weizen
Boeuf – Rind
Boisson – Getränk
Boucherie – Fleischerei
Boulangerie – Bäckerei
Brioche – süßes, lockeres Hefegebäck
Brochet – Hecht
Brouillade – Rührei
Buccin – Meeresschnecke
Bugne – Schmalzgebäck
Cabillaud – Kabeljau
Cacahouète – Erdnuss
Caille – Wachtel
Caillé – Dickmilch

Caillebotte – Frischkäse, Quark
Calmar – Tintenfisch
Canard – Ente
Canelle – Zimt
Câpre – Kapern
Capucine – Kapuzinerkresse
Cari – Curry
Carottes – Karotten
Carpe – Karpfen
Cassis – Schwarze Johannisbeere
Célerie – Sellerie
Cèpe – Steinpilz
Cerf – Hirsch
Cerfeuil – Kerbel
Cerise – Kirsche
Cervelle – Hirn
Chanterelle – Pfifferling
Cantilly – Schlagsahne
Cheval – Pferd
Chèvre – Ziege
Chevreuil – Reh
Chipiron – kleiner Kalmar
Chou – Kohl
Choucroute – Sauerkraut
Ciboule – Frühlingszwiebel
Ciboulette – Schnittlauch
Cidre – Apfelwein
Cochon de lait – Spanferkel

Coeur – Herz
Colin – Seelachs
Colza – Raps
Concombre – Gurke
Congre – Meeraal
Coq – Huhn
Coquillages – Schalentiere
Coquille – Muschel
Courge – Kürbis
Ciurgettes – Zucchini
Crème – Sahne
Cresson – Kresse
Cuisse – Keule, Schenkel
Cumin – Kümmel
Daurade – Dorade
Dinde – Pute
Dindon – Truthahn
Eau – Wasser
Eau-de-vie – Schnaps
Échalote – Schalotte
Èchine de porc – Schweinenacken
Écrevisse – Flusskrebs
Églantine – Hagebutte
Épices – Gewürze
Épinard – Spinat
Escalope – Schnitzel
Escargot – Weinbergschnecke
Escarole – Endivie
Espadon – Schwertfisch

Faisan – Fasan
Farine – Mehl
Fenouil – Fenchel
Fèves – Dicke Bohnen
Figue – Feige
Fraise – Erdbeere
Framboise – Himbeere
Fromage – Käse
Gâteau – Kuchen
Genièvre – Wacholderbeere
Gingembre – Ingwer
Glace – Eis
Graine de tournesol – Sonnenblumenkern
Graisse – Fett, Schmalz
Grenouille – Frosch
Griotte – Sauerkirsche
Groseille – Johannisbeere
Hareng – Hering
Haricot – Bohne
Herbes potagères – Suppengrün
Homard – Hummer
Huile – Öl
Huître – Auster
Jambon – Schinken
Jus – Saft
Lait – Milch
Laitue – Kopfsalat
Langue – Zunge
Lapin – Kaninchen
Lardons – Speckwürfel
Laurier – Lorbeer

Lavande – Lavendel
Légumes – Gemüse
Lentilles – Linsen
Levèche – Liebstöckel
Lieu – Dorsch
Lièvre – Hase
Loup de mer – Wolfsbarsch
Mâche – Feldsalat
Maquereau – Makrele
Marron – Esskastanie
Massepain – Marzipan
Menthe – Minze
Merlu – Seehecht
Miel – Honig
Moutarde – Senf
Oignon – Zwiebel
Omble – Saibling
Pain – Brot
Pastis – Aperitif mit Anis
Patate – Süßkartoffel
Pâté – Pastete
Pâtes – Nudeln
Pâtisserie – Konditorei
Pêche – Pfirsich
Persil – Petersilie
Pied – Fuss
Pignon – Pinienkern
Pintade – Perlhuhn
Poire – Birne
Poireau – Lauch
Pois – Erbse
Poisson – Fisch

Poivre – Pfeffer
Poivron – Gemüsepaprika
Pomme – Apfel
Pomme de terre – Kartoffel
Porc – Schwein
Poulet – Hähnchen
Prune – Pflaume
Pruneau – Backpflaume
Radis – Rettich
Raufort – Meerrettich
Raisin – Weintraube
Rhubarbe – Rhabarber
Riz – Reis
Rognon – Niere
Romarin – Rosmarin
Saint-Pierre – Petersfisch
Sandre – Zander
Sanglier – Wildschwein
Saucisse – Würstchen
Sauge – Salbei
Saumon – Lachs
Sel – Salz
Sole – Seezunge
Sucre – Zucker
Thon – Tunfisch
Truffe – Trüffel
Truite – Forelle
Turbot – Steinbutt
Veau – Kalb
Viande – Fleisch
Vin – Wein
Vinaigre – Essig
Volaille – Geflügel

Das komplette Programm zum Reisen und Entdecken
Reise Know-How Verlag

- **Reiseführer** – praktische Reisetipps von kompetenten Landeskennern

- **CityTrip** – kompakte Informationen für Städtekurztrips

- **CityTrip^{PLUS}** – umfangreiche Informationen für ausgedehnte Städtetouren

- **InselTrip** – kompakte Informationen für den Kurztrip auf beliebte Urlaubsinseln

- **Wohnmobil-Tourguides** – praktische Reisetipps für Wohnmobil-Reisende

- **Wanderführer** – exakte Tourenbeschreibungen mit Karten und Anforderungsprofilen

- **KulturSchock** – Orientierungshilfe im Reisealltag

- **Die Fremdenversteher** – kulturelle Unterschiede humorvoll auf den Punkt gebracht

- **Kauderwelsch-Sprachführer** – schnell und einfach die Landessprache lernen

- **Kauderwelsch plus** – Sprachführer mit umfangreichem Wörterbuch

- **world mapping project™** – aktuelle Landkarten, wasserfest und unzerreißbar

- **Reisetagebuch** – das Journal für Fernweh

- **Edition REISE KNOW-HOW** – Geschichten, Reportagen und Abenteuerberichte

Reisen? We know how!

Wohnmobil-Tourguides aus dem
Reise Know-How Verlag

Wohnmobil-Tourguide
Bretagne
ISBN 978-3-8317-3025-4

6 detailliert ausgearbeitete
und kombinierbare Routenvorschläge
Großformatiger Routenatlas
Zahlreiche ansprechende Fotos
11 detaillierte Stadtpläne
GPS-Daten zum Download

208 Seiten | € 19,80 [D]

Wohnmobil-Tourguide
Normandie
ISBN 978-3-8317-3088-9

10 detailliert ausgearbeitete
und kombinierbare Routenvorschläge
Großformatiger Routenatlas
Zahlreiche ansprechende Fotos
10 detaillierte Stadtpläne
GPS-Daten zum Download

328 Seiten | € 19,80 [D]

Diese **Wohnmobil-Tourguides** sind die idealen Begleiter, um die schönsten Regionen in der Bretagne und der Normanie zu erkunden. Sie sind speziell auf die Interessen und Bedürfnisse von Wohnmobil-Reisenden zugeschnitten. Ob passionierter Wohnmobilist oder Neueinsteiger, ob junge Familie oder Senioren: Mit diesen Tourguides findet jeder sein kleines Urlaubsparadies.

ÜBERSICHT DER STELLPLÄTZE

GPS-Koordinaten der im Buch beschriebenen Stellplätze (Kartendatum WGS84). Die Längen sind als °E (Grad Ost) angegeben. Da die Region teilweise westlich des Nullmeridians liegt, haben manche Längenangaben ein negatives Vorzeichen (s. Seite 9).

ANFAHRT

Nr.	Platz	Koordinaten (Breite, Länge)	Seite
200	Stellplatz Metz Aire Municipale	49.123864, 6.168912	16
201	Stellplatz Aire d'accueil camping-cars de Bouchemaine/Angers	47.418678, −0.611358	16
202	Stellplatz Sully-sur-Loire	47.770884, 2.384167	17
203	Stellplatz Aire De Camping Car Saumur	47.240833, −0.0225	17
204	Stellplatz Beaune	47.017662, 4.836559	18
205	Stellplatz Villefranche-sur-Saône	45.972356, 4.751741	18
206	Stellplatz Montauban	44.007508, 1.341355	19
207	Stellplatz Souillac	44.891658, 1.475656	19

ROUTE 1

Nr.	Platz	Koordinaten (Breite, Länge)	Seite
1	Parkplatz St-Brevin, Brücke nach Saint-Nazaire	47.268007, −2.163697	51
2	Camping de Mindin, St-Brevin-les-Pins	47.264385, −2.169016	51
3	Parkplatz St-Brevin-l'Océan, Strand	47.248817, −2.169278	51
4	Stellplatz St-Brevin	47.243064, −2.163869	51
5	Stellplatz Municipal, Saint-Michel-Chef-Chef	47.182115, −2.147259	51
6	Stellplatz am Camping Clos Mer et Nature, Tharon-Plage	47.17233, −2.157878	51
7	Camping Car Park Le Thar-Cor, Tharon-Plage	47.159979, −2.169444	52
8	Stellplatz Municipal, La Plaine-sur-Mer	47.139103, −2.192208	52
9	Stellplatz Pointe, Préfailles	47.138793, −2.222008	52
10	Stellplatz Les Pinettes, Préfailles	47.135697, −2.238313	52
11	Stellplatz Municipal Aquacentre, Pornic	47.120731, −2.091136	52
12	Stellplatz municipal, La Bernerie-en-Retz	47.078595, −2.03395	52
13	Stellplatz Port du Bec, Bouin	46.939244, −2.07333	53
14	Camping Municipal La Pointe, Île de Noirmoutier	47.024303, −2.303397	53
15	Stellplatz L'Herbaudière, Île de Noirmoutier	47.020063, −2.300941	53
16	Stellplatz Noirmoutier-en-Île	47.000546, −2.251124	53
17	Stellplatz L'Épine, Île de Noirmoutier	46.981222, −2.263835	53
18	Stellplatz Beauvoir-sur-Mer	46.916563, −2.046564	53

ROUTE 2

Nr.	Platz	Koordinaten (Breite, Länge)	Seite
19	Camping-Car-Park La Grande Côte, La Barre-de-Monts	46.885523, −2.152063	72
20	Stellplatz De Gaulle, Notre-Dame-de-Monts	46.831374, −2.129574	72
21	Stellplatz La Clairière, Notre-Dame-de-Monts	46.834559, −2.142179	73
22	Stellplatz Le Repos des Tortues, Saint-Jean-de-Monts	46.799053, −2.073395	73
23	Parking Camping-cars, Saint-Hilaire-de-Riez	46.728483, −1.991371	73

Nr.	Platz	Koordinaten (Breite, Länge)	Seite
24	Stellplatz Saint-Hilaire-de-Riez	46.731511, −1.911468	73
25	Stellplatz Saint-Gilles-Croix-de-Vie I	46.703317, −1.945873	73
26	Stellplatz Saint-Gilles-Croix-de-Vie II	46.694285, −1.927447	73
27	Stellplatz Olonne-sur-Mer	46.507706, −1.788815	74
28	Stellplatz Les Sables-d'Olonne	46.496606, −1.774917	74
29	Stellplatz Le Château d'Olonne	46.491397, −1.742669	74
30	Stellplatz Talmont-Saint-Hilaire	46.467019, −1.616409	74
31	Stellplatz Aire des Goffineaux, Jard-sur-Mer	46.410727, −1.593412	75
32	Stellplatz La Tranche-sur-Mer	46.350357, −1.43685	75
33	Stellplatz Aire de Camping-car de la Base Nautique, L'Aiguillon-sur-Mer	46.331726, −1.308372	75
34	Stellplatz Maillezais	46.374248, −0.746939	75
35	Parking de l'Autremont Aire de service camping-car, Coulon	46.320714, −0.59073	75

ROUTE 3

Nr.	Platz	Koordinaten (Breite, Länge)	Seite
36	Stellplatz Jean Moulin Aire Camping-car, La Rochelle	46.153228, −1.141742	91
37	Camping du Soleil, La Rochelle	46.150665, −1.158083	91
38	Parkplatz Esplanade, La Rochelle	46.166088, −1.154634	91
39	Stellplatz Saint-Martin-de-Ré	46.199349, −1.365577	91
40	Aire de Stationnement Camping-Cars, Les Portes-en-Ré	46.229679, −1.483178	92
41	Aire de Stationnement Camping Cars, Saint-Clément-des-Baleines	46.22757, −1.5464	92
42	Camping La Combe à L'Eau, Ars-en-Ré	46.211082, −1.53681	92
43	Stellplatz Le Bois-Plage-en-Ré	46.177156, −1.386809	92
44	Camping Les Grenettes, Sainte-Marie de-Ré	46.160742, −1.352871	92
45	Aire de Service et Stationnement du Platin, Rivedoux-Plage	46.159541, −1.266753	93
46	Stellplätze Angoulins	46.106265, −1.135663	93
47	Stellplatz Châtelaillon-Plage	46.072752, −1.078521	93
48	Stellplatz Fouras	45.978187, −1.082585	93

ROUTE 4

Nr.	Platz	Koordinaten (Breite, Länge)	Seite
49	Stellplatz Rochefort	45.946949, −1.090337	106
50	Stellplatz Port-des Barques	45.947122, −1.090361	106
51	Stellplatz Château d'Oléron	45.896442, −1.202214	106
52	Stellplatz Dolus-d'Oléron	45.913438, −1.252955	106
53	Camping Municipal „Les Saumonards"	45.978212, −1.241105	106
54	Stellplatz La Brée-les-Bains	46.008081, −1.356851	107
55	Camping Municipal Saint-Denis-d'Oléron	46.038608, −1.374305	107
56	Stellplatz Saint-Denis-d'Oléron, Aire Le Moulin	46.027636, −1.383149	107
57	Camping Les Gros Joncs	45.953596, −1.379213	107
58	Stellplatz Le Grand Village-Plage	45.862067, −1.240309	107

ROUTE 5

Nr. Platz	Koordinaten (Breite, Länge)	Seite
59 Stellplatz Marennes Place G. Brassens	45.826007, −1.097333	118
60 Stellplatz Marennes-Plage	45.826152, −1.142973	118
61 Stellplatz La Tremblade	45.782728, −1.152249	118
62 Stellplatz La Palmyre I	45.691876, −1.188912	118
63 Stellplatz La Palmyre II	45.68335, −1.18031	118
64 Stellplatz Royan	45.628272, −1.011933	118
65 Stellplatz Saint-Georges-de-Didonne	45.60012, −1.006956	119
66 Stellplatz Meschers-sur-Gironde	45.555837, −0.945113	119
67 Stellplatz Mortagne-sur-Gironde	45.475237, −0.796868	119
68 Camping Municipal La Citadelle, Blaye	45.12948, −0.666514	119

ROUTE 6

Nr. Platz	Koordinaten (Breite, Länge)	Seite
69 Stellplatz Saintes	45.740469, −0.626984	134
70 Stellplatz Cognac	45.698683, −0.332904	134
71 Stellplatz Ribérac	45.256987, 0.342343	135
72 Stellplatz Bourdeilles	45.323144, 0.583398	135
73 Stellplatz Brantôme-en-Périgord	45.360484, 0.648377	135
74 Stellplatz Périgueux	45.187749, 0.730828	135

ROUTE 7

Nr. Platz	Koordinaten (Breite, Länge)	Seite
75 Stellplatz Montignac	45.067816, 1.164857	150
76 Stellplatz St-Léon-sur-Vézère	45.01224, 1.08946	150
77 Stellplatz Sarlat-la-Canéda	44.89585, 1.212674	150
78 Stellplatz Domme	44.800894, 1.221814	150
79 Stellplatz La Roque-Gageac	44.824458, 1.185282	151
80 Parkplatz Limeuil	44.884786, 0.887989	151
81 Stellplatz Trémolat	44.873826, 0.830235	151
82 Stellplatz Bergerac	44.871094, 0.503537	151
83 Wohnmobil Parkplatz St-Émilion	44.896414, −0.157101	151

ROUTE 8

Nr. Platz	Koordinaten (Breite, Länge)	Seite
84 Camping Le Village du Lac	44.897787, −0.582656	165
85 Stellplatz Macau	45.007025, −0.613125	165
86 Stellplatz Saint-Laurent-Médoc	45.149185, −0.821087	165
87 Parkplatz Saint-Estèphe	45.26545, −0.758248	165
88 Stellplatz Le Verdon-sur-Mer	45.546906, −1.055712	165

ROUTE 9

Nr.	Platz	Koordinaten (Breite, Länge)	Seite
89	Stellplatz Soulac-sur-Mer/L'Amélie-sur-Mer	45.499444, −1.1375	180
90	Stellplatz Le Gurp	45.433516, −1.145301	180
91	Stellplatz Vendays-Montalivet	45.376331, −1.156689	180
92	Stellplatz Hourtin-Port	45.181287, −1.081087	180
93	Stellplatz Maubuisson	45.085109, −1.147992	180
94	Stellplatz Lacanau/Le Huga	45.005833, −1.165278	180
95	Parkplatz Lège-Cap-Ferret/L'Herbe	44.686496, −1.245181	181
96	Stellplatz Lège-Cap-Ferret/Claouey	44.751174, −1.180345	181
97	Stellplatz Andernos-les-Bains	44.744929, −1.111544	181
98	Parkplatz Le Teich	44.64004, −1.019404	181
99	Camping Club Arcachon	44.651427, −1.174118	181

ROUTE 10

Nr.	Platz	Koordinaten (Breite, Länge)	Seite
100	Stellplatz Biscarrosse-Plage	44.459205, −1.246233	198
101	Stellplatz Biscarrosse/Port de Navarrosse	44.431534, −1.166983	198
102	Stellplatz Parentis-en-Born	44.344016, −1.098413	199
103	Stellplatz Gastes	44.329047, −1.150969	199
104	Stellplatz Mimizan-Plage	44.214709, −1.28225	199
105	Stellplatz Contis-Plage	44.093712, −1.310365	199
106	Stellplatz Léon	43.884696, −1.318921	200
107	Stellplatz Vieux-Boucau-les-Bains	43.780917, −1.4012	200
108	Stellplatz Parking Du Lac Marin, Soustons	43.775533, −1.411531	200
109	Stellplatz Capbreton	43.636205, −1.44708	201
110	Stellplatz Ondres-Plage	43.57621, −1.486508	201
111	Stellplatz Anglet	43.506924, −1.533728	201
112	Aire de Camping Cars Milady	43.466566, −1.571762	201

ROUTE 11

Nr.	Platz	Koordinaten (Breite, Länge)	Seite
113	Stellplatz Saint-Jean-de-Luz	43.385326, −1.662771	217
114	Stellplatz Hendaye	43.370333, −1.764399	218
115	Camping Larrouleta, Urrugne	43.370295, −1.686225	218
116	Stellplatz Sare	43.311985, −1.583972	218
117	Parkplatz Espelette	43.33873, −1.447551	219
118	Stellplatz Saint-Jean-Pied-de-Port I	43.165108, −1.232165	219
119	Stellplatz Saint-Jean-Pied-de-Port II	43.159207, −1.236894	219
120	Stellplatz Oloron-Sainte-Marie	43.183971, −0.608462	219
121	Stellplatz Le Vieux Berger, Lourdes	43.104541, −0.032667	219

REGISTER

A

Abbaye des Châteliers 83
Adour 190
Ainhoa 208
Andernos-les-Bains 174
Angoulême 126
Angoulins 88
Anreise 16
Arcachon 175
Arzt 27
Atlantikwall 170
Aubeterre-sur-Dronne 128
Auslandskrankenversicherung 28
Austern 111
Avrillé 64

B

Baker, Josephine 146
Baskenland 203
Bastide 159
Bayonne 190
Bayonner Schinken 192
Belle Époque 89
Benediktinerorden 70
Bergerac 147
Bernadette 215
Beynac-et-Cazenac 144
Biarritz 194
Biscarrosse-Bourg 185
Biscarrosse-Plage 185
Blaye 116
Bordeaux 154
Botschaften 20
Boyardville 101
Brantôme-en-Périgord 129
Brouage 98
Brücke von Saint-Nazaire 40
Bruno 147

C

Cairn 65
Campingplätze 20
Canal de la jeune Autise 70
Canard 141

Capbreton 189
Cap Ferret 173, 174
Carcans-Plage 171
Castelnaud-la-Chapelle 144
Champ de César 64
Charente 121
Château Cos d'Estournel 163
Château de Talmont 62
Châtelaillon-Plage 89
Circuit UNESCO 158
Cité du Vin 159
Claouey 174
Cognac 124
Comics 126
Corderie Royale 96
Côte d'Argent 167
Côte de Lumière 55
Côte des Fleurs 55, 66
Côte sauvage 111
Coulon 70
Course Landaise 188
Cromlech 65
Culottes 85

D

D'Artagnan 195
Debitkarte 23
Départements 19
Diebstahl 20
Diplomatische Vertretungen 20
Dolmen 65
Dolus-d'Oléron 101
Domme 142
Dorsch 61
Dune du Pilat 184
Dünen 184

E

Ebbe 24
EC-Karte 23
Éclade de Moules 110
Écomusée du Daviaud 57
Écomusée Marais Salants 84
Église monolithe 149

Église Saint-Eutrope 123
Einkaufen 21
Einreisebestimmungen 21
Elektrizität 22
Entre-Deux-Mers 155
Entsorgung 36
Espelette 208
Essen 228

F
Feiertage 22
Feste 22
Festival Symphonie d'Eté 90
Fleur de sel 47
Flut 24
Foie Gras 141
Forêt de Lacanau 172
Forêt de Vendays 170
Fort Boyard 102
Fort de la Prée 83
Fort Médoc 160
Fouras 90
Französisch 228
Fremdenverkehrsbüro 26

G
Gascogne 195
Gastes 186
Gastronomie 23
Gasversorgung 23
Geld 23
Gezeiten 24
Girocard 23
Gironde 153
Golfe de Gascogne 183
GPS-Koordinaten 9
Grands Sîtes de France 99
Grand Théâtre 159
Grotte de Massabielle 216
Grottes de Matata 114
Grottes Régulus 114
Grotte von Montignac 139

H
Haustiere 26
Heilige Quelle von Lourdes 215
Hendaye 206

Hiers-Brouage 98
Hourtin-Plage 171
Hourtin-Port 171
Hundertjähriger Krieg 144

I
l'Île Penotte 61
Île-d'Aix 90
Île de Noirmoutier 46
Île de Ré 83
Île d'Oléron 99
Île d'Yeu 56
Île Madame 98
Informationen 26
Internet 34

J
Jadeküste 39
Jard-sur-Mer 64
Jazz Festival Fouras 90
Juracon 214

K
Kabejau 61
Karten 25
Kartensperrung 24
KFZ-Kennzeichen 26
Konsulate 20
Krankenhaus 27
Kreditkarten 23
Kulinarisches Wörterbuch 228
Kulmino 57
Küstenschutz 169

L
La Barre-de-Monts 56
La Bernerie-en-Retz 45
La Brée-les-Bains 103
Lacanau-Océan 172
La Cotinière 105
La Couarde-sur-Mer 86
La Frébouchère 65
La Palmyre 112
La Rochelle 67, 78
La Roque-Gageac 143
La Tranche-sur-Mer 65
La Tremblade 111

Le Bois-Plage-en-Ré 87
Le Martray 85
Le Pin-Sec 171
Les Milandes 145
Les Plus Beaux Villages de France 84
Les Portes-en-Ré 85
Les Sables-d'Olonne 60
Le Verdon-sur-Mer 164
Limeuil 146
Loix 84
Lourdes 215

M
Macau 160
Maillezais 69
Maison du Marais Poitevin 71
Marais aux Oiseaux 100, 101
Marais Breton 45
Marais Poitevin 68
Marennes 110
Margaux 160
Märkte 21
Maut 27
Medizinische
    Versorgung 27
Médoc-Marathon 162
Megalithen 65
Menhire 65
Meschers-sur-Gironde 114
Mieten 37
Mimizan-Plage 186
Mimoseninsel 105
Montalivet-les-
    Bains 170
Montignac 138
Monument aux Girondis 154
Mortagne-sur-Gironde 116
Moulin de Bellère 87
Musée Martime 79

N
Nationalfeiertag 67
Niort 71
Nive 190
Noirmoutier-en-Île 47
Notre-Dame-de-Monts 57
Notruf 31

O
Öffnungszeiten 28
Oloron-Sainte-
    Marie 211

P
Panne 29
Parcs à Huîtres 45, 110
Parentis-en-Born 186
Parken 29
Passe aux Boeufs 98
Pau 212
Pauillac 162
Pelota 205
Périgord 121, 130
Périgord Blanc 130
Périgord Noir 130
Périgord Vert 129, 130
Périgueux 131
Pertuis Breton 85
Pertuis D'Antioche 101
Phare Cordouan 168
Phare des Baleines 85
Phare des Barges 61
Pilat 184
Pilgern 209
Pineau des Charentes 126
Place Pey Berland 158
Plage de la Patache 85
Pointe de Chay 88
Pointe de l'Aiguillon 179
Pointe de L'Aiguillon-sur-Mer 66
Pointe de L'Herbaudière 49
Pointe Saint-Gildas 42
Polizei 31
Pont Jacques Chaban-Delmas 159
Pornic 43
Port de la Meule, 56
Port de Mindin 40
Port-des-Barques 97
Port des Salines 105
Port du Bec 45
Porte de la Grosse Horloge 79
Post 30
Preise 21, 28
Protestantismus 82
Pyrénées-Atlantiques 203

Q

Quelle von Lourdes 215

R

Rasten 29
Reisezeit 30
Réserve Natuerelle du Courant d'Huchet 188
Réserve Ornithologique du Teich 176
Richard Löwenherz 63
Rivedoux-Plage 87
Rochefort 96
Rocher d'Antioche 104
Royan 113

S

Saint-Brevin-les-Pins 40
Saint-Cathérine 159
Saint-Clément-des-Baleines 86
Saint-Denis-d'Oléron 103
Sainte-Marie-de-Ré 87
Saint Émilion 148
Saintes 122
Saint-Estèphe 163
Saint-Georges-de-Didonne 113
Saint-Georges d'Oléron 103
Saint-Hilaire-de-Riez 58
Saint-Jean-de-Luz 204
Saint-Jean-de-Monts 58
Saint-Jean-Pied-de-Port 209
Saint-Martin-de-Ré 84
Saintonge 122
Saint-Pierre d'Oléron 102
Saint-Yzans-de-Médoc 163
Salzblume 47
Sandwein 189
Sare 207
Sarlat-la-Canéda 140
Schinken 192
Sébastien le Prestre de Vauban 161
Shopping 21
Sicherheit 31
Soulac-sur-Mer 168
Sperrnotruf 24
Sprachhilfe 228
Stellplätze 31
Stellplatzliste 233
Stromspannung 22

T

Talmont-Saint-Hilaire 62
Talmont-sur-Gironde 115
Tanken 33
Telefon 34
Thalassotherapie 44
Tharon-Plage 41
Touristeninformation 26
Trémolat 147
Trou du Diable 58
Trüffel 133

U

Unfall 29, 34

V

Vauban, Sébastien le Prestre de 161
Vendée Globe 62
Vendée-Krieg 50
Venise Verte 68
Veranstaltungen 22
Verkehrsregeln 34
Versorgung 36
Vertheuil 163
Viaduc d'Oléron 99
Vieux-Boucau-les Bains 187
Vin de Sable 189
Vorwahlen 34

W

Wein 158, 163, 189, 195, 214
Wörterbuch 228

Z

Zoll 37

DIE AUTORIN

„Niemals hätte ich gedacht, dass ich mich zu einem reisenden Schreiberling entwickeln würde", sagt **Ines Friedrich** und fügt hinzu: „aber im Nachhinein erscheint mir dies geradezu logisch." In ihrem Lebenslauf beschreibt die Autorin, dass die Lust zum Schreiben wohl in ihren Genen stecken würde: „Meine Mutter hat ihre Memoiren geschrieben und meine Schwester war Journalistin."

Das Bedürfnis, die Welt kennenzulernen und darüber berichten zu wollen, zeigte sich schon recht früh. Als Austauschschülerin ging die Autorin nach dem Abitur für ein Jahr nach Anaheim (Kalifornien) und hat von dort wöchentlich und ausführlich von ihrem Leben und ihren Erlebnissen nach Hause berichtet. „Den dicken Ordner mit den auf hauchdünnem Luftpostpapier geschriebenen Briefen habe ich heute noch."

Neugierig auf alles Neue und Fremde verbrachte die aus Hannover stammende Autorin ihre Ausbildungszeit in Berlin und studierte in Süddeutschland, wo sie seitdem selbstständig in der Modebranche tätig ist.

„Mit einem Wohnmobil in den Urlaub zu fahren, vermittelt nahezu grenzenlose Freiheit" und das veranlasste die Autorin und ihre mittlerweile vierköpfige Familie dazu, ein entsprechendes Gefährt erst einmal zu mieten, bis man sich den Lebenstraum erfüllen konnte und ein Wohnmobil kaufte. Seitdem reist Ines Friedrich in Begleitung ihres Mannes viele Wochen im Jahr kreuz und quer vor allen Dingen durch Deutschland, Frankreich, Italien und Österreich und recherchiert, fotografiert und schreibt für unterschiedliche Verlage.

144wf-if

145wf-if

146wf-if

143wf-if

ROUTENATLAS

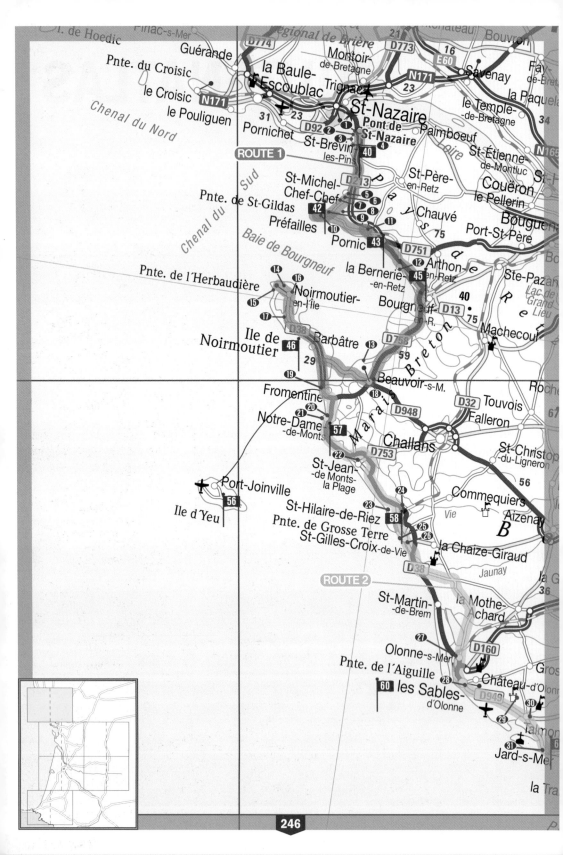

I. de Hoedic
Piriac-s-Mer
Parc Régional de Brière
Bouvron
D714
D773
16
E60
Guérande
Montoir-
Fay-
de-Bretagne
-de-Bret.
Pnte. du Croisic
la Baule-
N171
Savenay
la Paquela
Escoublac
Trignac
23
le Croisic
N171
le Temple-
le Pouliguen
31
23
St-Nazaire
-de-Bretagne
34
2
Pornichet
D92
1
Pont de
Paimboeuf
St-Étienne-
Pnte. de St-Gildas
Chenal du Nord
3
St-Brevin
St-Nazaire
-de-Montluc
N16
ROUTE 1
les-Pins
40
4
Couëron
St-Père-
St-
St-Michel-
D2
3
-en-Retz
le Pellerin
Chef-Chef
5
6
42
Pnte. de St-Gildas
7
Chauvé
Bougue
Préfailles
8
75
Port-St-Père
Chenal du
9
10
11
Pornic
43
D751
Sud
Baie de Bourgneuf
la Bernerie-
12
Arthon-
Ste-Paza
Pnte. de l'Herbaudière
14
-en-Retz
45
-en-Retz
Breton
16
40
15
Noirmoutier-
Bourgneuf-
D13
-en-l'île
-en-R.
75
Machecoul
17
D38
Barbâtre
D75
59
Ile de
46
13
Noirmoutier
29
19
Beauvoir-s-M.
18
Fromentine
Touvois
20
D948
D32
21
Falleron
Notre-Dame
57
Challans
St-Christop
-de-Monts
D753
-du-Ligneron
22
St-Jean-
56
-de-Monts-
24
la Plage
Port-Joinville
Commequiers
B
56
Vie
Aizenay
Ile d'Yeu
St-Hilaire-de-Riez
23
Pnte. de Grosse Terre
58
St-Gilles-Croix-de-Vie
25
26
la Chaize-Giraud
D38
la G
ROUTE 2
Jaunay
36
St-Martin-
la Mothe-
-de-Brem
chard
27
D160
Olonne-s-Mer
Gros
Pnte. de l'Aiguille
28
Château-d'Olon
60
les Sables-
D949
-d'Olonne
30
29
Talmon
31
Jard-s-Mer
la Tra

246

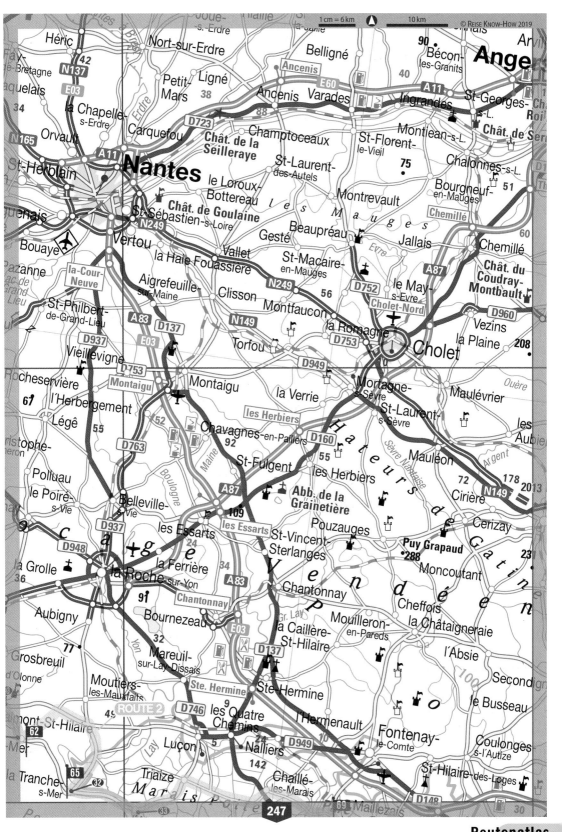

Héric

Nort-sur-Erdre

Belligné

Bécon-
les-Granits

90

Ange

Arvi

42

N137

E03

Ligné

Petit-
Mars

38

Ancenis

Varades

E60

40

A11

St-Georges-
s-L.

Ch.

Roi

34

la Chapelle-
s-Erdre

Orvault

N165

Carquefou

D723

88

Champtoceaux

Ingrandes

Montjean-s-L.

Chât. de Ser

Chât. de la
Seilleraye

St-Florent-
le-Vieil

Chalonnes-s-L.

Nantes

St-Laurent-
des-Autels

75

Bourgneuf-
en-Mauges

51

D1

Th

St-Herblain

le Loroux-
Bottereau

Montrevault

les

Mauges

Chemillé

A11

Chât. de Goulaine

St-Sébastien-s-Loire

Beaupréau

Evre

Jallais

Chemillé

60

Bouaye

Vertou

N249

Gesté

St-Macaire-
en-Mauges

Chât. du
Coudray-
Montbault

la Cour-
Neuve

la Haie Fouassière

Vallet

le May-
s-Evre

D752

A87

uenais

Pazanne

ac de
Grand
Lieu

Aigrefeuille-
sur-Maine

Clisson

N249

56

D960

St-Philbert-
de-Grand-Lieu

Montfaucon

Cholet-Nord

Vezins

la Plaine

208

D937

A83

D137

N149

la Romagne

D753

Cholet

E03

Vieillevigne

Torfou

D949

Ouère

Rocheservière

D753

Montaigu

Montaigu

Montaigu

la Verrie

Mortagne-
s-Sèvre

Maulévrier

67

l'Herbergement

les Herbiers

St-Laurent-
s-Sèvre

les
Aubi

Légé

55

52

Chavagnes-en-Paillers

92

D160

ristophe-
eron

D763

St-Fulgent

55

Maine

les Herbiers

Sèvre Nantaise

Mauléon

Argent

72

178
2013

N149

Polliau

le Poiré-
s-Vie

Belleville-
s-Vie

A87

Boulogne

Abb. de la
Grainetière

Pouzauges

Cirière

Cerizay

D937

les Essarts

les Essarts

109

St-Vincent-
Sterlanges

Puy Grapaud

288

23

D948

la Grolle

la Ferrière

24

la Roche-sur-Yon

34

A83

Chantonnay

Moncoutant

36

Aubigny

Bournezeau

91

Chantonnay

E03

Chantonnay

Gr. Lay

Mouilleron-
en-Pareds

Cheffois

la Châtaigneraie

l'Absie

77

32

Mareuil-
sur-Lay Dissais

la Caillère-
St-Hilaire

D137

Second

Grosbreuil

d'Olonne

Moutiers-
les-Mauxfaits

Ste. Hermine

Ste-Hermine

le Busseau

4

ROUTE 2

D746

9

les Quatre
Chemins

l'Hermenault

10

O

mont-St-Hilaire

62

Luçon

5

Nailliers

D949

Fontenay-
le-Comte

Coulonges
s-l'Autize

Tranche-
s-Mer

65

32

Triaize

142

Chaillé-
les-Marais

St-Hilaire-des-Loges

D148

Marais Poitev

33

Maillezais

30

247

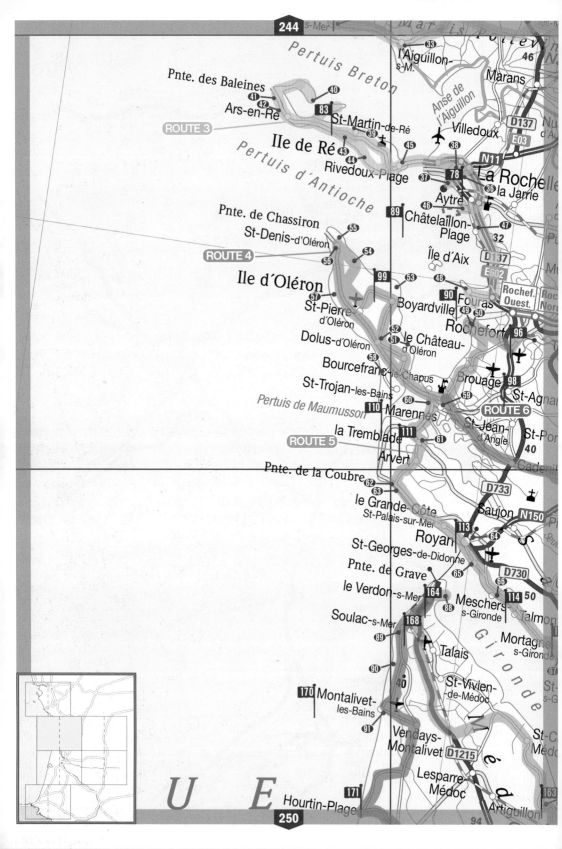

Marais Poitevin

Pertuis Breton

l'Aiguillon-s-M.

33

46

Marans

Pnte. des Baleines

40

Anse de
l'Aiguillon

41

42

Ars-en-Ré

83

Villedoux

D137

E03

ROUTE 3

St-Martin-de-Ré

39

Nu
d'A

Ile de Ré

43

45

38

N11

Rivedoux-Plage

44

37

78

La Rochelle

Pertuis d'Antioche

Aytré

36

la Jarrie

Pnte. de Chassiron

89

Châtelaillon-
Plage

46

St-Denis-d'Oléron

55

47

ROUTE 4

54

Île d'Aix

32

56

D137

E602

Ile d'Oléron

99

53

48

Boyardville

90

Rochef.
Ouest.

57

St-Pierre
d'Oléron

Fouras

49

50

52

le Château-
d'Oléron

Rochefort

96

Dolus-d'Oléron

51

Bourcefranc-le-Chapus

58

St-Trojan-les-Bains

Brouage

98

St-Agn

Pertuis de Maumusson

60

59

ROUTE 6

110

Marennes

St-Jean-
d'Angle

St-P

la Tremblade

111

61

40

ROUTE 5

Arvert

Pnte. de la Coubre

62

Cadeui

63

D733

le Grande-Côte
St-Palais-sur-Mer

Saujon

N150

113

Royan

64

St-Georges-de-Didonne

65

D730

Pnte. de Grave

66

le Verdon-s-Mer

164

114

50

Meschers
s-Gironde

Talmon

Soulac-s-Mer

168

88

Mortagne
s-Gironde

89

Talais

Gironde

St-C
Méd

90

40

St-Vivien-
de-Médoc

170

Montalivet-
les-Bains

91

Vendays-
Montalivet

D1215

Lesparre-
Médoc

U   E

Hourtin-Plage

171

163

é
d

Artiguillon

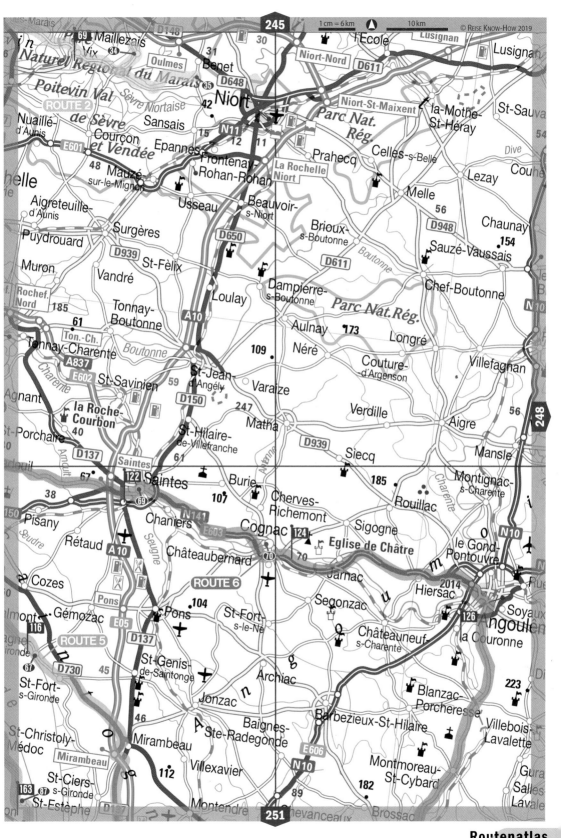

1 cm = 6 km   10 km   © REISE KNOW-HOW 2019

Maillezais
Vix
34
Oulmes
31
Benet
30
l'Ecole
Lusignan
Lusignan
Niort-Nord
D611
Parc
Naturel Régional du Marais
Poitevin Val
ROUTE 2
de Sèvre
35
D648
42
Niort
Niort-St-Maixent
la-Mothe-St-Héray
St-Sauva
Sansais
54
Nuaillé-
d'Aunis
Courçon
et Vendée
Epannes
15
N11
12
11
N11
La Rochelle
Niort
Frontenay-
Rohan-Rohan
Prahecq
Parc Nat.
Rég.
Celles-s-Belle
Dive
48
Mauzé-
sur-le-Mignon
Usseau
Beauvoir-
s-Niort
Lezay
Couhé
Aigreteuille-
d'Aunis
Melle
56
Chaunay
elle
Puydrouard
Surgères
D650
Brioux-
s-Boutonne
D948
Sauzé-Vaussais
154
Muron
Vandré
St-Félix
D939
Boutonne
Dampierre-
s-Boutonne
D611
Chef-Boutonne
Rochef.
Nord
185
Tonnay-
Boutonne
61
Loulay
A10
Parc Nat. Rég.
Aulnay
173
Longré
Villefagnan
Ton.-Ch.
Tonnay-Charente
Boutonne
109
Néré
Couture-
d'Argenson
A837
E602
St-Savinien
59
St-Jean-
d'Angély
Varaize
247
Verdille
Aigre
56
248
Agnant
la Roche-
Courbon
D150
Matha
St-Hilaire-
de-Villefranche
D939
Siecq
Mansle
St-Porchaire
40
61
Saintes
Burie
185
Montignac-
s-Charente
67
122
Saintes
107
Cherves-
Richemont
Rouillac
Charente
38
69
Pisany
Chaniers
N141
Cognac
124
Sigogne
le Gond-
Pontouvre
N10
Rétaud
A10
E603
Châteaubernard
70
70
Eglise de Châtre
N10
Cozes
ROUTE 6
Jarnac
Hiersac
2014
Soyaux
Pons
104
Segonzac
126
ngoulê
mont-
Gémozac
E05
Pons
St-Fort-
s-le-Né
Châteauneuf-
s-Charente
la Couronne
116
ROUTE 5
D137
Archiac
St-Genis-
de-Saintonge
223
67
D730
45
Jonzac
Blanzac-
Porcheresse
St-Fort-
s-Gironde
46
Baignes-
Ste-Radegonde
Villebois-
Lavalette
St-Christoly-
Médoc
Mirambeau
Mirambeau
Villexavier
E606
N10
Montmoreau-
St-Cybard
Gura
St-Ciers-
s-Gironde
163
87
112
182
Salles
Lava
St-Estèphe
D137
Montendre
89
Chevanceaux
Brossac

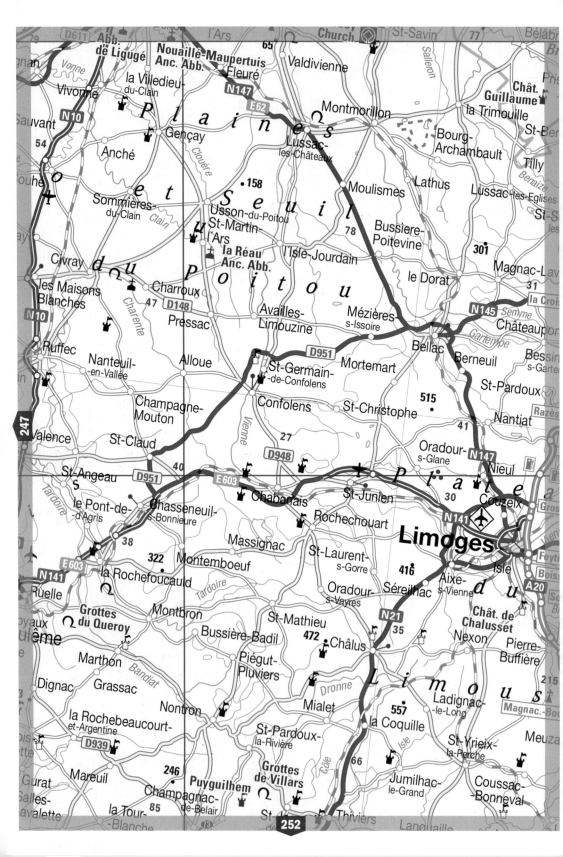

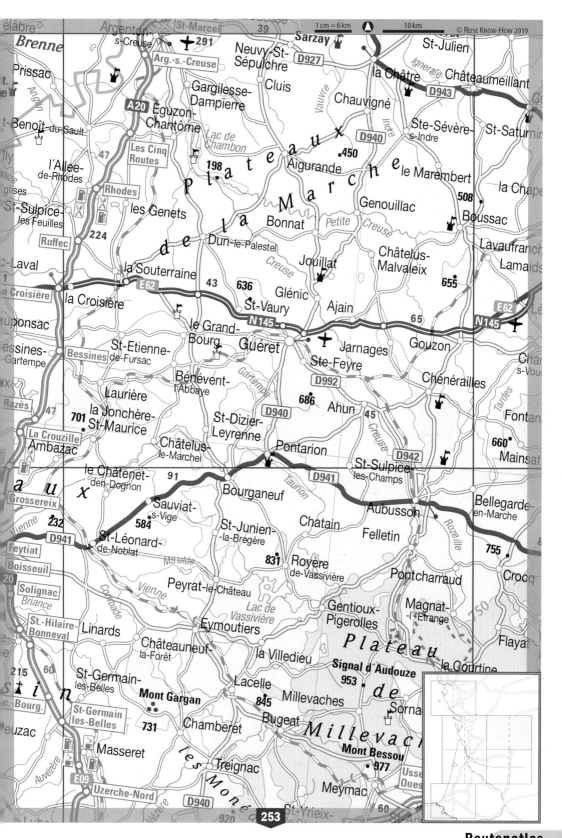

Brenne

Argenton

St-Marcel

39

1 cm = 6 km   10 km   © REISE KNOW-HOW 2019

Sarzay

St-Julien

s-Creuse

✈ 291

Neuvy-St-Sépulchre

D927

la Châtre

Châteaumeillant

Arg.-s.-Creuse

Ignerale

D943

Prissac

Gargilesse-Dampierre

Cluis

Chauvigné

Ste-Sévère-s-Indre

St-Saturnin

A20

Éguzon-Chantôme

Vauvre

Indre

t-Benoît-du-Sault

47

Les Cinq Routes

Lac de Chambon

198

Aigurande

•450

le Marembert

la Chape

l'Allée-de-Rhodes

Plateaux

de

la

Marche

508

glises

Rhodes

les Genets

Genouillac

Boussac

St-Sulpice-les-Feuilles

224

Bonnat

Petite   Creuse

Lavaufranch

Ruffec

Dun-le-Palestel

Jouillat

Châtelus-Malvaleix

Lamaids

-Laval

la Souterraine

Creuse

655

1

E62

43

636

Glénic

Ajain

65

E62

a Croisière

la Croisière

St-Vaury

N145

N145

uponsac

le Grand-Bourg

Gouzon

ssines-Gartempe

Bessines

St-Etienne-de-Fursac

Guéret

✈

Jarnages

Char
s-Vou

Ste-Feyre

Razès

47

Laurière

Bénévent-l'Abbaye

D992

686

Ahun

45

Chénérailles

Tardes

Fontan

La Crouzille

701

la Jonchère-St-Maurice

D940

660•

Ambazac

Châtelus-le-Marcheil

St-Dizier-Leyrenne

Creuse

Mainsat

Pontarion

D942

a

u

x

le Châtenet-en-Dognon

91

St-Sulpice-les-Champs

Grossereix

Bourganeuf

D941

Bellegarde-en-Marche

Vienne

232

Sauviat-s-Vige

584

Taurion

Aubusson

Rozeille

D941

St-Léonard-de-Noblat

St-Junien-la-Brégère

Chatain

Felletin

755

Feytiat

Ma ulde

Boisseuil

Vienne

831

Royère-de-Vassivière

Pontcharraud

Croca

20

Solignac

Briance

Peyrat-le-Château

Combade

Lac de Vassivière

Gentioux-Pigerolles

Magnat-l'Étrange

50

St.-Hilaire-Bonneval

Linards

Châteauneuf-la-Forêt

Eymoutiers

Plateau

Flaya

la Villedieu

la Courtine

215

60

St-Germain-les-Belles

Lacelle

Signal d'Audouze

953

de

in

c.-Bourg.

Mont Gargan

845

Millevaches

Sorna

St-Germain les-Belles

731

Chamberet

Bugeat

Millevach

euzac

Masseret

les

Mont

Auvézère

E09

Treignac

Mont Bessou

977

Usse
Ouse

Uzerche-Nord

D940

Meymac

60

Vézère

920

St-Yrieix-

253

St An

Routenatlas
249

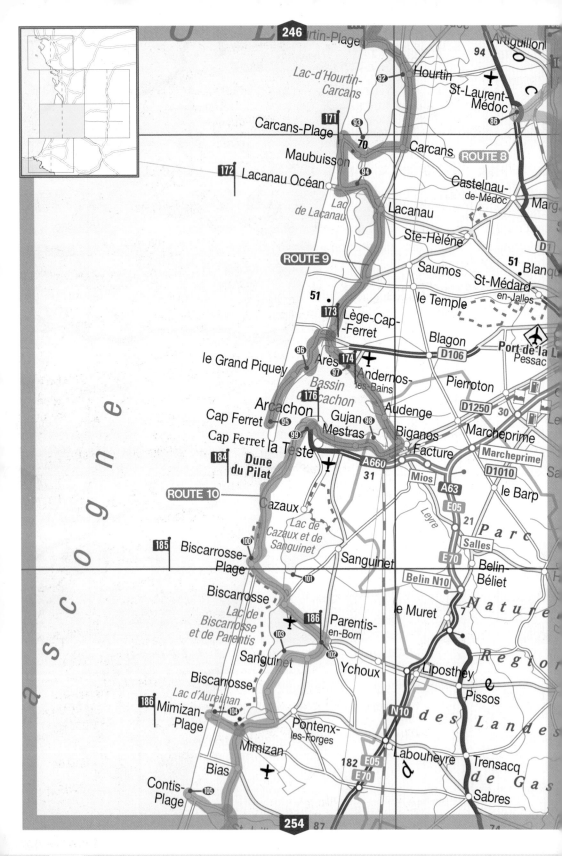

246

Lac-d'Hourtin-Carcans
92 Hourtin
94
St-Laurent-Médoc
86

171 Carcans-Plage
93
70 Carcans
ROUTE 8
Maubuisson
172 Lacanau Océan
94 Castelnau-de-Médoc
Marg

Lac de Lacanau
Lacanau
Ste-Hélène
D1

ROUTE 9
Saumos
51 Blanqu
St-Médard-en-Jalles
le Temple
St-Médard

51
173 Lège-Cap-Ferret
Blagon
Port de la
D106 Pessac

le Grand Piquey
96
Arès
174
97 Andernos-les-Bains
Pierroton

Bassin d'Arcachon
176
Arcachon
Gujan
Mestras 98
Audenge
Biganos
D1250 30
Marcheprime

Cap Ferret
95
Cap Ferret la Teste
99
Facture
Marcheprime
D1010

184 Dune
du Pilat
A660
31
Mios
A63
E05
le Barp

ROUTE 10
Cazaux
21 Parc
Salles

185 Biscarrosse-
Plage 100
Lac de
Cazaux et de
Sanguinet
Sanguinet
E70
Belin-
Béliet

101
Belin N10
7 Nature

Biscarrosse
Lac de
Biscarrosse
et de Parentis
186
Parentis-
en-Born
le Muret
Region

Sanguinet
103
102 Ychoux
Liposthey
e

Biscarrosse
Lac d'Aureilhan
Pissos
des

186 Mimizan-
Plage
104
Pontenx-
les-Forges
N10
Landes

Mimizan
182 E05
Labouheyre
Trensacq

Bias
E70
de Gas

Contis-
Plage
105
Sabres

254 87 74

250

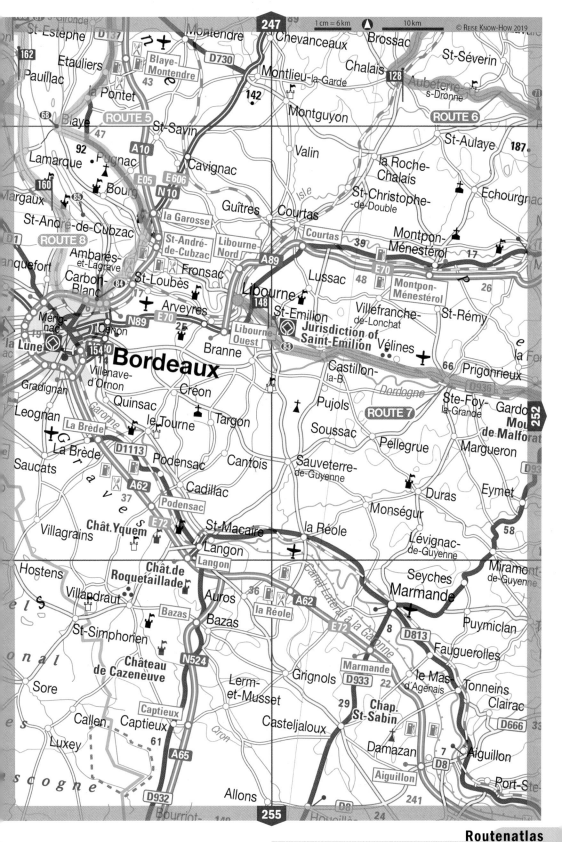

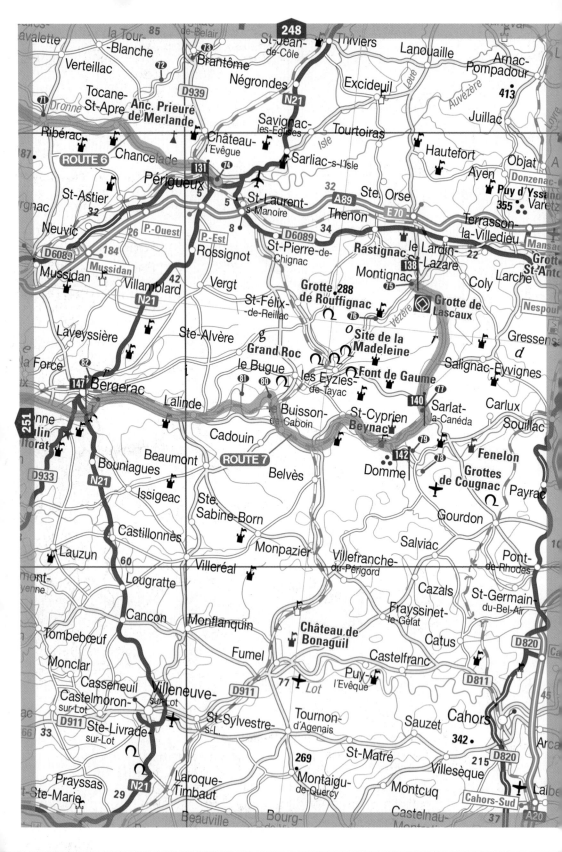

248

Thiviers
Lanouaille
Arnac-Pompadour

la Tour-
-Blanche
85
St-Jean-
-de-Côle
Excideuil
413
Juillac

Verteillac
Brantôme
Négrondes
N21
Tourtoiras
Hautefort
Objat
Donzenac

Tocane-
St-Apre
D939
Savignac-
les-Eglises
Château-
l'Evêque
Ayen
Puy d'Yss

Dronne
Anc. Prieuré
de Merlande
Sarliac-s-l'Isle
Isle
355
Varetz

Ribérac
Chancelade
131
74
Ste. Orse
Terrasson-
la-Villedieu
Mansa

ROUTE 6
Périgueux
5
St-Laurent-
s-Manoire
32
A89
E70
Thenon
34
le Lardin-
Lazare
22
Grott

St-Astier
32
5
8
D6089
St-Pierre-
de-Chignac
Rastignac
138
Montignac
75
Coly
Larche
St-A

Neuvic
26
P.-Ouest
P.-Est
Grotte 288
de Rouffignac
Grotte de
Lascaux
Nespoul

D6089
184
Rossignot
St-Félix-
de-Reillac
76
Vézère
Gressens
d

Mussidan
Villamblard
42
Vergt
Site de la
Madeleine
Salignac-Eyvignes

Laveyssière
g
Grand Roc
le Bugue
les Eyzies-
de-Tayac
Font de Gaume
77
Carlux

la Force
82
81
80
Sarlat-
la-Canéda
140
Souillac

147
Bergerac
Lalinde
le Buisson-
de-Caboin
St-Cyprien
Beynac
79
142
78
Fenelon

251
lin
lorat
Cadouin
Domme
Grottes
de Cougnac
Payrac

D933
N21
Beaumont
ROUTE 7
Belvès
Gourdon
Salviac
Pont-
de-Rhodes

Bouniagues
Issigeac
Ste.
Sabine-Born
Villefranche-
du-Périgord
Cazals
St-Germain-
du-Bel-Air

Lauzun
60
Castillonnès
Monpazier
D820

yenne
Lougratte
Villeréal
Frayssinet-
le-Gélat
Catus
D811

Cancon
Monflanquin
Château de
Bonaguil
Castelfranc

Tombebœuf
Fumel
Puy-
l'Evêque
45

Monclar
77
Lot
Cahors

Casseneuil
Villeneuve-
sur-Lot
Sauzet
Arca

Castelmoron-
sur-Lot
D911
St-Sylvestre-
s-L.
Tournon-
d'Agenais
342
D820

Ste-Livrade-
sur-Lot
66
33
269
St-Matré
215
Villesèque
D820

Prayssas
-Ste-Marie
N21
29
Laroque-
Timbaut
Montaigu-
de-Quercy
Montcuq
Cahors-Sud
Lalbe

Beauville
Bourg-
Castelnau-
37
A20

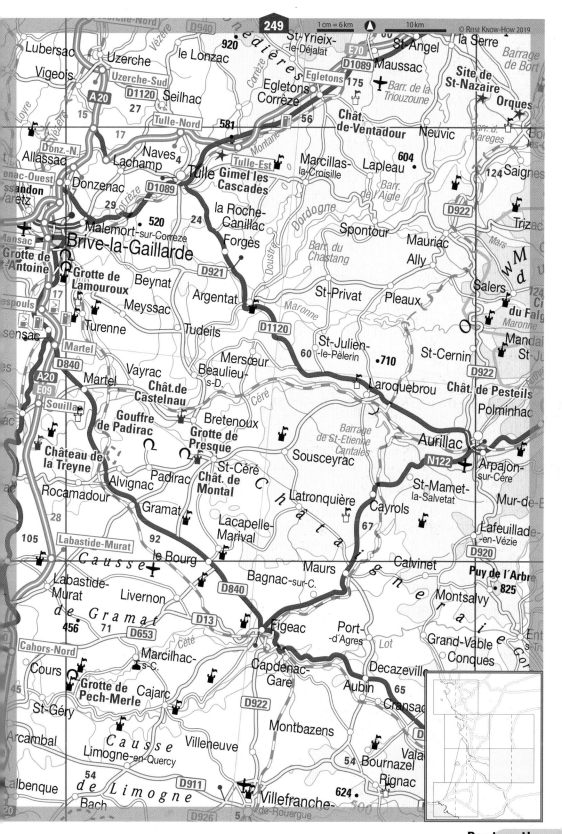

1 cm = 6 km   10 km

© REISE KNOW-HOW 2019

Lubersac
Vigeois
Uzerche
le Lonzac
D940
St-Yrieix-le-Déjalat
920
St-Angel
la Serre
Barrage de Bort

Uzerche-Sud
D1120
Seilhac
Egletons
Corrèze
Egletons
D1089
Maussac
175
Barr. de la Triouzoune
Site de St-Nazaire
Orques

A20
15
27
Tulle-Nord
581
56
Chât. de Ventadour
Neuvic
Barr. d. Mareges

17
Naves
Lachamp
Tulle
Gimel les Cascades
Tulle-Est
Marcillas-la-Croisille
Lapleau
604
124
Saignes

Donz.-N.
Allassac
Donzenac
D1089
la Roche-Canillac
Forgès
Dordogne
Spontour
Mauriac
Ally
Barr. de l'Aigle
D922
Triz.

andon
aretz
Malemort-sur-Corrèze
520
29
24
Barr. du Chastang
St-Privat
Pleaux
Maronne
Salers
du Falg
Mandai
St-Ju

Brive-la-Gaillarde
D921
Beynat
Argentat
Maronne
St-Julien-le-Pèlerin
60
.710
St-Cernin
D922

Grotte de l'Antoine
Grotte de Lamouroux
Meyssac
Tudeils
D1120
Mersceur
Beaulieu-s-D.
Céré
Laroquebrou
Chât. de Pesteils
Polminhac

17
Turenne
Vayrac
Chât. de Castelnau
Bretenoux
Barrage de St-Etienne Cantales
Aurillac
N122
Arpajon-sur-Cère

Martel
D840
A20
E09
Martel
Gouffre de Padirac
Grotte de Presque
Souceyrac

Souillac
Château de la Treyne
Padirac
Alvignac
St-Céré
Chât. de Montal
Latronquière
Cayrols
St-Mamet-la-Salvetat
Mur-de-
Lafeuillad-en-Vézie

Rocamadour
Gramat
Lacapelle-Marival
67
D920

28
105
Labastide-Murat
92
le Bourg
Maurs
Calvinet
Puy de l'Arbre
.825

Causse
Labastide-Murat
Livernon
Bagnac-sur-C.
D840
Montsalvy

de Gramat
456
71
D653
D13
Figeac
Port-d'Agres
Lot
Grand-Vable
Conques

Cahors-Nord
Cours
Marcilhac-s-C.
Cété
Capdenac-Gare
Aubin
65
Decazeville
Cransac

45
Grotte de Pech-Merle
Cajarc
D922
St-Géry
Villeneuve
Montbazens
Vala

Arcambal
Causse
Villefranche-
Bournazel
54
Rignac

lbenque
54
de Limogne
Limogne-en-Quercy
D911
624
Bach
D926
5
de-Rouergue

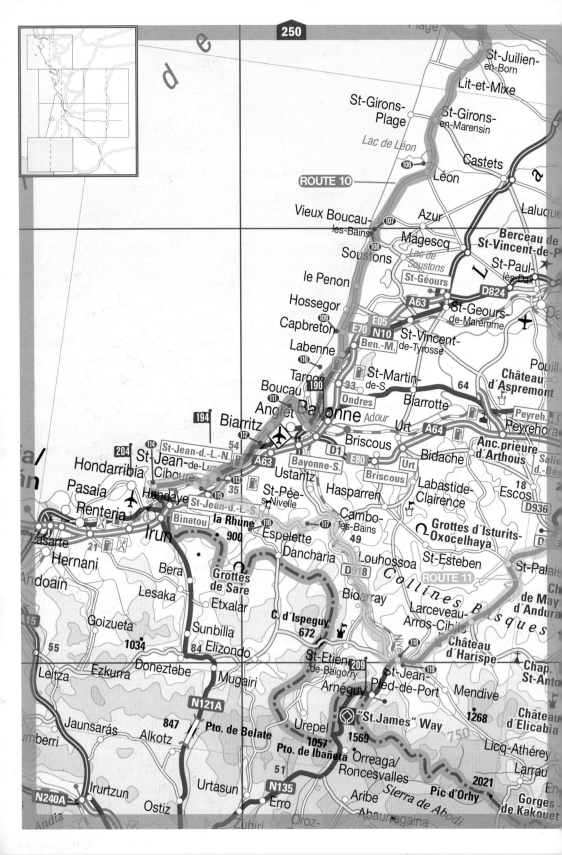

ROUTE 10

ROUTE 11

St-Juilien-en-Born
Lit-et-Mixe
St-Girons-Plage
St-Girons-en-Marensin
Lac de Léon
Castets
106
Léon
Laluque
Vieux Boucau-les-Bains
107
Azur
Magescq
Berceau de St-Vincent-de-P
Soustons
108
Lac de Soustons
St-Paul-lès-Dax
le Penon
St-Géours
D824
Hossegor
109
St-Geours-de-Maremme
A63
E05
Capbreton
E70
N10
St-Vincent-de-Tyrosse
Labenne
Ben.-M.
Pouill
110
Château d'Aspremont
Tarnos
190
St-Martin-de-S
Boucau
33
64
111
Biarrotte
Anglet
Bayonne
Peyreh
Urt
Adour
194
Biarritz
A64
Peyreho
112
54
St-Jean-d.-L.-N.
Briscous
Bidache
Anc.prieure d'Arthous
114
A63
D1
E80
Salie d.-Béa
204
Bayonne-S.
Urt
Hondarribia
St-Jean-de-Luz
Ustaritz
Briscous
18
Escos
Ciboure
35
113
Hasparren
Labastide-Clairence
D936
Pasaia
Handaye
St-Jean-d.-L.-S.
St-Pée-s-Nivelle
D9
Renteria
115
Cambo-les-Bains
Grottes d'Isturits-Oxocelhaya
Irun
Binatou
la Rhune
116
49
St-Esteben
Lasarte
21
900
Espelette
117
Louhossoa
St-Palais
Hernani
Bera
Dancharia
D918
Collines Basques
Ch
Andoain
Grottes de Sare
Bidarray
ROUTE 11
de May d'Andura
Lesaka
Etxalar
Larceveau-Arros-Cibits
15
Goizueta
Sunbilla
C. d'Ispeguy
672
118
Château d'Harispe
55
1034
Elizondo
St-Etienne-de-Baïgorry
209
Chap.
St-Ant
Leitza
Ezkurra
Doneztebe
84
Mugairi
Arnéguy
St-Jean-Pied-de-Port
119
Mendive
1268
Château d'Elicabia
Jaunsarás
N121A
"St.James" Way
750
umberri
847
Pto. de Belate
Urepel
1057
1569
Licq-Athérey
Alkotz
Pto. de Ibañeta
Orreaga/Roncesvalles
Larrau
Irurtzun
51
2021
Pic d'Orhy
Gorges de Kakouet
N240A
Urtasun
N135
Sierra de Abodi
Ostiz
Erro
Aribe
Abaurregaina
Andia
Oroz-

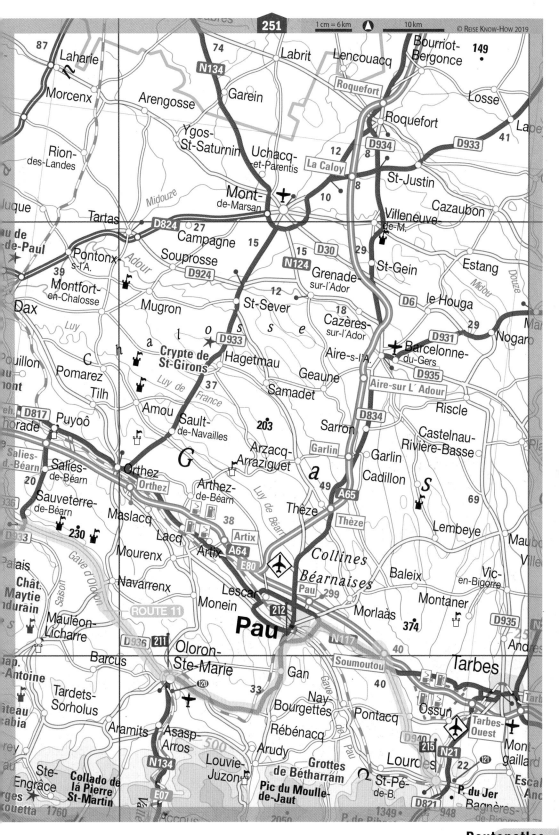

1 cm = 6 km   10 km

© Reise Know-How 2019

87 Laharie
Morcenx
Rion-des-Landes
luque
au de-de-Paul
Dax
Pouillon
au
ont

74
N134
Garein
Labrit
Lencouacq
Bourriot-Bergonce 149

Roquefort
Losse
Lapet
Roquefort
D933
41
Ygos-St-Saturnin
Uchacq-et-Parentis
12 D934
8
St-Justin
Cazaubon
La Caloy
Arengosse

Mont-de-Marsan
10
8
Villeneuve-de-M.
St-Gein
Estang
Midou
Douze

Tartas
D824 27
Campagne
15
15 D30
29
Montfort-en-Chalosse
39
Pontonx s-l'A.
Souprosse
D924
N124
Grenade-sur-l'Ador
D6
le Houga
29
Nogaro
Mugron
St-Sever
12
Cazères-sur-l'Ador
18
D931
Barcelonne-du-Gers
Ma
D933
Crypte de St-Girons
Hagetmau
Aire-s-l'A.
D935
Riscle
Midouze

Luy
C
l
o
s
s
e
h
a
Geaune
Aire-sur L' Adour
Castelnau-Rivière-Basse
Pomarez
Tilh
Luy de France
37
Samadet
D834
eh
D817
Puyoô
Amou
Sault-de-Navailles
203
Sarron
Garin
S
69
horade
G
Salies-d.-Béarn
Salies-de-Béarn
20
Orthez
Orthez
Arzacq-Arraziguet
Garlin
Cadillon
Lembeye
a
49
A65
Sauveterre-de-Béarn
230
Maslacq
Arthez-de-Béarn
38
Thèze
Thèze
Mau
Vill
D933
Mourenx
Lacq
Artix
Artix
A64
Luy de Béarn
Vic-en-Bigorre
ais
Navarrenx
Artix
E80
Collines Béarnaises
Baleix
Montaner
D935
Chât. Maytie ndurain
Lescar
Pau
299
Morlaàs
374
Andre
Mauléon-Licharre
ROUTE 11
Monein
212
N117
Pau
40
Saison
D936 211
Oloron-Ste-Marie
Gan
Soumoutou
40
Tarbes
Barcus
Gave de Pau
Antoine
Tardets-Sorholus
120
33
Nay-Bourgettes
Pontacq
Ossun
Tarbes-Ouest
teau abia
Aramits
Asasp-Arros
Rébénacq
D940
D21
Mon-gaillard
rey au
Louvie-Juzon
Arudy
Grottes de Bétharram
Lourdes
215
N21
22
121
Escal An
Ste-Engrâce
Collado de la Pierre St-Martin
N134
E07
Pic du Moulle-de-Jaut
St-Pé-de-B.
P. du Jer
Bagnères-de-Bigorr
1760
ouetta
2050
1349
948
D821

ZEICHENERKLÄRUNG ZUM ROUTENATLAS

A10 E50 / N330 D407	Straßennummer Road numbers Numérotation des routes Número de carretera	Nationalpark / Naturpark / Naturschutzgebiet National park / Nature reserve Parc national / Parc naturel / Réserve naturelle Parque nacional / Reserva natural
Coulanges	Autobahn mit Anschlussstelle / Tunnel Motorway with junction / Tunnel Autoroute avec échangeur / Tunnel Autopista con conexión / Túnel	Sperrgebiet Restricted area Zone interdite Zona prohibida
== == ==	Autobahn in Bau / geplant Motorway under construction / planned Autoroute en construction / en projet Autopista en construcción / en proyecto	Internationaler Flughafen International airport Aéroport international Aeropuerto internacional
▬▬▬▬▬	Schnellstraße / Tunnel Expressway / Tunnel Voie rapide / Tunnel Autovía / Túnel	Flughafen / Flugplatz Airport / Airfield Aéroport / Aérodrome Aeropuerto / Aeródromo
== == ==	Schnellstraße in Bau / geplant Expressway under construction / planned Voie rapide en construction / en projet Autovía en construcción / en proyecto	Autobahntankstelle / -kiosk Filling station / snackbar Station-service / kiosque Stazione di servizio / chiosco
▬▬▬▬	Fernstraße / Tunnel Major route / Tunnel Route grande circulation / Tunnel Carretera nacional / Túnel	Autobahnraststätte / Übernachtung Restaurant / hotel (motel) Restaurant / hôtel (motel) Ristorante / hotel (motel)
▬▬ ▬ == ==	Fernstraße in Bau / geplant Major route under construction / planned Route grande circulation en construction / en projet Carretera nacional en construcción / en proyecto	Parkplatz Car park Parking Aparcamiento
▬▬▬	Nebenstraße / Tunnel Secondary road / Tunnel Route secondaire / Tunnel Carretera secundaria / Túnel	Aussichtspunkt Viewpoint Point de vue Mirador
▬▬▬	Sonstige Straße Other road Autre route Otro tipo de vía	Sehenswürdigkeit / Naturdenkmal Point of interest / Natural feature of interest Curiosité / Curiosité environnementale Lugar de interés turístico / natural
▬▬▬	Eisenbahn / Tunnel Railway / Tunnel Voie ferrée / Tunnel Vía férrea / Túnel	Archäologischer Fundort Archeological site Vestige archéologique Yacimiento arqueológico
·+·+·+·+·	Zahnradbahn / Standseilbahn / Seilschwebebahn Rack railway / Cable car / Cableway Chemin de fer à crémaillère / Téléphérique / Téléphérique Ferrocarril de cremallera / Funivia / Funivia	Leuchtturm Lighthouse Phare Faro
Eivissa	Fähre Ferry Transbordeur Transbordador	Burg, Schloss / Ruine, sehenswert Castle / Ruin of interest Château / Ruine exceptionnel Castillo / Ruina de interés turístico
142 71 ↑ 71 142 71 ↑ 71	Entfernung in Kilometern Distance in kilometres Kilométrage Distancia en kilómetros	Kirche sehenswert Church of interest Église exceptionelle Iglesia de interés turístico
	See / Damm, Wehr Lake / Dam, weir Lac / Barrage, digue Lago / Presa	Kloster sehenswert Monastery of interest Cloître exceptionnelle Monasterio de interés turístico
▬⊖▬	Staatsgrenze mit Übergang International boundary with checkpoint Frontière nationale avec passage douanier Frontera internacional con paso fronterizo	Kapelle sehenswert Chapel of interest Chapelle exceptionnelle Cappella de interés turístico
Mont Mounir ▲ 2817 1480 ·	Berg (Höhe in m) / Höhenpunkt (Höhe in m) Mountain (height in m) / Spot elevation (height in m) Mont (altitude en mètres) / Sommet (altitude en mètres) Montaña (altitud en metros) / Cima (altitud en metros)	Höhle Cave Grotte Cueva
2327)(Col de la Cayolle	Pass (Höhe in m) Pass (height in m) Col (altitude en mètres) Puerto de montaña (altitud en metros)	UNESCO Welterbe UNESCO world heritage Patrimoine mondial de l'UNESCO Patrimonio de la Humanidad (UNESCO)

Der in diesem Buch abgedruckte Routenatlas beruht auf dem Faltplan **„Frankreich"** 1 : 1.000.000 aus dem world mapping project™, herausgegeben vom REISE KNOW-HOW Verlag.